JN436813

# 타이완의 힘

– 세계화교 중심국가의 르네상스 –

안 천 지음

**타이완의 높은 교육수준**은 일본이 식민지 시절에 실시한 경제교육의 덕분이라는 아소다로 일본 외상의 기막힌 망언에도 불구하고, 정작 타이완은 개의치 않는다는 의외의 반응이다.

**왜 그럴까?** 더욱 놀라운 것은 타이완 정부뿐만 아니라 타이완 정치권, 일반인들의 반응도 이와 크게 다르지는 않다는 점이다. 중국 정부가 일본 외상의 발언을 강력히 비난하고 있는 것과는 전혀 딴판이다. 도저히 이해가 가지 않는다.

**왜 그럴까?** 이 책에는 바로 동북아 국제사회에 숨겨진 기묘한 수수께끼의 해답이 담겨져 있다.

교육과학사

세계화가 급속도로 진행되고 있는 지구촌에서 가장 역동적인 발전을 하는 곳이 동아시아다. 타이완, 중국, 일본, 한국의 네 나라가 동아시아의 중심국가로서, 세계적으로 돋보이는 힘 있는 나라들이다. 세계 2위의 경제력을 가진 일본은 물론, 강대국으로 떠오르고 있는 중국, 세계 17위 경제 강국 타이완이 모두 중요한 나라이고, 한국은 세계 10위권의 경제력을 가진 강력한 나라이다. 네 나라를 합한 경제력은 세계에서 가장 막강한 위상을 갖는다.

그렇지만 타이완, 중국, 일본, 한국에 대해서 정확한 실체를 이해하기가 쉽지 않다. 네 나라는 같은 곳에 있으되, 모두가 확고한 국가적 개성을 갖고 있기 때문이다. 유럽의 많은 나라가 EU로 통합되어 있고, 북미 대륙의 나라들도 NAFTA로 경제공동체를 만들고 있으나, 네 나라는 서로 간에 견제와 균형이 확실하다.

그러므로 타이완, 중국, 일본, 한국의 네 나라에 대해서 올바른 이해를 갖기 위한 노력은 결코 쉬운 일이 아니다. 이 책은 이와 같은 어려운 점을 감안하고서, 네 나라의 국제관계를 추적해 들어간 것이다. 옛부터 네 나라가 처했던 국제상황과 교류관계를 추적하면서, 네 나라의 역학관계가 만든 결과를 찾아본 것이다.

필자는 이 책을 출판하기 전까지 네 나라를 계속 답사하였다. 네 나라의 관계를 밝히는 작업이 결코 쉽지 않았기 때문이다. 필자는 한국의 국내는 무수하게 다녔으며, 그간 타이완을 6회, 중국을 17회, 일본은 8회를 다녀왔다. 그리고 네 나라의 주변을 에워싸고 있는 러시아를 6회, 베트남 3회, 우즈베키스탄을 3회에 걸쳐 답사하였으며, 캄보디아를 5회, 태국을 5회, 인도네시아 3회, 그리고 싱가포르, 인도, 카자흐스탄, 몽골을 방문하면서 15년 이상 자료 수집을 위해 여행을 하였다. 그럼에도 불구하고 연구결과를 정리하기는 결코 쉽지 않았다. 다만 처음에 문제인식을 한 이후 20년 정도가 흐른 지금에 있어서는 나름대로의 결론을 내려도 되겠다는 생각에서 책을 출간하게 된 것이다.

그렇다면 왜 책의 제목을 '타이완의 힘'이라고 했는가? 그 까닭은 네 나라의 상호역학의 흐름이 만든 국제작품이 바로 타이완이기 때문이다. 우리는 그간 가까운 이웃나라인 타이완에 대해 너무나 몰랐던 점이 많다. 물론 중국이나 일본에 대한 것도 깊은 속사정을 알기가 쉽지 않았지만, 타이완은 매우 중요한 나라임에도 소홀히 생각하고 연구가 미진했었다. 이 책은 한국사회가 가진 타이완 몰이해, 그리고 중국에 대한 많은 오해, 일본의 숨겨진 진실 등을 밝히면서 네 나라의 역학관계를 힘닿는 데까지 정리한 것이다.

타이완은 확실하게 재평가되어야 한다. 그간 타이완은 너무나 저평가 되어 왔다. 그리고 중국도 확실하게 재평가 되어야 한다. 지금까지 중국은 너무나 부풀려지고 잘못 알려진 허상의 나라였다. 또한 일본도 확실하게 이해되어야 한다. 일본은 너무나 숨겨진 것이 많은 이중성 국가이다.

한국인들은 근현대사에 있어서 일본의 긴 침략과 중국의 6·25 침략으로 너무 많은 것을 잃고 상처를 입었다. 그 가운데 가장 많이 잃은 것은 한국의 국가위상이었다고 생각된다. 결코 한국은 일본, 중국에 낀 제3의 위상이 아니다. 임진왜란 이전의 한국은 일본보다 확실한 선진강국이었다. 그리고 한국과 중국은 고대시대 이래로 확고한 대등관계였다. 그러나 가까운 시대에 큰 침략을 두 번이나 겪으면서 국가적 마음이 많이 위축되었다. 그렇지만 한국은 동아시아 네 나라의 중심국가가 분명하다. 멋진 강소국 타이완의 힘을 만들어준 원천국가가 바로 한국이었다.

이 책을 읽은 독자들은 동아시아 네 나라의 참모습을 바르게 인식하고, 그간 오해했던 국제관계 인식을 많이 교정하게 될 것이다. 아주 좋은 책을 만들어준 교육과학사의 김동규 사장님, 이만재 상무님, 그리고 유능한 임직원 여러분들께 언제나 감사를 드린다.

4340(2007)년 5월 13일

안천(安天)

※ 본서에 나오는 중국, 일본 고유명사는 한국인의 생활에 깊게 굳어진 경우에는 한국식으로 썼다.

※ 본서에는 생생한 현실감을 주기 위해 최근 언론에 보도된 내용을 적절히 인용하였다.

# 책 안내문

「타이완의 힘」은 혁명적이고 신선한 타이완 패러다임을 제시하는 책으로서, 그것을 특징적으로 말씀드리면 다음과 같습니다.

1. 제1 패러다임: 첫째로 중국과 타이완의 관계를 죽은 중국과 살아있는 타이완의 패러다임으로 파악합니다. 이것은 우리들이 통상적으로 알고 있던 중국과 타이완의 관계를 정반대 관계로 파악하는 충격적 어프로치가 되겠습니다.

2. 제2 패러다임: 둘째로 본서의 핵심내용으로서 「타이완의 힘」이 교육의 힘이라고 결론을 내리고, 그것이 한국에서 건너간 퇴계학이 토대가 되었음을 규명하였습니다. 이것은 그간 일본이 숨겨왔던 것으로서, 일본이 임진왜란 때에 한국의 교육을 약탈해다가 일본의 근대화를 이루었으며 그것이 다시 일본에 의해 타이완에 전승되어져 타이완의 놀라운 힘을 만들었음을 증명하였습니다.

3. 제3 패러다임: 셋째로 타이완의 힘은 3중성을 띤 독특한 모습을 갖고 있으니, ①동아시아 최고의 수준에 이른 퇴계학이 임진왜란 이후에 일본을 거쳐 전승되어졌고 ②장개석 국민당 군대의 타이완 망명에 따라 중국의 최고급 문명이 더해졌으며 ③타이완을 돕고 지키려는 미국에 의해 세계첨단의 교육력이 합해진 것입니다. 이렇게 좋은 것을 총합적으로 갖춘 나라는 지구상에 타이완 밖에 없습니다.

4. 제4 패러다임: 넷째로 타이완은 작은 섬나라이지만 거대한 세계국가임을 뚜렷이 하였습니다. 세계에 퍼진 화교집단이 경제적, 문화적, 국제적 고향을 타이완에다 두고 거대한 세계화교국가가 되었음을 밝혔습니다.

5. 제5 패러다임: 다섯째로 타이완에는 동아시아의 종합박물관이 만들어져 있으며, 타이완이 경이로운 보물섬이 되어 있음을 규명하였습니다. 타이베이의 고궁박물관 만이 아니라, 타이완 섬 전체에는 동아시아의 좋은 것이 총집합되어져 있습니다.

타이완에 대한 한국인들의 오해는 고쳐져야 합니다. 본서는 상상밖의 새로운 패러다임으로 재탄생된 타이완을 독자들에게 소개합니다. 타이완은 세계 화교국가의 르네상스를 창조하는 떠오르는 태양입니다.

교육과학사 편집실 올림

머리말 / 3

## 제1부 사라진 중국

### 1. 잃어버린 땅 중국 _ 15
허망하게 사라진 나라 차이나 / 15
원초적으로 부끄러운 나라 차이나 / 18
조국을 잃은 민족 차이나 / 22
민족을 잃은 민족 차이나 / 27

### 2. 중국 땅의 공산당 공포정치 _ 33
공산당 독재의 본 모습 / 33
원래 주인이 없는 중국 땅 / 37
한족의 침략의지 / 39
살벌한 공포정치 / 46

### 3. 실패한 나라 중국의 참담한 모습 _ 53
뒤뜰 용광로 / 53
병든 공룡도시 상하이 / 58

4. 전방위 전천후 침략국가 중국 _ 65
항미원조 기념관 / 65
호산장성(虎山長城) / 73
탐원공정(探源工程) / 82
세계 유일의 시멘트 청태종릉(소릉) / 86
점씨광장(粘氏廣場) / 97
산동반도 성산두의 해괴한 비석 / 102
삼국사기 비방운동 / 110
수분하(綏芬河) / 118

제2부 고질화된 중국병(中國病)

5. 중국병 치료약 9가지 _ 129
정직한 나라가 되어야 한다 / 129
자유로 말할 수 있는 나라가 되어야 한다 / 135
마음대로 다닐 수 있는 나라가 되어야 한다 / 140
8억 인구를 차별하지 말아야 한다 / 144
신앙과 집회의 자유를 갖게 해야 한다 / 152
생각하는 힘을 자유로 기르게 해야 한다 / 161
소수민족에게 자유를 주어야 한다 / 166
타이완에게 자유를 주어야 한다 / 173
정상적 지도자를 중국 국민이 직접 뽑아야 한다 / 176

제3부 타이완의 참모습

6. 수수께끼 같은 타이완의 반응: 동북아의 외교격랑 _ 185
애꾸눈 당태종 / 186
아소다로 망언 / 192
일본과 중국의 외교전쟁 / 197

타이완 퍼즐 ①: 어떤 호칭이 맞을까? / 202
타이완 퍼즐 ②: 누가 중국을 대표하는가? / 205
타이완 퍼즐 ③: 홍콩을 중공정권이 가져야 하나? / 208

**7. 타이완 국가 형성의 다중성 _ 213**
원초적 타이완과 백제 해상국 / 213
대륙에서 건너온 원주민 / 216
장개석 망명 이주민 / 221
타이완공화국 탄생의 역사적 정당성 / 223

**8. 타이완의 일본지향적 성격 _ 227**
타이완과 일본의 원초적 친밀성 / 227
청일전쟁과 타이완 할양 / 229
현대사에 있어서의 친밀한 교류 / 232

**9. 한국과의 피로 맺은 동맹관계 _ 235**
항일전쟁의 혈맹 / 235
반공전선의 혈맹 / 236
노태우 정부의 배신 / 238
역사의 희생양 국민당 / 244

**제4부 일본의 교육약탈**

**10. 한국교육의 탈취: 임진왜란의 교육적 의미 _ 253**
왜구에서 사무라이까지 / 253
일본의 침략문화 / 254
일본의 교육약탈 / 259
한국의 현대 평가제도를 생각하며 / 261
일제강점기 대부분의 시기의 평가척도 / 263
일제강점 말기의 시대 / 266

자유당 시대 이후 / 267
현재의 한국 평가제도 / 269

**11. 한국 전통 교과교육 평가척도의 추적 _ 273**
전통적 과거시험 평가척도 / 273
전통적 서원교육과 평가제도 / 275

**12. 타이완 식민통치의 교육적 본질: 순(純) _ 281**
매취 순 / 281
타이완 식민교육의 핵심체 / 283
현대 한국교육의 병리현상 / 287
수행평가 등장의 문제점 / 290
한국전통의 지식관: 가리사니(道)의 재발견 / 293
조선시대 관학과 사학의 차이 / 294
가리사니 교육의 확립 / 299
일본의 교육약탈 후유증 극복 / 303

**제5부 타이완 르네상스**

**13. 한류 열풍 _ 311**
한류 발원지 타이완 / 311
한류의 2차 발원지 일본 / 313
중국의 한류(韓流) / 321
동남아, 몽골의 한류 / 323

**14. 타이완의 놀라운 힘 _ 327**
타이완의 힘 ①: 자유의지 / 328
타이완의 힘 ②: 개방성 / 329
타이완의 힘 ③: 독립심 / 331

타이완의 힘 ④: 가리사니(道) / 332
타이완의 힘 ⑤: 중국혼 / 337
타이완의 힘 ⑥: 애국심 / 339
타이완의 힘 ⑦: 서양과학 / 340
타이완의 힘 ⑧: 해외유학생 / 347
타이완의 힘 ⑨: 국제적 인맥(華僑) / 349
타이완의 힘 ⑩: 신세대 / 352

**15. 한타동맹의 재구축 _ 369**
한타동맹의 재건을 기원하며 / 369
타이완의 정당한 평가 / 370
타이완학(臺灣學)의 연구 촉진 / 371
타이완 르네상스의 활화산 / 373
타이완 르네상스를 우렁차게 노래한다 / 376

**※ 타이완 총선(제2쇄본 발간사: 2008년 3월 22일) / 379**
천수이벤 총통의 정당한 평가 / 379
민진당 시대의 경제침체 / 383
마잉주 시대의 출발 / 385
마잉주 딜레마(dilemma) / 388

**※ 마잉주의 추락(제4쇄본 발간사: 2014년 9월 30일) / 392**
**※ 차이잉원 돌풍(제5쇄본 발간사: 2015년 11월 1일) / 394**
**※ 위대한 타이완 명예혁명(제6쇄본 발간사: 2016년 1월 16일) / 395**
국민당의 참혹한 몰락 - 국민을 속이고 기만한 자업자득 / 395
상쾌한 명예혁명가 차이잉원 - 완벽한 타이완 사람의 탄생 / 396
쯔위 민족주의의 대폭발 - 강력한 타이완의 탄생 드라마 / 398

참고문헌 / 401
찾아보기 / 410

# 제1부

# 사라진 중국

원래의 진짜 중국은 없어졌다.
현재의 중국 땅에는 그 흔적으로서의
골동품만 남아 있을 뿐이다.
흉노, 돌궐, 거란, 여진,
몽골, 만주를 비롯한 다양한 북방민족이,
끊임없이 돌려가며 공격하고 지배하는
역사 속에 원래의 중국은 사라지고 말았다.
현재의 중국은
사라진 중국의 허망한 흔적에 불과하다.

**산동반도의 무씨사당**

단군시대의 그림문자 기록이 있는 놀라운 유적지를 그대로 둘 중국이 아니다. 완전히 해체하여 역사 왜곡을 끝내고 박물관을 만들었다. 중국 땅 전역에서는 역사 왜곡, 문화 말살의 광풍이 거세게 몰아치고 있으니…….

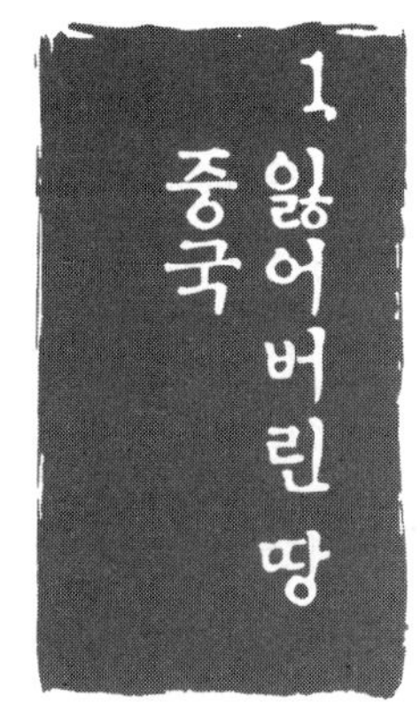


## 허망하게 사라진 나라 차이나

중국은 죽은 나라다. 지구상에 실질적으로 중국이란 나라는 존재하지 않는다. 도대체 순수한 모습으로서의 중국이란 나라가 전혀 남아 있지 않다. 한국, 일본, 몽골, 티베트, 위구르, 캄보디아와 같이 옛부터의 나라나 민족이 연면히 살아남은 나라가 있는가 하면, 중국은 부끄럽게도 사라져 죽은 나라에 가깝다.

그래서 중국은 그들을 다민족 국가라고 우긴다. 한족(漢族)이 중심을 이루면서 55개 소수민족과 합친 다민족으로 이루어진 나라가 차이나(China)라고 우긴다. 그들은 공식적으로 발표하길, 한족이 92%요 나머지 55개 소수민족이 8%로 이루어졌다고 통계발표를 하고 있다.

그러나 중국의 통계를 믿는 사람은 순진하거나 바보 같은 사람들뿐이다. 한족이 92%라는 것은 공산당이 날조한 통계이다. 중국인들도 사석에서는 공공연히 말할 정도로 그 통계는 거짓말이다.

한족이 다수를 차지한 나라로서 한족에 의해서 차이나가 움직여진다고 억지로 말하려니까, 모택동의 공포정치의 시대에 발표한 거짓 통계가 계속하여 이어지는 것이다.

차이나는 기나긴 세월에 걸쳐서 북방 이민족들의 통치를 받아온 나라이다. 선비족, 거란족, 만주족(여진족), 몽골족 등의 기나긴 지배를 받은 나라이다. 중국은 그러므로 한족이 결코 92%의 다수를 차지할 수 없는 나라이다.

예전의 정치체제는 국가권력을 장악한 지배층이 무소불위의 힘을 발휘했고, 그 사회의 주요한 가치를 독점했다고 하는 것은 누구도 부정을 할 수가 없다. 예전 전통사회에서는 권력자가 여성도 주도적으로 장악하고 아기를 낳았는데, 이민족 지배층이 주도권을 쥔 여성에게서 낳은 자손들이 그렇게 소수일 수가 없다. 차이나는 결코 한족이 92%의 절대다수로 많은 나라일 수가 없다. 한족은 정확히 말하면 통계상 50%도 되지 않을지 모른다. 아니 소수민족보다 작은 또 하나의 소수민족일지 모른다.

실제로 중국인들이 말하는 바에 의하면 모택동의 독재정치 시대에 한족이라야만 유리한 듯한 공포분위기를 만들고, 국민들을 윽박지르며 통계조사를 하니까 많은 소수민족이 한족이라고 거짓답변을 할 수밖에 없었다고 한다. 한족이 절대다수가 되게 만들라는 공산당 중앙의 통계조작 지시 속에, 머뭇거리거나 잘 모른다고 말하면 무조건 한족으로 편입이 되어 나온 엉터리 통계가 92%이다.

공포의 살벌한 사회에서 더군다나 총까지 갖고 다니는 중공군이 통계조사를 하는데, 감히 소수민족이라고 말할 용기가 나오지 않았다는 것이다. 그러한 상황에서의 통계숫자에서 절대다수가 한

**공포의 독재자들** 중국은 어디서나 철저한 공포의 사회다. 공산당 독재자들의 뜻을 벗어난 것은 존재할 수가 없으며, 모든 선전과 통계는 거짓말이다.

족으로 나오지 않았다면 오히려 이상한 일이다. 무조건 한족이 절대다수라고 꾸며서 만드는 통계조사를 진행하며 나온 결과는 뻔한 것이다. 특히 당시까지 정치적 지도층이었던 만주족은 극도로 죄인취급을 당하는 암울한 풍토 속에서 자기주장이나 자기표현이 있을 수가 없는 것이었다. 중국인들은 몽골, 위구르, 티베트, 조선족, 장족, 묘족 등을 포함한 여러 민족에게 자치를 부여했으나, 유독 만주족에게만은 공포의 말살정책을 폈다. 그러니까 만주족에게는 정치적 보복조치가 가혹하고 철저하게 이루어진 것이었다. 그리하여 적지 않은 다수의 숫자를 가진 커다란 민족인 만주족은 자치구도 없고, 그 언어도 사라져버리게 만든 것이다. 만주족의 언어도, 풍습도 없애버리는 살벌한 보복성 공포정치의 흐름 속에서 만주족을 다수민족이라고 해줄 아량이 있을 리가 없었던 것이다. 그리하여 다수의 만주족은 억지로 한족이 되었거나 죽지 못해 숨죽이며 자신의 언어도 상실한 채 고통의 나날을 보내고 있다.

그런데 중국은 인구통계만 거짓이 아니다. 소수민족의 숫자가 55개뿐이라는 것에서 부터 시작하여, 모든 것이 다 거짓이요 가공된 허구의 세계에서 사는 나라이다. 중국에서는 중공정권이 공식적으로 발표하는 모든 것을 거꾸로 뒤집어서 다시 생각하고 고쳐서 따져 보아야 진실을 알 수 있다. 생각하건대 지구상에 중국이란 나라 자체가 있다는 것도 거짓일 수 있다. 중국은 사실상 사라지고 없는 나라가 분명하다.

## 원초적으로 부끄러운 나라 차이나

중국은 원래 나라 이름이 중국(中國)이 아니다. 중국은 예전부터 진(秦)나라, 한(漢)나라, 그리고 수(隨)나라, 당(唐)나라, 요(遼)나라, 금(金)나라, 원(元)나라, 명(明)나라, 청(淸)나라로 이어진 나라이다. 그러다가 현대시대에 와서 중국이라고 부른 것이다.

'중국'이라는 단어는 예전의 춘추시대에 기록이 있었으나, 그것은 지리적 중심에 있다는 보통명사일 뿐이었다. '중국'이 고유명사로서 확실히 등장하는 것은 청나라 말기로서 현대시대에 와서야 국가의 개념이 된 것이다. 중국은 그러니까 오랜 세월에 걸쳐서 일정하게 정해진 국가 개념이 없었던 나라이다. 그리고 중국의 영토가 현재와 같이 크게 완성된 것도 청나라 때이니까 옛부터 중국이란 나라도 없었고, 중국인이란 말이 존재하지도 않았다. 한국의 국호인 고려(高麗: Korea)가 BC 37년부터 2천년 이상 존재한 것과는 전혀 다르다.

그렇기에 중국인(中國人)이란 말보다는 한족(漢族)이라고 부르는 것이 옳은 것이다. 중국인들은 그들 스스로를 중국족(中國族)이라고 부르지 못한다. 한족(漢族)이라고 부르는 이유는 중국(中國)이 원초적으로 그들의 고유명사가 아닌 데다 최근에 쓴 국호이기 때문이다. 중국인들은 워낙 이민족의 지배를 많이 받아서 그 민족적 뿌리를 바로 말하기도 쉽지 않다. 기나긴 역사 속에서 그나마 중국인들이 자랑으로 여기는 때가 한(漢)나라 정도이기에 그들을 한족(漢族)이라고 부르는 것이다.

중국은 그렇기에 영어로 해외에 알려진 나라 이름이 차이나(China)이다. 그것은 진(秦)나라의 진(Chin)을 영어식으로 불러서 지나(China)로 부르다가 차츰 차이나(China)라고 불리게 된 것이다. 그러니까 차이나는 진나라를 뜻하는 것이다. 그런데 왜 중국인들은 그들을 진족(秦族)이라고 하지 않고 한족(漢族)이라고 부르는 것일까? 그 까닭은 진나라가 결코 자랑스럽지 못하기 때문이다.

그들은 진나라의 시황제가 처음으로 중국 땅을 통일했다고 말하지만, 너무도 잔인한 정치를 하며 잠깐 동안에 망한 것을 부끄럽게 생각하는 것이다. 또한 진시황은 악명 높은 분서갱유 폭정이나 장성(長城) 축조에 따른 국민혹사 등으로 극도의 지탄을 받는 존재이기 때문이기도 하다.

그런데 특히 진시황은 민족적 뿌리가 다분히 북방족의 냄새를 풍기면서 석연치 않은 삶을 산 것도 숨길 수는 없다. 그래서 중국인들은 한(漢)나라를 그들의 뿌리로 보기를 바란다. 그러나 한나라의 유방, 관우, 장비를 포함한 다수는 황건적 도둑떼에 불과한 것도 사실이다. 삼국지 같은 소설에서 아무리 미화작업을 하고 선전을 해도 어쩔 수가 없는 진실이 있으니, 그들의 최고 조상은 하찮은 도둑떼에 불과한 것이다.

그래서 중국인들은 러시아, 터키에서 그들을 부르는 명칭인 커다이(Cathay)나 끼따이(Khitai)를 쓰고 싶은 마음도 있을 수가 있다. 그 이름은 러시아, 터키에 알려진 중국 명칭이기 때문이다. 그런데 그 이름은 더욱 감추고 싶은 이름에 불과하기에 그것도 쓸 수가 없다. 러시아, 터키에서 쓰는 중국이란 호칭인 끼따이(Khitai)는 커단족, 끼딴족, 거란족 즉 요나라를 뜻하는 것이기 때문이다. 러시아, 터키에 중국이 알려진 것은 요나라 때이기에 러시아, 터키에서는 중국을 지금도 끼따이(Khitai)로 부른다. 그런데 현재 중국에서는 요나라를 끼딴족이라 하니까, 러시아나 터키어로는 중국이 존재하지도 않는 나라나 같다.

온 세계에 알려진 중국의 이름인 China나 Khitai가 부끄러운 진나라나 침략민족인 요나라에서 비롯된 것은 무엇을 뜻하는가? 그것은 중국이 원초적으로 부끄러운 나라임을 뜻한다. 차이나도 끼따이도 부끄럽고 창피하니까, 도대체 내세울 것이 별로 쉽지 않은 나라이다.

더군다나 중국은 한족이 세운 맨 마지막의 나라인 명(明)나라조차 확고한 도둑떼의 나라임을 생각할 때에, 원초적 자존심이 있을 수 없는 나라이다. 그렇기에 중국은 모택동의 공산독재를 숙명적으로 받아들일 수밖에 없었다고 생각되기도 한다. 왜냐하면 명나라의 주원장이나 모택동이나 그 뿌리는 떼도둑 수준으로 똑같다고 생각이 되며, 명나라나 중공정권이나 건국과정이 매우 흡사하기 때문이다. 몽골족을 몰아내며 정권을 쥔 주원장과, 만주족을 몰아내며 정권을 쥔 모택동에서 공통점은 무엇인가? 역사적으로 널리 공인된 황건적 두목인 주원장과 공산팔로군 두목인 모택동에서 큰 차이점을 발견하기는 쉽지 않다. 공산당 선전국에서 꾸미고 미화하지만 모택동이 주원장과 다를 것이 없으니, 둘 다 확실한 떼도둑 두목에 불과할 뿐이다. 모택동이 즐겨 읽었다는 수호지나 삼국지가 떼도둑을 미화하는 소설책임은 많은 것을 말해준다. 그렇기에 중국인들은 원초적으로 푸근하게 쉴 마음의 고향이 없다.

중국인들은 어느 곳에 가거나 돈밖에 모른다는 소리를 듣는다. 체면이고 예의고 없이 원색적으로 돈만을 모은다. 우리는 유태인들이 돈밖에 모른다고 유럽 사람들이 말하는 것을 들어왔는데,

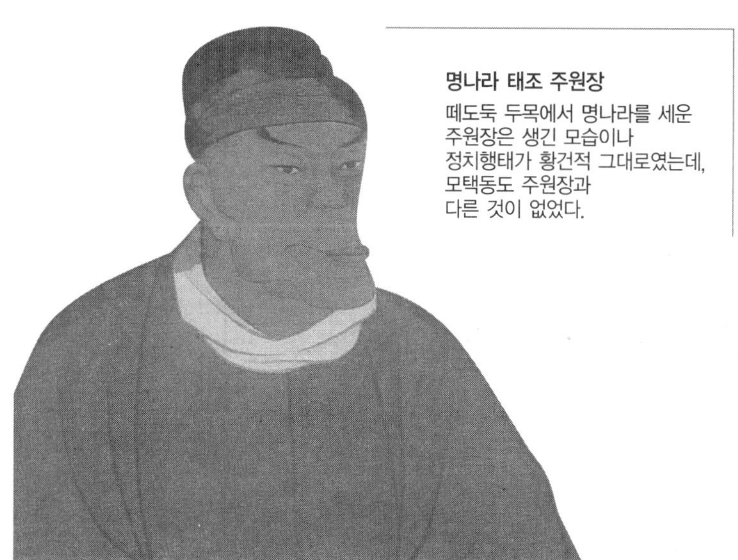

**명나라 태조 주원장**
떼도둑 두목에서 명나라를 세운 주원장은 생긴 모습이나 정치행태가 황건적 그대로였는데, 모택동도 주원장과 다른 것이 없었다.

**돈의 신(財神)**

중국인들은 나라가 없는 민족과 같이 살아 왔기에 돈에 모든 희망을 걸고 살아왔다.

유태인들 같이 나라가 없는 민족은 그럴 수밖에 없다고 이해를 할 수가 있다. 그런데 동양사회에 있어서 중국인들은 사실상 애국심도 없고 민족도 역사도 모르며, 오로지 이기적으로 돈만을 밝힌다. 그 까닭은 자명한 것이다. 그것은 중국인들이 역사적, 민족적인 마음의 고향이 허전하고 부끄럽기 때문이다. 중국인들은 민족적 자존심이 없으니까 돈밖에 믿을 것이 없고, 돈밖에 그들을 지켜줄 것이 없다고 생각하기 때문이다. 유태인은 서구사회에서 나라를 잃은 유랑민이나, 중국인은 중국 땅에 있으되 나라를 잃은 유태인과 다를 것이 없이 살아왔기에 돈이 그토록 귀중했고 돈밖에 모르는 것이다.

## 조국을 잃은 민족 차이나

중국인들이 왜 애국심이 없고 돈밖에 모르는 한심한 민족이 되었는가? 그것은 좀더 깊게 따져볼 필요가 있다. 왜 많은 중국인들이 화교가 되어 온 세계를 헤매는 떠돌이 민족이 될 수밖에 없었는가를 알아야만 중국인의 참모습이 제대로 이해가 되기 때문이다.

중국인들은 근본적으로 조국이 없는 민족이다. 중국인들은 끊임없이 북방족들에게 침략을 당하면서 비극적인 역사를 이어왔다. 따라서 중국인들에게는 근본적으로 애국심이 생길 수가 없었다. 일본의 침략이 몰아칠 때에 한국인은 목숨을 내던지며 침략자와 싸우는데, 중국인들은 곳곳에서 도망을 가기에 바빴던 것을 두고 한탄하는 글을 써 놓은 것을 쉽게 볼 수 있다. 그런데 그 까닭은 한국인의 철저한 애국심에 비해서 중국인들은 돈을 사랑하는 마음이 더 강했기 때문인 것이다. 중국인들은 머나먼 옛날부터 조국을 잃고 살아왔기에 조국은 없고 이기심이 체질화되어 있는 것이다.

확실하게 알려진 역사로만 헤아려 볼 때, 적어도 중국인들은 거란족의 요나라에 200년, 여진족의 금나라에 100년, 몽골족의 원나라에 150년, 만주족의 청나라에 300년을 이어서 지배를 받았다. 그것은 분명히 역사시대에 나타난 가까운 시대의 것만으로도 약 8백년의 지배를 받은 것이며, 그 이전에도 북위의 200년을 비롯해 5호16국의 내전시대에 선비족, 흉노족 등에게 연이은 지배를 받아왔다. 공식적으로만 1천년이 넘는 부끄러운 피지배 식민지 노예생활을 해 왔다. 그리고 최근에는 일본까지도 강점 침략을 하였으며, 영국, 프랑스, 포르투갈, 독일, 러시아가 벌떼같이 달려들며 침략에 동참한 아시아의 동네북이 중국이요, 사실상 주인 없는 땅으로서 언제라도 힘 있는 자가 먹어 치우는 땅이 중국이었다.

그러니까 중국인들은 지난 1천년의 세월에 있어서 확실하고 당당하게 자기들 나라를 세운 때가 명나라 때의 짧은 기간밖에 없다. 그것도 황건적 도둑떼의 나라에 불과한 것이다. 중국인들이 민족적 자부심이나 애국심이 없을 것은 자명한 것이다. 돈의 노예가 되어서 살 수밖에 없는 숙명적인 역사를 갖고 있는 것이다. 중국인들은 중국 땅에서는 물론이고 온 세계에 보트 피플 유랑민 화교가 되어 떠돌며, 안면 몰수하고 체면을 차릴 겨를이 없이 국수집을 열고 노점을 펼치며 노골적으로 돈만을 모았던 것이 중국인의 실질적인 역사이다. 중국인은 그렇기에 실질적인 국가사(國家史)가 없고 피지배 민족의 역사가 이어졌으며, 사실상 유태인들같이 그들의 나라는 존재하지 않았던 때가 대부분이었다. 그들을 지켜줄 나라는 거의 없었다. 지켜줄 것은 오로지 돈 뿐이었던 것이다.

특히 중국인들은 마지막 왕조가 청나라로서, 만주족의 지배를 받다가 영국, 프랑스의 침략을 받은 것에서 볼 때, 그들의 역사를 말하면 어디서도 고개를 제대로 들고 다닐 수가 없다. 중국인들은 아편전쟁을 말하며 영국인들을 침략자라고 나쁘게 말한다. 그러나 영국인들이 없었으면 지금도 만주족의 지배를 받고 있을 기막힌 나라이다. 그들이 침략자라고 부르는 영국이 사실상은 은인인 기막힌 나라가 중국이다. 중국인들은 도대체 당당한 역사도 없고 자랑스런 역사도 없으니, 영국에 대해 고개 숙여 사은숙배하는 것 외에 무슨 말을 할 것이 있을 수가 없다.

그런데 중국인들이 더욱 고개를 못 들 것은 만주족의 청나라 다음으로 중국을 침략한 것이 일본인들이라는 점이다. 요즘 중국에서는 미국을 비방하는 꼴사나운 모습을 자주 보인다. 그러나 중국에게는 미국이 결코 피해를 입힌 나라가 아니다. 대단히 고마운 나라이다. 중국은 미국의 원자탄이 없었다면 지금도 일본의 지배를 당할 한심한 나라라는 생각은 왜 없는가? 기나긴 중국의 역사를 볼 때에 중국은 자력으로 일본의 침략을 극복해 낼 나라가 결코 아닐 수 있다. 타국의 지배를 항상 체질적으로 받아들이는 부끄러운 나라가 중국이었기 때문이다.

더군다나 중국이 잊지 말아야 할 것이 있다. 중국에 대한 침략은 남북 쌍방향으로서, 일본을 대리로 내세운 영국과 북쪽에서의 러시아가 있었다는 점을 유의해야 한다. 중국을 침략함에 있어서 영국은 일본에게 모든 지원을 아끼지 않았었다. 일본은 영국의 앞잡이가 되어 한국을 침략했고 중국을 침략했던 것이다. 그러니까 동아시아사에 있어서 일본도 전범이지만 영국은 더 간교한 전범이요 몹쓸 나라이다. 그런데 영국의 침략을 막으려는 북쪽의 러시아는 모택동을 자신들의 앞잡이로 내세웠던 것이다. 모택동은 그렇기에 조국을 위해 싸운 것이 아니다. 러시아의 앞잡이로 일본과 맞섰던 것이며, 옛 소련의 공산주의를 퍼뜨리기 위해 전념을 다했던 것이다. 영국이 일본을 앞잡이로 쓴 것과 똑같이, 공산화된 러시아는 항상 침략할 나라의 불평세력을 앞잡이로 내세워 그 나라를 쳐들어가는 것이 공산주의 수법이었다. 모택동은 러시아의 앞잡이로 제격이었고 모든 것에 충실했었다.

공산주의는 인류사에 있어서 악의 꽃이었음이 증명되었다. 그것은 동유럽에서는 완전히 무너졌고, 수출 종주국인 러시아에 있어서도 무너졌다. 그렇지만 러시아가 수출한 악의 꽃이 지금도 활짝 피어 있는 나라는 중국이다. 왜냐? 중국은 긴 역사가 이민족의 침략을 즐기는 나라이기 때문이랄까? 악의 꽃인 공산주의도 꽃이라고 그 꽃을 무조건 가꾸고 있는 비극의 나라인 중국은 그렇기에 사실상 조국이 없다. 중국은 나라를 잃고 공산주의의 침략에 신음하는 비극의 땅이 되어 있는 것이다. 거란족, 여진족, 몽골족, 만주족이 물러간 비극의 땅에, 다시 공산주의가 쳐들어와 공포의 침략정치를 자행하고 있는 것이다.

1천년 이상의 긴 세월을 이민족이 지배한 중국 땅이기에, 중국 땅에 전혀 존재하지 않았던 침략이념인 공산주의는 철저하게 뿌리를 내리며 오늘에 이르고 있다. 중국인들은 언제라도 침략자에게 순종하며 즐겁게 침략을 당해주는 민족으로 길들여지며 1천년을 이어왔기 때문이다. 중국인들은 어차피 자기들의 나라가 없었기에, 크게 잃을 것도 없다고 생각하며 악의 꽃에 마저 길들여져 살아가는 것이다. 조국을 잃고 조국이 없이 사는 나라에 핀 악의 꽃은 언제 사라질 것인가 궁금하다.

**문화와 역사가 실종된 중국 땅** 공산주의라는 악의 꽃에 가려진 중국은 모든 문화와 역사가 사라졌다. 부처님은 한낱 돌덩이가 되었고, 티베트 불교는 타도대상일 뿐이다(산동반도의 초기 불교 전래유적).

## 민족을 잃은 민족 차이나

중국은 그러나 조국만을 잃은 민족이 아니다. 사실상 중국은 민족도 사라진 민족이다. 그렇기에 중국에서는 그들의 중심민족이라는 한족(漢族)을 날조된 통계상으로나 내세우며, 92%라는 억지 주장을 펼 수밖에 없는 것이다.

중국인들은 1천년 이상을 북방 이민족의 지배를 받아 왔다. 그렇기에 중국인들 사회는 원초적으로 상류층이 존재할 수가 없었다. 왜냐하면 상층 지배계급은 항상 이민족이었기 때문이다. 그러므로 원래의 중국인들은 항상 노예상태로서 최하급의 피지배층으로나 존재하게 되어 있었다. 가장 천대받고 못 살며, 가장 못 배우고, 가장 비굴하며 품격이 낮을수록 진짜 한족(漢族)이라는 기막힌 상황이 1천년 이상에 걸쳐서 꾸준히 만들어졌다. 한마디로 말해서 진짜 한족이라면 최하층민으로 보면 된다. 1천년 이상을 이어서 인간 취급을 받지 못하고 노예상태로 한심하게 살아 왔으니 그것은 백번 옳은 일이다.

따라서 중국인들은 순수한 한족일수록 남쪽으로 밀려가면서 살게 만들어졌었다. 중국은 북방에서 이민족이 침략하여 점령하는 역사가 이어지다 보니까 꾸준히 남쪽으로 전란을 피해 옮겨가게 되었으며, 남쪽 바닷가 쪽에 순수한 한족들이 많이 옮겨가서 살 수밖에 없게 되었다. 그 대표적인 사례가 객가족(客家族)인데, 계속 남쪽으로 밀려온 사람들이다. 그리하여 복건성의 영정(永定)에는 깊은 산 속의 세계문화유산인 타원형 집단거주지로서 객가토루(客家土樓)라는 기이한 집단촌이 만들어지기도 했다. 그러니까 중국의 수도인 베이징을 중심으로 커다란 부채꼴 모양을 이루며 한족들이 피란을 가며 멀리 펴져 도망을 가는 형태가 되었다고 하겠다.

이러한 중국인들의 피란 흐름을 혈통적으로 분석해보면, 그것은 다시금 북경을 중심으로 한 북방에서 남쪽으로 이어지는 부채꼴 형태가 되겠다. 따라서 북방으로 올라갈수록 북방족의 원형 핏줄에 가깝다. 그리고 남쪽으로 내려갈수록 계속된 혼혈의 축적이 이뤄진 것이라고 하겠다. 따라서 중국의 남방에서는 끊임없이 새로운 북방핏줄이 피란을 와서 합해지며 혼혈에 혼혈이 가해지게 된 것이다. 1천년 이상에 걸쳐서 꾸준히 이어진 혼혈은, 사실상 중국에는 고유한 민족이 없어지게 만들었다. 중국은 고유민족이 사라진 민족이 된 것이다. 다음의 신문기사는 '중국에는 한족(漢族)이 없다'는 공식적 연구결과를 2007년에 중국학자가 발표했다는 충격적인 내용을 전하고 있다.

「13억 중국인 가운데 92%를 차지하고 있다는 한족(漢族)이 실제 조사 결과 '유전학적으론 현존하지 않는 제3의 혈통'으로 나타났다. '한족은 혈통 개념이 아니라 문화적인 개념'이라는 통설이 학술연구로 밝혀졌다는 점에서 이목을 끈다.

중국 간쑤(甘肅)성 란저우(蘭州)대학 생명과학학원 셰샤오둥(謝小東) 교수는 "순수한 혈통의 한족은 현재 없다"는 연구 결과를 최근 발표했다고 중국 언론들이 15일 보도했다. 그의 연구 결과는 중국 서북지역의 소수민족 DNA 연구 등을 통해 나온 것이다. 셰 교수는 "DNA 조사 결과 현대 중국인은 다양한 민족의 특질이 고루 합쳐진 것으로 어떤 특정 민족의 특질이 도

드라지게 나타나지 않았다"고 설명했다.

그는 "오래전부터 '한족은 중원(中原)에 살고 있다'고 생각돼 왔으나 이는 특정 시기의 한족을 주변의 다른 종족과 구별하기 위해 만든 지역적 구분일 뿐"이라면서 "이젠 한족을 그렇게 지역적으로 따져 정의할 수는 없다"고 지적했다. 예를 들어 BC 11세기 현재의 산시(陝西)성 시안(西安)에 수도를 정한 서주(西周)는 한족 정권에 속하지만, 그 이후인 춘추전국시대에 같은 지역에 세워진 진(秦)은 소수민족인 '서융(西戎: 서쪽 오랑캐)'이 주류였다는 것이다.

또 중국 역사에 나타나는 중원의 범위는 주로 현재의 산시(山西) 남부와 장쑤(江蘇) 서부 및 안후이(安徽) 서북부 등의 소수지방을 포함한 허난(河南)성 일대였으나, 이곳에 거주한 사람들을 한족이라고 규정하는 것도 역사적 사실과 부합하지 않는다는 주장이다.

중국인들은 또 자신들이 "염제(炎帝)와 황제(黃帝)의 자손(炎黃子孫)"이라고 주장하지만 연구 결과 황제와 염제의 발원지도 중국인들아 오랑캐로 치부해 왔던 '북적(北狄)' 지역이었던 것으로 연구 결과 드러났다. 황제와 염제의 발원지는 모두 현재의 간쑤성과 산시(陝西)성에 걸쳐 있는 황토고원 지역으로 이 두 곳 모두 한족의 본거지가 아닌 것은 물론 주요 거주지역도 아니라는 얘기다.

셰 교수는 "연구 결과 오히려 중국 북부에서 남부로 이주한 객가족(客家族)이 고대 중원인의 문화전통을 계승한 것으로 밝혀졌다"면서 "이들의 고어(古語), 풍속 및 습관에서 나타나는 역사의 흔적을 보면 그들이야말로 진정한 중원인"이라고 강조했다.(중앙일보, 2007. 2. 16)」

요컨대 중국에서 한족(漢族)이라고 하는 것은 명목상으로만 존재하는 가공적 허구에 불과하다. 중국에서 인구통계 조사를 하면서 92%라는 가공의 거짓말 통계숫자를 만들어서 공표를 해도 결코 틀리지 않게 된 상황이 만들어진 것이다. 어차피 한족이라는 실체는 허망한 존재요, 구체적인 실체가 존재하는 것도 아니기 때문에 92%라고 해도 좋고 100%라고 우겨도 되는 것이다. 어차피 가짜들의 거짓 통계가 아무리 정확해도 가짜인 것이다. 한족이라는 통계를 낸다는 자체가 불가능한 것이다.

그러므로 중국에서는 한자(漢字)를 쓰는 민족이 중국인이요, 중국어를 쓰는 민족이 중국인이라는 황당한 논리를 펼 수밖에 없게 된다. 어차피 중국인은 민족적으로 사라지고 말았으며, 혈통상으로 중국인을 증명한다는 것은 불가능해졌기 때문이다.

그런데 중국인들이 마지막으로 희망을 거는 한자(漢字)도 결코 한족만의 것이 아니다. 특히 한자의 출발기원이라는 은나라는 동이족의 나라임이 밝혀지고 있고, 공자의 고향인 산동반도는 동이족의 본부지역임을 숨길 수 없다. 특히 많은 한자는 중국문화를 반영하지 않는다. 예컨대 가장 기본적인 문자인 집 가(家)만 하더라도 宀+豕은 집안에 돼지를 키우는 고구려 풍습을 반영한 것이다. 중국인들은 굴을 뚫고 땅굴 속에서 살았으니 중국인의 집은 갱(坑)이 맞다. 한자는 한족의 고유문자가 아니라 아시아권의 공통문자로 기나긴 세월을 통해 형성된 것이다. 그렇기에 중국어는 각 지역마다 언어가 다르다. 한자를 같이 쓰면서도 언어는 전혀 달라서 통역이 있어야 대화가 될 정도이다. 그것은 한자뿐만 아니라, 언어로도 중국인은 고유한 실체가 존재하지 않음을 뜻한다.

이러한 말을 증명하는 사례가 태국과 베트남이다. 태국과 베트남은 북방족의 침입을 피해서 중국의 남방에서 이주한 민족이다. 그런데 그들은 중국계라고 말하면서도 중국과는 극히 다르다. 프랑스 침략의 영향을 받은 베트남은 차치하고라도, 태국을 살펴보면 그들은 전혀 언어도 다르고 한자도 쓰지 않는다. 청나라에 의해서 큰 나라로 만들어진 중국은 그 내부적으로는 전혀 다른 민족들이 억지로 합해진 조합체와 같은 것이다. 이것은 네덜란드에 의해 강제로 합해진 인도네시아나, 영국에 의해서 억지로 묶인 인도의

**고구려 창고(부경)** 2층 창고(부경) 밑에 돼지를 키우는 고구려의 풍습은 만주 땅에 오늘날에도 생생히 살아있다.

상황과 전혀 다를 것이 없었다는 뜻이다. 중국은 인도네시아, 인도와 마찬가지로 만주족에 의해서 억지로 묶여진 나라였다고 하겠다.

그렇기에 중국의 현재 표준어인 북경어도 실제는 만주족의 고향인 하얼빈 지역 언어이니, 만주족의 청나라가 300년을 다스리면서 중국어도 만주족의 식민지가 된 것이며 현재의 중국은 그것을 표준어로 쓰고 있는 것이다. 그리고 중국의 나라 이름인 중국(中國)도 청나라의 만주족이 옛 고구려 때부터 쓰던 것을 쓰는 것이다. 중국은 청나라가 아닌 새로운 나라를 세우려면 옛부터의 그들 방식인 진 · 한 · 당 · 송 · 요 · 금 · 원 · 명 · 청의 형태로 국호를 만들었어야 한다. 그런데 느닷없이 쓴 중국은 옛 고려(高麗)의 중국식 이두 발음이 '가우리'로서, 그것은 먼 옛날 2000년 전부터 '가운데 자리'라는 국호였던 가우리(高麗: Korea) 국가의식을 그대로 갖고 내려온 만주족(청나라)의 것을 그대로 쓴 것이다. 만주족은 기나긴 세월에 걸쳐서 고구려와 살았고, 사실상 고구려와 동족이랄 정도로 고구려의 전통을 갖고 있는 민족이다. 중국은 만주족의 긴 지배를 받으면서 언어나 국호까지도 만주족의 것을 그대로 쓰는 국가의식적 식민지 상태가 되었다. 아니 1천년 식민생활에 찌들어 모든 것이 고구려계 흐름으로 사는 고구려 식민문화의 나라가 되었다. 인도네시아와 인도는 한 나라이지만 많은 언어와 많은 민족이 합해져 있으며, 중국의 현실과 전혀 다르지 않다. 요컨대 중국민족은 언어도, 국호도 그렇고 너무도 많은 것을 잃어버린 사라진 민족이다. 사실상 오늘날에도 고구려의 식민지 상태에서, 56개의 여러 민족이 억지로 묶여져 덧없이 살아가는 연합체일 뿐이다.

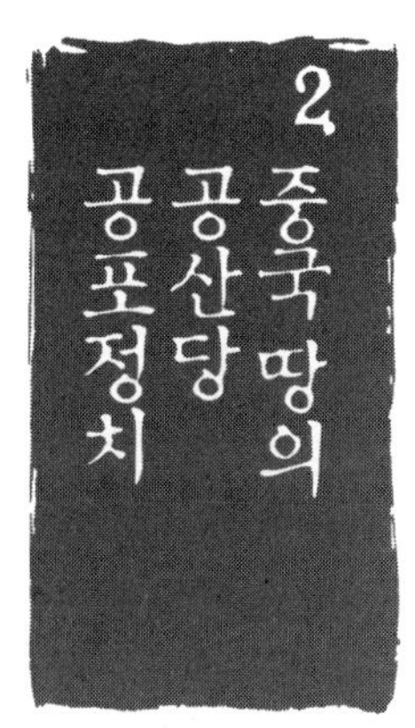

# 2 중국 땅의 공산당 공포정치

## 공산당 독재의 본 모습

중국은 실패한 나라이다. 그러므로 중국사회는 많은 경우에 겉보기와 실제가 다르다. 중국은 철저하게 겉과 속이 다른 나라이다. 불투명 흑막사회라는 표현이 정확한 곳이 중국이다. 겉에 공표되는 것만을 보고서 중국을 보면 그것은 순진한 바보가 되는 지름길이다. 그래서 한국에서는 겉 다르고 속 다른 사람을 속칭 모택동이라고 놀린다. 그 까닭은 중국사회는 모택동을 포함하여 모두 이중(二重)적이라는 말이 된다. 중국은 모든 것이 불투명하고 예측이 어렵게 되어 있다. 그 까닭은 모든 것이 순리대로 되는 것이 아니라, 공산당의 독재적 명령대로 움직여지기 때문이다.

겉보기로 볼 때에 외형상으로는 다른 자유세계와 같으리라고 보지만, 거주 이전의 자유가 없다. 주어진 곳에서 묶여져 사실상의 노예와 같이 살아야만 하게 되어 있다. 요즘 한국에는 중국 근로자의 불법체류가 문제가 되고 있다. 그런데 중국 내에도 불법 체류자가 있다는 것은 언뜻 들어서 이해가 되지 않을 것이다. 중국은 거주 이전의 자유가 없는 곳임을 모르면 이해가 되지 않는 것이다. 중국에서는 다른 지역을 가는 데에도 꼭 허가를 받아야 한다. 그러므로 중국 내에서 그런 불법 체류자들은 사실상 인권이 없다. 최저의 임금에 강제노동을 시켜도 불법 체류자는 호소할 곳이 없으니, 그가 중국 내의 범법자이기 때문이다.

중국 땅에서 거칠 것 없이 자유로 다니는 사람이면 틀림없이 공산당원이라고 보면 된다. 공산당원에게는 대폭 특권이 주어져 있기 때문이다. 요즘 중국 젊은이들은 공산당이 좋아서 신념에 따라 가입하는 것이 아니다. 특권층이 되기 위해 공산당에 가입하는 사례가 대부분이다. 해외를 쉽게 드나드는 사람이 있으면, 한국에서는 특별한 목적이 없다면 외화를 낭비하며 놀러 다니는 사람이겠지만, 중국에서는 그런 사람이 확실하게 특별한 목적을 가진 특수 인물이 아닌 경우가 드물다. 그만큼 중국은 거주 이전이 자유롭다면 특수 임무를 띤 특권층인 사회요, 한국과는 전혀 다른 사회이다.

중국사회는 사실상 세계 최악의 계급사회이다. 모택동은 공산당 독재정권을 세우면서 농민을 바탕으로 한 평등사회를 만든다고 거짓말을 했다. 그러나 모택동은 농민이 절대로 농촌을 떠나지 못하게 하여 사실상의 감옥을 만들었다. 그것을 후커우(戶口)라고 한다. 자신의 정해진 장소를 절대로 떠나지 못하게 만든 제도이다. 중국사회에는 인도보다 더 비극적인 현대판 카스트 제도가 만들어진 것이다. 인도의 하층민은 가난해도 무엇이나 할 수 있는 인권과 자유를 가졌으나, 중국의 농민은 신분 변동이 어려운 사실상의 타고난 감옥생활을 하는 것이다. 정해진 곳에서 땅만 파며 살아야 하는

**농노 신분의 중국 농민** 중국인의 약 8할은 농촌에 갇힌 감옥생활을 하며, 평생을 하층민으로 가난하게 살아야 한다.

것이다. 중국 농민은 토지를 소유하지도 않았고, 모든 토지는 국유이다. 그러니까 중국의 농민은 사실상 빈털털이에 불과하고 그 곳에 묶여 사는 현대판 농노신분일 뿐이다. 중국은 공산주의를 하면서 예전의 봉건시대를 탈피했다고 말하는데, 실제로는 농민이 완전한 농노가 되어 있고 최하층민이 되어 있는 것이다.

그래서 중국에서는 헐벗고 굶주리는 유이민이 수없이 만들어진다. 그들은 굶다 못해 유이민이 되었다. 유이민이 되면 법적보호를 떠나도록 만들어진 중국체제의 비합리적 상황에서 어쩔 수 없이 범법자가 된 사람들이다. 중국 내에서는 상부 공산당에 의해서 태평양 연안의 특정지역만을 잘 살게 하되, 그들을 공산당 조직원 위주로 잘 살게 만들어 놓았다. 중국 공산당은 건전한 중산층의 탄생을 극도로 경계하고 있다. 왜냐하면 공산당 특권사회의 위상을 흔들 존재가 나타나길 원하지 않기 때문이다. 그러므로 허가 없이 사는 곳을 떠나면 불법 이주자로서 범죄자가 되는 것이다. 내륙지역은 거의 최하층 빈민굴을 만들어 놓아 목숨이나 연명하는 수준인 곳들이니, 죽지 못해 그곳을 떠나 해외로 운 좋게 탈출한 사람들은 탈중자(脫中者)인데 요즘 한국에서는 그들을 불법체류 근로자라고 한다. 그러나 그것은 중국 공산당 체제가 그렇게 되도록 만든 때문이다.

사실상의 감옥에서 최저수준의 삶을 강요당하면서 살아가는 대다수의 중국인들과, 그것을 어쩔 수 없이 벗어나 떠도는 불법이주 유이민이 절대다수를 차지하는 중국은 비밀경찰과 군대의 총부리가 없으면 하루도 지탱할 수가 없다. 그래서 애초에 모택동은 말하길 권력은 총부리에서 나온다고 했었다. 중국이 요즘 경제적으로 약간 잘 살게 되었다고 하는데, 그것은 바로 절대다수의 빈곤한 인민들의 값싼 노동력 착취에 의해서 이루어지는 공산당원들의 특수한 모습일 뿐이다.

그러나 최하층 농민과 불법체류자들은 배운 것이 거의 없고 가진 것도 없이 떠돌기에 말 한마디 못하는 인권 사각지대의 삶을 산다. 농촌이 이토록 열악하기에 농촌에는 제대로 된 교사가 근무할 수가 없다. 따라서 중국인의 다수는 학교교육도 제대로 못받고 문맹 수준에서 맴돌면서 농노 생활로 체념을 하며 일생을 보내는 것이다. 다만 거대한 비극적 공산체제를 일탈하는 사람은 곳곳에서 범죄자로 몰려 강제 노동형을 살거나 총살을 당하게 된다. 중국의 수많은 저가 수출품은 그렇게 강제노동을 당하며 나오는 것이다. 그리고 그 수익금은 소수의 특권 공산당원들의 배만을 불려주는 것이다. 상하이, 선전, 광조우 등의 잘사는 지역만을 여행해 보고서 중국 땅을 겉보기로 판단한다면 그것은 절대다수의 고통받는 중국인민을 모독하는 것이다.

요즘 중국에서 북경사람들은 모든 외지 사람들을 하급(下級)으로 깔보고, 상하이 사람들은 외지 사람들을 촌놈으로 여기며, 광동 사람들은 외지 사람들을 빈민(貧民)으로 간주하는 등 극단적 빈부 계급으로 나뉘고 있다. 사실상 중국에서 북경, 상하이, 광동은 오늘날 3개 독립지역과 같이 되어 있고, 타 지역의 심한 질시를 받는 공격대상이다. 왜냐하면 3개 독립지역들을 제외한 대부분의 중국은 내부적으로 극한적 고통 속을 헤매고 있는 파탄 직전의 시한폭탄과 같은 사회이기 때문이다.

## 원래 주인이 없는 중국 땅

중국은 거대한 땅덩이의 거대인구를 가진 큰 나라이다. 그러나 그것은 중국 스스로의 힘으로 만들어진 것이 아니라 외부침략에 의해서 만들어져 나왔다. 중국은 역사를 스스로 개척할 힘을 갖고 있던 나라가 아니었다. 1천년 이상을 외부침략 세력에 의해 노예 같은 삶을 살아온 형편에 역사 개척력을 말하는 자체가 창피한 정도이다.

생각하건대 중국 땅은 요즈음과 같은 국토개념으로는 설명이 되지 않는 역사를 갖고 있다. 요즈음에는 국토와 민족이 일치된 성향이 높게 국가이론이 만들어졌지만, 중국이라는 땅은 그러한 개념과는 역사적으로 전혀 다른 성향을 갖고 있었다. 동양사회에 있어서 중국 땅은 특정 민족이 고유한 소유권을 갖고 있는 것이 아니었다. 동양사회에 있어서 중국 땅은 힘 있는 민족이 차지하게 되어 있는 개방적 소유개념의 땅이라고 해석될 정도로 모든 민족에게 개방된 땅이었다. 그렇기에 예부터 흉노족, 선비족, 거란족, 여진족, 몽골족, 만주족, 일본족이 번갈아 차지해서 장악한 땅이다. 중국은 주인 없는 땅에 불과했고 누구나 힘 있는 민족이 차지하면 되는 땅이었으니, 권투선수들이 돌려가며 힘 있는 자가 차지하는 챔피언과 같은 개념이었다.

그렇기에 지난 1천년 역사에 있어서 한족이 차지했었던 명나라도 여러 다른 민족과 같은 입장에서 차지했던 것이지 한족의 고유한 소유권이 있었다고 볼 수가 없다. 그래서 중공당국은 한족(漢族)이 92%라는 날조된 통계를 억지로 만든 것인데, 사실상 한족보다는 차라리 300년을 최종적으로 지배한 만주족이 더 숫자가 많을 것이라고 생각될 정도이다. 다만 최근의 역사에 있어서 그 땅을 영국이 차지하려다가 미수에 그쳤고, 다시금 러시아의 앞잡이인 모택동 공산정권이 차지한 것일 뿐이다. 모택동 공산정권은 그렇기에 한족이란 개념과 연결된 것이 아니라 예전의 거란족, 여진족, 몽골족, 만주족을 대신한 또 하나의 침략정권에 불과하다고 보아야 옳은 해석일 것이다.

한족들은 요즘 주장하길 중국 땅은 원래 한족의 것이었으나 침략자들이 번갈아 강점하며 지배를 했다고 한다. 그렇지만 동양적 개념은 결코 그러한 것이 아니라 챔피언이 계속 바뀐 것이었다. 그러나 별로 능력도 없고 의지도 없는 한족이 러시아의 앞잡이 모택동을 대리인으로 하여 최근에 중국을 얼떨결에 주워갖고 나니까 마음이 바뀐 것이다. 일종의 사생아가 마음이 바뀌어 자기를 옛부터의 정통 자손이라고 우기는 것이다. 오늘날의 중국은 미국의 원자탄이 없었다면 결코 존재할 수가 없었다. 중공정권이 수립됨에 최대 은혜를 끼친 국가는 미국이다. 중국인들은 미국에 항상 엎드려 절해야 할 정도로 결정적인 은혜를 입었다.

## 한족의 침략의지

역설적으로 말해서 영국, 러시아, 프랑스 등의 서양세력 침략행위의 혜택을 누린 최고의 수혜집단인 중공정권은, 정말로 2차 세계 대전이 낳은 사생아에 불과하다. 청나라 만주족의 막강한 힘 앞에서 숨도 제대로 쉬지 못하고 눌려 지내던 한족이 아편전쟁을 일으킨 영국과 일제침략을 괴멸시킨 미국의 원자탄 덕택에 횡재를 하며 정권을 쥔 것이다. 중공정권에게는 영국이 청나라를 물리쳐주고 미국이 일본을 물리쳐 준 결정적 은혜국이다.

그러나 이렇게 얼떨결에 굴러온 떡을 보니 한족들은 마음이 달라졌다. 그것을 영구히 누리려는 온갖 궁리를 획책하며 살아온 것이 그들의 현대사이다. 모택동의 집권기간을 그간 죽(竹)의 장막에 가리운 시대라고 했었다. 모택동은 집권하자 비밀의 장막을 치고 끊임없이 내부의 적을 소탕해 나갔다. 그것의 최고 절정이 홍위병의 문화대혁명이라는 공포정치의 시대였다. 왜 그렇게 했는가? 그 까닭은 모택동이 얼떨결에 정권을 쥐었으나 내부적으로는 권력기반이 매우 취약했기 때문이었다.

특히 모택동은 중국 땅의 거대한 이민족 지역인 티베트, 위구르, 몽골, 만주에 대한 문제에 골몰할 수밖에 없었다. 그 까닭은 특히 그 곳들이 원래의 중국이 아니라 청나라 덕분에 굴러 들어온 땅이었기 때문이다. 중국은 지난 1천년의 세월에 있어서 중국이라는 나라가 사실상 존재하지 않는 나라였다. 중국은 요즘 한족들의 나라인 듯 한족들이 행세를 하나, 청나라 때는 청나라였고, 원나라 때는 원나라였으며, 금나라 때에는 금나라였고, 요나라 때에는 요나라였지, 한족들의 중국이 아니었다.

더군다나 원래의 중국은 그렇게 큰 나라가 아니었다. 별로 크지 않은 나라들이 명멸하면서 세월을 보내던 중국이 진시황에 의해 최초로 통일이 되었으나, 진나라의 수도인 장안조차 예부터 중국 최고 중심지가 아닌 변두리였다. 그 변두리에 진, 한, 수, 당이 명맥을 잇다가 다시는 중국 땅의 주도권을 쥐지 못한다. 그 이후는 북방족들이 절대적인 우세를 갖고 중국 땅의 주인이 된다. 그런데 그 나라들이 상대적으로 작은 나라에 불과했던 중국을 결정적으로 크게 만든 시기가 몽골족의 원나라 때와 만주족의 청나라 때이다.

현재의 중국 땅은 원래의 작은 중국 땅에다가 몽골족, 만주족이 넓혀 놓은 티베트, 위구르, 몽골, 만주를 합한 거대한 땅이 된 것이다. 그러므로 티베트, 위구르, 몽골, 만주는 원래의 중국이 아니다. 청나라가 넓혀 놓은 곳인데 청나라가 영국의 침략으로 무너지니 그냥 중국 땅이 된 것이다. 얼결에 만주족이 무너지며 망하니까 집권한 중공정권에서 영구히 티베트, 위구르, 몽골, 만주를 빼앗기지 않으려는 강력한 의지를 펼친 것이 중국의 현대사이다.

중국은 그것을 티베트를 장악하려는 서남공정(西南工程), 위구르를 강점하려는 서북공정(西北工程), 만주땅을 절대로 내놓지 않겠다는 동북공정(東北工程)이라는 이름으로 일컬으며 침략 의지의 구체화 작업을 실시해왔던 것이다. 그리고 여기에 곁들여서 타이완을 침략하려는 양안정책(兩岸政策)까지의 침략정책이 중공정권의 끈질긴 사업이었다. 중공정권은 이상의 침략사업에 국가의 운명을 건다고 할 정도로 집착하고 있다. 티베트나 위구르의 독립운동을 가혹하게 탄압하고 타이완의 독립의지를 무자비하게 짓밟는 것으로 일관해 왔다.

그러나 티베트, 위구르의 반발은 매우 거세게 일어났다. 또한 만주족을 소멸시키고 만주지방을 영원히 차지하려는 동북공정은 1949년의 중공정권 수립 이후 계속된 것이지만 2002년에 그것이 노골적으로 노출되며 한국과 북한의 거센 반발에 직면해 있다. 그리고 타이완에서도 끈질지게 독립의지가 고조되고 있다.

티베트는 청나라 강희제 때(1720년)에 청나라에 편입이 되었으나 티베트의 자치는 인정된 것이었고, 19세기 후반부터는 달라이 라마가 실질적인 통치를 했었다. 이를 모택동은 1950년 10월에 기습적으로 공격하여 점령하고, 1951년 5월 23일부터 중국의 자치구로 만들었다. 이때부터 티베트의 고위관리였던 루캉와가 인도에 망명하여 저항운동을 벌였고, 이어서 달라이 라마가 망명하여 저항운동을 계속하고 있다. 그리하여 1956년, 1958년에 티베트에서 거대한 항거가 있었고, 1959년 3월 10일에는 라싸에서 거대한 시위가 있었다. 그 후 티베트에 대한 언론 통제가 있었으나 외부에 알려진 것만도 여러 건이며 거대한 항거는 계속되고 있다.

위구르는 민족 명칭 자체가 '단결 · 연합'이라는 뜻이다. 1750년에 청나라의 건륭제가 정복했지만 1864년에 대대적인 독립항거로 이슬람 국가가 탄생했다. 그러나 다시 1877년에 청나라에 정복

되었으나 계속 분리독립을 요구해 왔다. 특히 1930년의 신해혁명 이후 항거가 거세지며 1944년 9월에 동투르키스탄 공화국이 만들어지기 직전까지 갔다. 그러다가 1962년에 20만 명의 위구르인이 우즈베키스탄, 카자흐스탄 등의 소련으로 대거 망명을 떠나 동투르키스탄 해방군이 만들어졌다. 위구르의 독립항쟁은 중국의 언론통제로 잘 알려지지 않았을 뿐이다. 1990년에 동투르키스탄 이슬람당을 중심으로 거센 항거가 있었고, 1993년의 카스카르 대봉기 및 1997, 1999, 2001년에 걸쳐 계속 분리독립의 항쟁이 계속되고 있다. 최근에도 독립운동은 계속 되나 중국의 언론통제로 알려지지 않고 있다.

위구르 독립운동에 있어 현재 대단히 유명한 인물은 미국에 망명해 있는 여성 인권 운동가 러비아 카디르이다. 러비아는 무역업으로 큰 돈을 모은 사업가였다. 그래서 중공당국은 러비아를 한때 정치협상회의 임원으로 임명하기도 했다. 그러나 남편인 하디루지가 독립운동을 하며 미국에 망명하면서, 중공당국의 탄압이 시작되었다. 국가기밀 유출이란 죄를 뒤집어 씌어 8년형을 선고받고 감옥에 갇혔다. 2005년에 라이스 미국 국무장관이 중국을 방문하며 러비아는 5년 만에 석방되어 미국으로 갔다. 그녀의 석방은 미국정부가 유엔에 인권결의안을 제출하지 않는다는 조건으로 겨우 성사되었다. 러비아는 현재 위구르 인권운동의 핵으로 떠오르고 있다. 죄 없는 사람을 죄인으로 몰아 탄압하며 위구르족의 기본권을 박탈함에 온 세계가 분노하는 상징적 인물인 것이다.

중국은 위구르를 계엄령 상태의 군사통치로 겨우 점령하고 있다. 위구르는 옛부터의 거센 항쟁에 덧붙여, 소련이 해체되며 이웃

이슬람 형제국들이 모두 독립을 했음에도 불구하고 유일하게 강점 압제를 받는 바에 대해 분노가 극한에 도달해 있다. 더구나 오사마 빈 라덴이 이끄는 알 카에다의 강한 지원도 받고 있다. 최근에도 위구르의 반발은 거침이 없어 후진타오는 극비리에 2006년 가을에 위구르를 방문했을 정도이다. 몰래 갔다가 북경에 되돌아와서는 학교 어린이와 양로원 노인을 만난 사진을 나중에 공개했다. 티베트 독립항쟁을 무참히 짓밟은 원흉인지라 방문하게 된 사실은 공표도 못하고, 몰래 다녀와서는 웃는 얼굴을 언론에 냈으나 위구르에서 어떤 일을 했을까는 짐작하고도 남을 일이다.

티베트, 위구르가 그토록 거세게 중국인이길 거부함에도 불구하고, 중국의 서남공정, 서북공정은 티베트 사람도 위구르 사람도 중국인이라고 우기는 것이 핵심이다. 동북공정은 만주족도 중국인이며 더 나아가 고조선, 고구려, 발해도 자기들 역사라고 억지를 부

**우즈베키스탄의 상징 레기스탄 사원** 우즈베키스탄 및 카자흐스탄에는 위그르인 20만 명이 망명하여 동투르키스탄 해방군으로 독립운동에 참여하고 있다.

리는 것이다. 또한 철저히 독립을 원하는 다수의 타이완 사람들에게도 미사일까지 쏘며 공포 분위기를 만든다. 동아시아 최대의 침략국이며 깡패국이 중국임을 웅변하는 것이다.

중공정권은 죄 많은 정권이다. 중공정권이 성립되는 과정에 있어서도 침략해온 일본군은 장개석 국민당 군대가 막도록 피하면서, 내부적으로 그들의 세력 굳히기에만 진력했었다. 모택동은 이것을 너무도 잘 알고 있어서, 그의 말년에 중국을 방문한 일본의 다나카 수상이 일본의 침략을 사과하자, 오히려 일본의 침략 덕분에 공산군이 승리를 했다고 솔직히 말했을 정도이다. 그러니까 침략한 일본에 모택동이 오히려 감사의 인사를 한 것과 같다. 그것은 일본군이 장개석 군대를 거덜을 냈으니 당연한 얘기이다. 모택동은 장개석이 일본군과 싸우는 뒤에서 관망을 하다가 장개석을 몰아내고 정권을 쥐었음을 자백했던 것이다. 생각하면 중공군은 일본군과는 별로 싸우지도 않고 장개석 군대를 비롯한 중국인 죽이기에만 힘을 쏟았다고 하겠으니, 모택동 중공정권이 학살한 중국인들은 너무도 많다. 그리고 중공군은 전쟁을 피해 다니면서 장개석 국민당군을 부패시키고 와해시키며 무기를 빼내오고 사람을 뽑아오는 등의 교란전에 골몰했었다. 그리고는 훗날 국민당군이 무너지고 나니까 국민당이 부패해서 그랬다고 선전을 했으나, 그렇게 만든 측이 중공군이다. 이렇게 죄 많은 중공군이 정권을 쥐고서는 내부탄압에 열을 내는 것이다. 일본군에는 관대했고, 국민당군은 은밀하고 비겁하게 와해시킨 군대가 자국민과 소수민족 탄압에만 온갖 노력을 다하는 것이다.

특히 오늘날의 중공정권에서는 티베트, 위구르 독립운동과 타이완 독립운동에는 추호의 아량도 없었다. 현재의 중공 당서기 후진타오(胡錦濤)가 바로 티베트 독립운동을 잔인하게 탄압하며 15만 명을 죽인 살인마이다. 그의 얼굴에는 싸늘한 살기가 항상 떠나지 않으며 잔인한 얼음장 표정이 변하지 않는다. 그 살인마가 최고지도자가 되는 나라가 중공이다. 천안문 광장에서 대학생 소요가 있다고 3천 명을 탱크로 깔아 죽인 나라에서 못 할 일이 무엇이 있겠는가? 최악의 살인집단이 티베트, 위구르, 몽골, 만주, 타이완을 향한 총칼을 오늘도 서슬 푸르게 날을 갈고 있다.

그간 중국에서는 도광양회(韜光養晦) 정책을 강조하였으니, 그 뜻은 칼날의 빛을 감추고 어둠 속에서 실력을 기른다는 것이다. 그러나 실제로는 티베트, 위구르, 몽골, 만주, 타이완을 서서히 목 조르는 정책을 강행함을 말하는 것이었다. 그러다가 중국은 화평굴기(和平崛起)를 내세우며 평화롭게 일어선다고 강조했으며, 최근에는 후진타오가 화해사회(和諧社會)를 내세우며 조화로운 세상을 만들겠다고 말하고 있다. 이것은 후진타오가 등소평의 선부론(先富論)을 비판하고 다시 사회주의를 강조한다며 내세우는 것이기도 하다.

그러나 중국 공산당의 말을 액면대로 믿을 사람은 많지 않다. 공산당은 국민당을 철저히 우롱하며 와해시키고 타이완으로 쫓아내기까지 도광양회 정책을 썼고, 중간중간에 화평굴기 정책과 화해사회 정책으로 국민당을 타이완과 이간시키며 소멸시키는 정책을 쓰며 오늘에 이른 것을 누가 모를 것인가? 공산당은 어떤 상대방도 국민당을 몰락시키듯 하며, 어둠 속에서 음험하게 칼날의 빛을 감추며 도광양회 공격법으로 죽여 나갔다. 정공법이 아니라 어둠 속에서 서서히 목을 졸라 죽이는 더러운 전법으로 오늘에 이르렀다. 이것이 중국 공산당의 참모습이다.

## 살벌한 공포정치

중국 땅에는 진실이 없다. 모든 것이 공산당의 명령에 따라서 움직이며 그것이 진실이다. 공산당에서 콩을 팥이라고 말하면 팥인 줄 알아야 한다. 이의를 제기할 수는 없다. 긍정적인 발언을 못할 상황이면 입을 다물고 가만히 있어야 한다. 중국의 텔레비전에는 항상 좋은 소식만 나온다. 따라서 텔레비전은 공산당 중앙의 선전소식만을 전한다고 보면 된다.

중국은 현재 근대적인 국가가 아닌 예부터의 전제국가 그대로이다. 외형만 공산당이 자리를 바꿔 앉았다. 중국 경찰은 공공질서를 교란시키는 자에게 4년까지는 자체적 결정으로 강제노동수용소에 보낼 권한이 있다. 법적 절차도 없이 무조건 보낼 수 있으니까 옛 봉건시대 그대로의 나라이다. 그래서 중국은 법치국가(法治國家)가 아니라 인치국가(人治國家)이다. 그것은 바로 사법부보다 행정부가, 그리고 공산당이 그 상층부에 있는 특수사회로서, 법 위에 공산당의 독재가 있다는 뜻이다. 사실상 모든 것이 공산당의 뜻대로 된다. 그렇기에 독재의 극단에 있고, 곳곳에 부패가 만연할 수밖에 없다.

모택동은 자칭 무법대학(無法大學)을 졸업했다는 사람이었다. 1970년에 에드거 스노에게까지 본인을 무발무천(無髮無天)이라고 말했다. 그것은 머리카락도 없고 하늘도 없다는 것이 아니라 중국 고전에서 무법무천(無法無天)으로서의 법도 없고 신(神)도 없다는 뜻으로, 인간의 법도 신이 만든 법도 초월하는 인물임을 뜻한다. 천상천하(天上天下) 유아독존(唯我獨尊)의 인물이 자신이라고 하는 모택동의 뜻을 이어 오늘날의 중국은 살벌한 무법천지 국가가 된 것이다. 모택동은 공산당 중앙의 모든 일에서 자신의 동의 없이는 어떤 일도 할 수 없게 했으며, 심지어 그 아내 강청의 옷 한 벌도 마음대로 고를 수 없게 했던 사람이었다.

중국은 그러므로 많은 경우에 침묵이 이어지는 사회다. 가까운 사람이 죽거나 노동개조소에 가더라도 모른 척하고 입 다물고 살아야 한다. 말도 되지 않는 뻔한 거짓말을 갖고 총칼로 몰아치는 사회에서 어쩔 수 없이 입을 다물고 사는 것이 축적되다 보니까, 국가 전체가 거대한 침묵으로 짓눌려지게 된 것이다. 모택동 초기의 측근에서 유일하게 바른 말을 잘 했던 팽덕회는 죽으라는 뜻으로 6 · 25 전쟁의 사령관으로 내보냈으나, 살아 돌아오자 훗날 대약진운동을 비판할 때에 숙청되었다. 모택동이 입은 마오복을 벗고 서양식 양복을 입으라고 권한 초대 의전실장인 여심청(余心淸)은 해고되어 문화대혁명 때에 자살하였다. 어차피 바른 말을 해 보았자, 공산당에서 나중에 바꾸라면 바뀌고 거짓이 진실이 되는 상황에서 입을 다물고 살 수밖에 없게 된 것은 모택동 이후 중공사회의 확고한 흐름이 되었다.

중국인들을 만나면 총살형을 시키는 곳에 갔던 얘기들을 이구동성으로 한다. 해마다 약 8,000명이 억울하게 사형 선고를 당하는 비참한 나라에서, 주민들을 구경하도록 동원하고 공개 총살을 시키니까 중국인으로서 총살의 장면을 못 본 사람은 거의 없다. 심지어는 어린이를 교육시키는 학교 운동장에서도 많은 사람이 보는 가운데 총살을 시킨다. 천진난만한 어린이도 참여해서 보는 것은 물론이다. 그러니까 중공땅에서는 어린이에게조차도 일찍이 공포정치의 씨앗을 뿌린다.

물론 총살형은 대부분 파렴치범이라고 공표하고 죽인다. 그렇지만 많은 숫자는 정치범들이다. 아니 티베트, 위구르, 몽골, 만주, 타이완에 관련된 애국자나 독립운동가들이다. 과거에 일본인들이 한국의 독립운동가들을 강도, 살인범, 폭력, 사기 등의 죄명을 붙여서 수없이 죽였던 것과 꼭 같이, 티베트, 위구르, 몽골, 만주, 타이완의 애국위인들을 총살시키는 것이다. 중국의 국회인 전국인민대표회의나 사법부인 인민법원은 지극히 유명무실하여 중국인들도 '고무도장'이라고 비웃을 정도다. 총살을 당하는 사형수들은, 공산당이 공산당에 의해 공산당을 위해서 죽으라면 죽어주는 불쌍한 사람들이 대부분이다.

여기서 특히 위구르와 티베트의 독립운동가들이 많이 총살된다. 위구르와 티베트에는 거대한 군부대가 주둔하며 사실상의 군부 계엄통치가 실시되고 있다. 주민들 가운데 독립문제와 관련된 인물은 가혹한 고문과 함께 제대로 된 재판도 없이 가차 없이 처단된다. 최악의 인권 사각지대인 것이다. 회교도가 살고 있는 위구르에는 비밀경찰과 사복 정보원 및 군인들이 집중적으로 깔려 있다. 우르무치 공항의 승객은 때때로 군인이 더 많을 경우도 있다. 엄청난 군부대가 상주하며 위구르 독립운동을 탄압하고 있기 때문이다. 그리하여 위구르 주민들에게는 숨도 제대로 쉬지 못할 정도의 공포가 짓누르고 있으나, 멀리 외부세계에는 거의 알려지지도 않는다. 위구르에서는 그간 거대한 독립운동이 계속 일어났으나 멀리 외부세계에는 알려지지도 않은 채, 위대한 애국자들이 공개 총살되고는 했다. 위구르 사람들은 본인들을 중국인으로 생각하지 않는다. 오히려 중국인을 증오하고 분노하며 산다. 그들 스스로는 중국인이 아닌 위구르 공화국 국민으로 보는 것이다. 이러한 흐름은 티베트도 같다. 티베트 사람들은 본인들을 달라이 라마를 임금님으로 모신 티베트 왕국의 국민으로 생각한다. 결코 중국인이라고 믿지 않는다. 중국인들은 저주받을 침략자이며, 천벌을 받을 악마들로 볼 뿐이다.

그런데 공개 총살시키는 과정이 놀랍고 기막히다. 중국에서는 공개 총살을 시키기 전에 그 부모를 찾아가서 총알 값을 징수한다. 총알 값이 얼마나 된다고 그토록 가난한 국민들에게 총알 값을 받는지 도저히 이해가 되지 않는다. 만약에 총알값을 지불하지 않으면 몽둥이나 칼, 돌팔매 등으로 잔인하게 비인도적 사형을 가하므로 피눈물로 얼룩진 총알 값을 낸다는 것이다. 총으로 쏘는 것인들 인도적일 수도 없지만, 어차피 불쌍하게 죽는 가족을 위해 빚을 얻어 총알 값을 내는 것이다. 지구상에 이런 비극이 공개리에 진행되는 나라는 중국밖에 없을 것이다.

그렇지만 더욱 더 경악할 일은 어차피 죽는 사형수의 장기 이식 수술이 공개적으로 실시된다는 점이다. 많은 부모들은 총알 값을 낼 돈도 없으나, 어차피 죽을 사람인데 푼돈을 준다며 병원에서 찾아오니까 장기 이식 수술에 동의하는 것이 관례라고 한다. 그리하여 공개 총살형이 있는 곳에는 여러 병원의 구급차가 싸이렌을 요란하게 울리며 달려오는 것이 당연한 풍경이라는 것이다. 그런데 지극히 경악할 일은 총살을 시키기 전에 멀쩡히 살아있는 생사람의 장기라야 더 좋다고, 사형 직전에 강제로 수술을 진행하여 장기 적출을 시키고서 사형장으로 나간다는 것이다. 인륜이 땅에 떨어지고 인권이 전혀 없는 공포의 공산국이라지만, 어찌 인간사회에서 이런 일이 있을 것인가 상상도 되지 않는 사태가 공개리에 진행되는 나라가 중국이다.

중국의 법관은 사실상 법관도 아니다. 행정부나 공산당의 철저한 감시와 통제를 받는 꼭두각시다. 인권이란 개념도 없는 나라가 중국이다. 그리하여 티베트, 위구르, 몽골, 만주, 타이완의 애국자들은 이름도 남기지 못하고 하염없이 죽어갈 뿐이다. 아니 파렴치범이라고 모독을 당하며 비참하게 사라지고 있다. 그리고 공개총살을 구경한 주민들은 공포에 전율하며 숨죽이고 공산독재에 순응하며 살아가는 것이다. 주민들은 사실상 모두 나와서 공개 총살형을 구경하게 하는데, 이는 중국 인민 전체에 대한 거대한 심리총살과 똑같은 일인 것이다.

공개총살로 억지로 몰아가는 중국 땅의 눈 먼 공포정치는 그러나 엄밀하게는 기막힌 희극이다. 2006년에는 50명이 탄 버스가 강으로 떨어지는 대참사가 났는데, 운전수의 스트레스에 의한 자살로 발표되었다. 이슬람 분리주의자의 자살 테러임을 알만한 사람은 다 아는데 그렇게 발표했다. 또 2003년에는 공동우물에 독극물을 넣어 수많은 사람이 살상을 당했는데도, 범인은 정신병자일 뿐이다. 2001년 3월에 하북성의 성도인 석가장(石家莊)에서 일어난 4차례의 거대한 폭발은 중국 공산국가 수립 이후 최대의 사건이다. 그러나 중국정부는 그것이 단순사고였고 400명밖에 죽지 않았다고 허위 발표를 하고 범인은 정신병자였다고 발표를 했다. 알만한 사람은 다 아는 것을 거짓말로 발표하는 것이다. 2006년 가을에 후진타오가 위구르를 왜 갔는가도 다 아는데, 살벌한 위구르에 가서 어린이와 웃으며 악수하는 사진이 나중에 공표되었을 뿐이다. 거

**백두산 온천탕의 계란장사 부부**
온통 부정식품이 널려있는 중국에서 100% 화공약품 덩어리인 가짜 계란이 나와 세계를 경악시키고 있다. 극한적 공포정치 속에 희망을 잃은 중국인들이, 도덕성 마비상태에서 독성 화공약품인 염화칼슘, 알긴산나트륨, 탄산칼슘으로 계란과 흡사하게 만들어 팔아 넘기니, 정상적인 계란도 겁이 나서 먹을 수가 없다. 가짜 계란은 원가가 진짜 계란의 10분의 1 가격인데 사실상 독약 덩어리이다. 2007년 여름에 북경대사관의 황정일 공사가 사먹고 복통으로 죽게 된 샌드위치에도 무엇이 들었을까는 자명한 일이다(조선일보, 2007. 8. 15). 중국사회는 공포가 공포를 확대 재생산하며 국가 전체가 침묵 속에 절박한 삶을 잇게 되고, 인생을 포기한 사람들이 속출하면서 가짜 계란과 같은 사건이 빈발하는 것이다. 공산당의 공포정치로 13억 중국인들의 마음은 막다른 궁지에 몰리며 총체적으로 붕괴되고 있다. 중국사회 전체가 인간성이 마비되고 중국은 통제불능의 상태로 변했다. 그리하여 공산당은 보다 독재를 강화하고 공포정치를 강조하는 악순환 속에 폭발 직전 상황이다. 가짜 계란을 포함하여 온갖 가짜(짝퉁)가 휩쓰는 중국에 의한 최대 피해국은 한국이다. 한국의 신제품이 나오면 즉시 똑같은 것을 만들어 온 세계에 수출까지 하는 도덕 붕괴국가 중국의 경제 횡포로 한국 경제가 흔들릴 정도이다. 공산당 당서기부터 온 국민이 옛부터의 황건적으로 부활된 나라가 중국이다.

대한 공포정치 속에서 진실은 어디에도 없다. 후진타오의 싸늘한 웃음 속에 13억의 눈물이 감춰져 있는 것이다.

그럼에도 불구하고 원자바오(溫家寶) 국무원 총리는 곳곳에서 강조하길, 중국은 절대로 민주화되면 안 된다고 강변하고 다닌다. 중국은 아직도 사회주의 초급단계이므로 앞으로 100년 간은 민주화시킬 수 없다고 역설하고 다닌다. 최악의 독재자 후진타오, 원자바오는 사회주의 선전을 하면서 앞으로 100년 간을 모든 인민이 암흑 속에서 노예로 살아야 한다며 국민을 끊임없이 탄압한다. 100년 후에 중국이 지상낙원이 될 리도 없지만, 100년은 커녕 10년 안에 전체 인민이 정신병자가 되고 최악의 노예가 되어 죽고 사라질 텐데 누구를 위한 거짓말을 계속하는지 답답할 뿐이다.

**처절하게 계속되는 티베트 독립운동**

중국공산당의 무차별 탄압 속에서, 온세계에 충격을 던진 티베트인의 전면 봉기는 벌떼같이 일어났다. 북경 올림픽을 전후한 중국의 거짓말 선전과 탄압에 맞서서, 인도 다람살라의 티베트 망명정부는 온세계를 도는 횃불행진을 시작하였다. 원자바오의 거짓말이 언제까지 계속될지 궁금하다.

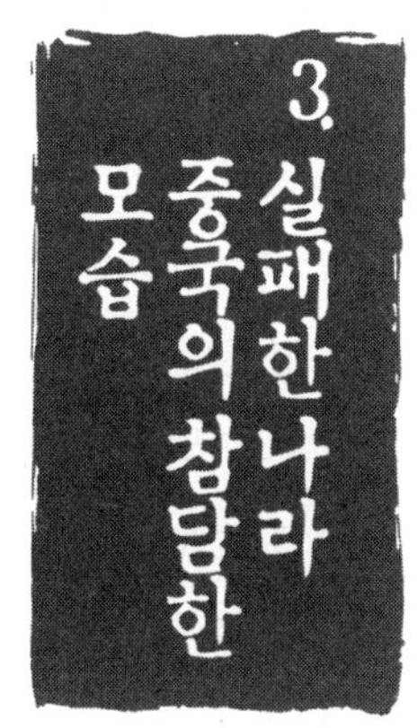


## 뒤뜰 용광로

중국 사회주의의 한심한 모습을 상징하는 대표적인 코미디 사례가 모택동 시대에 전국적으로 만들어졌던 뒤뜰 용광로이다. 모택동은 1949년에 장개석을 타이완으로 몰아내고 중공정권을 세우고서 생각하길, 본인이 위대한 역사의 인물이 될 방안은 영국과 같이 잘 사는 나라를 만드는 것이었다. 그래서 영국을 능가하는 철강을 생산하라고 명령하여 전국적으로 뒤뜰 용광로가 만들어지게 된 것이다. 모택동이 어디서 듣길 철강산업이 중요하다고 들었고, 영국이 당시 세계적인 철강대국이라고 들었던 모양이다.

모택동은 호남성 산골마을에서 태어난 무식한 사람이었다. 오로지 장개석 군대를 공격하여 정권을 쥐는 데만 평생을 바친 사람이었다. 그렇게 산 모택동이 환갑이 된 나이에 정권을 쥐고 나라를 다스리려니 제대로 되는 것이 없었다. 그것을 상징하는 대표적인 존재가 바로 뒤뜰 용광로였다.

모택동은 정규 교육을 제대로 받은 것이 없이 주로 옛 역사책을 즐겨 읽었다. 그래서 모택동이 가장 좋아한 사람은 진시황과 수양제였다. 모택동은 중국인들이 가장 못된 인물로 꼽는 두 사람을 가장 존경했던 것이다. 본인이 동일시할 표상으로서 중국 역사상 최악의 두 인물을 택한 것이다.

진시황과 수양제는 첫째로 거대한 토목공사를 일으킨 인물이다. 진시황은 크나큰 장성(長城)을 만들었고, 수양제는 대운하(大運河)를 만들었다. 그리하여 모택동은 일단 천안문 광장을 대폭 확장하였다. 그리고 명나라 13릉 황제묘 근처에 큰 저수지를 만들었고 삽협댐을 구상하였다. 그러나 긴 시간이 지나 최근에 마친 삽협댐의 준공식에는 후진타오를 비롯한 공산당 최고지도자가 누구도 가지 않았다. 거대한 댐을 무조건 만들었기에 환경문제를 비롯한 다양한 문제가 발생하여 거대한 재앙을 낳을 댐이 되었기 때문이다.

둘째로 모택동은 진시황, 수양제를 닮아서 수많은 여자를 농락했다. 1964년 5월에 초판이 발행되어 중국인들이 성경책과 같이 읽도록 강요당하는 모택동 어록에는 사회주의 혁명을 말하는 미사여구로 가득찼으나, 모택동의 실제 삶은 진시황, 수양제를 닮아 기름진 음식에 호화로운 생활이었다. 20살 전후의 수많은 젊은 여자를 침대에 끌어 들였으나 매일 새 여자였으며, 계속 된다 해도 3번을 넘지 않는 것이 일반적이었다. 그렇게 많은 여자를 거치면서 모택동은 평생에 걸쳐 여러 번 결혼을 했는데, 장개석 부대에 쫓기며 죽은 첫 부인 양개혜(楊開慧)와 정신분열증으로 헤어진 부인인 하자진(賀子珍)은 비극적 여인일 수밖에 없었다. 그가 1938년에 네 번째 부인으로 연안 게릴라 활동을 하며 맞은 부인인 강청(江靑)은 여배우로서 자본주의의 상징이었다. 강청은 2년 전에 결혼한 유부녀였으며, 1년 전에 러시아로 병 치료차 떠난 하자진과는 법적 이혼도 않은 상태였으나 집권 후에는 계속 강청이 공식적 부인이었다. 사실상의 마지막 부인으로 말년을 함께 산 특별전용열차 승무원 출신의 장옥봉(張玉鳳)은 만주 목단강시의 일본인 의사가 하녀와 눈이 맞아 얼결에 낳은 여인이었다. 여배우도 일본 남자의 딸도 개의치 않았으니, 그는 자본주의도 좋았고 사실상의 일본 여자도 좋았던 것이다.

셋째로 모택동은 국민을 수없이 죽음으로 몰아 나갔다. 진시황, 수양제가 수많은 중국인을 죽게 만든 것을 본받아서, 모택동은 살인마 그대로라고 할 정도로 수많은 중국인들을 죽였다. 모택동의 특징은 무섭게 공격을 해 온 일본군이 아니라 장개석 군대나 주변의 약한 소수민족을 보다 더 많이 죽였으니, 중국 내전 및 티베트 침공이나 6 · 25 전쟁으로 모택동이 죽인 사람은 수 천만에 이른다. 장개석과 싸우면서는 대장정 기간에 수백만 명을 스파이 혐의로 살해했고, 장개석을 몰아낸 뒤에는 내부 권력 투쟁으로 55만을 죽였다. 문화대혁명으로 최저 1600만 명에서 최대 6000만 명이 숙청되었다. 모택동이 굶겨 죽인 사람도 수없이 많았다. 국가 경영이나 행정의 경험이 전혀 없는 모택동이 인민공사를 만들고 대약진 운동을 하면서, 농업 생산은 급속도로 위축되고 무려 2천만 명이 굶어 죽게 된 것이다. 장개석을 비롯한 다른 사람이 한 일을 공격하고 비방하기만 했지 아무것도 할 줄 몰랐기 때문에 일어난 일이었다. 모택동 이후에 등소평이 검은 고양이냐 흰 고양이냐를 따지지 말고 쥐만 잡으면 된다며 흑묘백묘론(黑卯白卯論)을 내세워 집권한 것은, 등소평이 잘한 때문이 아니라 모택동이 실수를 하여 온 나라를 기근으로 몰아 굶겼기 때문이었다. 그저 밥만 먹여줘도 고마운 수준의 나라를 만들었기에 등소평이 저절로 집권하는 것이다.

넷째로 모택동은 중국이 망하는 토대를 놓은 인물이라고 보아도 되겠다. 진시황, 수양제를 본받아 거대한 모순덩어리 나라를 만들었다. 진시황이 죽고서 진나라는 곧 망했다. 극악무도한 폭정을 일삼은 그 시대가 훗날 중국의 이름이 되었으니, Chin(진)+a가 China가 되었음은 중국의 전통이 어떤 나라인가를 정확히 말해준다. 그리고 수양제는 아버지 수문제가 고구려를 공격했다가 물자부족으로 실패했다면서 온 인민을 동원하여 대운하를 만드는 등의 끊임없는 폭정을 일삼았다. 그는 고구려를 침공하여 을지문덕 장군에게 살수싸움에서 대패하여 수많은 군사를 다 죽이고 나라까지 멸망했다. 모택동은 무식하기 짝이 없는 인물이 황제같이 살면서 전제정치를 일삼았으니, 중국 공산당은 끊임없이 그 전통을 이으며 오늘에 이르고 있다. 중국은 모택동 이후에 겉모습과는 다르게 속사정은 완전히 황제국가이다. 공산당 황제가 대를 이어 가혹한 봉건적 폭정을 잇는 나라가 중국이다. 중국을 사회주의 국가라고 하는 것은 겉의 선전만 있는 것이고, 내면은 예전의 전제국가가 부활된 것이다.

다섯째로 모택동은 중국의 모든 전통을 말살했다. 예전의 중국을 모두 다 마르크스 공산이론에 대비시켜서 그에 따라 무조건 파괴를 시켰다. 지식인을 너무도 싫어했고 책을 두려워하여 일으킨 문화대혁명은 현대판 분서갱유로써, 진시황과 수양제의 수제자답게 중국을 망친 것이다. 너무도 많은 지식인이 노동현장에서 덧없이 죽어갔다. 캄보디아의 폴포트는 문화대혁명을 흉내내며 킬링

**현대판 황제 모택동** 모택동의 가혹한 독재정치로 모택동의 동상이나 초상화는 테러의 표적이 되고는 했다. 만주 땅 심양의 모택동 조각은 불에 탄 것을 다시 세웠고, 최근에 티베트에 세운 것은 할 수 없이 화강석 돌로 세웠다.

필드를 만들었는데, 모택동의 문화대혁명은 킬링필드보다 더 잔혹한 지식인 학살이었다.

여섯째로 모택동의 실정을 말하는 상징이 뒤뜰 용광로로서, 영국을 능가하는 세계 최대의 철광석을 생산하는 제철강국을 만든다고 온 중국에다가 소규모 소꿉장난 수준의 작은 용광로를 만들며 중국을 망쳤다. 그리하여 냄비, 솥, 칼, 쟁기, 낫을 비롯한 쇳덩이는 하나같이 몰아다가 녹여서 전혀 쓸모없는 낮은 수준의 쇳덩이를 만들었다. 온 나라의 나무를 모두 쓸어다가 불을 때며 중국 땅을 거대한 민둥산으로 만들었다. 그리고 나무가 없으니까 집안의 문짝 등의 모든 나무는 다 불질렀다. 모택동이 그 실수를 깨달은 순간에 중국은 거대한 폐허가 되어 있었다.

요컨대 중국인들이 정상적이라면 지금과 같이 살 수는 없다. 러시아, 동유럽 사람들은 사회주의를 해도 기본적 인권은 있었기에, 공산주의를 무너뜨리는 반공혁명이 가능했다. 그러나 중국은 너무도 인권이 말살된 최악의 독재국가이기에 그대로 죽어지내는 것이다. 뒤뜰 용광로, 인민공사, 대약진 운동, 문화대혁명을 거치며 중국은 거대한 벙어리 국가요, 죽은 국가가 되었다. 중국의 독재적 전통은 옛부터의 중국사를 그대로 나타낸다. 중국은 그렇게 살다가 가장 최악의 궁지에 몰리면서 거대한 민란으로 항상 무너진 나라이다. 그래서 중국의 왕조는 오래 지속된 나라가 없었다. 모택동은 철저히 재평가되어야 한다. 모택동은 철저히 독재를 하며 모든 것을 혼자서 결정하고 혼자서 망쳤기에, 온 나라에 뒤뜰 용광로가 불타며 중국 전체를 망쳐도 바른 말을 할 수 없었다. 온 나라가 무너지고 불타고 있어도 하나같이 눈치만 보며 비굴하게 죽어지내는 중국인들의 삶이 언제까지 갈 것인가는 온 세계인의 최대 궁금증이다.

## 병든 공룡도시 상하이

공산당 독재정치가 낳은 고질병은 중국 전체에 널리 퍼져 있다. 도대체 병들지 않은 곳이 없다. 중국은 요즘 반짝경기를 누리며 놀라운 발전이 있다고 요란하게 선전을 하고 있다. 그러나 정확히 말하면 실패한 나라이다. 대다수의 땅은 기아와 절망의 땅이 되어 헐벗고 굶주린 주민이 힘없이 지키고 있다. 눈에 띄는 특수지역은 공산당의 독재적 공포정치에 의해서 엄청난 중병을 앓고 있다. 그 대표적인 실패 사례가 상하이이다.

뒤뜰 용광로가 모택동의 최대 실정이라면서, 그것을 공격하며 집권한 등소평과 그 후계자 강택민 등 상하이 인맥들이 만든 현대판 뒤뜰 용광로가 바로 상하이 건설이다. 요즘 후진타오가 상하이 건설이 실패한 책임을 추궁하며 등소평, 강택민 계열을 대청소하듯이 몰아내는 것을 보면 중국정치는 악순환되고 있음을 웅변하는 것이다. 뒤뜰 용광로가 모택동을 죽였고, 상하이가 등소평, 강택민을 죽이고 있으니 공산당의 무모한 독재는 계속되고 있음을 뜻한다.

상하이는 공산당의 획일적 명령에 의해서 거대한 공룡으로 변해 나갔다. 중국은 공산독재 체제이기에, 주민들을 약간의 푼돈을 주어서 모두 일거에 내쫓아 버린다. 공산당에서 명령하면 그에 따르는 것 외에 다른 방도가 없다. 일거에 도시를 밀어내며 거대한 빌딩이 쭉 올라간다. 다른 민주국가에서는 10년이 걸려도 못할 일을 1년에 쉽게 해치운다. 그렇기에 나타나는 부작용은 엄청나다.

첫째로 상하이는 중국 땅 전체에서 돈을 걷어 모아 지은 것으로서, 수많은 농민들의 고혈을 짜내어 짓는 도시임을 유의해야 한다. 그런데 공산당에서는 모든 곳에서 눈에 띄는 부분만을 겉보기로의 사업으로 진행한다. 중국에서는 관광객이 가는 길목은 모두 고치고 다듬는다. 어떤 도시도 사람들이 많이 다니는 중심지역 앞부분은 아주 번듯하게 만든다. 그러나 한 발만 뒤로 들어가도 그곳에는 빈민굴이 펼쳐진다. 중국 땅은 어디를 가나 전시행정이 만연하여, 겉에 나타나는 시각효과 위주의 행정이 진행되어 겉보기와 속이 다르다. 상하이의 화려함 뒤에는 대다수 중국인들의 암울한 삶과 피눈물이 존재하며, 대다수 인민을 극도의 빈곤에 허덕이게 하며 빌딩숲을 만드는 것이다. 상하이의 높게 솟은 빌딩 밑에는 하루 한 끼의 빵도 제대로 못 먹는 10억 가까운 중국인들의 분노가 깔려 있는 것이다.

둘째로 상하이는 중국 땅이 그간 상하이방에 의해서 편향적으로 움직여졌음을 뜻한다. 그간 중국에서는 상하이와 직간접적으로 관련을 깊게 가진 인맥이 주도권을 쥐어왔다. 등소평, 강택민, 주용기, 이붕 등의 상하이 관련 인맥이 중국 땅의 돈을 몽땅 긁어다가 상하이의 포동지역에 퍼부어서 오늘의 상하이가 만들어졌다. 특히 상하이시장으로 있다가 최고위에 오른 강택민이 자신의 정치적 고향에 돈을 퍼 부은 것이다. 그렇기에 상하이에는 자유가 사라졌다. 억지로 공산당의 뜻을 강요하자니까 반대파를 감옥에 보내며 급조된 도시를 만들었다. 문제투성이 상하이는 독재국가의 독재정치가 일방적 독재로 쌓아올린 병든 공룡의 도시이다. 더군다나 상하이가 경제적 중병이 든 것은 원래 상업 금융도시였는데, 느닷없이 상하이를 중공업 도시를 만든다고 중국 지도층이 오판을 하여 잘못된 투자를 하며 경제적 불구도시를 만들고 말았다.

셋째로 상하이는 중국 땅 전체의 2중성을 대변한다. 상하이를 흐르는 황포강을 가보면 흡사 거대한 동화책 속의 나라에 온 듯한 환상을 느낀다. 그곳은 인간이 사는 곳이 아니라 선녀나 요정이 사는 곳이라는 착각을 가질 정도로 완벽한 연극무대를 만들어 놓았다. 정말로 연극을 위한 무대장치 그대로이다. 그러나 이것은 최악의 독재국가이기에 가능한 것이다. 온 도시를 완전히 허물고 주민을 내쫓은 뒤에 전국에서 모아 온 피눈물의 돈으로 겉보기만 화려한 황포강을 만든 것이다. 황포강의 휘황찬란한 야경에 속는 관광객이 있다면 너무나 순진한 사람일 뿐이다. 제대로 본다면 감탄이 아니라 분노로 전율하며 현기증을 느껴야 할 것이다.

넷째로 상하이는 예부터의 문화가 없다. 예부터의 과거는 온통 부끄럽고 창피한 나라가 중국이라, 모든 것을 없애고 사라지게 만들었다. 1천 년에 걸친 이민족의 지배가 만든 과거의 한심한 모습을 모두 털어내야 한다는 강박관념이 지배하며 모든 것을 파괴하고 부순 것이다. 상하이에는 옛 것이 거의 남지 않았다. 공산당의 명령 한마디에 모든 것이 사라지고 완전히 신도시가 급조되어 만들어지고 만 것이다. 허망하게 사라진 옛 문화를 생각하면 한심할 정도의 도시가 상하이이다. 머지 않은 미래에 뜻 있는 사람들이 땅을 치며 통곡할 일이 일방적으로 벌어진 것이다. 공포의 독재사회가 낳은 무서운 공룡이 모든 전통, 역사, 문화를 한 입에 삼켜버린 것이다.

다섯째로 상하이는 죽은 도시나 마찬가지이다. 황포강을 따라서 중국이 발전했다고 선전하려는 선전건물을 나열하여, 겉보기로만 화려하게 지었지 필요에 의해서 지은 도시가 아니기 때문이다. 삶의 필요에 의해 도시 기능을 철저히 고려하면서 도시가 만들어져야 하는데, 겉보기 전시효과 위주로만 지었기에 제대로 된 도시 기능이 있을 리가 없다. 수없이 문제투성이이고 도저히 살 수 없는 도시가 만들어졌으니 죽은 괴물의 도시와 다를 것이 없다. 그리하여 뒷거리는 통행불능의 도시가 되었으며, 도시의 절반은 정화조 시설이 없다. 다양한 도시기능은 없이 무조건 건물만 지은 역기능이 속출하고 있다.

여섯째로 상하이는 경제성을 고려하지 않고 지어진 도시이다. 중국은 모든 것이 공산당에 의해 정치적으로 움직이는 나라이다.

공산당은 중앙정부에서 계획을 하여 움직이는데, 그 계획은 경제적인 것을 포함하여 모든 것이 정치적이다. 아니 정략적이다. 상하이도 경제성이 아니라 정치성, 정략성으로 지어졌다. 그렇기에 빈 집, 빈 방, 빈 사무실이 널려 있는 골병 든 도시가 되고 말았다. 중국 땅의 곳곳이 그렇지만 상하이에도 호텔방은 빈 객실로 묵히는 방이 수두룩하다. 도대체 경제적인 면을 전혀 고려함이 없이, 지구상에서 가장 번쩍이는 도시를 만들겠다는 생각만으로 지었으니 경제효율이 존재할 까닭이 없다. 자유국가 같으면 미분양 아파트, 부도난 빌딩이 줄줄이 있을 도시건만 공산당 독재국가이기에 중앙은행이 억지로 파탄을 막아주며 버티는 기막힌 도시인 것이다. 특히 유의할 사항은 이렇게 경제성이 없이 지어진 건물의 상당한 숫자는 외자 유치에 의한 것이다. 중국은 산업시설도 건물도 자체적인 힘에 의한 것이 아니라, 많은 것을 타국의 힘을 빌려서 겉으로만 번쩍이는 상하이를 만들었다. 상하이의 건설을  사상누각이라고 말하는 것은, 상하이가 흡사 빚을 얻어다가 화려하게 사는 사람과 같다는 뜻이다. 은행빚을 얻어다가 겉으로는 번드르한 기업을 만든 사장이 파산을 맞을까 보아 밤잠을 못 이루는 불안감 속에 나날을 보내듯이, 상하이의 진실을 아는 사람은 모래 위에 지은 집에 누워서 하루하루가 불안한 것이다.

일곱째로 상하이는 공해문제에 대한 면도 고려되어 있지 않다. 중국은 어디나 뒷골목을 가면 쓰레기 천지이다. 상하이도 그것은 마찬가지다. 온갖 쓰레기가 엄청나게 나오지만 상하이는 동남부 해안의 라오강 매립지가 이미 포화상태이고, 그 주변에 작은 매립지 80곳이 있으나 상황은 열악할 뿐이다. 중국은 인구도 많지만 쓰레기도 많아서 세계 쓰레기의 32%가 나오고 있는데, 중국 공산당은 공해관념이 거의 없다. 상하이는 중국의 대다수 도시와 같이 쓰레기에 포위되어 있다. 황포강의 휘황찬란한 야경을 보며 뱃놀이를 하다가 강물을 보면 기절을 할 지경이다. 중국 공산당은 상하이 건설을 너무 안일하게 생각했다. 아니 상하이가 그러하니 그것은 바로 중국 건설이 전반적으로 실패했음을 말한다. 세계은행의 보고서에 따르면 전 세계에서 심하게 오염된 20개의 도시 가운데 16개가 중국에 있으며, 매년 75만 명이 공해로 사망한다고 한다(문화일보, 2007. 7. 3). 중국은 상하이만이 아니라 국가 전체가 공해로 병들어 죽어가는 나라이다. 특히 상하이의 가장 큰 문제는 생각없이 집중적으로 고층빌딩을 상하이에만 짓다보니까 생각지도 못한

**상하이 야경** 국가 전체를 철저히 독재적으로 이끄는 중국이기에 놀라운 야경이 만들어졌으나, 그 뒷면은 온통 문제투성이일 뿐이다.

심각한 일이 벌어졌다. 상하이의 지반이 계속 내려앉고 있어서, 1921년부터 1965년까지 약 240cm나 내려 앉았다고 한다. 우물을 너무 팠기 때문이다. 상하이는 그런데도 물이 부족하여 다른 곳에서 물을 수입해다 쓸 난감한 상황에 빠져 있다. 엄청난 재난이 잠재된 폭발 직전의 도시가 상하이인 것이다.

여덟째로 상하이의 심각한 도시공학적 병이 치유할 수 없는 암으로 나타날 가능성이 있다. 등소평, 강택민에 의해 특혜도시가 된 뒤에, 상하이는 수많은 문제를 안았지만 중국 전체 GDP의 3할을 점하고, 해외투자액의 6할을 차지하는 상하이 메갈로폴리스(강소성, 절강성을 포함한 거대도시)가 되면서 중국 땅 전체와는 이질적인 곳으로 팽창되어 왔다. 그리하여 후진타오 정권은 상하이 탄압으로 세월을 보내며, 사실상 상하이는 중국 땅 전체와는 대립되는 길을 걸어왔다. 상하이 메갈로폴리스는 중국 땅에서 사실상 독립된 암덩어리가 되었다. 이 암덩어리는 광동성, 복건성으로 전이되며 확산될 조짐도 크다. 이것이 어떤 결과를 앞으로 유발할 것인가는 예측하기 어렵다.

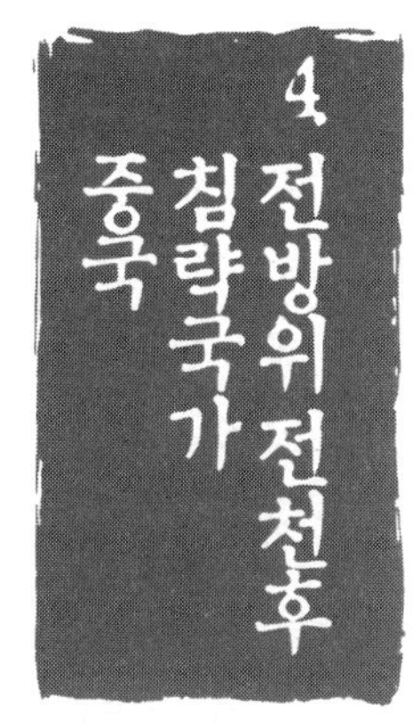

# 4 전방위 전천후 침략국가 중국

## 항미원조 기념관

북한과 중국의 국경도시인 압록강 하구의 단동시에는 중국정부에서 세운 거대한 기념관이 있다. 그 곳에 들어가면 중공정권의 도덕성이 명백히 드러난다. 중국 땅에는 곳곳에 이런 것이 만들어져 있는데, 그곳에는 일방적으로 날조된 거짓선전만이 존재한다.

6 · 25 전쟁은 1950년에 발발되고 어언간에 환갑을 바라보는 시간이 흘렀다. 그리하여 그 전쟁의 성격이나 내용이 정치학적으로 연구되고 정리될 만큼은 분명하게 이루어졌다. 그리하여 그 전쟁 책임은 물론이고, 전개과정 등이 소상하게 밝혀져 있다. 더군다나 6 · 25 전쟁을 일으킨 주범 중의 하나인 러시아에서 공산주의가 붕괴되며 관련 외교문서를 공개하여, 6 · 25 전쟁의 관련사료까지 나름대로는 확실한 모습을 말해주고 있다.

그러나 중공은 북한과 함께 공동 전범국가이면서도, 단동 시내에 있는 기념관 내용은 일방적인 중공측 선전 일변도의 전시를 해 놓았다. 공산주의 체제 확장을 위해서 김일성, 모택동, 스탈린의 3인이 공동으로 전쟁을 모의하고 1950년 6월 25일에 기습으로 남침을 진행하였으나, 그 내용들이 진실은 하나도 없이 6 · 25 전쟁을 일방적으로 미화하는 거짓 자료를 전시해 놓았다. 물론 김일성이 지원을 호소하는 편지를 전시해 놓는 것은 당연히 중공측의 변명을 위해 있을 것이겠지만, 공동으로 전쟁을 모의한 범죄행위는 철저히 은폐되어 있다.

6 · 25 전쟁은 사실상 최고 주범이 모택동이고 차라리 김일성은 바보 같은 종범에 가깝다. 왜냐하면 중국 땅에 있던 많은 숫자의 독립군들이 남침의 기간병이었고, 그 기간병을 북한에 미리부터 확실히 넘겨준 중공측의 행위는 6 · 25 전쟁의 성격에 있어서 결정적인 것이다. 특히 1949년에 장개석 국민당 군대를 몰아내고 중공정권이 수립되며 곧이어 6 · 25 전쟁이 일어나고 곧 티베트를 연이어 침략강점한 것은 중요한 것을 말해준다. 그것은 모택동이 일찍이 전천후 침략 의지를 가졌음을 뜻한다. 그리하여 공산측에서는 한국을 완전히 공산화시키고 일본까지 공산화시킬 절호의 기회

**항미원조기념관**

침략전쟁의 전범국이 온갖 거짓말 변명만을 늘어놓은 최악의 기념관이다.

로 보았겠지만, 결과는 수많은 우리 젊은이들을 죽음으로 모는 결과를 낳았다. 6·25 전쟁에서 남북한을 합해 우리 민족의 젊은이들은 거의 모두 죽었다. 당시 우리 민족의 젊은 남자는 거의 모두 죽고 젊은 여자는 거의 모두 과부인 참담한 상태가 되었다.

6·25 전쟁에서 죽은 남한측의 전사 및 실종은 28만 명이고 부상자 포함 인원은 99만 명이었다. 민간인으로 학살당한 사람이 37만 명이고 납북이 8만 명, 부상자가 23만 명, 행방불명이 33만 명이다. 북한군에 끌려간 사람이 40만 명, 경찰관 손실 2만 명 등을 합하면 남한측의 당시 인구에 있어서 쓸만한 젊은이는 다 죽었다고 보면 된다. 약 2백만 명이 죽었다.

북한측은 남한보다 더 심하여 약 3백만 명이 죽었고, 유엔군은 약 15만 명이 죽었다. 그리고 침략자인 중공군도 90만 명이 죽은 것으로 통계상 발표되고 있다. 당시 남북한의 인구는 약 3천만이었는데 총 5백만 명이 죽었으니, 지옥과 같은 3년 간의 전쟁기간이었음을 알 수 있다. 그런데 당시 중공측에서 넘겨준 독립군들은 중공측이 장개석 국민당 군대를 물리침에 혁혁한 공로를 세운 군대였다. 그들을 모택동이 이용할 대로 이용하고는 김일성에게 넘겨주어 모두 죽게 만든 것이었다.

그리고 중공군의 상당한 숫자는 항복한 장개석 군대 패잔병들이었다. 그들에게는 총도 주지 않고 맨 몸으로 전쟁터에 나가게 하여 하찮은 소모품으로 죽게 만들었다. 중공군의 복장으로 전쟁터에 강제로 끌려나온 국민당 패잔병들은 중공측의 인해전술이라는 지극히 비인도적인 전쟁으로 초개같이 죽어야만 했다. 총이 아니라 꽹과리, 북, 징, 피리, 나팔을 들고서 일열 횡대로 서서 총알받이가 되어 죽어나간 국민당군도 중공측으로 보면 같은 한족(漢族)이다. 아무리 포로라고 하더라도 그토록 비인도적으로 값없이 맨몸으로 총알을 맞으며 죽게 만드는 것은, 실로 개돼지에게도 못할 짓을 저지른 것이다. 모택동은 같은 동족을 단지 장개석군이었다는 이유만으로 풀벌레 죽이듯 죽게 만들었다.

모택동은 한족(漢族)의 입장에서 볼 때에 최악의 인물이다. 장개석의 국민당 군대가 일본과 싸울 때에는 비겁하게 뒤에 숨어서 국민당 군대 와해공작만 진행했고, 미군의 원자탄에 의해 일본이 항복하자 와해된 국민당군을 제압하고 중국을 장악했다. 그리고는 은혜를 준 미국과 싸우라고 국민당군을 맨 몸으로 내보내어 죽게 만들었다. 그리고 세월이 흘러 50여 년이 지난 오늘날에는 타이완의 국민당을 타이완 원주민과 이간시키며 돕는 척 위장전술을 쓰고 있다. 모택동의 공산당은 창당 이후 처음부터 끝까지 비열하고 몹쓸 짓만 국민당에게 강요해 왔다. 절대로 6 · 25 전쟁에서 잊을 수 없는 것으로서, 엄청난 숫자인 중공군 전사자 90만 명의 대다수는 국민당 군대였음이다. 그들은 중공군 복장만을 입었지 사실상 중공측이 교묘하게 사형시킨 장개석 국민당군이었고, 여기에 덧붙여 만주 땅의 조선족을 길 안내 향도병으로 편입시켜 많은 조선족도 중공군에 끼여 죽였다.

한국의 중부지방에는 6 · 25 전쟁 이후에 풀밭에서 함부로 눕거나 뛰놀 수가 없게 되었다. 유행성 출혈열이라는 새로운 전염병이 생겼기 때문이다. 그것은 너무도 많은 중공군이 미군의 포격에 의해 집중적으로 죽은 시체에서 생긴 신종 전염병이다. 줄지어 맨몸으로 밀려내려오는 중공군에 무수한 포탄이 쏟아지며 온통 피범

벽 시체더미가 된 곳에서, 들쥐가 옮기는 무서운 전염병이 나타난 것이다. 모택동이 국민당 포로들을 악의적으로 몰아 죽인 원혼이 쌓여서 생긴 전염병을 보며, 중국 공산당에서는 무슨 변명을 할까? 국민당은 6 · 25 전쟁의 원혼들이 말하는 뜻을 저버린다면, 그리고 유행성 출혈열 전염병의 의의를 모른다면 죽은 정당에 불과하다. 지나간 국민당 역사를 볼 때에, 타이완의 국민당은 굳센 의지를 상실하면 중공군에 이용당하며 마지막의 길을 갈 것이 분명하다.

6 · 25 전쟁은 김일성을 앞에 내세우고 모택동이 주범이 되어 일으키고 한국인들끼리 서로 싸우게 만들었으며, 항복한 장개석 패잔병들을 함께 몰아 청소한 처참한 전쟁이었다. 그리고 절대로 잊지 말 것은 제2차 세계대전에서 패전하여 최악의 상태에 있던 일본이 다시 되살아나게 만든 것이 6 · 25 전쟁이었다. 모택동, 김일성은 일본이 최고의 적이라면서, 결과적으로 6 · 25 전쟁을 통해서 일본을 도운 이적행위, 매국행위를 한 것이다. 그럼에도 불구하고 항미원조기념관에는 그 참모습이 전혀 없다. 오로지 미국이 침략국인 듯이 선전을 했고, 용감한 중공군이 있는 듯 선전을 했을 뿐이다. 전범 모택동이 온갖 잘못을 다 저질렀지만, 거꾸로 좋은 일만 한 듯이 거짓말만 나열한 것이 전시되어 있다.

몇 년 전에 일본을 항복시켜 중공정권 수립에 결정적인 도움을 준 미국에게, 철저히 몹쓸 선물을 안겨주고 미국을 거꾸로 범죄국가로 모는 역선전만 있을 뿐이다. 미군은 침략한 김일성, 모택동 군대를 물리치고 정의를 지키려는 평화군대였다. 오히려 중공측이 침략 범죄국이고 수많은 한국 젊은이를 죽게 만들며 한국 땅을 폐허로 만든 전범국가이거늘 미국에게 죄를 뒤집어 씌우고 있는 것이다. 특히 희극적인 것은 중공정권이 김일성을 시켜 남침전쟁을 일으키고는, 남측에서 거꾸로 북침했다고 선전을 하고 한국을 도우러 온 미국군이 오히려 침략군이라고 역선전을 해대는 것이다. 그리하여 미군이 38선 근처에서 휴전을 한 것을 미군을 격퇴했다고 중공인민에게 대대적 선전을 하고 있으니, 모택동 정권의 도덕성이 땅에 떨어진 것이 뚜렷이 보인다. 모택동은 김일성과 함께 남침전쟁을 일으키고는 책임을 온통 한국과 미국에게 전가하면서 어이없게도 미군을 격퇴했다는 어불성설 논리를 펴는 것이다. 항미원조기념관은 이름부터가 너무나 부도덕하고 부끄럽기 짝이 없다. 그것은 중공전범규탄관으로 고치고 모택동이 무릎 꿇고 참회하는 동상을 크게 세워놓아야 할 곳이다.

특히 여기서 잊지 말아야 할 것은 모택동의 공산군은 역사적 정당성이 매우 낮다는 점이다. 모택동의 공산군이 역사적으로 변명할 수 없는 것은, 만주 땅에 있던 30만의 왕정위(汪精衛) 괴뢰정부군이 장개석 국민당에 거부당하고는 공산군의 주력부대로 합류되었음이다. 정통세력인 국민당은 일제 앞잡이 매국노 군대인 왕정위 군대를 거부했으나, 모택동은 최악의 매국노와도 손을 잡고 국민당을 몰아내는 데만 혈안이 되었었다. 모택동은 국민당보다 세력이 밀리는 공산당을 위해 부도덕한 군벌세력도 모두 받아 들였고, 왕정위 매국군대까지도 받아 들였다. 그리고는 국민당을 제압한 뒤에 국민당 포로는 모두 6 · 25 전쟁의 총알받이로 죽여 버렸다. 모택동은 장개석군을 몰아 죽이고는 왕정위 괴뢰정부 및 여타 군벌군대를 모두 공산당에 편입하여 중공정부를 구성한 것이다. 오늘의 중국은 너무도 부끄러운 과거를 갖고 있다. 오늘의 중국은 항일애국 군대를 제물로 삼아, 비애국 공산군과 매국 괴뢰군대가 나라를 세운 부끄러운 나라이다. 모택동은 정권을 쥔 1949년 이후에 부끄러운 과거를 위장하려니까 끊임없이 살벌한 독재를 할 수밖에 없는 역사적 토대를 가진 것이었다. 예전에 명나라의 주원장이 자신의 부끄러운 성장과정을 아는 신하들 모두를 죽인 것과 같다.

항미원조기념관을 방문했을 때에 관광안내원이 하던 말이 많은 것을 생각하게 한다. 이곳에서는 자기가 관광안내 설명을 할 수 없으니 전시된 것을 그냥 읽어보라는 것이었다. 그 까닭은 자기는 정부에서 준 자료대로 안내를 할 수밖에 없는데, 그대로 하면 한국인들이 매번 국군과 타이완 국민당군을 죽게 만든 바에 대해 격렬히 분노하는 얘기를 한다는 것이다. 그래서 본인은 안내를 하기가 매우 어렵다는 것이다. 당연한 일이 일어나기 때문인 것이다. 중공정권의 부도덕한 날조된 선전을 그대로 듣고 있을 외국 관광객이 얼마나 되겠는가?

그런데 이런 형태의 기념관은 중국 땅 곳곳에 가는 곳마다 있다. 중공측의 일방적인 날조된 선전만이 가득한 기념관을 곳곳에 지어 놓은 중공당국의 도덕성은 항상 의심받아야 한다.

예컨대 산동반도의 유공도에 있는 청일전쟁기념관을 가보면 기가 찬 웃음이 나올 뿐이다. 청일전쟁에 참패한 나라가 거꾸로 이긴 듯이 기념관을 만들어 놓았으니 무슨 말을 하겠는가? 또한 하얼빈의 731부대 유적지를 가면 일본군에 피해를 입은 사람들은 공산당에서 모두 한족(漢族)이 되게 조작하라고 명령하였음이 뚜렷이 드러난다. 조선족 등 소수민족이 분명한 피해자들도 무조건 한족이 되게 하였으니, 중국 인구 통계를 무조건 한족이 92%의 절대다수가 되게 하라고 몰아쳐서 나온 가짜 통계와 같은 흐름으로 만든 것임이 그대로 뚜렷이 드러난다. 특히 21세기 최고의 희극으로서 티베트에 세워지는 중국 최대의 모택동 동상을 보면 온 세계가 웃을 일이 일어나고 있다. 중국 공산당의 티베트 탄압은 날로 극단을 치달아, 55년 전에 모택동이 티베트를 강점한 것을 기념하는 7m 높이의 35t짜리 초대형 화강암으로 중국 최대의 모택동 동상을 2006년 9월 9일에 티베트에 건립했다. 모택동의 사망 30주년을 기념한다면서, 그리고 티베트 주민들이 모택동에 감사하며 동상건립을 원한다면서 티베트 공산당에서 세웠다. 1950년에 6 · 25 전쟁을 일으키고는 1951년에 티베트를 강제로 점령한 중공이, 동북공정 역사침략을 하며 티베트 공정으로서의 모택동 동상 건립을 추진하여 중공은 동서남북 전방위로 항상 침략국임을 온 세계에 알리고

**731부대의 잔해** 중국인들은 731부대의 희생자들까지도 역사 왜곡을 해놓았다.

있다. 티베트 독립항쟁을 피바다를 만들며 학살한 후진타오의 시대에 세워지는 이 동상에 대한 티베트인들의 분노는 극에 달해 있다. 이 동상은 결코 오래 서 있을 수가 없다. 이것이 무너지는 날이 티베트 독립의 날이 될 것이다. 그리고 이 동상이 세워지는 것은 거꾸로 티베트 독립이 다가오고 있음을 뜻한다. 중국 최대의 모택동 동상이 세워짐은 티베트인들의 독립 의지가 너무 강하기에 세워지는 것이며, 탄압이 클수록 독립의지의 분출도 클 것이기 때문이다. 어떻게 온 세계가 지켜보고 있는 세계화된 시대에, 모택동의 침략에 감사한다는 동상을 티베트에 중국 최대의 크기로 세울 수가 있는가? 중국사회의 도덕 불감증을 증명하는 이 동상이 서는 순간에 지구촌의 온 세계는 중국인을 인간으로 취급하지 않게 되었음을 유념해야 한다. 도둑이 도둑기념탑을 백주에 거창하게 세우고 있는 나라가 21세기에도 존재하고 있으며 인류는 아직도 미개상태에 있음을 뜻한다.

## 호산장성(虎山長城)

호산장성은 단동시에서 동쪽으로 약간 가서 북한의 의주(義州) 바로 건너편에 있는데 최근에 중공측에서 세운 것이다. 신의주(新義州) 건너에 단동이 있고, 의주 건너에는 압록강을 건너서 12km 지점에 구련성(九連城)이 있는데, 느닷없이 최근에 중공정부에서 호산장성을 압록강 바로 건너편에 세운 것이다.

구련성은 예전에는 꽤 유명한 곳이었다. 조선시대의 외교사절이 청나라를 가려면 의주를 거쳐 압록강을 건너고 최초에 닿는 곳이었기 때문이다. 구련성은 옛부터 만주 땅으로 가는 관문이었고, 사무역으로서의 교역도 활발히 이루어지는 곳이었다. 구련은 중국어로 읽으면 만주 북쪽의 길림(吉林)과 같이 '지린'으로 발음이 되는데, 지린은 만주어로 '경계선, 국경선'이라는 뜻이다. 단동에서는 북동쪽으로 15km 떨어진 위치에 있는데, 그 동쪽은 아이허강 건너편의 아이허젠구청이며 북쪽은 전둥산으로 이어지는 험준한 지형을 이용하여 금(金)나라 때는 이곳에 9성을 쌓고 고려와 싸웠다. 명(明)나라 때에는 병영이 줄지어 있어 구련성이라고 불렀으며 현재도 성터, 조망대 등이 남아있다.

명 · 청(淸) 때에는 국경을 건널 때 양국사절이 꼭 거쳐야 하는 조선과의 통상요지였다. 청일전쟁 때는 일본군이 중국 만주땅에 이르는 진입구로 이용되었다. 부근 지역에서 요(遼) · 금(金) · 원(元) 때의 유리, 송(宋) 때의 화폐 등이 출토되었다.

구련성이 '지린'으로서 국경을 뜻함은 먼 옛날부터 구련성이 중국으로의 출발지요, 반대로 만주족은 거기서 조선 땅으로 출발하는 교통의 요지였다고 하겠다. 그런데 느닷없이 중공정권에서는 약 10년쯤 전에 압록강에 붙은 작은 언덕 정도인 호산(虎山)을 장성

**의주성**
압록강 건너로
북한쪽 의주성이 뚜렷하게 보인다.

(長城)의 출발지라며 북경 근처의 팔달령과 비슷하게 장성을 새로 축조한 것이다. 최근에는 그곳을 관광객에게 개방을 하며 날조된 선전을 하니, 모르는 사람들은 거짓선전에 속을 수밖에 없을 것이다. 그것이 약 10년 전에 날조되어 축조된 것을 어찌 알겠는가?

호산장성은 중국 동북공정 역사침략의 노골성을 원색적으로 보여주는 핵심 상징물로서 그 위치부터가 기막히다. 예전에는 거기서 12km나 떨어진 구련성이 경계였고, 그 사이를 간도라고 말했던 것이다. 물론 그 간도는 우리땅이다. 그런데 압록강에다 꼭 붙여서 거짓 장성을 쌓고 거기부터 경계라고 우기는 중공정권의 악의성은 무엇을 말하는가? 최소한의 국제도의도 문화감각이나 역사의식도 없다는 것을 뜻하는 것이 바로 호산장성을 축조한 중공측의 입장이다.

호산장성은 축조기간만도 여러 해가 걸렸다. 그것이 예전 진시황 때가 아니고 초현대시대인 서기 2000년 무렵에도 여러 해가 걸렸으니 얼마나 돈을 쏟아 붓고 노력을 들였나가 짐

**호산장성**
2000년대에 급히 날조한
지극히 부끄러운 역사유적이다.

작될 정도이다. 아무 것도 없는 들판에다가 거대한 연극무대와 같은 날조된 호산장성을 쌓아 놓고는 거기서부터가 만리장성이 시작된다고 온통 법석을 떨며 선전을 하는 것이다.

원래 만리장성은 중국의 부끄러운 치욕을 상징하는 것이다. 그런데 그것을 오히려 영광의 상징같이 거꾸로 선전하는 것이 오늘의 중국이다. 만리장성은 중국이 수천 년을 이어 북방족의 지배를 받으며 만들어진 허약한 중국의 부끄러운 자화상이고, 수많은 인민을 죽음으로 몰아넣었으나 항상 폭정과 부패로 망한 역사를 이은 중국의 치욕을 나타낸다. 그리고 거기까지가 중국 땅이라고 담을 쌓은 것이다. 그런데 오랜 세월에 걸쳐 쌓은 것을 현대 중국에서 찾고 찾으니 6350km에 불과했다. 이는 중국 도량형으로는 1만 2천 7백리로서, 중국에서는 모든 것을 억지로 짜맞춘 통계로 날조하듯 이것도 옛부터 허풍떠는 문자 그대로의 만리장성에 짜맞춘 것이다. 그러나 만리장성은 옛부터의 중국식 과장표현법으로 그런 것이고, 중국에서도 그냥 장성(長城)이라고 불러왔다. 중국인들은 거짓된 허풍에 강하다. 장개석 부대에 쫓겨 혼비백산 도망간 것을 대장정이라고 미화하고, 북방족에게 끊임없이 공격을 당해서 인민의 피땀으로 쌓은 성벽을 무조건 만리장성이라고 우긴다. 도망간 것도 미화하고, 성이 크면 무조건 만리라고 우긴다. 그런데 만리장성 가운데 실제로 남은 것을 찾으니 약 20%로서 1200km(2400리)에 불과하다고 한다. 아무리 우겨도 2500km를 넘지 않는다. 중국의 장성학회(長城學會)에서는 2000년에 걸친 황사와 바람의 침식으로 그렇게 되었다고 하나 실제로 만리장성은 그렇게 길지 않았음을 뜻한다(중앙일보, 2006. 10. 30 참조).

예부터 만리장성의 출발점은 동쪽은 산해관이었고 멀리 서쪽의 가욕관이 끝이었다. 그것은 최근까지 중국 교과서에도 엄연히 쓰여졌던 것이었다. 관광안내원의 겸연쩍은 얘기는 다음과 같다.

「10년 전에 호산장성을 새로 지었는데, 중국의 몇몇 학자들이 새로 연구한 바에 의하면 호산장성이 만리장성의 끝이라고 하여 새로 지었습니다. 저희들도 학생 때에는 만리장성이 산해관에서 가욕관까지라고 배웠으나, 최근에 교과서도 호산장성부터라고 고쳤습니다.」

그러니까 중국에서는 공산당 어용학자 한두 명이 과잉으로 충성하는 억지 이론을 말하는 것을 듣고, 21세기의 온 세계가 지켜보는 가운데 날조된 장성을 새로 만들고 교과서까지 바꿨다는 경악할 얘기를 하는 것이다. 아니 공산당 중앙의 명령에 따라 날조된 이론을 만들고 온 중국인에게 그것을 강요하는 것이다. 더구나 단동시에는 '호산장성 역사박물관'까지 세우고서 고구려와 백제까지 당나라 영토로 표시를 해놓았다.

호산장성은 원래 고구려의 박작성이다. 박작은 밝작, 밝잣의 음차 이두글이 되겠으니 백제(百濟)의 순수 우리말이라고 하겠다. 양주동의 학설에 의하면 밝은 광명의 뜻이요, 잣은 언덕, 성(城)의 뜻이니 백제는 밝잣의 이두글로서 현재 국내에 남은 박달재는 밝땅(달)의 재를 말하는 것이다. 그리고 백두산은 밝땅(頭)의 재, 메(山)를 뜻하는 것이니, 같은 이름이 박작성, 백두산 등으로 남았고 고구려에서 갈라진 백제의 나라이름이 된 것이다. 밝잣은 영어로 말하면 Utopia가 되는 것으로 밝사상은 광명을 포함한 이상적인 logos

로 생각하는 개념이었다. 생각건대 박작성은 온조왕이 유토피아를 찾아 내려오면서 잠시 머문 곳일 수도 있고, 원래 그런 이름이 있던 곳에 온조왕이 머물다가 가며 훗날 백제라는 이름도 탄생이 된 것이 아닐까 생각되기도 한다.

박작성에는 당나라가 보장왕 7년(648)에 침략을 했었는데 산성이 견고하고 압록강이 힘차게 흘러 패퇴한 곳이다. 이곳에는 지름이 4.4m, 깊이가 11.25m이며 견고한 돌로 53층을 쌓은 완벽한 형태의 대형 고구려 우물이 있다. 1991년에 중국이 발굴하여 3.7m 길이의 완전한 통나무배를 비롯한 30여 종의 유물이 쏟아져 나왔다. 고구려 때의 평양성을 지키는 최고의 요새지였음을 증명하는 것이다. 그런데 훗날 명나라 때에 이 산성의 꼭대기에 봉화대 하나를 세웠었다. 그러니까 중국에서는 고구려 산성을 그들이 쌓은 장성(長城)이라고 우기며, 고구려의 중요한 산성에 날조된 성을 1500년 만에 쌓고서 이곳이 장성의 출발지라고 우기는 것이다(월간중앙, 2006, 10).

만리장성은 최소한 2000년 전에 만들어진 것인데, 훗날 한 때 명나라 군대의 봉화대가 있었다고 하여 거대한 가설무대와 같은 장성을 새로 만든다면, 한국에서 광개토태왕 때의 드넓은 땅은 물론이고 옛 요서 백제나 치청왕국의 옛터를 재건하려 한다면 무슨 말을 하겠는가? 그리고 러시아의 유 엠 부친 같은 학자는 옛 고조선의 서쪽 끝이 내몽골의 시라무렌강 너머까지라고 하는데, 중국 땅 화북의 대부분이 고조선 땅이라는 견해에는 무엇이라 답할 것인가? 그리고 예전의 우리 조상들의 군대가 주둔했던 곳마다 산성을 새로 쌓으면 무어라 할 것인가? 특히 유의할 사항은 중국이 잠깐 점령한 것은 침략에 해당할 뿐이고, 반대로 한국의 고조선, 고구려 옛터는 우리 민족이 태어난 고유한 영토로서의 민족 발상지라는 점이다.

먼 옛날부터의 확고부동한 장성 출발지인 산해관을, 바꿔서 호산장성이라고 날조했다고 중공측에 무슨 큰 이득이 있을 것은 전혀 없다. 아마도 간도가 바로 그 12km 공간을 이어서 연변까지를 모두 포괄하므로 간도 분쟁의 우선권을 가지려는 잔꾀라면, 오히려 간도가 문제된 땅임을 자백하는 것밖에 더 있을 것이 없다. 그리고 도리어 중공당국이 사기꾼 집단이라는 것밖에 더 선전할 것이 없다. 호산장성에서 12km 떨어진 구련성이 명나라 때의 군대 주둔지였음은 누구나 아는데, 보초 몇 명이 잠깐 와 있었다고 거대한 날조된 산성을 초현대 시대에 쌓는다면 무슨 거짓말은 못하겠는가?

그런데 중공측은 요즘 호산장성까지의 새로운 도로를 만들고 전국적인 관광지로 선전을 하고 있다. 그리고는 그곳에 군부대까지 주둔시키며 공포 분위기를 확실히 조성하고 있다. 아니 역사 날조를 하자니 겁이 나서 군대를 일부러 주둔시키려 한다는 생각도 든다. 정말 공산 오랑캐다운 작태이다.

참고로 호산장성 바로 건너편에는 북한측 섬인 어적도(魚迹島)가 있다. 물고기 모양을 하고 있다고 어적도인데, 호산장성을 관광지로 과잉선전을 하자니 중공당국은 곤란한 일이 생겼다.

바로 건너에 펄쩍 건너 뛰면 닿는 북한측 섬인 어적도의 존재가 곤란한 것이다. 몇 년 전만 해도 어적도는 중공 땅과 닿아 있다고 할 정도였고, 얕은 여울을 사이에 두고 인민군이 지키고 있는 상태였다. 그러나 호산장성이 관광지가 되며 중공측과 북한측이 거기를 약간 깊게 파고 경계지를 만들었다.

그런데 거기서도 중공측의 얄팍한 장삿술이 드러난다. 어디서

**어적도의 인민군(2001년)** 약 10m 떨어진 바로 눈 앞에 인민군들이 앉아서 있는 곳이 북한 땅이다.

**달라진 어적도(2006년)**
물을 깊게 파놓고서, 중국인들이 관광객을 태우고 인민군 앞에서 돈벌이를 하고 있다.

나 돈밖에 모르는 중국인들이 거기라고 그대로 둘 수는 없는 일이다. 그 짧은 곳에 유람선 나룻배를 띄워서 관광객의 돈을 긁어 들이고 있으니 유구무언일 뿐이다. 그리고는 그 곳에 새로 이름을 붙이길 일보과(一步跨)라고 하였으니, 그 뜻은 '한 발짝 건너'라는 뜻이다. 창의적이라고 할지 날조의 천재라고 할지 씁쓸한 기분만 든다. 그간 거기를 어적도 관광이라고 했는데, 구태여 이름을 새로 짓는 중공당국의 속사정을 알만한데, 거기다 세운 비석에는 지척(咫尺)이라고 새로 써 놓았다.

**일보과**
한 발이면 건너뛸 곳에 있는 어적도의 인민군을 말없이 관광객이 보고 있고, 옆의 산에는 호산장성 날조공사가 진행되고 있다(2001년).

지척에다가 날조된 가설무대 호산장성을 세우고 교과서까지 고치며 군부대를 주둔시키고, 관광지로 대대적 선전을 하는 중공당국의 뻔뻔한 침략의지는 세계가 규탄할 것이다. 특히 '일보과'의 과(跨)라는 글자는 타넘는다는 뜻으로서, 압록강을 건너 뛰어서 침략하겠다는 침략자의 뜻 그대로이다. 글자 하나에도, 날조된 장성에도 어디 하나라도 침략 의지가 담기지 않은 곳이 없음에 전율을 느낄 뿐이다.

중공정권에서는 6·25 전쟁 뒤에 단동(丹東)시의 원래 이름이 안동(安東)이었던 것을 전격적으로 단동이라고 고쳤다. 그들의 동방국경을 안정시킨다고 안동이라는 방어적 명칭이던 것을, 동방을 공산주의로 붉게 물들인다며 단동으로 바꾼 침략적 명칭으로 개명을 했던 것이다. '일보과'나 '단동'이나 중공정권의 동방 침략 의지는 변동이 없는 것이다. 다만 유의할 것은 차라리 안동이라는 개념이 동쪽의 한국을 더 압박하는 도시 명칭이고, '붉은 동쪽'이란 뜻의 단동은 동방에 더욱 밝게 찬란한 태양이 떠오르라는 뜻이다. 해뜨는 동쪽의 나라인 한국에 절대로 먹구름이 드리우지 말고 발전하라는 뜻이 된다. 그 후 정말로 한국은 나날이 발전하는 밝게 떠오르는 태양의 나라가 되고 있음은 무엇을 뜻하는가?

한국 땅의 턱 밑에 칼을 내민 침략자들의 창끝이 호산장성이다. 그 창끝은 한국만을 향한 것이 아니다. 가까운 일본은 물론이고 바다 건너 미국, 캐나다를 넘어서 온 세계를 침략할 나라가 바로 중공 오랑캐임을 뚜렷이 말해준다.

## 탐원공정(探源工程)

탐원공정은 중화문명탐원공정(中華文明探源工程)의 줄인 말이다. 그것은 문자 그대로 중국문명의 원초적 뿌리찾기 공정을 뜻한다. 그런데 그것은 중국사회가 부딪친 놀라운 충격에서 출발이 된 것이다. 그간 중국인들은 막연하게 중국이 세계 4대 문명의 발상지라고 생각을 해 왔다. 이집트의 나일강, 인도의 갠지스강 및 인더스강, 메소포타미아의 유프라테스강과 함께 황하 유역이 세계에서 가장 문명이 먼저 태동된 곳이라고 막연히 믿어 왔다. 그런데 그 환상이 무너지는 놀라운 유적이 발견된 것이다.

그간 중국에서는 황하 중류의 앙소문화(仰韶文化)가 중국문화의 발원지로서, 그 곳이 세계 4대 문명의 발상지라고 했었다. 앙소문화는 농경 신석기 문화이며 기원전 3000년경의 것으로서, 장성을 북방한계 경계선으로 하여 그 이북의 북방족들은 미개민족이라고 생각해 왔다.

그런데 놀랍게도 20세기 중반 이후부터 만주 땅이 황하유역보다 더 발달되었음을 증명하는 유적들이 계속 발굴된 것이다. 기존의 고정관념이 틀렸다는 엄청난 발견인 것이다. 만주 땅의 소하연(小河沿) 문화는 기원전 5500년, 사해(查海)문화는 기원전 5000년의 것이었다. 그런데 특히 중국을 경악하게 한 것은 요하(遼河) 일대의 우하량(牛河梁)에 있던 홍산문화(紅山文化)로서, 기원전 3500년의 유적에서 대규모 적석총과 제단이 발굴되며 황하문명은 요하문명에 비교할 수 없는 열등한 것임이 뚜렷하게 밝혀진 것이다. 5500년 전의 종교의례를 상징하는 제단, 사당, 무덤 등이 대규모로 발견되었을 뿐만

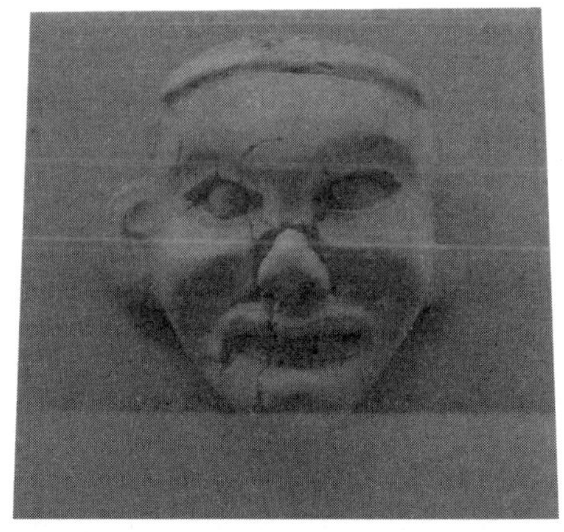

**단군 할머니 유물** 단군 유적은 세계 최고의 문명이 태어난 곳이다. 중국이 뿌리찾기 탐원공정을 할 수밖에 없었다.

아니라, 용(龍), 봉(鳳)은 물론이고 사람 모습의 옥(玉) 제품이 발견되며 세계 최고의 문명지역이 고조선 발상지임을 말해주고 있다. 특히 우리 민족 최고의 원초적 지도자로서의 실물크기 여인상이 발견되었으니, 단군이 할머니였음을 말해주는 모계사회의 충격적 유물이 나왔다. 그리고 생각없이 용이나 봉황이 중국문화라고 하던 것이 허상이었음이 증명되었고, 고조선 사회는 놀라운 수준의 문명을 갖고 있었음이 밝혀졌다. 홍산문화가 있는 요하의 우하량(牛河梁)은 중국어로 발음하면 바로 '누허라→나라'로서 5500년 전에도 '나라'라고 불렀고, 그것이 현대의 '나라'라는 보통명사가 되고 멀리 일본의 '나라'가 되었음도 정확히 말해준다. 따라서 중국식 홍산문화라는 명칭이 틀린 것이고, 나라문화라고 해야 옳다. 그리고 그간 단군기원이 4300여 년이라고 해오던 것이 고쳐져 5500년 이상이라는 놀라운 고고학 발견인 것이다. 이미 5500년 전에 찬란한 '나라문화'로서의 고조선 문명이 있었다면 이것은 6000년 이상 1만 년으로 소급되는 것일 것이다.

그리하여 충격을 받은 중국에서는 만리장성 너머 멀리 떨어진 만주 땅으로써, 옛 고조선 발상지를 자기들 문명의 출발지라고 왜곡하는 작업을 시작한 것이다. 그것이 바로 탐원공정(探源工程)으로써 중국의 뿌리를 왜곡하는 작업이다. 동북공정은 바로 탐원공정을 하려니까 당연히 이어지는 후속 거짓말인 것이다. 중국에서 호산장성을 왜 쌓았는가? 그 까닭은 그래야만 중국의 뿌리가 요하라고 거짓말을 할 수 있기 때문이었다. 호산장성을 제대로 알고 관광을 가는 사람이라면 두 가지 생각이 들 것이다. 그 하나는 중국이 정말 불쌍하고 창피한 나라란 생각이다. 또 하나는 1949년 이후에 중국에서 공산당의 명령에 따라 나온 문건은 훗날 철저히 재검토가 되어야 할 거짓말 문서들이란 점이다. 온 세계가 지켜보고 있는 개명천지의 지구촌에서, 온 세계가 기막혀서 허탈하게 웃는 희극이 벌어지고 있는 미개한 나라가 중국이다.

소하연문화는 7500년 전이고, 사해문화는 7000년 전의 것이다. 그런데 사해문화는 이미 사회적 분업이 이루어지고, 용의 형상물이 발견되며, 위계질서가 반영된 방이 유적지에서 발견되고 있다. 그러니 고조선 문명은 7500년 이전부터 1만 년에 가까운 것임이 고고학적으로 증명되고, 중국은 시간적으로도 만주 땅에 밀리게 되었다. 그리하여 중국에서는 전설상의 삼황오제(三皇五帝) 유적을 찾아, 중국사를 1만 년 전으로 끌어 올려 왜곡시키는 작업을 시작했으니 그것이 탐원공정의 또 다른 이유이다(월간중앙, 2006. 10).

시간적으로도 만주 땅의 7500년 전 소하연문화를 보고 놀라고, 문명발전상으로도 5500년 전 홍산문화가 너무 뛰어남을 알게 된 중국은 사실상 국가자존심 공황상태에 빠지게 되었다. 그리하여 1996년부터 전국적인 발굴을 진행하며 고고학 유물찾기에 발 벗고 나섰으나 크게 진척된 것이 없었다. 그렇게 되자 2004년 무렵부터 중국은 역사 도둑질을 감행하게 되었으니, 요하문명론(遼河文明論)을 내세우며 1만 년 전 요하 일대에서 시작된 고조선이 중국의 출발이라고 뻔뻔스런 거짓 주장을 시작한 것이다(주간한국, 2007. 2. 13).

그러니까 탐원공정은 역사의 뿌리를 고조선에서 훔치는 왜곡작업이고, 동북공정은 만주 땅을 영원히 갖자니까 고구려, 발해, 요나라, 금나라, 원나라, 청나라 역사를 중국사라고 우기는 것이다. 이것은 정상적인 중국인들이라면 억지주장이고 역사침략 왜곡임을 모를 리가 없다. 다만 공산당 정권의 무서운 독재적 흐름이 가혹하게 몰아치는 문화침략이 거셀 뿐인 것이다.

인공위성에서도 보이는 유일한 인류의 축조물이 만리장성이라고 교과서에까지 써서 가르치던 우매한 나라! 그러다가 자신의 우주선을 타고 올라간 우주인이 눈으로 직접 확인하고서 그것은 거짓말이라고 하여 할 수 없이 고친 우스운 나라! 중국의 무모한 문화침략 만행은 훗날 중국이 정상화된 뒤에 얼마나 큰 수치이고, 얼마나 기막힌 웃음거리인가를 알게 될 것이다.

## 세계 유일의 시멘트 청태종릉(소릉)

중국에서는 겉으로 소수민족을 우대한다면서, 실제로는 철저히 말살정책을 펴나가고 있다. 소수민족들을 교묘하고 강력하게 분산시키고 희석시키는 정책을 펴면서 사라져 없어지게 만들고 있다. 곳곳에서 작은 숫자의 소수민족은 흔적도 없이 사라지고 있다. 애초에 92%가 한족이라고 엉터리 통계발표를 하는 것부터가 소수민족 희석 작업의 출발이다. 소수민족을 끈질기게 내면적으로 없애는 과정은 예전에 일본이 대한황실을 독살, 살해, 혼혈, 타락시키며 없애 나가던 것과 전혀 다를 것이 없을 정도이다.

중국 땅에서는 각 대학에서 장래가 촉망되고 쓸만한 젊은이는 담당교수가 직접 책임을 지고 한족과 혼혈 결혼을 권유한다. 그것을 거절하면 가혹하게 제거시키고 만다고 곳곳의 소수민족 젊은이들이 극도로 분노를 한다. 결혼도 공산당의 허가를 받아야 하는 독재국가 중국에서, 지도교수의 권유를 거절한다는 것은 사회적 사형

선고를 자초하는 것과 다름이 없다. 곳곳에서 소수민족은 절대적으로 좋은 보직을 주지 않고, 교묘히 탄압하여 실패한 인생을 보내게 만든다. 적극적으로 한족에게 헌신하지 않고서는 성공이 불가능하다고 한탄을 한다. 더군다나 협조해도 그 한계점은 분명하다.

요즘 티베트에 소위 하늘열차라는 철도가 높디높은 티베트 고원에 세워졌다. 겉으로는 티베트 개발을 본격화 시키려는 것이라고 한다. 그러나 그 개발은 티베트를 와해시키고 타락시키며 소멸시키는 것을 뜻한다. 그리고 그 철도는 15만 티베트 인민을 학살한 후진타오(胡錦濤) 주석의 옛 경험을 살려, 탄압군대 수송을 원활히 하려는 침략철도의 성격이 가장 크다. 중국에서는 소수민족 탄압이 국가 제1의 사업이다.

중국의 소수민족 탄압에 있어서 가장 원색적인 탄압은 그간 티베트, 위구르에 집중되었고, 타이완 공격이 가장 격렬한 것이었다. 특히 티베트와 위구르는 독립 움직임이 가장 드세고 격렬하기에 가차없이 총칼로 탄압을 하였으니, 현재의 국가주석 후진타오는 티베트 탄압공로 그것만으로 국가 주석에 등극한 인물이다. 외부에 알려지길 15만 명을 학살하며 독립운동을 진압시켰다는데, 그는 위구르 독립운동도 그 후 진두지휘하며 탄압을 했으나 교묘히 언론을 은폐하여 학살의 진상은 밝혀지고 있지 않다. 타이완이 현재 사실상 독립의 상태에 있어서 그렇지 후진타오는 타이완 국민들도 수없이 죽였을 인물인데 바다에 막혀 그것을 못할 뿐이다.

그런데 중국의 소수민족 탄압에 있어서 가장 큰 피해민족은 만주족이 분명하다. 그 까닭은 만주족이 청나라를 세워서 현대 시대의 최근까지 중국의 주인이었기에, 완벽할 정도로 철저히 탄압하고 소멸시키는 제1의 목표가 되기 때문이다. 중국의 만주족 탄압은 가장 악랄하고 완벽한 수준으로 진행되어 왔다.

첫째로 만주족을 소멸시키려고 큰 민족 중에서는 유일하게 만주족 자치구를 만들어 주지 않았다. 만주족은 예전에 금나라를 이어 청나라를 세우는 등 2회에 걸쳐 약 400년이나 중국을 지배하였고, 긴 기간을 통해 지배층이었던 만큼 아주 많은 숫자가 있을 것이지만 조작된 통계로 민족의 숫자까지 적게 공표하였다. 그리고는 티베트, 위구르, 몽골과 같이 자치구를 만들어 주지 않고 만주언어도 못 쓰게 만들며 한족들 속에 흡수 · 소멸시키는 정책을 썼다. 만주족이 어떤 상태로 소멸되었나를 밝힌 다음 글을 보자.

「"아가야, 빨리 잠들어라. 네가 자야 엄마가 일을 할 수 있단다."

중국 헤이룽장(黑龍江) 성의 외진 마을 싼지아지에 사는 멘슈징(82, 여)씨는 손자에게 가끔 이런 자장가를 들려준다. 그가 부르는 자장가는 중국어가 아니라 사어(死語)로 분류되는 만주어 자장가다. 뉴욕타임스는 18일 중국의 유일한 만주어 사용지역인 동북부 마을 르포를 통해 사멸 위기에 놓인 만주어의 운명을 조명했다.

만주족은 청나라를 세워 중국을 지배했지만 1911년 청나라가 멸망한 뒤 급속하게 한족에 동화됐다. 중국에서 자신을 만주족이라고 생각하는 사람들은 1,000만 명 정도. 대개 랴오닝(遼寧)과 지린(吉林), 헤이룽장 성 등 중국 동북부 지역에 거주한다. 그러나 이들은 이미 모국어인 만주어를 말할 줄 모르며 문화도 한족이 주도하는 중국문화에 동화됐다.

뉴욕타임스는 중국 언어학자들의 연구결과를 이용해, 중국 동북부의 고립된 마을인 싼지아지에 사는 80대 이상의 노인 18명만 만주어를 유창하게 구사할 수 있는 실정이라고 소개했다. 이들마저 세상을 떠나면 만주어는 지구상에서 실용어로서의 역할이 소멸된다.

뉴욕타임스는 "전문가들은 이번 세기 말까지 전 세계 6,800개의 언어 중 절반이 사라질 것이라고 전망하고 있다"면서 "그러나 이 중 만주어처럼 급격하게 쇠락한 언어는 거의 없다"고 전했다(동아일보, 2007. 3. 20)」.

둘째로 만주족이 중국을 잘못 통치하여 아편전쟁이 난 듯이, 모든 책임을 만주족에게 뒤집어 씌웠다. 당시는 북에서 러시아, 남에서는 프랑스, 영국, 도이칠란트, 포르투갈, 스페인 등은 물론이고, 일본, 미국도 합세하여 벌떼같이 침략을 해 온 때였는데 외침을 잘못 막은 바를 무조건 만주족에게 책임을 돌리는 비난의 풍토가 강하게 이어졌다. 흡사 일본이 한국을 침략하고는 조선시대 비방을 철저히 했던 것과 꼭 같았다.

셋째로 공산국을 만들려고 독재정치를 펴면서, 과거의 청나라 정치체제는 악의 상징과도 같이 정치 선전을 계속 하였다. 요즘에는 공산주의가 세계적으로 공인된 독재정치요 악의 꽃이 되었는데, 그 공산주의를 선전하며 과거의 것은 모두 나쁘다고 탄압과 비방을 했다. 물론 그 탄압은 과거의 중국에 관련된 것은 모두 망라되어, 예컨대 공자까지도 최악의 인물로 탄압을 받았다. 그러면서 특히 만주족의 지도자를 열심히 바보로 만든 것이다.

넷째로 만주족의 모든 문화를 소멸시켜 없애려고 했다. 만주족의 문화를 없애려니까 '만주(滿洲)'라는 단어를 쓰는 것도 금기사항이 되었다. 그래서 중국에서는 만주 땅을 꼭 동북지방이라고 부른다. 중국 공산당은 너무나 만주족이 무서워 만주라는 단어를 쓰는 것조차도 신경질적인 거부 반응을 보인다. 중공정권은 티베트를 서남지방, 위구르를 서북지방, 몽골을 북방지역이라고 바꿔 쓰지 않을 정도로 큰 위협감을 갖지 않는다. 그러나 2차에 걸친 지배를 경험한 만주족은 너무도 무서워하여 만주라는 단어조차 쓰지 못하게 할 정도다. 자라보고 놀란 가슴이 솥뚜껑 보고 놀란다는 한국의 옛 속담과 같은 일이다. 한국군에서는 현재까지도 군대 조교가 훈련병들이 제대로 못할 때에 쓰는 말이 있으니, 당나라 군대냐? 라고 핀잔을 주는 말이다. 당나라는 예부터 중국을 뜻하는 말로 쓰여 내려왔던 흐름이 남은 것이다. 예부터 중국군이 하도 엉성하여 쓰던 말이 남은 것이다. 예전에 고구려가 내분이 일어나서 당나라에 무너졌으나, 고구려 군사가 보았을 때에 하도 엉망이고 걸레 같은 당나라 군대라 그것이 1300여 년이 넘은 지금의 한국군에도 이어져 내려오는 것이다. 중국은 그런 한심한 나라니까 거란족, 여진족, 몽골족, 만주족, 일본족 등의 이민족에게 지난 1천 년 간 항상 바보군대였었다. 지난 1천 년 간 동아시아에서 중국 군대를 보고 겁낸 민족이 없었다. 천하의 병신 오합지졸이라고 보았기에 거란족, 여진족, 몽골족, 만주족, 일본족이 동네북 같이 갖고 논 나라가 중국이었다. 그 여파로 나타난 반작용이 중국에서는 만주라는 단어만 들어도 깜짝 놀라는 것이 된 것이다.

그런데 다섯째로 중국이 만주족을 무서워하는 가장 확실한 이유는 만주족이 원래 '줄친족'이기 때문이다. 만주족은 원래 줄친족이었는데, 청태종이 만주족으로 명칭을 바꾼 것이다. 줄친은 현재도 몽골에서는 예컨대 국영항공을 줄친항공이라고 부르는 등 널리 통용되는 용어인데, 만주 땅에 있던 여러 민족을 총칭하여 부르는 민족명이다. 이것이 중국인들에게는 如眞(루쩐)으로 적혀졌다가 女眞(뉘쩐)으로 바뀌져 깔보는 이름으로 많이 쓰였다. 이는 만주 땅의 옛 고구려계 민족을 총칭하여 추치, 추센, 주신, 숙신, 조선으로 쓰이던 것이다. 이것을 중국인들이 한자로 女眞族이라고 낮춰서 쓴다고 청태종이 만주족으로 고쳤지만 우리는 계속 여진족이라고 하다보니 女眞같이 굳었는데, 그런 일이 없었던 몽골족은 자신들이 줄친족임을 지금도 자랑으로 여기면서 줄친을 통용어로 쓰고 있는 것이다. 몽골족은 지금도 만주족과 조선(고려)족을 아주 가까운 동족으로 여긴다. 특히 몽골대학에는 사라진 만주어과가 있고, 만주어를 중요하게 가르치고 있다. 중국에서는 이것을 꿰뚫어 알고 있으며, 줄친족이 옛 고구려족임을 유의하면서 철저히 탄압을 하는 것이다. 만주라는 용어는 역사가 짧은 것이고, 만주족은 동북아의 핵심민족으로서 요 · 금 · 원 · 청의 긴 기간을 거쳐 중국을 지배한 줄친 민족임을 고려한 것이었다.

이러한 만주족 탄압의 흐름을 적나라하게 보여주는 사례가 심양(沈陽)이다. 심양은 예전에 고조선 발상지이며 만주족이 북경을 공격하기 전의 옛 만주족 수도로서, 만주족의 성스러운 본부와 같은 곳이다. 중공당국이 티베트, 위구르, 몽골은 자치구를 만들어 주면서도, 만주족에게만은 자치구는 커녕 그 본부 땅을 철저히 탄압하며 만주족 소멸책을 쓰고 있는데, 그 잔인한 실상을 심양에 가면 확실히 보게 될 것이고 그 가장 최악의 사례가 청태종릉이다.

우선 중공당국은 심양의 옛 이름인 봉천(奉天)을 바꾸었다. 봉천이 중국 내륙에 있거나 한족들의 도시라면 구태여 바꿀 이유가 없었을 것이다. 예컨대 북경의 관문인 천진(天津)은 그대로 둔 것을 보아도 그렇다. 천진이란 청나라 황실(天)의 항구(津)라는 뜻이기 때문에 하는 말이다. 그런데 봉천은 만주족의 하늘을 받드는 성스러운 만주 땅이라는 의미이니, 편협한 중공당국이 그것을 그대로 둘 수는 없는 것이다. 그래서 봉천의 정반대 용어인 '태양이 진다'는 뜻의 심양(沈陽)으로 바꾼 것이다. 심양은 태양이 가라앉는다는 뜻이다. 만주족은 영원히 망하라는 것이다. 아무리 만주족이 무섭기로서니 그런 도시 명칭이 있을 수 있을까? 흡사 러시아에서 체첸의 수도를 흉악도시라는 뜻의 그로즈니로 지은 것과 다를 바가 없다. 다만 중국인들이 괴로운 것은 심양도 그러나 잘 지은 것은 못되는 듯하다. 왜냐하면 심양은 중국 발음이 선양으로서 Sun-Young이란 말이니, 언젠가 선양 땅에서 새로운 젊은 태양이 다시 떠오른다는 뜻이 아니겠는가? 금나라, 청나라를 이은 제3의 만주나라가 다시 태어남을 뜻한다는 생각이 떠오르는 도시 명칭이 분명하니 얄궂은 일이다. 그리고 특히 유의할 일은 중국에서 아무리 그곳을 심양이라고 해도, 태양은 심양이 동쪽이라 거기서 떠오르고 있다는 점이다.

중공당국은 심양을 완전히 새로운 도시로 만드는 작업을 진행하고 있다. 상하이는 중국 공산당의 선전도시로 완전히 과거를 말살하며 무대장치 같은 도시를 만들었다면, 선양(심양)은 만주족의 흔적을 완전히 지우고 줄친족의 문화를 말살하기 위해 옛 것을 철저히 없애고 있다. 중공당국은 겉으로는 심양을 발전시킨다고 내세우면서 실제로는 만주족의 옛 수도를 완전히 신도시로 개조하며 해체하고 있는 것이다.

이러한 문화말살의 칼날이 1차로 닿은 곳은 옛 궁궐인 고궁이다. 청태조인 누르하치와 청태종 홍타이지의 중국 공략 의지가 확고히 담긴 옛 궁궐을 어떻게 만들었는가? 다만 많은 만주족이 현재 살아있기에 없애지는 못하고 문화말살 조치만 취했으니, 예전에 일본이 경복궁을 총독부로, 경희궁을 일본 중학교로, 그리고 창경궁을 동물원으로 만든 만행을 그대로 보는 듯하다. 다만 중공당국은 만주족을 의식하여 고궁을 그대로 두되 명칭을 고궁 박물관으로 하고서 내부를 사실상의 박물관으로 만들었다. 여기서 기막히

**심양 고궁**
만주족 청나라의 궁궐은 느닷없이 태양이 지는 땅의 죽은 궁궐이란 이름을 갖게 되었다.

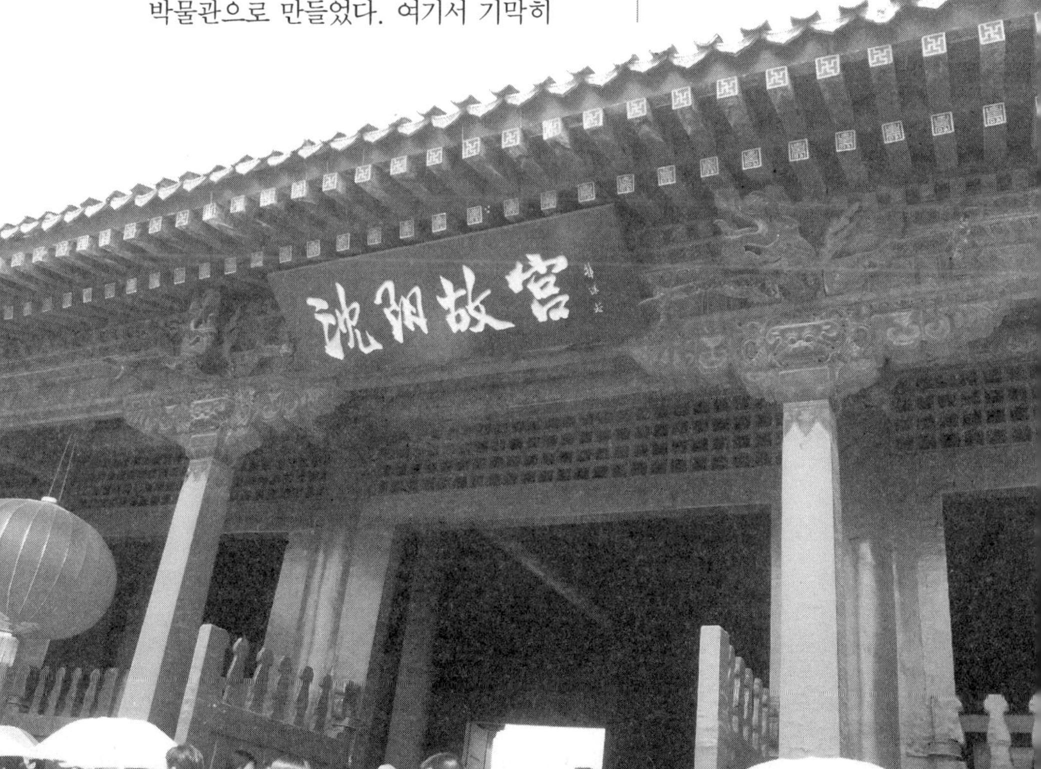

**고궁 앞의 훼손** 고궁 앞은 최근에 완전히 허물고서 날조된 중국 건물로 채워졌다.

고 놀라운 것을 지적하지 않을 수 없다. 고궁의 첫 글자는 옛 고(古)가 아닌 죽을 고(故)를 썼으니 고궁(故宮)은 '죽은 궁궐'이 되는 것이다. 아무리 만주족이 밉고 두렵다고 그렇게 쓸 수 있는가? 그런데 가장 기막힌 것은 약 10년 전에 고궁 앞길을 완전히 뜯어 고쳐서 완전히 중국풍 거리를 새로 만든 것이다. 그러니까 청나라 옛 궁궐은 중국문화의 포로가 되어 중국 궁궐로 착각되게 만든 것이다. 요즘 관광객들은 고궁을 들어가며 성스러움은 사라지고 중국 궁궐이 된 곳을 가게 되는데, 그것이 10여 년 전에 완전히 날조시킨 또 하나의 가설무대인 것을 모르는 것이다.

그런데 가장 놀라운 것이 청태종릉이다. 그곳은 원래의 이름이 소릉(昭陵)인데, 존엄성을 훼손하려고 도시의 북쪽에 있다며 이름을 북릉(北陵)으로 고치고 공원이라고 붙여서 북릉공원이라고 불린다. 한족이 지난 1천 년 간에 세운 유일하게 반반한 나라였던 명나라를 궤멸시키고 청나라를 세운 청태종에게 앙갚음을 하며 철저히 격하시킨 것이다. 그리고는 북릉공원을 운영하길 사실상의 놀이터로 운영하고 있다.

청태종릉을 놀이터로 만들다 보니까 나타난 기막힌 현상이 있다. 그것은 청태종릉의 봉분까지도 놀이터가 되어 주민들이 마구 오르내린 것이다. 아마도 이것을 중공당국에서는 묵인하고 조장했을 것이며, 홍위병의 문화대혁명 광란 때에는 봉분에 대한 핍박도 많이 가해졌을 것이다. 그것이 분명한 것은 중국과의 수교 직후인 10여 년 전에 갔을 때 봉분에 여기저기 길까지 나 있었으니, 중국인들이 신나게 올라가 밟고 뛰놀게 방치했음이 분명하다. 그런데 이것을 보고 관광객들이 분개하는 말을 했을 것인데, 그로 인해서 놀라운 일이 벌어지고 말았다.

원래 만주 땅에서는 봉분에서 벌초를 않는다. 그러므로 풀이나 나무가 우거지게 마련이었다. 청태종릉도 10여 년 전에는 큰 나무와 풀이 우거져서 흡사 작은 동산과 같았다. 줄친족 풍습으로는 묘소에서 나무를 자르고 풀을 베면 묘소의 기(氣)가 빠진다며 나무를 절대 베지 못한다고 한다. 예전 칭기즈칸 묘도 나무를 심고 자연스럽게 만들어 지금도 찾지 못하는데, 칭기즈칸 때에는 봉분도 없었던 듯하다. 이러한 사례는 한국에도 대표적인 사례가 있으니, 동구릉의 태조 고황제 이성계 장군릉에는 벌초를 않는다. 그것은 예전의 줄친족 풍습이 남은 전형적인 것이라고 생각이 든다. 그런데 여러 관광객들이 청태종릉의 관리도 엉망이고 벌초도 않는다고 비방을 하니까 나무를 과감히 베고 벌초를 한 것이다. 그러다가 만주족이 반발을 했는지 꼭대기에 나무 1그루를 심었다. 그런데 그 후 민둥산 같이 된 봉분에 못된 일부 중국인들이 올라가서 훼손하고, 이에 관광객들의 말이 많자 약 5년 전에 봉분에는 놀라운 일이 생겼다. 중공당국이 봉분에 아예 시멘트를 발라 버린 것이다. 문화개념이 전혀 없는 공산당에서나 있을 경악할 일이 벌어진 것이다. 청태종릉은 세계 유일의 시멘트 봉분이 된 것이다. 생각건대 청태종릉을 확실히 훼손할 마음을 갖고 만주족의 기(氣)가 완전히 굳어 없어져 버리라고 한 만행은 아닌지, 어이없고 놀라운 일이 과감하게 벌어진 것이다. 청태종릉을 가 보고서 그 진상을 알고는 경악하지 않는 사람이 없다. 공산당의 만주족 탄압은 끝을 모르게 진행되고 있다.

**콘크리트 봉분의 청태종릉** 세계 유일의 경천동지할 만주족 문화탄압의 사례이다.

## 점씨광장(粘氏廣場)

중국의 만주족 탄압을 노골적으로 상징하는 존재가 하얼빈 근처의 아성(阿城)에 또 있다. 아성은 옛 청나라의 관청 명칭이라고 하기도 하고, 지역 명칭이기도 하다. 그것이 지금까지 이어지며 도시 이름이 되었다. 아성은 예전 금(金)나라의 원래 수도인 상경(上京)이었던 곳이다. 지금도 거대한 토성이 남아 있어서 옛 영광의 모습을 헤아려 볼 수 있다. 당시 금나라는 요나라를 공략하여 중원을 차지하게 되자 상경의 궁궐을 불태우고 북경으로 갔다고 한다. 신하들이 아성을 떠나길 싫어해서 할 수 없이 불태운 것이다.

금나라는 고구려, 발해의 옛터에 세워진 사실상의 고구려 후계 나라이다. 예부터 우리 민족은 신(神)을 감이라고 불렀다. 그리하여 그 흔적으로 대감, 영감, 상감 등의 단어가 남아 있고, 일본에는 그것이 전해져 신을 '가미'라고 부른다. 금나라는 고구려의 후계 나라가 분명한 것이 일본어를 보면 여실히 드러난다. 일본어로 고려(高麗)는 '고마'로 발음이 된다. 그리하여 일본에는 고구려 망명 세력들이 세운 도시인 고려촌이 존재하고 있고, 그곳에는 고려신사(高麗神寺)로서 '고마신사'가 있다. 특히 유의할 것은 예전에 고구려계 사람들이 남하하여 세운 공주(웅진)를 '고마나라'라고 불렀다는 점이다. 금나라는 신(神)의 나라인 고마나라를 한자로 쓴 것이니, 고마나라는 금(金)나라의 옛 발음인 것이다.

더군다나 금나라의 정사(正史)인 금사(金史)에는 금나라 황실의 시조는 신라에서 왔다고 쓰여 있다. 특히 훗날 누르하치가 만주족의 나라를 다시 세우고 국호를 후금(後金)이라고 했다가 청나라

**금나라의 상징 용**

아성에서 발굴된 대표적인 고고학 유물로서 심양 우하량에서 나온 용과 함께 용의 원조는 만주 땅임을 말해준다. 그리고 중국인의 용 숭배도 북방족 식민 지배의 흔적임을 증명한다.

로 고친 것이나, 만주족 청나라 황실의 성(姓)이 애신각라(愛新覺羅)로서, 신(新)을 사랑하고 라(羅)를 잊지 말라는 것이니 신라를 사랑하고 잊지 말라는 것임을 유의해야 되겠다. 어쨌든 우리가 유의할 것으로서, 요즘 새로 연구되는 신라 말기의 역사에는 과거에 일본인들이 쓴 바와는 전혀 다른 내용이 있음과 연계하여 해석될 필요가 있다. 그것은 신라가 망할 때에 오직 마의태자가 금강산에 들어가 눈물 속에 고사리를 따먹다가 죽었다는 기존의 역사를 뒤엎고, 신라의 왕자들이 왕건의 고려 군대와 격렬한 혈전을 펴다가 북만주로 올라갔다는 것이다. 예컨대 현재 강원도의 인제, 평창 등에는 이름 모를 옛 산성터가 여럿 남아 있는데, 그것이 바로 신라 왕자들이 용감하게 게릴라전을 펴던 흔적이라는 것이다.

금나라는 고구려의 옛 발음의 하나인 '고마'나라이면서, 신라의 왕자들이 김(金)씨임에서 비롯된 감(金)사상의 표출에 의한 나라 이름이 분명하다고 생각이 된다. 금나라는 하얼빈 바로 남쪽지역인 아성에 나라를 세웠으나, 단지 4명의 황제를 거치면서 잠깐 사이에 국력이 강성해지며 기딴족의 요나라를 물리치고 중원(中原)을 차지한다. 금나라가 중원의 주인이 되어 장성(長城)을 넘어가 요나라의 수도인 북경을 차지하고 거대한 중국 땅의 주인이 된 것이다. 여기서 유의할 것은 일본인들이 써 놓은 역사책에 요나라를 거란족이라고 했으나, 중국에서는 기딴족, 커단족으로 쓰고 있음이다. 금나라나 커단족이나 그 뿌리는 같지 않을까 생각이 된다.

현재의 아성에는 거대한 토성이 남아 있다. 그런데 그 토성은 북경의 자금성과 동일한 구조를 보여주며 그 흔적이 뚜렷하게 남아 있다. 중국인들은 요, 금, 원, 명, 청의 다섯 왕조에 걸쳐 형성된 북경을 오직 한족(漢族)시대인 명나라 때에 만들어진 것이라고 우기고 있는데, 아성을 가보면 그것이 거짓말임을 뚜렷이 알게 된다. 아성의 토성은 북경을 건설한 주인공이 금나라 때의 여진(만주)족임을 확실히 말해준다. 그리고 금나라 때에 자금성의 기본골격이 만들어졌음을 말해준다.

아성의 옛 이름은 회령(會寧)이라고 부르기도 하고, 옛 수도로서의 상경(上京)이기도 했다. 아성에 들어서는 도시 입구에는 원래 금나라의 먼 뿌리라는 뜻의 글인 원금원연(源金遠淵)이라는 큰 현판이 붙어 있다. 성스러운 감족(龕族, 金族, 神族)으로서의 여진(만주)족의 발상지라는 뜻이다. 그 곳은 예전에 부여가 있던 곳이고, 그 이전에는 고조선이 있던 곳이다. 그리고 고구려, 백제가 부여에서 갈라져 나왔음도 유의해야 한다. 그곳은 여진(만주)족의 발상지이며, 우리 민족의 발상지인 것이다.

그러나 동북공정 역사침략에 광분한 중국에서 그것을 그대로 둘 리가 없다. 워낙 중요한 유물이 많고, 역사성도 높기에 방치할 수도 없고 무시할 수도 없었지만, 온전히 두지 않고 왜곡함은 동북공정 정책 그대로였다. 1997년에 들어서 아성에 세운 박물관에는 금나라를 철저하게 말갈족으로 몰아가며, 고구려 후계나라가 아니라고 강변하고 있음은 물론이다. 그리고 모든 유물은 중국을 위한 아전인수 해석의 자료로 정리해 놓았다. 중국 땅 곳곳의 박물관은 중국 공산당의 역사왜곡 선전장 그대로이다. 이곳도 철저하게 말갈족의 역사로 정리한 것이 특징이다. 그리고 금나라가 발해를 이어서 나온 것으로 만들어 발해사를 왜곡하는 핵심적 거점 박물관을 세운 것이다.

그런데 중국측으로서는 매우 곤란한 사항이 있으니, 바로 금나라 일부 황족들이 타이완에 생생히 살아있음이다. 금나라 일부 황족들은 몽골족의 원나라에 밀리며 먼 남쪽의 복건성에 내려와 살다가 그 후손이 청나라 건륭제 53년(1788년)에 타이완으로 갔다. 그런데 최근에 들어서 왕래가 가능하니까 그 후손이 옛 고향을 찾아왔고 중국측에 금나라 유적 보존을 강력히 요구했다고 한다. 동상을 세우고, 박물관 경내를 정비하는 일 등을 위해서 막대한 돈을 내며 유적 복원을 요구해 온 것이다.

중국측은 이에 매우 난감한 상황이 되었다. 왜냐하면 금나라 황족들은 타이완의 토착 본성인이 되어 타이완에 옮겨가 있는데, 타이완을 탄압하려는 양안정책에 따르기도 어렵고 만주(여진)족을 인정해주기도 어려운 난감한 상황에 직면한 것이다. 어떻든 타이완에서 본성인 세력을 회유하려고 그 요청을 들어주려고 하니, 그렇게 되면 만주(여진)족의 입장을 살려주게 되어 곤란한 상황에 빠진 것이다.

그리하여 중국 공산당은 1997년에 억지로 박물관을 세워 주되, 철저하게 타이완에서 돈을 받아냈다. 그리고는 금나라가 말갈의 역사라고 우기며 확실히 역사를 왜곡하고 유린하는 길을 택한 것이다. 그래서 나온 기막힌 것이 바로 점씨광장이다. 박물관 앞의 광장을 만드는 돈도 철저히 타이완에서 받아내고는 그곳을 점씨광장이라고 했으니, 금나라 황실 태조의 조카인 완안종한(完顔宗翰)의 이름인 점한(粘罕)에서 첫글자를 따내어 2005년 9월에 점씨광장이라고 만든 것이다.

물론 금나라의 태조의 조카 후손들인 황족들은 현재 타이완에 망명하여 그 성이 점(粘)씨로 되어 살고 있다. 황족들은 성이 없으니 조상 이름의 첫글자를 딴 것이다. 중국 공산당은 만주족 탄압과 타이완 탄압의 두 정책이 정면으로 합해지는 본 사안을 두고 얼마나 고민을 했겠는가? 그리하여 점씨광장이라는 희극이 탄생한 것이다. 중국 공산당이 그릇이 크고 바르다면 금나라광장이라든가, 아골타광장이라고 해야 했다. 그러나 그렇게 하면 만주족을 철저히 탄압하고 없애나가는 공산당 중앙의 정책과 어긋나게 되는 것이다. 그렇기는 하지만 금나라 황실의 조카 후손들의 성을 따서 억지로 이름을 붙였다는 것은 중국 공산당의 그릇을 알만한 것이다. 아마도 중국 공산당에서는 아골타의 직계손이 와서 요구했다면 즉각 거절을 했겠지만, 느닷없이 조카의 후손이 나타나서 요구하니

**완안종한의 동상**
타이완 점씨의 시조가 된 금나라 황족으로서, 신라의 왕자다운 당당함이 느껴진다.

까 내심으로 음흉한 웃음을 지으며 승낙을 했다고 생각된다. 어차피 왜곡하려는 공산당 중앙의 의지와 일치할 수도 있기 때문이다.

어떻든 타이완의 점(粘)씨 황족들은 신라가 망한 서기 935년 이후 약 1,200년 가까운 기간을 통해 거대한 유랑의 길을 간 것이다. 신라의 옛 땅에서 북으로 만주 땅까지 갔다가 다시 남쪽으로 밀리며 또 다시 타이완까지 갔으니, 정말로 긴 시간의 머나먼 유랑인 것이다. 생각건대 그들은 신라의 왕자들로서, 타이완 김(金)씨들이 분명하다고 하겠다. 아마도 타이완 사람들 속에 점씨 가문과 같은 사례가 결코 한 둘은 아닐지도 모른다.

## 산동반도 성산두의 해괴한 비석

요즘 중국 땅에서는 총력을 기울여서 티베트, 위구르, 몽골, 만주, 타이완을 향한 이론 침략이랄까 심리 침략에 눈코 뜰 사이가 없다. 국가 전체에서 이론 왜곡의 광란이 일어난다고 할 정도이다. 물론 중공 땅에서라고 정상적인 학자가 없지는 않겠지만, 많은 어용학자들을 총동원하여 이론도 아닌 이론이나, 해괴한 논리를 개발하느라고 정신이 없다. 아마도 중국 내에서는 어불성설 논리를 찾는 경연대회를 열고 있다고 생각이 된다. 그 사례를 말하면 정말로 기가 막힌다.

가장 경악할 얘기의 하나를 예로 들면, 신라말의 해상경략을 한 유명한 해양왕 장보고 장군에 대한 것이다. 산동반도에 가면 장보고 장군이 느닷없이 중국인이라고 관광객에게 설명을 해댄다. 그 말은 하도 어이가 없어서 관광객들이 박장대소를 하며 폭소를 자아

내면 관광안내원도 멋쩍어 하면서 힘없이 웃음을 짓는다. 그리고는 중공당국에서 그렇게 말하라고 하니 어쩔 수가 없다고 하소연하듯 말한다. 그러면서 중공당국에서는 장보고 장군의 아버지가 중국인인데, 한국의 전라남도 완도에 가서 장보고를 낳아서 장보고가 중국인이라는 기막힌 얘기를 한다. 고주몽 동명성왕도 중국인이요, 광개토태왕도 중국인이며, 급하면 모두 중국인이라는 사람들과 대화가 될 리도 없지만, 중국 공산당은 못하는 것이 없는 무소불위의 폭력집단임을 생각하며 웃지 않는 사람이 없다. 온 인류는 모두 북경원인의 후예라고 우길 날도 멀지 않았다.

최근에 한국의 방송극 하나가 방영되면서 산동반도의 법화원 근처는 엄청

**국적 불명의 장보고 장군**
장보고 장군은 동북아의 무국적자가 되어가는 기막힌 사태가 벌어지고 있다.

난 변화를 가져왔다. 장보고 장군을 다룬 해신(海神)이라는 드라마가 방영되면서 그것이 인기가 높아지자, 법화원 근처에 사실상의 새로운 드라마 촬영장이 만들어졌다고 할 정도이다. 거대한 옛 건물들이 특별한 고증도 없이 한두 해 사이에 우후죽순과 같이 세워졌다. 돈 버는 일이라면 못할 것이 없는 중국인들이기에 한국의 많은 관광객이 산동반도로 쏟아져 들어갈 것이라는 기대심리를 갖고 급조시켜 관광지를 만든 것이다.

그런데 이러한 일을 하면서 산동반도에도 중국 공산당의 서슬 푸른 칼끝은 빠짐없이 번득이고 있다. 중국 땅은 어디서나 공산당의 무서운 힘이 짓누르고 있으며, 많은 것이 공산당 중앙에서 내려보내는 바에 따른 획일화된 사회이기에 나타나는 기절초풍할 일이 성산두라고 없을 리가 없는 것이다.

성산두는 산동반도에서 한국 땅으로 뾰족하게 솟아나온 끝부분의 지명으로서, 이곳은 한국 땅의 인천과 아주 가깝다. 예전에는 상호 간에 새벽의 조용한 때에는 닭 우는 소리가 들렸다고 할 정도로 가까운 땅이다. 이러한 땅이기에 관광지가 되는 곳인데, 한국에서 장보고 장군의 드라마가 한창 방영될 때에 그곳을 가니 여러 볼거리를 만들고 관광객을 맞이할 준비가 다 되어 있었다.

첫째로 진시황이 그곳에서 불로초를 가지러 간 신하를 기다리는 모습이 있었고, 둘째로 한무제가 멀리 바다를 보면서 떠오르는 태양을 보고 절하는 모습도 있었다. 그리고 셋째로 중국 유명인사들의 한시 등을 새겨 놓는 등의 관광거리를 만들어 놓았었다. 또한 넷째로 세발 가마구(三足烏)도 자기들 것이라고 높은 탑을 만들어 장식해 놓았다.

세발 가마구는 한국의 고구려 유적에 집중적으로 나오는 것이다. 한국에는 문자로 쓴 것은 없는데 중국에는 삼족오라고 쓰여 있어 그것을 요즘 삼족오라고 하나, 우리말로 '세발 가마구' 혹은 '세발 감새'라고 불러야 할 것이다. 그리고 일본인들이 일제강점 말기에 가마구를 까마귀라고 나쁘게 부른 대로 쓸 것이 아니라, 신새(神鳥)를 뜻하는 가마구로 그대로 써야 할 것이다. 가마, 감은 예전에 신(神)을 뜻하는 우리말인데 영감, 상감, 대감 등에만 잔재로 남은 것이 일본말에는 가미(神)라고 남아 있기에, 일본인들이 가마구를 까마귀로 나쁘게 바꾼 것을 그대로 쓸 수는 없는 것이다. 요즘 일본에서도 약간 발견되었다고 세발 가마구를 그들의 축구협회 상징도안으로 쓰고 있고, 산동반도에도 약간이 있다고 그것을 크게 선전을 하는데, 집중적으로 많이 나오는 고구려 유적의 후손들인 한국인들은 흥분만 했지 실제로 쓰거나 보호를 않는다는 말이 있음을 유의해야 할 것이다.

그런데 성산두를 그 뒤 1년이 지난 2006년 2월에 가니까 진시황도, 한무제도 수난을 당하며 옮겨져 버렸다. 기가 막힌 것은 진시황과 한무제가 해뜨는 동쪽 바다를 가리키며 절을 하는 것이 사실상 한국 땅에 절하며 항복하는 모습이라고 웃는 관광객들이 있다고 즉시 공산당에서 철거를 했다는 것이다. 진시황도 한무제도 공산당 앞에서는 하룻밤에 날아가 버리는 초라한 신세인 것이다. 경직된 공산독재의 실상이 그대로 나타난 것이다.

그렇지만 여기서 특히 정말로 경악할 일이 있다. 그것은 성산두의 맨 끝에 천진두(天盡頭)라는 돌비석을 공산당 간부인 호요방의 친필 글씨로 새겨 세워 놓아서, 많은 관광객들이 사진 촬영을 하고 경치도 구경하는 아름다운 곳이 있었다. 그곳이 천진두라고 함은 바로 '하늘이 끝나는 머리끝'이라는 뜻으로 직역이 되는데, 이는 한국의 '땅끝 마을'과 비슷한 의미가 되겠다. 다만 한국인과 중국인은 의식구조가 달라서, 한국인은 땅끝 마을이라는 것을 중국인은 하늘 끝이라고 하는 차이가 있다. 그런데 놀랍게도 약 7개월 뒤인 2006년 초에 그곳에 가니 비석이 바뀌어져 새로 세워졌는데, 천무진두(天無盡頭)라고 정반대의 비석이 세워져 있는 것이다. 그러니까 '하늘이 끝나지 않는 머리끝'이 된 것이다.

이것은 가히 공포의 공산 독재국가에서나 있을 경천동지할 사

**천진두**
옛부터의 땅끝 이름으로서 2005년까지 있었다.

**천무진두**
2006년 초에 가니까 완전히 거꾸로 된 땅 이름 비석이 새로 세워져 있었다.

례로서, 머나먼 옛부터 끊임없이 천진두라고 불러 왔기에 산동성 관광 담당자가 그대로 세운 것을 과잉 충성을 하는 공산당 열성분자 하나가 공산당 중앙부에 그 사실을 알렸고, 공포의 독재적 명령이 하달되며 즉시 정반대의 비석이 세워졌다고 하겠다. 무서운 독재권력만이 존재하는 공포의 땅에서, 어느 것 하나인들 제대로 남아 있을 것이 있으랴만 그곳에 세운 비석 이름을 바꾼다고 세상이 뒤바뀔 것인가? 천진두를 천무진두로 바꿨다면 거기서부터 지구 전체를 침략하겠다는 것인가? 티베트, 위구르, 몽골, 만주, 타이완을 괴롭히는 것을 넘어서 온 세계를 침탈하고 괴롭히겠다는 잠재의지가 공표된 놀라운 돌비석을 보고서 경악하는 관광객이 한두 명이겠는가? 공산 오랑캐 독재국가의 상층부에는 출세하겠다며 달려드는 어용학자군이 있어 이런 상상불허의 경악할 일이 생기는 것이다. 중공 땅에는 이런 무지막지한 이론가, 과잉 충성하는 어용학자와 창의성은 없이 일방적으로만 생각하고 행동하는 외골 공산주의자가 합작하여 지구상의 정상적인 나라에서는 도저히 일어날 수 없는 일이 일어난다.

이런 기막힌 일은 중국 땅 곳곳에서 연속하여 일어난다. 2006년 8월 15일에 있었던 통탄할 일도 마찬가지다. 중국정부에서는 군사작전을 하듯이 중국의 백두산에 오르는 한국 관광객의 모든 소지품을 정밀 조사하며 범죄자를 다루듯 하여 한국인들을 극도로 분개시켰다. 이것은 9 · 11 테러를 당한 미국의 공항에서도 없을 정도의 모든 소지품 검사였는데, 공항과는 달리 모든 것을 중공군이 손으로 검색하며 범죄자의 물품을 뒤지듯 만행을 저질러 동북아의 국제문제가 되었다. 사실상 성폭력에 가까운 일이나 인권모독, 인권유린 상태가 확실히 진행되었다. 그것은 맹목적 공산당 중앙과 중공군이 합작하여 일으킨 것으로서, 그날이 한국의 광복절이므로 한국인의 소지품에서 태극기 등을 수색하라는 명령을 받고 저지른 후진국가로서의 중공의 공포사회다운 실상을 보여준 것이었다. 중국은 백두산에 관광객이 많으니까 연변 자치주에서 그것의 운영권을 빼앗아 확실하게 백두산의 이익을 챙기면서, 이런 해괴한 일을 저지른 것이다. 며칠 동안 수만 명이 고통을 겪었는데 이는 정상적인 나라에서는 도저히 있을 수 없는 일이다. 공산독재 중공에서나 가능한 일이다.

중국에서는 얼마 전까지도 백두산 야간열차의 침대차에서 어이없는 일이 계속 벌어져, 백두산 근처의 이도백하역에 닿기 약 2시간 전에 승객의 침대 시트를 강제로 벗겨 갔다. 기차는 통상 연착을 하는데 공산당 철도국에서는 정해진 시간에 침대시트를 걷으라고 했기 때문이다. 새벽잠을 자던 관광객은 놀라기 일쑤이고 여자 승객의 수치심도 상당히 유발시킨다. 오로지 공산당의 무서운 명령에만 따르는 중국사회에서는 비슷한 일이 수없이 일어난다.

금번 백두산 관광객 핍박사건도 독재국 중국에서 당연히 일어날 일이 일어난 것이다. 중국에서는 과거에도 백두산에서 태극기를 갖고 있거나 목사님이 기도를 하면 몇 시간씩 억류를 하고, 뒷거래로 수백 달러씩을 챙기고서야 풀어주고는 했는데, 금번에는 너무 과잉으로 공산당 독재체재가 움직인 것이다. 중국이 정상적인 나라가 되려면, 중국정부는 관광객에게 사전에 안내문을 공고하거나 주의를 주면 되는데, 중국이 공포의 독재국가임을 개명천지에 온 세계에다 미련하게 공개해야만 할 것인가?

아무 것도 모르고 온 중국의 손님인 관광객을 이유도 없이 죄인 취급을 한 것은 중국정부의 낮은 수준을 명백히 보여주는 것이다. 중국인민들에게 여기저기서 자행하던 공포정치를 기계적 명령으로 시행하기 전에, 중국은 관광객들에게 미리 중국은 공포의 독재국이므로 관광객 수칙이 있다고 국제적으로 공표를 했어야 했다. 정상적인 다른 나라에서는 전혀 있을 수 없는 일이 일어난 바에 대해 중국정부는 엄중히 자책해야 될 것이다.

눈 먼 기관차같은 중공당국의 기막힌 탈선 추태극의 사례가 2006년 겨울 동계 아시안 게임이 열린 만주 땅 장춘에서 또 나타났다. 공산당에 맹목적으로 충성하는 광란의 집단이 동계 아시안 게임을 열면서 경기장 전체에 장백산 선전을 해댔다. 국제감각이나 사회감각이 없는 맹목적 행태로 백두산을 장백산이라고 과잉으로 선전하며 장백산이 자기들 땅이라고 운동장 전체에 도배를 한 것이다. 그리고는 무조건 중국이 1등을 해야 한다고 편파판정을 내리고 오심을 내려 한국의 금메달 2개를 빼앗아 억지 1등을 만들었다. 그런데 자유국가 나라 한국의 어린 여자선수들이, 중국 땅에는 없는 '백두산은 우리땅'이라는 세레모니를 펴며 시상대에 올라가는 일이 생겼다. 그러자 나타난 부끄럽고 놀라운 일로서, 중국 외교부가 한국에 공식 항의를 하고 관변 인터넷의 상투적 비방글이 올라왔다. 거대강국이라고 우기는 중국의 외교부는 한국 여고생 선수들과 싸움을 하는 치졸한 작태를 보였고, 공산당 관변 인터넷은 기막힌 선전글을 올리다가 일시에 그쳤다. 공산당에서 시키니까 무조건 인터넷에 글을 올렸다가 동시에 그치는 중국 인터넷 그대로의 꼭두각시 모습을 보인 것이다.

독재국가의 생활에 찌든 중국 외교부는 한국 여고생의 세레모니가 누가 시킨 것이라고 생각을 하는 기막힌 바보들이고, 한국 외교부에 항의를 하면 그것이 고쳐질 것이라고 생각을 하는 낮은 국제수준의 공산당원들이다. 한국 여고생 선수들은 모든 것을 스스로 생각하고 스스로 판단하여 책임을 지는 자유국가의 젊은이들임을 전혀 모르는 것이다. 그러니까 세계의 언론은 중국이 동계 국제대회를 여는가, 국내대회를 여는가의 판단도 없는 한심한 나라라고 논평을 쏟아냈다. 그리고 어린 여학생의 웃어넘길 행동과 싸우는 중국 외교부의 졸장부 모습을 만천하에 생생히 보였다.

생각건대 13억 나라의 외교부가 한국 여고생 몇 명과 싸우는 추태를 피운 것은 무서운 것을 말해준다. 유연성, 국제성을 상실한 광란의 중공열차는 훗날 상상도 못할 돌발사고를 저지를 것임을 말해준다. 광란의 중공열차의 무모함은 언젠가 중국 땅 전체를 자폭시키는 시한폭탄이 분명하다. 정상적인 생각을 가진 중국사람이라면 중국이 망할 날을 생각하면서 등에 식은 땀이 날 것이다. 동맥경화 중증상태에 있는 중국인이 아닌, 정상적인 눈으로 보면 한국 여고생 빙상선수의 행동은 전혀 문제가 없었다. 그리고 특히 강조할 일로서 분명한 사항은, 한국의 여학생이 들고 선 '백두산은 우리 땅' 세레모니 글은 하나도 틀린 것이 없었다.

## 삼국사기 비방운동

21세기의 중국 땅에서 경악할 일이 연속해서 일어남은 지금까지의 책을 읽으며 독자들도 잘 알게 되었을 것이다. 그런 깜짝 놀랄 일의 예를 하나 더 들어보자.

그것은 느닷없이 중국 땅에서 김부식 비방운동이 일어나고 있다는 점이다. 도대체 한국의 김부식이 약 900년 전 인물인데, 왜 현대의 중국에서 별안간 김부식 비방운동이 일어나는가? 그 까닭은 김부식이 유명한 역사책인 삼국사기(三國史記)를 썼기 때문이다.

삼국사기는 한국에서 가장 오래된 최고 수준의 정사(正史)이다. 고구려, 백제, 신라의 역사를 고려 말에 면밀하게 정리하여 대단히 수준 높은 역사서를 편찬한 것이니, 그 때는 1145년이다. 그런데 약 900년 전에 발간된 삼국사기가 중국 공산당의 역사 날조에 최고 걸림돌이 되는 존재로 등장했기 때문이다.

중국은 현재 제 정신을 잃은 광란의 나라이다. 공산당이 연출하고 기획한 시나리오에 따라서 미친듯이 날뛰는 나라가 중국이다. 그리하여 티베트, 위구르, 몽골, 만주, 타이완에 대한 역사 날조를 거국적으로 진행하며, 공포의 침략주의 정책을 강력하게 밀어나가고 있다. 그런데 공산당의 맹목적 돌격부대가 된, 침략 사관(史觀)으로 무장된 일단의 공산당 어용학자들이 거세게 몰아가는 신종 문화대혁명에 있어서도 어쩔 수 없는 최고의 걸림돌이 한국이다. 티베트, 위구르는 수없이 탄압하고 잡아 죽이며 소멸시켜 나가도 속수무책일 정도로 허약하다. 물론 지금도 위구르, 티베트의 항거는 처절하게 이어지고 있다. 몽골, 만주도 무서운 중공당국에 대해 가슴을 치면서 유구무언으로 핍박을 당하고 있을 뿐이다. 그러나 한국과 북한의 당당한 두 개의 코리아는 결코 만만치가 않은 것이다. 미국과도 맞대결하겠다는 북한과 세계 G10 수준의 힘센 국력을 가진 한국을 생각할 때에 만주지방은 쉽게 몰아치기 어려운 것이다. 특히 만주 땅은 러시아도 관계되어 있다.

중공당국은 1949년에 중공정권이 서면서 즉시 역사 왜곡을 시작하여 나갔다. 중국의 학자들은 정상적인 연구를 하는 학자가 아니다. 공산당 중앙의 명령대로 주문생산 논문을 쓰는 공산당의 기계들이다. 중국인은 누구나 똑같아서 예컨대 공산당 중앙의 말을 듣지 않았다고 중국 최고 수준의 의사를 지방병원 사서로 보내거나 먼 지방으로 좌천시켜 실의 속에 죽거나 노동개조소로 가게 만드는 등 공포의 탄압정치를 자행하는 속에서는 누구나 공산당의 기계가 될 수밖에 없다.

여기서 우리가 분명히 지적할 것이 있다. 한국에서는 중국의 동북공정 역사침략을 순진하게 학술대립으로 보고 있음이다. 그러나 중국에서는 티베트, 위구르, 몽골, 만주, 타이완을 포함하여, 동북공정은 학술이 아니라 현실의 생생한 국제정치인 것이다. 침략의지로 뭉친 중공정권의 국제정치를 순진한 학술문제로 보면 어떤 것도 제대로 이해가 될 수 없다. 중국의 동북공정은 중공정권 수립 이후부터의 확실한 침략의지인 것이다.

그리하여 만주 땅의 고구려사는 이미 1978년에 중공 교육부가 14개 교육기관과 공동으로 편찬한 세계고대중세기사(世界古代中世紀史)라는 대학생용 교과서에서, 고구려는 중국에서 생겨난 국경을 초월한 민족이라고 규정하며 본격적인 역사 왜곡의 포문을 열었다. 대학교재까지도 국정교과서인 중국에서 일찍이 1978년에 이런 대학교재가 나올 정도라면, 그것은 중공정권 초기부터 철저히 준비된 것이며 교육부가 14개 교육기관과 합작하여 만든 것인 만큼 중공정권의 국가적 침략의지로 진행한 것이다. 그리고 1985년에는 고구려가 집안(集安)을 중심으로 한 요동과 압록강 유역에서 설립된 고대정권이라고, 인민교육출판사, 북경대학출판사 발간의 교과서에 명백히 수록할 정도였다. 그러다가 2003년말에 중 · 고등학교 교과서에까지 널리 고구려를 자기들의 옛 나라라고 쓰려다가 발각이 되어 국제문제가 되면서, 거대한 한 · 중 갈등을 빚고 한국의 강력한 항의에 직면하여 후퇴한 것을 요즘 소위 동북공정이라고 한다. 그것은 이미 1978년, 1985년부터 그들의 교과서에까지 일찍이 명문화된 중국의 기만적인 역사 침략이다.

그리고 이미 1990년대 초에 중국이 한국과 수교하자 곧 찾아간 한국 관광객에게, 안내원은 공산당에서 시키는 바 대로 고조선과 고구려는 중국 동북지방에 있던 작은 나라라고 앵무새같이 말하고는 했었다. 도대체 역사기록이 오래된 고조선은 차치하고서, 확실한 역사기록이 있는 고구려를 어찌 온 세계가 보는 앞에서 거짓말로 얘기할 수 있는가? 수나라가 침공했다가 무참히 패망하고 당나라도 처참하게 패퇴되었으며, 고구려가 존재했던 705년 사이에 중국 땅에는 나라다운 나라가 별로 없이 35개의 나라가 명멸했는데, 어떻게 고구려가 중국의 지방정권인지 중국의 어린애도 웃을 일이다.

그리하여 공산당에서 획일적 명령을 내린 희극의 하나를 예로 들면, 고구려(高句麗)의 발음을 '고꾸리'라고 몰아 나간 것이다. 이것은 중국당국의 어용학자가 잠깐 생각을 잘못한 것으로서, 고구려는 김부식이 삼국사기를 쓰며 고구려라고 역사책에서나 주로 쓴 것으로 옛 고구려 때에도 실제로는 고려를 많이 썼었다. BC 37년 이후 2천 년에 걸쳐 '고려'니까 중국어로는 '가우리'로 항상 썼고, '고구려'는 주로 한국에서 삼국사기 이후에 학술용어가 되어 역사책에서나 쓴 것이다. 그런데 최근에 중국에서 고구려를 고꾸리로 전국적으로 쓰는 것은 공산당에서 일방적인 독재적 명령으로 하달한 것이 분명하다. 그것은 고구려는 가우리가 아니며, 따라서 고려와 다르다고 우기려는 잔꾀가 발동한 것이다. 그러니까 1990년대 초에 한국과 수교를 하면서 중국이 만반의 준비를 갖췄으며, 한국 관광객에게는 고구려가 중국의 만주 땅에 있던 작은 나라로서 고꾸리라고 불렀다고 기계적으로 얘기하도록 시킨 것이 분명하다. 공산독재국의 역기능은 도처에서 나타나고 있는 것이다. 중국인들은 현재도 통상 한국인을 가우리로 부른다. 그러다가 6·25 전쟁 무렵에 북조선 편을 들며 조선족이라고 불러, 지난 50여 년 간 독재적 흐름 속에 일사불란하게 조선족이라고 고쳐서 불렀다. 고구려를 억지로 고꾸리라고 부르는 것은 인위적인 강제적 명령이 없이는 나올 수가 없다. 자연적인 중국어 발음은 고구려가 '가오쥬리'이기 때문이다. 중국의 역사 침략은 어용학자의 경직성으로 과도하게 착각을 한 것이다.

그리하여 한국에서도 강력하게 고구려 역사 지키기 사업이 진행되고 국가적인 대응을 하게 되었으니, 무소불위의 공산당 독재 기관차가 최초의 역풍을 만난 것이 되었다. 티베트, 위구르, 몽골, 만주의 누구도 상관없이 무자비하게 침략적 탄압을 했는데, 한국과 북한의 거센 공격을 막을 방안이 궁색했다.

그런데 거기서 가장 큰 걸림돌이 삼국사기였다. 무려 900년 전에 나온 한국 최고의 정식 역사서에 고구려가 한국의 땅이라고 너무도 확실하게 정리되어 있으니 할 말이 없는 것이다. 그리하여 중국의 무지막지하고 무식한 어용학자들에게는 900년 전의 김부식의 약점을 찾고 비방하라는 엄명이 내려졌다. 무모하게 무조건 달려드는 중공 어용학자들의 만용에 가까운 침략사관 논문들이 앞으로 쏟아져 나온다면, 그것은 바로 중공정권의 무모한 허구성을 백주에 폭로하는 코미디가 될 것이다. 오죽 자신이 없고 얼마나 날조에 광분을 했으면 900년 전의 김부식을 비방하도록 엄명이 내려진 독재국가겠는가?

실제로 중국에서는 김부식의 삼국사기가 없었다면 고구려는 일찌감치 중국 역사라고 우격다짐을 했을 것이다. 삼국사기와 같은 확고한 역사책이 없는 것은, 무조건 안면몰수하고 우격다짐 역사 서술을 하는 어용학자들이 줄지어 있는 상식 이하의 나라가 중국이기 때문이다. 예를 들어 보면 그것은 너무도 많다.

우선 발해사는 무조건 말갈족과 만주족의 역사라고 우긴다. 만주족을 그렇게 탄압하고 못살게 만들면서도 발해는 말갈 만주족의 역사이므로 한국사가 아니고, 중국사라는 것이다. 한국사가 아니면, 반대로 중국사도 아니며 만주사라고 양심적으로 글을 쓴 것을 발견하기는 어렵다.

그러다가 발해의 공주인 정효공주의 묘가 발견이 되니 더욱 우스운 희극이 발생했다. 그것은 바로 정효공주의 묘는 완전히 당나라의 영향을 받은 당나라의 것이라는 것이다. 그리하여 대단히 놀라운 세계적 희극으로서 발해를 일컬어 당발해국(唐渤海國)이라는 신조어를 만들어 코미디 비석을 세우기까지 했다(조선일보, 2006. 9. 11).

산동반도 가상현에는 단군의 그림역사가 새겨진 무씨사당이란 유명한 곳이 있다. 그곳은 그간 중국정부에서 관광객을 들여보내지 않는 대표적인 곳이었다. 그러다가 최근부터 관광객을 들여보내는데, 그 이유는 그들의 역사 왜곡 작업이 끝났기 때문이다. 어용 공산당 학자를 동원하여 무씨사당의 그림 문자들이 한나라 때의 것이라고 하는 아전인수 연구를 끝내고는 관광객의 입장을 허락하는 것이다. 그런데 역사 왜곡에 덧붙여 핵심사료인 무씨사당을 완전히 해체하여 이제는 다른 학자들이 새로운 연구를 할 수 없을 정도로 훼손을 해놓고 관광객을 입장시킴도 당연히 중공당국의 모습 그대로이다. 사료 인멸 작업도 완전히 끝냈다는 얘기다.

또한 인근의 치우천황릉도 중국에서는 중국 고대사라고 우기는 작업을 함도 물론이다. 다만 중국에서 곤란한 일은 한국의 축구 응원단에서 요즘 치우천황을 한국의 상징으로 요란하게 받들고 있음에, 치우천황릉을 없앨수도 없고 자기 것이라고 우겨댈 수도 없는 진퇴양난에 빠져 있다.

중국측의 억지 역사 왜곡이 많다보니 중국측은 말도 되지 않는 모순성 행태가 많다. 예컨대 백두산을 과거에는 중국의 유명한 산에서 제외하다가, 1983년에 등소평이 백두산에 오르는 것을 출발점으로 백두산이 한국문화나 한국사와는 거리가 있다고 우기고 있다. 그리고는 백두산이 한국 민족의 발상지가 아닌 만주족의 발상지라고 한다. 만주족을 극도로 탄압하면서 만주족의 발상지라서 한국문화와 관련이 없다는 모순된 논리를 펴는 것은 중국측 동북공정에 정당성이 없음을 웅변하는 것이다. 백두산이 만주족의 발상지라면 만주족에게 백두산을 주고 만주족을 독립시켜야 한다. 만주족을 극한 탄압하면서 백두산이 만주족의 것이라 중국 것이라는 논리는 중국측이 얼마나 핑계거리가 없고 거짓말도 앞 뒤가 맞지 않는가를 말해준다. 중국과 도덕을 말하고 정의를 얘기하기가 부끄러울 뿐이다.

요컨대 중국측의 역사 왜곡에는 아주 기막힌 희극이 있다. 중공학자들은 그 어떤 것이든 중국의 역사를 억지로 만들려니까, 그들의 나라였던 한나라, 수나라, 당나라, 송나라, 명나라에 연결을 시키려는데 그 역사가 너무 짧기 때문에 웃음거리가 생기는 것이다. 그럼에도 불구하고 무조건 한족의 역사라고 몰아가니까, 이민족의 나라인 요나라, 금나라, 원나라, 청나라에는 문화가 없다는 희한한 논리가 된다. 책의 출판도, 논문의 발간도 공산당 중앙의 허가를 받아야만 되는 나라의 기막힌 희극인 것이다.

중국정부에서 써준대로 안내를 하는 중국의 관광안내원은 거의 모든 것을 한족의 역사라고 말한다. 단지 어쩔 수 없는 것만 이민족의 역사라고 말한다. 예컨대 북경의 자금성을 설명하면서 그

**치우천황릉** 치우천황릉은 역사 왜곡을 하다가 엉거주춤 상태로 둔 대표적인 것이다.

것은 요나라, 금나라, 원나라, 청나라 때를 거치며 점차 커다란 황궁이 된 것인데도, 오직 명나라 때에 만들어진 것으로만 설명하는 거짓말 얘기를 들으면 중국인들이 불쌍하게도 보이고 너무 어이가 없어 초라하게 보이기까지 한다.

## 수분하(綏芬河)

수분하는 수이푼강을 말한다. 그러면서 러시아와 중국을 연결하는 가장 중요한 중국측 교역도시 명칭이다. 수이푼강은 우수리강으로 흘러가는 작은 강으로서 발해왕국의 옛 성터를 굽이쳐 흐른다. 수이푼강은 드넓은 평원을 흐르는 발해왕국의 옛 흔적으로서 우리의 가슴을 아프게 하면서도, 더욱 잊을 수 없는 것은 항일전쟁시대의 애국혼이 깃든 곳이기 때문이다.

러시아의 우스리스크에 있는 수분하 강가에는 항일전쟁시대의 최고 애국자에 속하는 이상설 정통령(正統領)의 기념비가 세워져 있다. 헤이그 비밀특사 의거의 주인공으로서, 일제침략자에 쫓기는 몸이 된 당대 최고의 석학인 이상설이 블라디보스토크에 머물면서 애국자들이 하나둘 모여들어 신한촌(新韓村)이 되었다. 현재까지도 '서울거리 2번지' 주소를 가진 가옥 1채가 그대로 남아 있어 관광객의 발길을 잡는 곳이다. 수많은 애국자들이 모여 들어 항일전쟁의 총사령부와 같이 되었으며, 유명한 안중근 의사가 한 자루의 권총과 이등박문의 증명사진을 받아들고 하얼빈으로 떠난 곳도 이곳이다. 많은 애국자들이 모여서 임시정부를 세우고서 최고 지위에 이상설 정통령을 옹립하고 침략군과 혈전을 펼치다가, 1937

년에 스탈린에 의해 중앙아시아로 강제 이주를 당한 곳이 이곳이다. 나라와 나랏님을 잃은 최고의 애국자 이상설이 돌아가시며, 모든 것을 태우고 화장한 뒤에 남은 재를 흘려보낸 곳이 수이푼강이다. 수이푼강은 누군가 옛 발해인들의 언어로 슬픈 강에서 비롯되었다고 얘기하기도 하는데, 그 곳에 이상설 기념비를 훗날 세운 것은 슬픔의 강을 영광의 강으로 바꾸려는 후손들의 뜻이련가?

수분하는 현재 격동의 씨앗을 품고, 나날이 긴장을 축적하는 도시이다. 왜냐하면 중국의 동북공정의 최전선 도시이기 때문이다. 그간 중국의 동북공정은 1949년에 얼결에 얻은 만주 땅을 중국

**수분하의 이상설 기념비**
항일애국의 최고봉에 있던 이상설이 작고하고 유골을 뿌린 곳이
러시아와 중국의 국경인 수이푼강이다.

땅으로 굳히기 위한 작업으로서의 만주족 탄압과 고조선, 고구려, 발해 역사의 왜곡 침략이 중심인 것으로 알려져 있다. 그러나 중국 측에서는 동북공정의 최대 목표는 해삼위(海參葳)의 넓은 땅을 되찾는 것이다. 해삼위는 예전에 동예(東濊)가 있던 곳으로서, '가시라'라고 하였으며 한자로는 갈사국(曷思國), 가슬라(加瑟羅), 가섭원(加葉原), 가서라(加西羅)라고 쓰던 곳이다. 숲의 원래 우리말은 '갓'으로서, 지금도 농촌마을에서는 나무하러 가는 것을 '갓치러 간다'고 말한다. 가시라는 숲나라를 뜻하는 것이며, 그 사용범위는 매우 넓어서 멀리 갓나라, 갓나다가 되어 카나다의 나라 이름에까지 영향을 주고 있다. 해삼위는 가시라 옛 땅이고, 동예의 땅이며, 훗날 고구려, 발해의 땅이던 곳이다. 여기를 요즘 러시아에서는 프리모리에라고 부르니 바다 가까운 땅이란 뜻으로서 한자말 번역은 연해주(沿海洲)가 된다. 그러나 연해주는 러시아가 동방으로 오면서 붙인 이름이니, 그들이 동유럽에서 오니까 바다 가까운 땅에 닿은 것이다. 연해주의 원래 이름은 가시라였는데 그후 해삼위가 되어 현재 중국에서는 해삼위라고 부른다. 만주족 말인 해삼위의 중국 발음은 '하이산와이'로서 해소니, 해솟니, 해손이로 불리는 '해솟는 곳'이라는 한글 이름에 흡사하다.

원래 해삼위(연해주)는 동예, 고구려, 발해의 땅이다가, 세월이 흐르면서 청나라 때인 1860년의 북경조약으로 러시아 땅이 된 곳이다. 그러니까 약 150년 전까지 청나라의 만주 땅이던 곳을 영국, 프랑스, 독일, 스페인, 포르투갈 등이 지구촌 전체를 약탈하던 비극의 시대에, 러시아가 청나라를 위협하여 빼앗은 땅이다. 1860년은 조선 말기의 철종 임금님에서 광무(고종) 임금님으로 바뀌는 시기이

**임시정부 건물** 이상설을 정통령으로 모시고 독립운동을 하던 옛 건물이 연해주의 우스리스크 시내에 그대로 남아있다(우측 2층 방).

니 사실상 최근에 러시아가 빼앗은 땅이다. 중국의 동북공정에 있어서 제1의 목표가 해삼위라는 점은 분명하다. 중국 측에서 볼 때에 만주 땅은 어차피 그들의 땅이니까 명분만 축적하면 되지만, 해삼위는 꼭 되찾고 싶을 것이다. 그러나 해삼위는 러시아 측에서 볼 때에 추호도 양보를 할 수가 없다. 왜냐하면 1860년에 러시아는 청나라와 외형상으로 합법적인 조약을 맺고 할양을 받았으며, 그로 인해서 태평양을 향한 유일한 부동항(不凍港)인 블라디보스토크를 얻었는데 그것을 빼앗기고 싶을 리가 없다. 현재 러시아는 국가 전체적으로 중국에 대한 경계령을 내면으로는 확실히 하고 있다.

수분하를 가보면 기묘한 것을 보게 된다. 중국과 러시아의 국경을 사이에 두고서 수분하는 커다란 무역도시가 되어 있는데, 반대편인 러시아의 빠그라니치느이는 지극히 썰렁하고 한산하다. 중국측은 엄청난 투자를 하며 열렬히 교역을 원하는데, 러시아측은 철저하고 엄격하게 국경을 통제하며 군부대가 줄지어 배치되어 있다. 흡사 러시아측은 군대로 시위를 하고, 중국측은 빌딩과 교역량으로 시위를 하며 상대를 향해 한 치의 양보도 없는 긴장이 흐르고 있다. 러시아에서는 의도적으로 군대와 대포 진지를 공개적으로 배치했고, 중국측에서는 중국 땅의 어디나 그렇듯이 러시아 사람이 오가는 큰 길에는 큰 빌딩과 상점으로 겉보기의 전시효과 체제를 내보이고 있다. 당연히 중국측의 건물은 외화내빈 그대로이다. 수천 명이 머물 거대한 호텔을 화려하게 지어 놓았으나, 중국 땅의 곳곳이 그러하듯이 손님은 하나도 없는 빈 호텔이다. 중국 땅의 곳곳에 있는 공실률이 높은 빌딩에 있어서도 수분하의 것은 거의 공실률이 100%에 가까운 빈 집이다. 덕분에 수분하의 입구에 있는 초등학교는 선전용 최고 일류학교의 모습을 갖추고 있으니, 공산 특권층의 자녀들이 차별적 혜택을 누리고 있다.

**러시아 국보 돌거북**

우스리스크에 있는 발해시대의 돌거북은 러시아의 국보급 유물로서 세계에서 제일 오래된 돌거북으로 예찬되고 있다. 러시아는 발해를 한국사로 보고 있다.

요즘 수분하를 방문하는 관광객은 삼엄한 러시아의 군대배치에 놀라면서, 한편으로 중국측은 전혀 평화체제에 빠져 화려하게 도시건설을 하는 것으로 오해

를 하는 경우가 많다. 그러나 그것은 큰 오해이다. 러시아에 비해 중국은 항상 음험하다. 중국 공산당은 항상 불투명하고, 겉으로 웃으며 뒤로는 칼을 숨기고 있다가 상대가 방심하면 전격적으로 공격한다. 장개석 국민당이 그렇게 패했고, 요즘 중국 땅에 투자를 한 많은 한국 기업들이 그렇게 당하고 쫓겨난다. 중국측은 수분하의 겉을 화려하게 꾸미고 뒤로는 산 속에 거대한 군대를 숨겨두고 있는 것이다.

중국은 수분하를 1990년대 초부터 급히 개발을 하였고, 당시 주용기 총리가 직접 다녀가며 집중적 개발을 하였다. 수분하는 100년 전에는 러시아와 통하는 작은 통로(口岸)일 뿐이었으나 약 15년 전부터 중국 공산당의 지원하에 급격히 팽창되며 도시화가 이뤄져 주민의 90%는 외지인인 곳이다. 중국측은 광동성을 집중개발하고서 홍콩을 강제 흡수했는데, 해삼위를 러시아에서 그런 방식으로 되찾으려고 총력을 기울이고 있는 것이다. 이러한 급박한 상황을 전해주는 다음 신문기사를 읽어 보자.

「연해주(프리모르스키) · 하바롭스크주 · 아무르주 등 러시아 극동지역이 '황색 바람'에 떨고 있다. 이 지역에 중국인들이 대거 진출, 상권과 농업을 포함한 주요산업을 장악하고 있기 때문이다. 인구 밀도가 비교적 낮은 극동지역에 영구 정착하는 중국인들의 수가 증가하면서 장기적으로 이 지역이 아예 중국으로 편입될 것이란 우려마저 나오고 있다. 러시아 언론들은 중국 팽창을 경고하는 특집기사들을 연이어 쏟아내고 있다.

현지 언론에 따르면 중국인들은 블라디보스토크 · 하바롭스크 · 블라고베센스크 등 극동지역 주요도시의 호텔과 식당 · 카지노 등을 장악해가고 있다. 대형 건설회사를 운영하는 중국인 사업가도 생기고 있다. 수만 명의 중국인 상인과 계절 노동자들이 양국 국경을 넘나들고 있다. 시장엔 값싼 중국제 생필품과 식료품이 넘쳐난다. 채소 · 과일 · 고기 · 달걀 등은 대부분 중국에서 들여온 것이다. 소련 붕괴 이후 버려진 콜호즈(협동농장) 농지를 지방정부로부터 임대받아 농사를 짓는 중국인도 해마다 늘고 있다.

현재 러시아 극동지방에는 4만~5만 명의 중국인이 합법 거주하는 것으로 알려졌다. 러시아 당국은 그러나 실제론 그 몇 배의 중국인이 불법으로 살고 있을 것으로 보고 있다. 중국인들은 관광비자로 입국해 그대로 눌러 앉는가 하면 가짜 거주비자나 영주권을 입수하기도 하는 것으로 알려졌다. 러시아인과 결혼해 영구 정착하는 중국인도 늘고 있다. 극동지역엔 중국정부가 러시아인과 결혼한 자국인에게 특별 보조금을 지급한다는 소문까지 돌고 있다. 이 지역 진출을 장려하는 정책이라는 것이다. 러시아 이민 당국은 최근 중국인 불법 거주를 줄이기 위해 30일이던 기존 무비자 입국기간을 15일로 줄이는 등 단속에 부심하고 있다. 일부 러시아 전문가들은 "특단의 조치가 없는 한 수십 년 뒤엔 극동지역을 중국이 차지할 것"이란 경고를 내놓고 있다. 가장 큰 이유는 인구다. 극동지역은 러시아 영토의 3분의 1을 차지하지만 인구는 겨우 700만 명에 불과하다. 그나마 소련 붕괴 이후 계속 감소세다. 반면 극동지역과 가까운 중국의 동북 3성엔 1억 명이 넘는 인구가 살고 있다.

극동에 대한 중국의 역사 인식도 주민들의 러시아 이주를 부채질한다는 분석이다. 중국 교과서는 "극동지역이 역사적으로 중국 땅이었으나 러시아에 빼앗겼다"고 가르치고 있다. 중국의 일부 정치 지도자들도 "언젠가는 극동을 홍콩이나 마카오처럼 되찾아야 한다"고 주장하고 있어 외교분쟁의 소지가 될 수 있다는 지적이다. 극동지역은 1689년 러시아와 청이 맺은 네르친스크 조약에 따라 중국 영토로 확정됐지만, 러시아가 1858년 청나라가 영국과 분쟁을 벌이던 틈을 타 아이훈 조약으로 공동소유권을 얻었으며, 1860년 청과 영국 · 프랑스 간의 분쟁을 조정해준 대가로 합병했다(중앙일보, 2006. 11. 18)」.

요컨대 중국은 연해주가 자기 땅이라고 할 경우에, 그곳은 청나라의 땅인데 러시아가 강제로 빼앗았기에 되돌려 받아야 한다고 생각한다. 그러면서도 중국은 만주 땅에서 만주족 청나라의 흔적을 지우려고 광분하고 있다. 중국의 국가적 도덕성이 땅에 떨어진 것은 만주족을 그토록 탄압하면서, 해삼위가 만주족의 땅이었으므로 중국 땅이라는 어불성설 논리를 주장함에서 명백히 나타난다. 해삼위가 만주족 땅이면 만주국을 세워줘야지, 중국은 항상 자기들 편한대로만 이유를 붙이고 주변국을 우격다짐으로 몰아친다. 그렇기에 중국은 주변국에 있는 모든 나라와 국경 분쟁, 영토 분쟁을 하지 않는 나라가 없는 전방위 침략국이다. 다만 해삼위는 그렇지만 쉽게 건드리지 못한다. 상대방 러시아가 결코 만만하지 않기 때문이다.

생각건대 해삼위를 두고 벌이는 수분하 대결은 논리상 러시아가 더 옳다. 왜냐하면 러시아는 어떻든 청나라와 외형상 합법적 조약을 맺었기 때문이다. 그리고 중국은 청나라 만주족도 현재의 중국 땅에 있으므로 중국 논리에 따라야 한다고 하고 있으니, 합법적 조약을 맺은 것을 파기할 수는 없다. 중국측은 러시아에서 해삼위를 되찾으려면 만주 땅을 만주족에게 되돌려 주고 만주 독립국을 만들어 주겠다는 주장을 한다면 논리가 성립된다. 그러나 중국 공산당이 만주를 부정하면서 해삼위를 되찾겠다는 것은 말이 되지 않는다. 중국은 그렇지만 언제나 정의를 생각한 것은 없고, 오로지 폭력 논리가 앞서면서 공산 독재국을 만들었으므로, 언젠가 수분하가 큰 힘을 갖게 되고 러시아가 취약한 모습을 보일 때에 해삼위는 홍콩과 같이 될 것이 분명하다. 중국은 오늘도 러시아가 허약해질 날만 호시탐탐 기다리고 있다.

**서울 중국대사관 앞에서 벌어진 촛불시위 참가자**

중국의 소수민족 탄압과 영토강점은 세계적인 비난을 받고 있다. 서울의 중국 대사관 앞에서도 분노는 끓고 있다. 그렇지만 중국의 침략강점은 변함이 없으며, 러시아의 연해주도 끈질기게 엄습하고 있다.

# 제2부

# 고질화된 중국병(中國病)

중국은 사라지고 중국병만 남았다.
어떻게 고칠 지를 모르는 고질병이
중국을 짓누르고 있다.
13억 중국인들을 구출할 특효약은
공산당 퇴치뿐이다.
그러나 악성 공산당 세포가
말기암 환자와 같이 퍼진 중국은
치료가 불가능한 상태이다.

**끊어진 압록강 다리**

6·25 전쟁의 상처를 입고 끊어진 채로 압록강의 관광지가 된 철교를 보면서 타이완과 중국의 관계가 역전된 비애를 절실히 느낀다. 6·25 전쟁의 전범국으로 고질병이 든 중국은 한 마디의 사과도 없이 한국과 수교를 했고, 동맹국인 타이완은 무조건 단교를 당한 국제관계의 비애와 다를 것이 없으니…….

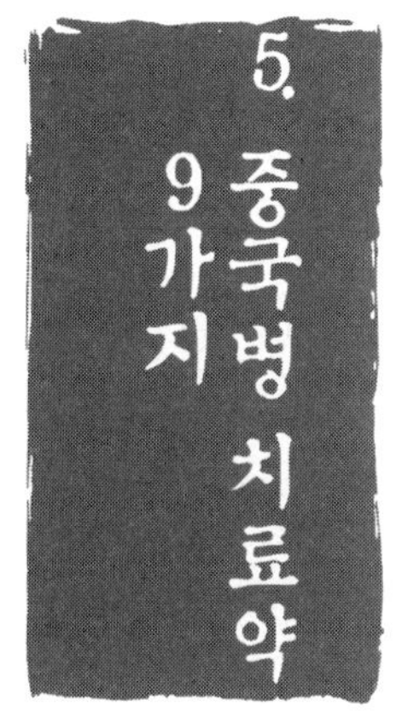


## 정직한 나라가 되어야 한다

중국 땅에는 진실이 없다. 믿을 것이 하나도 없을 정도로 온갖 거짓말로 가득찬 나라이다. 중국 땅에서의 약속은 전후좌우가 항상 다르다. 요란한 기념식을 하며 많은 사람이 약속을 하고서도, 시간이 지나면 달라지는 경우가 비일비재하다. 같은 일을 두고서도 사람마다 다르다. 중국 땅에서는 양심을 갖고 살 수가 없다.

중국 관광을 가서 당하는 기막힌 경험을 생각하며 쓴 웃음을 짓는 사람이 많다. 똑같은 물건을 10명의 관광객을 쫓아오며 파는 1명의 상인의 가격이 심하면 10가지가 된다. 바로 앞에서 1000원에 판 물건을 옆의 사람에게는 2000원에 팔고, 또 그 사람이 보는 앞에서 다른 사람에게는 500원에도 판다. 중국 땅에서는 모든 곳에서 정도차는 있지만 정해진 사회규범이 없다. 택시도 탈 때와 내릴 때의 요금이 다른 경우가 허다하다. 그래서 그것을 옛부터 '떼놈들 마음대로'라고 한국사회에서는 얘기해 왔다. 그리고 떼놈 떼 쓰는 것은 누구도 못 말린다고 했다. 예전의 한국사회에서는 중국이 큰 나라 대국(大國)이 아닌 떼국이고 중국인을 떼놈이라고 불러왔다. 한국말로 '떼'는 우격다짐 억지를 말하는데, 온 백성들이 왜 떼놈이라고 불러 왔는가는 그 내면에 담긴 긴 시대의 쓰디쓴 역사를 알아야 한다. 한국인들의 뇌리에 박힌 떼놈이란 말은, 중국은 나라만 컸지 내면적인 실상은 형편없는 나라라는 예부터의 깊은 불신과 분노를 말한다.

예전에 중국 땅에 망명하여 독립운동하던 분들의 기록을 보면 중국 땅은 예의와 염치가 없는 최하층 사회가 분명하였다. 잠깐 구두를 벗어 놓고 일을 보고 나면 구두가 없어지고, 잠시 한눈을 팔면 쥐도 새도 모르게 소지품이 없어진다면서 분노하며 쓴 글들을 보면서 중국 땅의 바닥에 떨어진 정직성을 생생히 느끼게 된다. 요즘에도 중국에 여행을 가서 사 온 물건은 쓸 만한 것이 거의 없고, 귀국해서 거의 다 버리게 된다. 고급 술, 고급 담배, 고급 시계 등 온통 가짜 천국이다. 보약이나 정력제라며 속이는 것은 상식이고, 관광객에게는 웬 산삼이 그렇게 많아 온통 산삼 장사꾼이 달려든다. 도라지 뿌리 비슷한 것을 들고 끊임없이 매달린다. 웅담 쓸개즙은 살아있는 곰에 대롱을 대고 쓸개즙을 뽑으며 매일 고단위 항생제를 먹여 쓸개즙이 아닌 항생제 덩어리를 먹는 것이고, 골동품, 미술품이라고 갖고 오는 것도 수없이 가짜일 뿐이다. 중국에 여행을 가서는 음식을 먹는 것이 겁나고 독약을 먹는 각오로 눈 감고 먹어야 한다. 한국 땅에 수입되는 농산물은 농약을 너무 쳐서, 중국 땅콩은 쥐도 먹지 않는다. 곳곳에 위조지폐가 넘쳐서 중국인들도 물건을 사며 돈을 세심히 살핀다. 그 어느 것도 제대로 믿기가 어렵다.

그래서 중국 땅에서는 꽌시(關係)가 중요하다고 말한다. 그렇다면 꽌시란 무엇인가? 그것은 특별히 개인적 인간관계가 형성된 것을 말한다. 그러니까 중국은 수습이 불가능할 정도로 거짓말, 부패가 고질병이 되었고, 중국에서는 공식적인 사회규범이 무너졌으므로 개인적인 특별 인간관계가 없으면 모든 것을 믿지 말라는 얘기와 같다. 그래서 중국에서는 뒷구멍 연줄(빽)이 없으면 한 걸음도 나갈 수 없다(沒走後門 寸走難行)라는 말이 있을 정도이다. 특히 직업 선택의 자유가 없는 중국에서 좋은 직장으로 옮기기는 하늘의 별따기이다. 그래서 학교 공부를 잘하는 것보다 힘 있는 아버지를 둬야 한다는 말이 공공연한 사회가 중국이다. 그것은 중국 땅의 국가 전체가 공식적 신뢰관계가 바닥에 떨어진 고질병이 든 사회로서, 꽌시에만 매달려야지 정상적인 공식적 인간관계는 무의미함을 말하는 것이다. 중국의 모든 것이 꽌시로 움직이는 것은 중국이 부패할 대로 부패한 사회임을 뜻하는 것이다.

중국병이 깊은 중국에는 신용문화가 사라졌다. 그래서 국가에서 얻은 빚은 갚지 않아도 되는 나라가 되었다. 중국의 대학생은 은행에서 융자받은 학자금을 갚지 않는 것이 관례가 되었을 정도라고 한다. 국영기업이나 은행이나 간에 경제적 효율이 아닌 정치적 효율에 따라 움직이기에, 국영기업이나 은행은 망할 정도가 되면 국가에서 빚을 갚아 주니까 빚을 받으려고 크게 독촉도 않는 풍토가 되었다. 전반적으로 공적 신용사회는 붕괴된 것과 같다. 그래서 꽌시에 의한 개인적 인간관계로 버티는 것이다.

중국 공산당의 공포정치가 쏟아내는 수많은 거짓말 행진은 이제 중국인들에게 체념이 되었다. 중국인들의 얼굴에는 거의 다 체념이 있다. 물론 상층부에 올라갈수록 그 체념의 양과 질은 달라진다. 그러나 개인마다 정도차는 있지만 체념의 얼굴은 누구나 똑같다. 그 까닭은 중국 공산당의 불법무도한 횡포에는 분명히 침묵하며 눈을 감아야 목숨을 견지한다고 믿으니 어찌 할 길이 없는 것이다.

가장 그것이 적나라하게 드러난 경우가 몇 년 전의 사스(SARS) 창궐이다. 그것은 중국병(中國病)을 말해주는 대표적인 사례였다. 무서운 전염병이 창궐하여 수없이 사람들이 쓰러지는 상황에 있어서도 공산당원들은 누구나 윗사람 눈치를 보며 괜찮다고 거짓말을 하는 것이다. 심지어 옆 사람이 쓰러져 죽어도 그것은 감기 몸살에 불과하다고 거짓말을 하는 사회이다. 급기야 중국 땅 전체를 휩쓰는 공포의 전염병이 된 뒤도 숨기고 감추다가, 온 세계가 들끓는 단계에 가서야 사스가 무서운 병으로서 중국을 휩쓴다고 공표했을 정도였다. 그런데 사스가 창궐한 것에 대한 대응과정이 정말로 공산 독재국가다웠었다. 그런 공포의 거짓말 사회를 만든 최고의 장본인들이 공산 독재자들인데 후진타오는 그것을 보건책임자를 해임하는 것으로 면책해 버리며 사후처리를 했다. 그런데 그 보건책임자인 위생부장(보건복지부 장관)은 바로 권력경쟁자인 강택민의 주치의로서, 사실상 강택민을 벌 주면서 책임을 정적에게 뒤집어씌운 것이다. 그리고는 온 세계에다가 환자는 12명 발생에 3명 사망이라고 날조된 거짓말 발표를 했다. 더욱 기막힌 희극은 비슷한 때에 나타난 조류독감도 3명 사망이라고 공식 발표를 한 것이다. 오죽하면 일본의 동경국립전염병 연구소의 마사토 소장은 300명을 3명이란다고 분노를 터뜨리고 있다.

사스 창궐 파동은 무엇을 말하는가? 그것은 중국이 최악의 환경 파탄 국가임을 말한다. 2006년도 기준으로 국내총생산(GDP)이 세계 4위라고 선전을 하는 중국이, 중국과학원에서 공식적으로 발표한 바에 의하면 생태현대화 환경지수가 세계 118개국 중에서 100위라고 할 정도이다. 거짓말을 상투적으로 하는 중국에서 이렇게 발표를 했다면 중국은 세계 최악의 지옥이라는 말과 같다. 국가환경보호총국 반악(潘岳) 부국장은 중국의 환경난민이 1억 5천만 명이며, 중국 토지의 2/3가 산성비의 피해를 입고 있으며, 13억 인구 중에서 1/4이 비위생 식수를 먹는다고 실토하고 있다. 중국은 급속도로 발전을 하면서, 다른 나라들이 쓰는 환경비용이 없이 원색적으로 돈만 벌어왔다. 한국영화 '괴물'이 중국에서 선풍적 인기를 끌었는데, 이는 중국인들이 바로 중국은 공해의 습격에 의해 망할 나라임을 절감했기 때문이다. 급속도로 확산되는 사막화 현상, 날로 커지는 황사, 곳곳에 썩어가는 죽은 강, 물고기가 못 사는 인근 바다, 물 부족으로 허덕이는 국민, 창궐하는 각종 전염병을 그대로 두고 돈만 벌다가 망하는 중국을 떠올렸기 때문인 것이다.

그렇지만 중국 공산당은 인민들을 수없이 탄압하고 사건이 나도 숨기면 된다. 모택동이 사망했을 때에도 핵심 측근만이 죽음을 알았고 온 국민은 공식발표가 있을 때까지 아무도 몰랐다. 만약에 모택동의 죽음을 계속 숨긴다면 전체 인민이 속아 사는 사회가 중국이다. 중국의 모든 것은 진실이 은폐되어 있기 때문이다. 모든 것을 숨기며 겉으로만 잘산다고 선전을 하는 사회인데, 사스 창궐과 같이 세계적인 문제가 되면 그때에 가서야 할 수 없이 자백을 한다. 국민 전체가 죽어도 외국이 모르면 숨기려는 나라가 중국이다. 그래서 중국을 은폐공화국이라며 온 세계가 분노를 한다.

그러한 대표적 사건이 2005년 11월에 일어난 송화강 벤젠 오염사건이다. 길림성의 중국 석유화학 공장에서 큰 폭발사고가 나서, 러시아의 하바로프스크에서 아무르강이 오염되며 비상사태가 선포될 때까지 10일을 숨기다가 국제사회의 거센 비난을 받은 것이다. 중국 길림성 주민은 10일이나 오염된 물을 먹었고 농토는 온통 오염되어 농사짓기가 불가능한 상태가 되었어도 러시아의 격렬한 항의가 없었다면 끝내 은폐를 했을 것이다. 특히 놀라운 것은 하얼빈에서는 단수조치를 하면서도 공산당 중앙의 지시를 받고 수도관 점검 보수 때문이라고 거짓말을 한 것이다. 중국은 정직한 나라가 되어야 한다. 거짓말도 한도가 있음을 유의해야 공산당의 내일이 있다. 중국병은 곳곳에 골병이 되어 깊게 퍼져 있다. 커다란 국영기업이나 은행이 망하는 것도 거대한 중공정권의 병리현상에 의해서 부패와 무능으로 망하는데도, 그 책임자는 건재하고 밉게 보인 희생양이 벌을 받는 사회가 중국이다. 그래서 중국 땅에서는 윗사람에게 잘못 보이면 살아날 수가 없다.

중국 땅은 국가 전체가 오염된 쓰레기통과 같이 환경상태가 엉망이다. 겉보기로서의 대도시나 사람이 많은 곳을 빼고는 모두가 악취와 병균을 안고 산다. 그러나 국가적으로 겉보기로는 그렇지 않은 듯이 위장된 사회이다. 그렇기에 사스나 조류독감은 물론이고 우렁이 뇌막염, 뎅기열, 구제역, 뇌염, 홍콩 독감 등의 무서운 전염병이 출몰하는 나라가 중국이다. 그러나 국가 전체가 곪아터지기 전까지는 건강한 나라라고 거짓말을 하는 것이다. 온 나라에 퍼진 거짓 병을 고치지 않고서 중국의 미래는 없다.

## 자유로 말할 수 있는 나라가 되어야 한다

중국 땅은 어디에도 자유가 없다. 온 나라에 불안과 공포가 짓누르고 있다. 정상적인 문명국가는 어디서나 기본적으로 자유권이 확실하게 보장되고 있는데 중국에는 그것이 없다. 그러므로 중국은 정상적인 문명국가가 아니다. 지구상에 남은 대표적인 경찰국가요 군사통치국가로서, 공포사회이며 독재국가라고 함에 대해 변명을 할 바가 없을 것이다.

중국에는 모든 것이 관제언론이다. 공산당에서 통제하며 공산당의 뜻에 맞는 글을 쓴 것만이 언론에 보도된다. 중국에서는 자유국가에서 널리 시행되는 여론조사, 설문조사가 불가능하다. 그리고 정상적인 나라에서 빈번한 국제학술대회도 불가능하다. 공산당의 뜻에 따르지 않는 학회는 못 열리기 때문이다. 중국의 신문이나 방송에 나온 것은 많은 것이 중국 공산당의 명령을 전하는 것이다.

중국 땅에서 바른 글을 쓰고 바른 말을 한 기자는 그 순간에 이미 기자가 아니다. 그 기자는 온갖 압력과 모함을 받으며 제거되게 되어 있으므로 바른 언론이 나올 수가 없다. 그렇기에 중국 땅에서는 외국인이 다 아는 것인데도, 공산당원들까지 주요한 정보를 모르는 경우가 허다하다. 최고의 고급정보는 고위 공산당원만이 접하게 되어 있으므로 중하위 공산당원은 사실상 하급 정보나 알게 되어 있는 것이다. 그러니까 일반 국민들은 사실상 장님들이나 마찬가지다. 그리고는 불안과 공포에 떨면서 입을 다물고 살아간다.

중국 땅에서 나오는 출판물은 철저하게 공산당의 검열을 거치는 것이다. 그래서 중국에서 나오는 책은 상대적으로 숫자가 적다.

감히 글을 쓰기가 쉽지 않고, 쓴 경우에 있어서도 출판이 쉽지 않기 때문이다. 특히 유의할 것은 중국 땅에서는 책을 쓴 저자가 분명치 않다. 다른 자유세계의 국가에 있어서는 책을 쓴 저자가 뚜렷하게 밝혀져 있고, 그 저자가 확실하게 글 내용에 책임을 진다. 그런데 중국에서는 책을 공산당 차원에서 출간하는 경우가 많기 때문에 글 내용의 책임을 학문적 차원의 저자가 지는 것이 아니다. 정치적 차원의 고위 공산당 당직자가 지게 되는 것이다. 그래서 나타나는 특이한 현상의 하나가 중국에는 단독 저서가 많지 않다는 점이다. 공포에 떨면서 서로 간에 책임을 지지 않으려고 하기 때문에, 여러 사람의 이름을 나열한 공저가 많다.

그렇지만 중국의 이러한 흐름을 벗어나려고 하면 그는 점차 범죄자의 길을 걷게 된다. 중국 공산당이 교묘하게 탄압하며 제거시키고, 끝내는 목숨까지 위협받는 단계에까지 이른다. 다만 그 필자가 세계적인 주목을 받게 되는 엄청난 위치에 오른 경우에는 중공정권이 어쩔 수 없이 그냥 지켜본다. 그러나 그러한 특수 경우를 제외하고는 글 한 번 잘못 쓰고서 괴로운 삶을 보내는 기자와 필자가 적지 않다. 감옥이나 강제노동 개조소에서 10년 혹은 20년씩 어둠의 나날을 보내는 사람들이 적지 않으며, 아차하면 목숨까지도 잃는 나라가 중국이다.

1982년 12월에 미국에서 중국 민주화를 위해 민주, 법치, 인권, 자유를 내걸고 이란의 호메이니 같이 '중국의 봄(中國之春)'이라는 카세트 테이프를 만든 왕병장(王炳章) 박사는 중국판 만델라(Nelson Mandela)로 존경을 받고 있다. 그러나 중국은 그를 2002년 6월 27일에 베트남에서 몰래 유인해 광서 장족 자치구로 끌어들여

체포하여 무기징역을 선고했다. 온 세계에 알려진 유명인사라 그냥 총살될 것이 무기징역이 된 것이다. 스파이, 테러집단을 조직하고 타이완과 접촉해 군사정보를 팔고 빈 라덴 같이 테러리스트를 양성했다는 죄목 등을 쭉 나열했으나, 죄없이 당한 무기징역에 온 세계가 분노를 했다. 생각하면 1978년에 베이징 민주의 벽에 대자보를 붙였다고 위경생(魏京生)에게 15년 간이나 옥살이를 시킨 나라가 중국이니 더 할 말은 없다.

그런데 중국은 이런 상황을 외신기자에게까지도 적용을 한다. 그러므로 중국 땅에서 전해지는 외신기자들의 글은 한 꺼풀 접어두고 읽어야 한다. 그 외신기자도 중국 공산당에게 잘못 보이면 즉시 추방을 당하므로, 공산당 눈치를 보며 글을 쓰기 때문이다. 중국 특파원으로 오래 근무한 사람은 적절히 중국 체제에 타협한 사람이며, 궁극적으로는 솜방망이 필봉으로 중국의 진실에 눈을 감아준 사람이다. 정면으로 바른 글을 쓰지 않았기에 중국에 남았던 날이 길었던 때문이다. 역설적인 얘기가 되겠는데, 중국에서 추방되지 않은 기자는 사실상 제대로 된 기자가 아닐 수 있다. 오죽하면 중국과 같은 나라에서 외신기자로 붙어 있을 수가 있었겠는가? 그러므로 중국에 관한 정보는 중국인이 아닌 외국인들에게 있어서도 사실상 반(半)은 장님이 되어 속는 것이다.

중국인들이 완전히 장님으로 산다면, 외국인들은 중국에 대해서 반(半) 장님이 될 수밖에 없다는 얘기다. 그런데 이것은 길게 보아서 중국이 망하게 하는 길을 걷는 것이다. 중국에 대한 바른 정보가 없으면 중국을 잘못 파악하게 되어 중국에 대한 잘못된 결정을 곳곳에서 내리게 된다. 그리고 중국 스스로는 바른 소리를 듣지 못하고 올바른 비판이 없으니까 꾸준히 부패의 길을 걷게 된다.

중국은 그러므로 오늘날 인터넷에 의한 정보 홍수의 시대에 있어서도 온 국민을 장님으로 만든다. 중국은 세계 최악의 인터넷 검열국이다. 그 검열통제와 조작은 워낙 극심하여, 이란, 사우디아라비아, 벨로루시, 쿠바 등의 검열이 심한 나라조차도 중국에서 기술을 배워갈 정도로 온 세계 인터넷 검열의 최고를 자랑하는 악명 높은 나라이다. 그리하여 나타난 세계적인 코미디가 인터넷 검색엔진 업체인 구글은 중국시장에 진출하면서 중국의 검열을 받겠다고 기업적 투항을 했으며, 심지어 마이크로소프트는 중국에서 블로그 서비스에 '민주주의'라는 단어의 사용을 빼겠다고 했을 정도이다. 최악의 정보 독재국가에서나 있을 코미디 가운데에서도 기막힌 코미디인 것이다. 중국에는 사실상 인터넷이 없다. 공산당 명령에 따르는 정보 조작용 꼬인터넷이나 눈 먼 맹(盲)터넷이 있을 뿐이다.

언론이 죽은 중국이라 중국은 부패의 소굴이다. 중국의 부패가 워낙 극심하여 2001년 4월 10일의 인민일보는 '집에서 저녁밥을 먹자'는 부패방지 운동을 펼 정도였다. 왜냐하면 공식적 언론이 붕괴된 사회에서 많은 부패는 식사를 하면서 이루어지기 때문이다. 공포의 독재국가이기에 부패의 쇠사슬은 힘 있는 사람을 향한 부패청탁의 긴 쇠사슬로 이어지며, 중공사회가 총체적인 부패체제로 운영된다. 그것이 얼마나 관행으로 굳었으면 중국인들은 아무리 비싼 향응성 저녁식사도 부패라고 보지 않는다. 그리고 부패한 인사가 외국으로 도망을 가려하면 출국하도록 눈감는 것이 관례라고 한다. 왜냐하면 국가 전체가 거대한 부패구조이므로 중국에서 힘을 쓰는 사람은 누구나 부패했기 때문이다. 모두 썩은 사회에서 살아남은 자들도 충분히 썩었기에 살아남은 것이기 때문이다.

그리하여 세계 곳곳에는 현재 약 5천 명 정도의 전직 공산당 간부, 국유기업 간부, 마피아가 부당한 돈을 챙겨 도망가 해외에서 평안한 삶을 살고 있다고 한다. 중국에는 낮에는 애국자이면서 밤에는 이중적 삶을 사는 매국노 공산당 간부가 널려 있어 스위스 은행에 예치한 중국인의 비밀계좌가 수십억 달러라고 한다. 중국은 지난 4천년 역사가 전쟁, 정변이 끊임없이 일어났기에 정치 상황이 바뀌면 도망갈 자금을 계속 해외로 빼돌리는 것이다. 중국의 공산당 간부들이 중국 정치의 속사정을 너무도 잘 알고 있으므로, 부당한 돈이 끊임없이 해외로 나가고 있다.

이러한 국가 전체적 부패체제가 얼마나 심각하면 2003년 3월 5일에 주용기(朱鎔基) 총리가 정계은퇴 고별사에서 '중국 각 성의 간부들을 상(賞)을 준다고 운동장에 모아 놓고 모조리 총살을 시켜야 공무원 부패의 뿌리가 뽑힐 것'이라고 공개적 발언을 할 지경이다. 또 2007년 3월 4일에 원자바오(溫家寶) 총리는 '촌(村)은 향(鄕)을 속이고, 향은 현(縣)을 속이며 마침내 국무원까지 속여서, 국무원 지시문건은 실행되는 것이 아예 없다'고 공개회의에서 분노하고 있다. 중국의 공무원 부패가 얼마나 극심하면 중국의 재정 총수입에서 무려 24%는 공무원들이 홍청망청 놀고 먹는 데에 쓰여지고, 전국의 관용차는 거의 모두 공무원 개인 자가용이 되어 그 운영비가 총 국방비에 맞먹는 수준이다. 건강 및 의료 · 복지 예산은 공무원을 위해서만 쓰여지며 수많은 인민들을 거지상태로 방치하고 있다. 그러나 중국 전체의 총체적 부패는 이제 치유불능 상태에서 갈수록 확대 · 심화되고 있을 뿐이다.

중국의 돈은 후진타오 정권에서도 계속 해외로 빼돌려지고 있으며, 중국은 지금도 국가적으로 푹 썩어 들어가고 있다. 중국 공산당에서는 거창하게 애국을 내세우면서 이따금 부패한 공직자를 처벌하며 국민을 겁주는 공포정치를 시행하고 있다. 그러나 그것은 그들끼리의 정쟁으로 상대방을 공격하는 것이거나, 국가 전체가 부패하고 있음을 자백하는 통과의례적인 행사와 같은 것이다. 온 국민의 입과 귀를 막아 놓고서 중국이 건강한 강대국이 되겠다는 것은 거짓말에 불과하다. 언론 자유가 무너진 중국 공산당은 언젠가 꼭 망하게 되어 있다.

## 마음대로 다닐 수 있는 나라가 되어야 한다

제 나라의 국민들이 제 나라의 땅을 마음대로 활보하고 다닐 수가 없는 나라가 중국이다. 도대체 자기 나라 안에서 불법 체류자가 있는 놀라운 나라가 중국이다. 그것은 거주 이전의 자유가 없는 공포의 독재사회이기 때문에 나타나는 특수현상이다. 중국에서는 다른 성(省)을 가려면 허가를 받아야 한다. 물론 중국 땅에서는 크고 작은 많은 것이 공산당의 허가를 받아야만 된다. 사소한 것마저도 공산당의 감시를 받는 것이 많기 때문에, 중국에서는 요즘 한국기업이 중국에서 일을 하려면 공산당원을 직원으로 채용해야 유리하다는 말이 나올 정도이다.

그러면 중국에서는 왜 거주 이전의 자유가 없는가? 그것은 일부 공산당원만 잘 사는 극히 비정상적인 나라를 만들어 놓은 중국의 정치사회적인 불합리함 때문이다. 중국은 요즘 국민소득이 1천

불이 되었다고 얘기한다. 그러나 중국은 일부 공산당 관계자들만 아주 잘 살고 있다. 그러면서도 1천불 소득이라는 것은 대다수의 국민들이 1백불, 2백불 정도의 최악의 삶을 살고 있다는 뜻이다. 통계상으로 약 8억 내지 10억 주민은 극빈자로 삶을 살고 있다. 그런데 그들을 자유롭게 풀어 놓으면 일부 공산당원들의 호의호식 체제가 급격히 무너지게 되는 것이다.

생각하면 약 8억 내지 10억에 가까운 대다수의 중국인들은 거대한 감옥 속에 살고 있다. 약 3억 정도의 잘 사는 중국인들이 있다면 대다수의 중국인들은 감옥에 갇힌 비극의 사람들이다. 중국 땅의 사회체제는 약 3억의 공산당 계열 특권층을 위해서 약 8억에서 10억의 헐벗은 노예가 거주 이전의 자유를 잃고 감옥에 갇힌 것이다. 그것을 벗어나 다른 성(省)으로 간 사람을 중국용어로는 유망(流氓)이라고 하는데, 이들이 바로 불법 체류자들이다. 많은 중국인은 중국을 떠나 세계를 떠도는 탈중자(脫中者)와 유망이 되어 헤매는 탈성자(脫省者)가 되어 눈물과 한숨으로 살고 있다. 2006년 8월에 이들이 일으킨 큰 사건이 세계적인 뉴스가 되어 신문마다 보도가 되었는데 국민일보에 난 것을 살펴보자.

「중국 후난(湖南)성에서 주민 간의 다툼이 군부대의 출동과 발포로 확대되며 100여 명이 사망하는 사건이 발생했다. 홍콩 빈과일보(Apple Daily)는 지난달 말 후난성 샹인(湘陰)현에서 이주민과 유망(流氓: 떠돌이 외지인) 사이의 충돌이 확대되자 군부대와 무장경찰이 진압에 나서면서 지난 2일 모두 100여 명이 사망했다고 전했다.

지난달 23일 한 이주민과 유망 사이의 사소한 말다툼에서 비롯된 충돌은 상대 일행을 구타하고 상점을 파괴하는 일로 이어지다 25일 이주민 300명이 흉기를 들고 유망 집단을 습격하면서 대규모 보복전으로 확대되기 시작했다. 당시 이주민들의 유망 거주지 난입과정에서 8세, 12세 어린이 2명을 포함한 3 명이 사망했다. 주민들은 흉기를 들고 공안기관을 포위하거나 유망 4명을 인질로 잡기도 했다. 다음날엔 트럭 12대를 타고 출동한 군부대가 이주민들을 상대로 본격적인 진압에 나섰다. 그러나 지난 2일 이주민들의 거센 반발로 상당수 경찰이 부상하자, 현지 정부는 무장경찰을 동원, 실탄을 발사하며 진압에 나서 100여 명이 사망하는 사건으로 이어졌다.

사건의 발단이 된 이주민들은 지난 50~60년대 생계 때문에 인근 신화(新化)현에서 건너와 샹인현 양린자이(楊林寨) 마을에 정착한 주민들로 현지에선 신화현 출신 이주민을 '악바리'로 부르며 경원시하는 것으로 전해졌다. 중국의 한 인권단체인 웨이취안(維權)의 대표인 훙윈저우(洪運周)는 "경찰이 폭력 진압에 항의하는 이주민들을 상대로 총격을 가해 현재 100여 명이 숨지고 수백 명이 부상했다"고 전했다. 한편 올해 초에는 광둥성 산터우에서 무장경찰이 발전소 건설에 따른 토지 수용 비용 인상을 요구하며 시위를 벌이던 주민 수천여 명에게 총격을 가해 20여 명이 숨지기도 한 바 있었다.

지금까지 주민소요가 발생한 현지 주변은 출입이 봉쇄되고 전화통화도 제대로 이뤄지지 않으면서, 구체적인 사건 경위가 밝혀지지 않고 있다. AFP통신은 이와 함께 샹인현 정부가 주민들에 대해 집회 및 시위, 유언비어 유포, 공산당 기관 공격 등을 금지하는 특별령을 내렸다고 전했다.

현 정부의 한 소식통은 "일부 불법분자들이 지난 달 말 대규모 소요가 발생했던 마을 간의 충돌을 이용하고 있다"며 "이들은 현 정부와 당 기관을 공격하고 교통을 차단하기도 했으며 심지어 인질까지 잡았다"고 말했다.(홍콩 = 연합뉴스)」

이 신문기사에서 알 수 있는 것은 첫째로 중국의 빈부차, 사회갈등이 얼마나 극심한가를 알 수 있고, 둘째로 중국의 유망(불법 체류자)이 국가 전체의 안전을 흔들만한 심각한 상태에 있음을 보여 주고 있다. 셋째로 무장한 군인들과 경찰로서도 쉽게 평정이 되지 않는 상태에 이르렀음을 보여주며, 넷째로 경찰이 패퇴되는 긴박한 상태까지 갔기야 했지만 군경이 실탄을 발사하여 100여 명을 사살할 만큼 혼란이 컸으며, 다섯째로 국민을 군인이 사살할 정도로 인권이 땅에 떨어졌음을 말해준다. 그런데 심각한 사실은 이러한 비슷한 사례가 중국에서는 1년에 약 8만 건이 발생하고 있다고 외신이 전하고 있는 것이다. 특히 중국 최대의 유전도시인 흑룡강성 대경에서 2002년 3월에 5만 노동자가 3주간이나 계속한 시위는 인민해방군이 계엄령을 선포하고 수습했을 정도이다. 이는 천안문 사태 이후 최대 시위로서 독립된 자유노조가 내면적으로 주도하고 있다고 할 정도였다. 노조의 설립이 불가능한 중국이 내면적으로 급변하고 있음을 말한다. 중국이 내부적으로 들끓고 있음을 알만한 중국인은 다 알고 있다.

중국은 상하이, 광조우, 선전 등의 잘사는 일부 지역에 있어서 불법 체류한 유망들을 데려다 인간 이하의 노예상태를 강요하며,

전체 국가가 내부적으로 노예국가의 상태로 있다. 1949년 이후의 중국 땅은 너무도 잘못된 사회가 만들어진 것이다. 약 3억의 공산당원들은 특권을 누리지만, 약 8억에서 10억에 달하는 대다수의 노예들은 이 잘못된 나라가 뒤집히길 밤낮으로 학수고대하고 있다. 이 잘못된 나라를 향한 분노는 극한을 달리고 있다. 중국병이 전반적으로 국가 차원에서 일시에 폭발하는 어느 순간에 중국은 그 모순에 대한 대가를 혹독히 치를 것이다. 그리고 공산당원들만 특권층이 되어 잘 먹고 잘사는 병든 세상을 만든 모택동, 등소평, 강택민, 후진타오의 죄를 물을 날이 꼭 올 것이다.

## 8억 인구를 차별하지 말아야 한다

공산주의는 이론상으로는 누구나 골고루 잘사는 삶을 만든다고 한다. 그러나 중국병이 고질화된 중국 땅에는 거짓말로만 골고루 잘 산다는 말이 있을 수가 있다. 일부의 특권층만 잘사는 최악의 비극이 지배하는 사회가 중국이다. 중국은 약 5%의 인구가 공산당인 나라인데, 이들 계열만이 잘 먹고 잘 살며 중국을 지배하는 특권사회인 것이다.

요즘 중국 땅에는 해마다 많은 숫자의 인민이 사형을 당한다. 그러나 아직도 선진사회가 아닌 미개의식의 사회인 중국에 있어서 대다수의 범죄자는 독립운동 등에 관련된 정치범이거나, 극도의 가난이 죄가 되어 범죄자가 된 사람들이다. 그것은 바로 중국 땅의 범죄자들은 적지 않은 숫자가 장발장들로서, 헐벗고 굶주림에서 범죄의 출발이 시작되는 것이다. 빵을 훔친 장발장은 사실상 범죄자가 아니다. 그 사회 자체가 범죄자일 뿐이다.

장발장 소설이 나온 때는 서구사회에서 산업혁명이 시작되는 초창기이다. 빵을 훔치는 도둑은 사실상 정상적인 나라에서는 없어졌다. 장발장 소설이 공감을 받는 사회는, 정상적이라면 이미 옛 이야기이다. 그러나 중국은 나라 전체가 곳곳에서 장발장이 만들어지게 된 사회이다. 그것은 원초적으로 오늘날의 중국이 죄 많은 사회임을 뜻한다.

상하이의 휘황찬란한 야경을 보며 감탄사를 발하는 일부의 특권층을 제외한 대다수의 중국 빈민들을 방치하고 있는 중공정권의 정당성은 없다. 중국에서는 이런 특권층 우대지역을 만드는 것을 말해서 등소평의 선부론(先富論)이라고 일컫는다. 태평양 연안의 특정지역을 편파적으로 잘 살게 만들어 주고, 그 곳이 잘 살게 된 뒤에 다른 지역으로 확산시킨다는 것이다. 그러나 잘 사는 지역을 만들고 다른 지역을 이어서 잘 살게 만든다는 것은 공산당 선전으로는 가능해도 실제로는 불가능한 것이다. 경제는 물 흐름과 같아서 역류가 불가능하다. 아니 특정 지역의 영광을 위해서 죽어지낸 대다수 인민이 다시 잘살게 된다는 것은 거짓말에 불과하다. 어느 부자가 자기 돈을 몽땅 거지에게 주겠는가? 중국은 약 8억에서 10억에 이르는 인민들을 속이면서 노예로 만들고 인권을 유린하며 착취하는 사회이다.

등소평의 선부론(先富論)은 요즘 급격히 장벽에 부딪치고 있다. 분노를 짓누르며 살고 있는 중국인들이 계속 반발하고 있기 때문이다. 그래서 후진타오가 요즘 할 수 없이 강조하는 것이 조화사회를 뜻하는 화해(和諧)이다. 그것은 그간 너무 부조화 사회였음을 자백하는 것이기도 하다. 2003년 1월에 있었던 중국의 부자서열 27위 이해창(李海倉) 피살사건은 부자에 대한 적개심 사건으로 중국에 큰 충격을 주었다. 중국의 철강대왕이라며 급성장하던 47세의 기업가가 피살된 것은 중국사회의 극단적 빈부차가 낳은 것이다.

그렇지만 여기서도 중국정부는 오히려 빈부차를 강화하는 정책을 써서 부자옹호 정책을 편들고 있다. 그 까닭은 최고 지도자인 후진타오가 인민의 권익이 아니라 등소평에게 잘 보여 출세한 사람이고, 특권층을 지지기반으로 하고 있기 때문이다. 또한 중국의 부자는 사실상 공산독재 정권의 돈줄로서 공산당의 독재기반이기에 특별보호를 받고 있기도 하다.

중국의 부자는 공산당에서 만든 것이 대부분이기에 공산당에 잘못 보이면 즉시 처벌을 받는 존재에 불과하다. 2002년 10월에 공산당의 허락도 없이 북한의 신의주 특구개발을 맡았던 부자서열 2위의 양빈이 즉각 탈세 범죄자로 감옥에 갇히며 거지 신세가 된 것은, 중국의 특권층이 공산당과 표리관계에 있음을 말해준다. 공산당에 잘못 보이면 즉시 망하는 것이 중국의 부자이다. 인민을 아무리 착취해도 공산당에 잘 보인 부자는 절대로 망하지 않는다. 후진타오는 부자 특권층의 지도자이지 인민의 지도자가 아니기 때문이다.

최근의 정보에 의하면, 중국에서 재산이 1억 위안(약 120억 원)이 넘는 부호 가운데 90%는 공산당 고위간부의 자녀인 것으로 나타났다. 중국의 모든 재산을 고위 공산당원이 독점하고 있다는 말이다. 중국 국무원 연구실과 중앙당교 연구실, 사회과학원은 최근 작성한 '사회경제상황 조사보고서'에서 지난 3월 말 현재 재산이 1억 위안을 초과하는 억만 장자 3220명 가운데 1932명이 당 고위간부의 자녀로 드러났다고 20일 밝혔다. 이들 '고간(高幹)' 자녀가 보유한 자산은 총 2조 450억 위안(약 245조 원: 해외재산 제외)에 달한다. 특히 금융 · 무역 · 국토개발 · 대형 프로젝트 · 증권 등 5대 영역에서 노른자위 직책의 85~90%를 '고간' 자녀가 독점, '전권교역'(錢權交易: 돈과 권력의 밀거래)이 위험수위로 치닫고 있다는 비판이 제기되고 있다. 이런 현상은 경제개발이 활발한 상하이(上海), 광둥(廣東)성, 장쑤(江蘇)성에서 심각하다. 광둥성의 대표적인 부동산 개발업자 12명은 모두 '고간' 자제이며, 상하이의 부동산기업 10곳 가운데 9곳의 사장을 '고간' 자녀가 맡고 있다. 또 상하이의 15개 하도급 건축업체 중 2개의 국유기업체를 제외한 13곳 모두를 고위간부 자제가 운영하고 있는 것으로 조사됐다. 장쑤성도 부동산 개발업자 22명과 하도급 건축업자 15명 모두 현직 부성장이나 성 인민대표 부주임, 전직 성 부서기, 전직 법원장 같은 고위간부의 자녀들이다. 이들은 권력을 이용해 부당한 축재를 일삼고 있다. 가령 국제시장에서 표준 가격이 200만 달러인 가죽구두 제조용 이탈리아제 공작기계를 600만~720만 달러로 부풀린 값으로 수입, 엄청난 리베이트를 챙긴다. 또 중국 내 고속도로 건설의 경우, 85%가 '고간' 자제들이 관여하는데, 1km의 공사를 할 때마다 700만~1100만 위안의 폭리를 챙긴다고 보고서는 밝혔다(조선일보, 2006. 10. 21).

중국 땅에서는 요즘 전 국토에다 고속도로 만들기에 혈안이 되어 있다. 심지어는 어떤 곳을 가면 별로 필요가 없는 곳에도 고속도로를 만들고, 한참을 달려도 자동차를 보기 어려운 곳에도 도로공사에 열중이다. 그런데 이렇게 도로공사를 하면서 수많은 농민들이 땅을 빼앗기고 집을 빼앗긴다. 이를 통해 수많은 유이민 거지가 양산되고 있다. 도로공사는 그 지역 공산당 관련자가 돈을 버는 지름길이라고 알려져 온통 도로공사에 열중한다는 것인데, 고속도로 건설의 기본규정을 어기며 엄청난 돈을 빼돌리면서 날림공사를 하여 떼돈을 번다는 것이다. 그리하여 금방 부서지는 도로가 양산되고 있다.

요즘 가장 심각한 비극이 일어나는 곳은 북경이다. 2008년 올림픽을 앞두고서 북경 시내 전체를 선진화한다고 온 도시가 완전히 개조되고 있다. 공산독재 국가인 중국에서의 도시개발은 그곳에 살던 주민을 일거에 내쫓고서는 무조건 빌딩을 지으면 된다. 그리고 세계적인 첨단도시를 만든다며 골목길은 무조건 헐어버려 북경의 역사와 문화는 송두리째 사라지고 있다. 그런데 중국의 도시개발은 특징이 있다.

**중국의 뒷골목**
중국의 모든 도시는 한 발만 뒤로 들어가도 최악의 빈민굴이다.
화장실도 없고, 수도도 없고, 하수도까지 사실상 없다. 오로지 공산특권층만 잘 산다.

첫째로 무조건 크게 짓는다. 그리고 둘째로 무조건 높게 짓는다. 셋째로 전시효과 위주로 사람들 눈에 잘 띄는 곳을 위주로 짓고, 넷째로 겉보기에 화려하고 번듯하게 짓는다. 다섯째로 그 곳에 살던 주민을 작은 푼돈을 주고 내쫓으면 된다. 그리고 여섯째로 번쩍이는 겉모습만 방송이나 신문에서 연이어 과대하게 선전을 해댄다. 그리하여 중국 인민은 눈 먼 장님이 되어 따라가고, 외국에까지 겉보기의 위장된 선전이 계속된다. 중국은 그러므로 허상이 지배하는 빈껍데기 강대국이 되어 있는 것이다.

요즘 북경 시내는 강제로 내쫓기는 주민들에 의해 온 도시에 분노가 넘치고 있다. 이러한 강제 퇴거에 반대한 사람이 4년 동안이나 감옥살이를 하고 전기고문을 당했다고 국제엠네스티는 보고서에서 밝히고 있다. 길거리의 부랑자는 감옥에 넣고, 임시 거주자는 강제로 내쫓고 언론은 철저히 통제되고 있다. 이렇게 되어 내쫓기며 밑바닥 빈민의 길을 걷게 되는 중국인들은 전국에 널려 있다. 이렇게 쫓겨난 사람들이 살 길이 없으니까 곳곳에서 생존을 위해 몸부림치게 되며 온 나라가 황폐화되고 빈민굴이 창궐하게 되는 것이다.

그런데 문제투성이의 북경에 있어서 가장 큰 고민은 물의 부족이다. 이미 10년 전에 50m를 파도 물이 나오지 않았는데, 이제는 1000m 정도에서야 물이 나오는 실정이다. 물이 없으면 도시는 마비된다. 더구나 몽골 고비사막은 급속히 팽창되고 있고 지독한 수준의 황사는 연이어 엄습해오고 있다. 북경은 도시의 기능이 마비될 정도로 기형적인 도시화가 진행되고 있다.

북경은 그간 철저히 모택동 왕조를 위해 바뀌어 왔다. 모택동은 1949년 10월 1일에 중공정권을 수립하고는 곧 몇 개월 간을 모스크바에 머물며 스탈린과 우호협정을 체결하였으니 스탈린의 집권허락을 받은 것이다. 그리고는 1950년 2월에 북경의 황제가 쓰던 정원인 중남해로 옮겨 공산당 고위층과 호화로운 생활을 시작했다. 그리고 1959년에 천안문 앞 광장을 대폭 확장하며 청나라 황제보다도 위엄있는 궁궐을 만들었다. 천안문 앞은 원래 좁았으나 모택동이 대폭 확장하였고, 이제 북경올림픽을 앞두고 자금성을 중심으로 북경 전체를 모택동 왕조의 특권층을 위해 완전히 뜯어 고치는 것이다.

중국 땅은 겉보기로만 번듯한 비효율적 빌딩이 늘어선 대도시와 도시에서 쫓겨난 사람들이 만들어내는 빈민굴, 그리고 빈민들이 전국을 휩쓸며 나무가 하나도 없는 헐벗은 민둥산이 급속히 늘어나고 있다. 중국 땅의 곳곳에는 나무가 거의 없다. 무분별한 개발과 벌목, 가뭄으로 사막지대는 급속히 확장되어 국토의 18.2%나 되고, 엄청난 규모의

**백두산에서 잘려진 원시림**
온통 헐벗은 민둥산인 중국에서 원시림이 남은 대표적 지역인 백두산은 이렇게 잘려 나가며 급속히 황폐해지고 있다.

황사는 해마다 늘어나며 국제적으로 심각한 고질병이 되고 있다. 중국 땅 전체를 황폐화시키는 요인은 무엇인가? 그것은 일부 특권층만을 위한 중국 땅 전체의 비효율, 부도덕성에서 비롯되는 것이다. 굶주리며 헐벗고 헤매는 10억의 인민들이 분노하는 가운데, 온 나라가 중국병을 앓으며 온 국토가 황폐화되고 있다. 그러한 극한 상황에서 조류독감, 사스, 구제역은 물론이고 이름도 모를 신종 전염병이 창궐하고, 에이즈에 걸려 초점 잃은 눈으로 힘없이 앉아있는 국민이 급속도로 늘어나고 있다. 한심한 수준의 화장실이라도 갖춰지지 않은 곳이 국가의 대부분이고, 하수시설이 제대로 되지 않아 병균덩이의 오물이 넘쳐나고, 공해물질은 곳곳에서 펑펑 쏟아지며, 국가 전체가 쓰레기통과 같은 상태이니 이름도 모를 신종 전염병이 창궐하는 것이다. 오염될 대로 오염된 강물이 시커멓게 바다로 흘러들고 있다.

골고루 잘 사는 공산주의라고 선전하면서 철저히 착취하고 철저히 불평등한 사회를 만들고 대다수의 국민을 차별하는 중국병을 수술하지 않고서 중국의 미래는 없다. 그렇지만 그 수술은 쉽게 되지 않는다. 중국은 심지어 국영기업이 아닌 민영기업까지도 어느 수준 이상이 되면, 당서기가 눈을 날카롭게 뜨고 감시와 통제를 한다. 대학교는 커녕 초등학교까지도 교장보다는 당서기가 더 힘이 세다. 있을 만한 곳에는 어디나 공산독재의 촉수가 자리잡고 감시의 눈을 부릅뜨고 있는 것이다. 모든 면에서 그렇기에 국가 효율성이 아니라 공산당의 획일적 명령성이 크고, 그것은 나날이 국가적 불평등을 심화시키며 특권층 위주로 나아가게 되어 있다.

2006년에 중국정부는 실업률이 4.6%라고 공식적인 발표를 했으나 실제로는 20%가 넘는 실업률이다. 약 3억 명 정도의 실업자가 넘쳐 흐르는 가운데 대다수 인민을 최악의 빈곤상태로 몰아넣고서 인공위성, 우주선, 원자탄을 만들고, 외환보유고가 최고라고 외친다. 공산당은 국가 전체적으로 특권층을 위한 공룡기구가 되었고, 공산당은 그렇게 굳어져 동맥경화 상태에 있기 때문이다.

모택동은 청나라 황궁의 호화로운 정원 특별건물의 전용수영장에서 대부분의 시간을 보냈다. 수영장에 응접실, 서재, 침실을 만들고 여러 여자를 만나며 초호화 생활을 하면서, 수많은 인민은 죽음과 기아와 고통 속에서 살게 했다. 모택동은 죽기 직전까지 청나라 건륭황제가 서재와 휴게실로 쓰던 건물에서 황제와 같은 실생활로 살면서 닉슨, 다나카 등의 많은 외국 지도자도 거기서 만났다. 중국사회의 공산주의는 이론적 환상일 뿐이며, 겉보기에 선전으로만 평등하고, 실질적인 불평등은 나날이 심화되며 폭발될 날을 기다리고 있다. 그렇지만 모택동은 황제와 같이 살고서도 죽은 뒤에 낡은 의복과 신발을 일반에 공개하며 대단히 검소하게 살았다고 발표했다. 중국 인민을 한동안은 속이고, 탄압할 수 있어도, 언제까지나 그것이 가능할 수 있을지 궁금하다.

## 신앙과 집회의 자유를 갖게 해야 한다

중국정부는 불쌍하다. 경우에 따라서는 측은한 생각이 들 정도로 한심한 존재가 중국 공산당이다. 자기 나라 국민들의 언론 자유, 거주 이전의 자유, 생활권적 기본권을 극도로 제한하여 감옥에 갇힌 국민들을 만들어 놓고서는, 어디에도 기댈 마음의 안식처가 없는 국민들에게 신앙생활도 허용치 않는다. 도대체 나라 안의 모든 생활이 고통과 공포의 연속인데, 아픈 마음을 풀어줄 안식처가 없이 살게 만드는 지극히 비인도적인 나라임에도 강대국이라고 우기는 것이 불쌍하다. 오로지 헐벗고 괴로움에 찌든 국민들이 10억이나 된다고 강대국이라고 우기고 있을 뿐이다.

중국 땅의 공산주의는 원칙적으로 종교를 인정하지 않는다. 공산 사회주의에서는 종교를 독이라고 할 정도로 종교를 금기사항으로 다룬다. 사람들이 종교에 빠지면 공산주의에 빠져 들지 않게 되기 때문이다. 무조건 공산주의 하나에 외곬으로 세뇌되게 만들어야, 국민들이 공산당 독재에 따르는 인간기계가 되기 때문이다. 공산 독재국에 있어서의 국민들은 공산당 특권층을 위한 하위 부속

**중국 땅의 도박 열풍** 종교도 없고 희망도 없는 중국인들은, 전국적으로 도박종교로 마음을 달래며 세월을 보낸다.

품 정도로밖에 인정을 받을 수 없다. 그러므로 원칙적으로 다른 생각을 전혀 못하는 사상적 벽창호가 되길 원하는 것이다. 그래서 공산주의는 인간도 하나의 물건에 불과한 것이고, 사람이 아니라고 보는 유물사관에 바탕을 둔다. 중국 땅에는 이러한 종교정책에 어긋난 많은 종교인들이 정식재판도 없이 살벌한 분위기의 노동개조소에 갇혀 땀을 흘리고 있다. 분서갱유를 하며 국민의 얼을 빼앗은 진시황 때의 정책을 지금도 쓰고 있는 무서운 나라가 중국이다.

중국 땅의 관광지라는 예부터의 유명한 절을 찾아가 보면, 정말로 기막힌 관광을 하게 된다. 절의 입구에서부터 절의 내부에까지 어디에도 종교적 냄새는 없다. 오로지 예부터의 건물만 남은 절에는 시주함만이 잊지 않고 놓여져 있다. 스님은 없고 관리하는 사람만이 초점을 잃은 눈으로 멍하니 앉아 있다가, 오직 돈을 걷어 들이는 데에만 관심을 둘 뿐이다. 그러니까 사원은 이미 사원이 아니라 옛 유적 수준의 관광지일 뿐이며, 스님은 없고 공산당 정부에서 배정한 관리인만이 있을 뿐이다. 예컨대 운남성 소수민족 나라인 대리국(大理國)에다가 홍콩기업인 103명의 돈을 갹출해서 거대한 궁전같이 최근에 지은 숭성사(崇聖寺)는 셔틀버스를 타고 돌 정도로 어마어마한 규모로 지었으나 흡사 연극무대와 같은 곳으로서 종교적 성스러움은 전혀 없다.

이러한 현상은 절만이 아니다. 교회를 가도 그렇고 성당에를 가도 그렇다. 그러나 교회와 성당은 거의 존재하지도 않는다. 예컨대 하얼빈의 유명한 소피아 성당은 방치해 둔 상태에서 문화대혁명 때에 극심히 파괴가 되었다. 요즘에는 어느 정도 보수공사를 한 뒤에 약간의 사진을 벽에 전시하고 문 앞에는 '건축예술관'이란 간판을

**하얼빈 소피아 성당**

동방의 파리라는 하얼빈의 상징 소피아 성당은 사진을 진열한 건축예술관이 되고 말았다. 공산당에서도 잘 지은 건물인 줄은 아는가 보다.

달고서 관광객의 입장료를 받고 있다. 그리고 유태인 교회는 하얼빈 조선족 제2중학이 되어 있다. 예부터의 유명한 교회도 절도 건물만 약간 남았을 뿐이다. 다만 예외인 것은 티베트와 위구르에는 거세게 항거하는 바에 따라서, 절과 회교사원이 그런대로 살아 있다. 티베트와 위구르를 총칼로 탄압함에도 불구하고, 그들의 종교만은 지독한 공산당 독재에서도 어쩔 수가 없어서 방치하는 수준에서 허용을 하는 것이다. 그러나 다른 지역에 있어서는 종교란 전혀 없는 곳이 중국이다.

그런데 이러한 극한적으로 삭막한 상황에서 나타난 놀라운 존재가 있다. 그것이 바로 파룬궁(法輪功)이다. 파룬궁은 중국사회에 널리 퍼진 기공(氣功) 훈련의 일종이다. 삶의 기(氣)를 불어넣고, 정신적 훈련과정을 통해서 바람직한 경지로 인간을 승화시키려는 것이 기공훈련이다. 그런데 단지 기공훈련에서 출발한 파룬궁이 중국 최고의 범죄단체로 지목을 받으며 극한적 탄압을 받게 된 것이다.

파룬궁이 중국 최고의 범죄단체로 탄압을 받게 된 이유는 몇 가지로 생각이 된다. 첫째로 파룬궁이 일종의 종교 색채를 갖고 있기 때문이다. 인간사회의 많은 것은 생각이 체계화되고 심화되면 종교적 차원으로 승화되는 경우가 적지 않은데, 파룬궁도 기공훈련의 수준이 높아지다 보니까 종교적 성향이 나타난 것이다. 그렇게 되니까 종교를 악으로 규정하는 공산 독재국에서 탄압의 칼을 들이댄 것이다.

둘째로 파룬궁이 너무나 인기가 높아져서 중국 땅의 수많은 국민을 집중적으로 포용하는 흡인력을 갖게 된 것이다. 비공식적으로 알려진 통계숫자로 1억을 넘는다고 하니, 그대로 두면 중국인 전체가 파룬궁 신도가 될 지경이 되었다. 그것은 공산당으로서 용납할 수 없는 것이다. 공산주의 하나만 무조건 믿게 만들어야 하는 독재국가에 공산주의 보다 더 좋은 것이 생기는 것을 인정할 수가 없게 된 것이다. 싫든 좋든 눈을 감고 공산주의가 제일이라고 우기는 공산당 특권층의 기득권을 흔들 위험분자로 지목된 파룬궁은 공산당의 눈에 가시가 된 것이다.

셋째로 최근에 들어서 공산주의가 중국 국민들에게 별로 인기 없는 존재로 전락하고 있음에서도 중공당국은 위기감을 갖게 되었다. 공산주의란 자본주의를 비판하며 등장한 역사적 산물이다. 그러나 중국은 크게 비판할 자본주의 나라도 아니었고, 전통적인 농업사회였던 중국에서는 공산주의가 억지로 강요되는 이념에 불과한 것이었다. 다만 공산당 독재자들이 그들의 권력을 유지하고 특권을 누리는 데에만 쓸모가 있었지, 대다수의 국민들에게는 오히려 공산주의가 해로움만 주는 독재수단에 불과한 것이 자명해졌다. 이런 상황에서 대다수의 국민들이 열광하는 파룬궁이 등장함은 공산주의의 파멸을 뜻하는 것이기에, 무조건 유혈탄압을 가하게 된 것이다.

넷째로 공산 독재국은 독재의 역기능으로 발생하는 국민들의 염증과 갈등이 많으므로, 그것이 배출될 발산창구가 꼭 필요하다. 그래서 독재국가에서는 국민들의 눈을 멀게 만드는 국민의 적을 꼭 만든다. 그간 중국에서는 타이완의 국민당을 그들의 적으로 만들어 국민들의 사회심리적 발산처로 만들었다. 그런데 이제는 국민당의 위상이 바뀌어져, 점차 중국 공산당이 이용할 이용대상 집단에 불과하게 변해나가게 되고, 독재의 발산처로서의 가치가 사라진 것이다. 이런 곤란한 상태에서 공산당 독재의 발산처로서, 우매한 국민들에게 파룬궁이 국민의 적이라고 역공격을 함에 이용된 것이다.

다섯째로 중국 공산당이 파룬궁에게 가장 위협을 느끼게 된 것은 파룬궁이 거대한 조직을 갖게 된 것이었다. 중국 공산당은 본인들이 부도덕하고 잘못이 많으니까, 사람들이 모이는 조직을 극도로 경계하고 탄압한다. 중국 공산당은 모든 국민이 고독한 개인으로 존재하길 원하며 모두가 공산당의 충실한 부속기계가 되길 원한다. 그런데 파룬궁은 고독을 깨고 열광하는 집단을 만들며 끈끈한 유대관계를 만드니까 공산당이 경악을 한 것이다. 왜냐하면 중국에서는 한나라 유방, 명나라 주원장, 태평천국의 홍수전은 물론이고 현대 공산당의 모택동조차 모두 신흥종교 조직 같은 떼도둑 조직에서 국가권력을 장악했음을 잘 알고 있다. 중국 땅은 공산당에 반대하는 정치모임이나 정치조직이 나타나는 것이 불가능할 정도로 공포의 사회이다. 그러므로 국가 전체적으로 집회와 결사의 자유가 없는 극한적 독재국가에, 거대한 자생조직이 나타나게 되는 놀라운 상황을 공산당은 용서할 수가 없는 것이다. 요즘 세계 곳곳에는 망명한 파룬궁 회원들의 피눈물 집회가 계속되고 있다. 극한적 공포 분위기의 공산독재국에서 망명 파룬궁이 있다는 것은 아무리 공산독재가 가혹해도 중국 국민은 살아있다는 명백한 증거다.

여섯째로 파룬궁 신도들은 교육받은 계층에서 큰 호응을 얻고 있음에서 공산당의 탄압을 더 받았다. 모택동은 집권 후에 특히 지식인을 많이 탄압하였는데, 그가 문화대혁명이라는 이름으로 지식인을 탄압한 것도 현대판 분서갱유와 같은 것이다. 진시황과 똑같이 국민을 맹목적 복종의 길로 이끌려는 것이었다. 공산당은 지식인을 무서워하는데, 대학교수, 교사, 변호사, 기자, 작가 등의 거대한 지식인 조직이 나타나는 것을 용서할 수가 없다. 캄보디아의 크메르 루즈가 인구의 3할을 학살한 것은 공산당이 지식인을 탄압한 대표적인 사례이다. 폴포트는 모택동을 방문하고 귀국하여 모택동을 흉내내며 그런 만행을 저지른 것으로 알려져 있다. 죽(竹)의 장막에 가린 중국에서 얼마나 많은 지식인이 죽음을 맞았을까 가히 짐작이 된다. 현재의 중공 지도층이 지식인 탄압에 선봉을 맡았던 홍위병 출신들임은, 지금도 중국은 분서갱유 체제로 움직이고 있음을 뜻한다. 중국 최고 지도자들인 모택동, 등소평, 강택민, 후진타오는 사실상 폴포트와 같은 인물들이며 현대판 진시황으로서 파룬궁은 절대로 용서될 수 없음을 말해준다. 현대 중국은 세계에서 책을 가장 많이 불태우는 나라로 알려져 있다. 중국 공산당은 국민을 까막눈이로 만드는 분서갱유의 전통을 철저히 잇고 있다고 생각이 된다.

일곱째로 파룬궁 신도들이 해외에도 많음에 중국은 경악을 하게 되었다. 중국은 국내의 인민은 무조건 감옥에 넣고, 죽이며, 강제노동을 시키는 등의 탄압이 가능한데, 국제적 연계관계가 생기면 쉽게 파룬궁을 제어할 수 없으므로 무자비한 탄압을 가한 것이다. 중국은 소수민족에 있어서 국제적 연계체제에 있는 티베트, 위구르는 상대적으로 어려워 한다. 하지만 내몽골은 보다 더 탄압을 많이 하며, 국제관계가 없는 상태의 만주족은 쥐도 새도 모르게 사라지며 죽고 감옥에 가는 사람이 적지 않을 정도로 잔인하게 탄압을 한다. 중공당국은 파룬궁이 다른 국내 조직과 다르게 국제화되는 것을 지극히 두려워하고 있다.

여덟째로 파룬궁 신도들이 인터넷에 의해 거대한 힘을 발휘하고 있음에도 크게 놀랐다. 파룬궁 신도들은 인터넷에 의해 조직화되어 있고 기동력있게 행동을 할 수 있다. 그리고 특정한 장소에 모여 있지 않아도 인터넷을 통한 저항은 계속되고 있다. 특히 최고 지도자인 이홍지는 미국의 뉴욕에 앉아서 수백 만의 파룬궁 신도를 이끌 수가 있는 것이다. 중국 공산당 독재는 인터넷과의 전쟁에서 무너지는 날이 붕괴의 출발점이 될 것이란 생각에 떨고 있는 것이다.

아홉째로 파룬궁이 탄압을 받게 된 것은 궁극적으로 중국 공산당의 자신감 결여에서 비롯되는 것이다. 세계의 정상적인 나라에서는 어디나 자유로운 집회활동, 종교모임이 가능한 것이다. 중국 공산당은 근본적으로 부족하며, 큰 잘못을 저지른 약점이 크기 때문에 자신감이 없는 것이다. 세계 최대의 교회가 수두룩한 한국땅의 실상을 보면, 중국 공산당으로서는 도무지 상상이 되지 못할 것이다. 중국 공산당은 파룬궁을 허용하지 못할 수준이면 자체개혁을 확고히 하여 건강하게 조직 변환을 이루던가, 그것을 못할 것이면 공산당을 해체해야 한다. 국민들이 공산당이 싫고 파룬궁이 좋다는데, 국민들의 뜻을 거역하는 공산당이 존재할 이유는 없다. 세계의 정상적인 나라들은 어디나 국민들의 뜻에 따라 나라가 움직인다. 국민들의 뜻을 탄압하고 독재를 하니까 파룬궁이 무섭고, 사람들이 모임을 갖는 것이 무서운 것이다. 중국의 파룬궁 탄압은 중국 공산당의 비건강성을 상징하는 대표적인 사례이다.

중국정권의 파룬궁 탄압은 비밀리에 감춰져 있으나, 수십 만 명의 수련생이 전국적으로 핍박을 받았으며, 5만 여 명이 체포, 감금되었다고 한다. 그 가운데 1만 명은 재판 절차도 없이 강제노동에 의한 인간개조 탄압으로서의 라오가이(勞改) 형벌을 받았으며, 많은 숫자가 극도의 고문으로 죽음의 길을 갔다고 한다. 중국의 라오가이는 모택동 이래로 국민의 일부에게 항상 강요하는 형벌로서, 백화제방 운동 때에는 각 직장별로 5%를 할당하여 강제노동 수용소로 끌고 갔다. 강제노동은 중국인들에게는 공산당에 조금만 잘못 보여도 항상 끌려가는 것으로서, 중국인들이 왜 공포에 떨며 숨죽이고 사는가를 말해주는 핵심체이다. 그러니까 파룬궁 신도라면 누구나 무조건 끌려갔다. 중국 공산당이 1억 파룬궁 신도를 얼마나 무서워했는가가 증명된다.

중국의 노동개조소는 1949년에 정권을 잡고는 개혁농장이란 이름하에 정치범과 일반범을 수용한 것으로서, 전국적으로 국민당 군대나 국민당 관리를 몰아놓고 강제노동을 시키는 곳이었다. 그러다가 곧 6 · 25 전쟁을 일으키며 국민당 군대를 전쟁터로 몰아넣어 떼죽음을 맞게 했다. 그 이후에 정치범이란 주로 티베트, 위구르, 몽골, 만주 등의 독립운동과 국민당 관련 타이완 문제에 대한 인사들이 핵심 범죄자가 되었다. 그러다가 최근에는 파룬궁 관련인사들이 대거 노동개조소로 가게 된 것이다. 그러나 개혁농장에는 말단, 하급 범죄자들이 가고 큰 범죄자는 가차없이 공개 총살을 시킨다.

## 생각하는 힘을 자유로 기르게 해야 한다

중국 사람들은 스스로 생각하는 힘을 잃었다. 중국에서는 그 어떤 것도 공산당의 일당독재 체제에 의해서 획일적으로 시행이 되므로, 중국 사람들이 스스로 했다는 것은 제한적이고 사소한 신변 사항에 관한 일 정도가 될 것이다. 중국 공산당은 모든 국민의 창의성을 제로 상태로 만들어 공산당 기계화시키는 정책을 쓰고 있다. 중국인은 공산당에서 시키는 대로만 움직인다.

예컨대 2001년의 중국 공산당 창립 80주년을 맞아 전국의 어린이에게 널리 퍼뜨린 '공산당이 없었다면, 신 중국은 없었을 거야(沒有共産黨, 沒有新中國)'라는 정치동요는 단순히 어린이의 노래가 아니다. 중국 국민들을 어린이 때부터 다른 생각을 전혀 못하는 인간기계를 만들려는 것이다. 오로지 중국에서는 공산당만 바른 생각을 하고, 공산당에 따르면 인생살이가 안전하다는 것을 세뇌시키는 공포정치의 씨앗을 뿌리는 것이다. 중국 사람들이 평생을 거쳐 제대로 생각하는 힘을 가질 수는 없다.

특히 기막힌 사례로 중국의 대학에서는 논문형 시험문제에 있어서도 주어진 정답이 정해져 있다. 물론 단순한 저급 수준의 지식의 경우는 암기에 의해서 기존의 지식을 표현할 수도 있으나, 대학교육에서 요구하는 고도의 창의적인 논문에서도 틀에 짜인 정답이 있는 사회는 결코 발전된 사회가 될 수 없다. 더구나 중국사회는 그 사회 자체가 무서운 공포의 그림자가 드리운 사회이다. 시험 답안지에 약간 잘못된 글을 쓰면 즉각 무서운 불이익을 당하는 사회인데, 틀을 벗어난 시험 답안을 쓸 수는 없는 것이다. 그러한 사회에서 대학 논문시험에 모범답안이 있다는 것은 대학사회의 코미디에 가깝다. 학문의 자유가 없는 중국의 대학에서 박사학위를 받았다는 것은, 많은 경우에 독재정권의 뜻에 따른 고도의 맞춤형 공산당 기계가 된 것과 같을 수 있다.

세계적으로 유명한 인도공과대학(IIT: India Institute of Technology)은 미국의 실리콘밸리를 인도의 식민지로 만들 정도이다. IBM 엔지니어의 28%, NASA 직원의 32%, 미국 의사의 12%를 점유할 정도로서, 졸업장만 보고도 세계 굴지의 기업에서 무조건 채용한다. 그 까닭은 인도공과대학은 인도정부가 100% 자율을 주어 창의적으로 운영하기 때문이다. 그러나 북경대학은 중국 공산당이 철저히 장악하고 자율을 전혀 주지 않고서도, 비밀경찰이 학교 내에서까지 살벌하게 감시하고 있다. 중국 전체의 초등학교에까지 공산당 당서기가 눈을 부릅뜨고 감시하는 나라의 미래는 전혀 없다.

자유로운 사회에 있어서도 뉴턴과 같은 기발한 창의력을 가진 학생이 나오기는 쉽지 않다. 사람들은 자유를 충분히 주어도 저절로 그 사회의 틀에 빠져들며 타성에 젖기 때문에, 사과는 나무에서 당연히 땅으로 떨어진다고 굳어버린 생각을 하게 되어 있다. 그래서 역설적인 얘기가 되겠지만, 에디슨은 어려서 학교에서 퇴학을 맞았기에 위대한 발명왕이 되었다고 말해지기도 한다. 주어진 기존의 틀을 벗어나야만 놀라운 창의력은 솟아 나온다. 중국과 같은 나라에서는 새로운 사회를 이끌 아이디어가 절대로 나오지 않는다.

중국은 지난 짧은 기간에 놀라운 발전을 이뤘다고 한다. 그런데 그러한 발전은 한국을 베끼는 데에서 출발한 것임을 온 세계가 알고 있다. 중국의 발전은 한국의 놀라운 발전을 보면서 당장 한국을 뒤쫓으라는 공산당의 명령으로 이뤄진 전방위 한국 모방 전략이다. 중국은 한국에서 너무 많은 것을 배우고, 모방하고, 훔쳐갔다. 그러나 한국의 겉모습을 모방하는 것으로는 한계가 있다 보니까, 그후 미국이나 일본을 배우려고 발버둥쳤었다. 그러나 쉽게 베껴지지 않으니까 경우에 따라서는 곳곳에서 훔치고 있다고 지탄을 받아 왔다. 그러니까 중국의 짧은 발전사는 한국이나 외국을 베끼고 훔치라는 공산당의 획일적 명령에 따른 것이라고 세계인들이 말하는 흐름이 나타나게 된 것이다.

그렇지만 중국은 한국을 베끼고, 미국을 비롯한 외국의 것을 훔치는 것에 의해서 결코 큰 나라가 될 수 없다. 중국은 한국의 발전에 따른 겉모양만 보고 한국을 따라올 수는 없다. 아니, 중국은 절대로 한국을 따라오기 어렵고, 일본이나 미국과 같은 선진국이 될 수 없다. 왜냐하면 남을 베끼고 남에게 훔쳐오는 것은 언제나 남을 뒤쫓아 가는 것이기 때문이다. 다른 나라에서는 최고의 첨단 국가를 만들려고 모든 것을 걸고 노력을 했는데, 그것을 공짜로 쉽게 얻으려는 중국이 어찌 강대국이 되겠는가? 특히 유의할 것은 중국이 수출하는 산업생산품의 60%는 외국기업에 의한 것이고, 고유한 중국 상품은 대부분이 저임 노동력에 의한 1차 산업 제품이 주류를 이루고 있다. 중국은 속빈 강정의 나라이다.

중국에서도 싱크탱크의 중요성은 알아서 그것을 즈쿠(智庫)라고 한다. 예컨대 중국사회과학원, 국무원발전연구중심, 중국과학원, 중국군사과학원, 중국국제문제연구소 등 그럴듯한 이름의 연구소도 많고 근무인원이 줄잡아 440여 만 명이라고 한다(동아일보, 2006. 11. 10). 그런데 이들이 하는 중요한 일은 공산당의 획일적 명령에 따라 그것을 합리화시키는 일을 할 뿐이다. 그러니 창의력이 없고 수준이 낮아 억지이론을 만들거나 외국 것을 훔쳐오고 베끼는 일을 하는 곳일 뿐이다.

중국은 공산당이 무너지기 전에는 결코 한국을 따라올 수 없다. 왜냐하면 중국의 공산당에서는 한국이 가진 뛰어난 장점인 언론의 자유, 거주 이전의 자유, 집회와 결사의 자유, 종교의 자유를 전혀 줄 수 없다. 공산당이 망할까 겁이 나서, 고도의 창의성을 갖고 자유로 학문을 하고 무궁무진하게 생각하는 자유를 줄 수 없기 때문이다. 한국은 약동하는 생명력이 살아 넘치는 싱싱한 자유의 나라이지만, 공산당이 모든 것을 전지전능하게 다 한다고 어린이들의 동요로 어릴 때부터 창의성을 짓밟는 중국은 결코 밝은 미래가 없다. 특히 요즘 문제가 되는 중국의 부정부패는 중국의 학문세계에도 광범위하게 만연되어 있어 정상적인 학자가 존재하기 어렵다. 창의성이 없는 독재국가인 중국은 영원히 나라 이름 그대로의 중간국(中間國), 중위국(中位國)으로서의 중국(中國)에 머물거나 중하위국(中下位國)을 맴돌다가 무너질 것이다.

한국의 한류(韓流)와 같은 열풍(熱風)은 절대로 중국에서 일어날 수 없다. 그것은 무한대로 생각할 수 있는 창조적 자유의 풍토에서만 나오는 것이기 때문이다. 그렇기에 중국정부는 한류의 격류가 흐르는 것에 당혹해하며 한류를 비방하거나 탄압할 수밖에 없다. 한류와 같은 자유를 주면 공산당 독재는 무너지게 되어 있기 때문이다.

인민의 자유를 짓밟고 국민을 공포로 짓누르며 독재정치를 하는 중국이 머지 않아서 곧 무너질 나라인 것은 옛 소비에트 연방(소련)이나 동유럽을 보아도 뚜렷하다. 옛 소련은 미국과 양극체제를 이루면서 동서냉전을 이끈 세계적인 강대국이었다. 최초의 인공위성인 스푸트니크를 쏘아 올리며, 세계를 놀라게 하고 온 인류의 간담을 서늘하게 했던 나라이지만, 점차 독재정권의 한계를 드러내며 급격히 국가적 비효율이 높아지면서 해체되고 말았다. 북한도 1970년 무렵까지는 남쪽의 한국보다 아주 잘 살았었다. 그러나 급격히 독재국가의 비효율성이 극대화되며 지극히 가난한 문제국가로 전락되었다.

왜 소비에트 러시아나 북한이 급격히 쇠락했는가 이유는 자명하다. 철저한 공산독재 국가로서 명령대로 일사불란하게 움직이는 것은 초기에는 반짝 효과가 있다. 그러나 점차 국가 전체적으로 창의성, 효율성이 떨어지며 무너지고 마는 것이다. 어린이 교육도 자유를 박탈하고 강압적으로 시키면 그렇게 되는 것인데, 공산국은 국가 전체를 강압적으로 몰아쳐 왔다. 중공의 학교 교육은 어린이에서 대학생까지 틀에 짜인 앵무새, 붕어빵 교육을 하며 망하는 길을 찾아 왔으니, 국가 전체의 창의성, 자발성, 유연성을 잃고 좌초할 것이 분명하다.

중공은 현재 옛 소비에트 러시아나 북한의 길을 그대로 따르고 있다. 죽(竹)의 장막에 가려 놓고 독재를 하다가 개혁 · 개방으로 반짝 경기를 누리고 있으나, 가장 근본적인 면을 개혁 · 개방하지 않은 철저한 공산독재 국가로는 확실히 한계가 있다. 대다수 국민을 저임금으로 혹사시키며 가혹하게 몰아쳐서 누린 반짝경기는 결코 오래 갈 수가 없으니, 중국은 공산독재가 무너지기 전까지는 첨단국가가 될 수 없다. 중국은 유명무실한 개혁 · 개방을 하고 있는데, 공산당 1당 독재를 끝내고 중국인에게 무한한 자유를 주어야 한다. 그것이 진짜 개혁 · 개방이다.

## 소수민족에게 자유를 주어야 한다

중국에서는 중일전쟁을 생각하며 일본의 침략행위를 규탄함에 게으른 적이 없다. 그리하여 대표적으로 거론되는 것이 1937년 12월에 장개석 국민당 정부의 수도였던 남경이 함락되며 발생한 7주 동안의 처참한 남경대학살이다. 그러나 여기서 남경대학살이라는 용어는 부적절한 것일 수도 있다. 왜냐하면 남경대학살이라는 용어는 오히려 중국 공산당의 부도덕에 면죄부를 주는 것이 될 수도 있기 때문이다.

남경대학살은 일단 '남경대혈전'이라고 불러야 옳다. 그런데 그것을 중공측에서 남경대학살로 몰아가는 것은 본질을 호도하려는 면이 크다. 물론 당시에 일본군이 민간인을 크게 학살한 것은 확실히 지탄을 받아야 한다. 그러나 일본군은 유독 남경에서만 그랬던 것도 아니고, 일본군이 가는 곳에서는 심지어 쥐새끼도 살아남기가 어렵게 온갖 학살을 했었다. 당시 남경과 같은 거대도시에서는 서양사람들이 많이 있어서 세계적으로 고발이 되고 지탄을 받고 있는데, 일본인의 최초의 만행인 한국에서의 동학도 공격은 남경대학살의 전초전으로서의 처참한 살육극이었고, 만주 땅에서의 독립군을 전멸시키려는 한국인 학살은 언론에 공개도 되지 않은 극악무도한 전쟁범죄다. 일본군이 얼마나 잔인하고 악독하면 30년쯤이 지난 월남전 때에까지도, 과거에 잠시 일본이 베트남을 침략했을 때의 후유증이 남아 있었다. 일본군이 초토화시킨 옛 베트남 마을은 약 30년이 지난 뒤까지도 사람이 살 수 없는 폐허로 남아 있었으며, 그 마을 안의 주민은 어린이, 노인까지 씨를 남기지 않았고 심지어 쥐새끼도 살 수 없는 곳이 되어 있었다. 일본군은 제2차 세계대전 때에, 731부대에서 만든 생화학 세균무기를 실제로 베트남에서 사용한 범죄 증거를 뚜렷이 남겨 놓았다. 일본인들의 초토화 작전은 옛부터 역사적으로 악독하여, 그 전형적 사례가 경상남도 진주시민 전체를 생명이 붙은 개, 돼지, 닭 등의 모든 짐승을 포함하여 갓난아기까지 씨도 없이 학살한 임진왜란의 참상이 대표적이다. 그 잔악함은 한국 침략에서 베트남 학살까지 변동이 없었다.

그러면 남경대혈전이 왜 남경대학살로 굳어졌나? 그 까닭은 남경대혈전의 주체가 바로 장개석 국민당 군대였기 때문이다. 중국에서는 오늘날 일본의 악행을 적나라하게 고발한 독일인 욘 라베(John Rabe)의 일기를 전혀 부각시키지 못하고 있다. 남경대혈전을 들추고 분석하면 중일전쟁은 국민당이 한 것이며, 공산 팔로군은 비열하게 뒤에서 도망다니며 국민당 와해공작이나 폈다는 것이 명백하게 드러나기 때문이다. 중공정권의 성지라는 연안(延安)이나 정강산(井崗山)은 모택동이 장개석과 싸운 곳이지 일본군과 싸운 곳이 아니다. 모택동은 뒷구멍으로 도망다닌 것을 게릴라전이었다고 훗날 둘러대고 있는데, 그것은 타이완이 역사적으로 정당하며 공산군은 비겁했다는 것이 되기 때문이다. 그러니까 중국 공산당은 비겁하게 일본군의 민간인 학살만을 부각시키는 것이다.

특히 유의할 사항은 국민당이 부패해서 공산당이 이겼다는 공산당측의 선전이다. 그것도 그 내면을 면밀하게 분석할 필요가 있는데, 국민당은 결코 그렇게 부패하기만 했던 것도 아니었다. 제2차 세계대전에서 프랑스는 독일에 겨우 6주 만에 항복을 했고, 영국군은 미군의 도움이 없이는 존립도 어려웠었다. 그러나 국민당군은 무려 8년 간이나 일본군과의 혈전을 펴며 나라를 지켜냈다. 그리하여 위대한 승리를 했다. 프랑스 군이나 영국군에 비해서, 100만의 일본군을 아시아 대륙에 묶어 놓아 수렁에 빠진 군대를 만든 국민당 군대의 공로는 제2차 세계대전의 역사에 있어서 위대한 승리였다고 칭찬해도 부족함이 없는 것이다. 일본군의 기습 전격전을 지구전으로 바꾸며 지리멸렬하게 이끌어간 공로가 있었기에, 미군의 승리가 쉽게 이루어진 것이다. 중국 국민당이 없었다면 일본군은 미국에 상륙하여 태평양 전쟁을 벌이고 제2차 세계대전이 전혀 다른 결과를 낳았을 수도 있었다.

이것은 통계상으로도 뚜렷하여 8년 간에 일본군 사상자는 241만 명으로서, 중국군 사상자 321만 명에 비해 결코 적은 숫자가 아니었다. 그간 중국군은 일본군에게 일방적인 패배만 당한 듯 알려졌는데, 중국군이 제2차 세계대전에서 이룬 업적은 러시아가 독일과 치룬 레닌그라드 혈전만큼 값진 것이었다. 제2차 세계대전의 승리국가인 미국, 영국, 프랑스, 러시아 등은 모두 위대한 승전국이 되었으나, 중국만 불운하게 공산당에게 영광을 빼앗기고 타이완으로 쫓겨나며 UN에서까지 방출되고 말았지, 공산당이 없었다면 국민당은 현대사의 위대한 영광을 낳은 역사의 주인공이었을 것이다. 그러나 정말 아쉽게도 공산당은 8년 간 국민당을 뒤에서 흔들고 비방하며 붕괴시켜 나가다가, 미국의 원자탄으로 일본이 항복하자 8년 간의 전쟁으로 지친 국민당을 급습하며 승리를 훔친 것이다. 요컨대 국민당은 제2차 세계대전에서 미군 및 연합군과 힘을 합해서 8년 만에 위대한 승리를 한 것이고, 공산당은 애써 국민당이 밥상을 차려놓자 그것을 탈취한 것이며 오히려 자기들이 승리했다고 비열하게 거짓 선전을 하는 것이다. 그리고는 8년 간의 애국전쟁 후유증으로 국민당에 나타난 문제점만을 과잉으로 부각시키는 공산당의 선전은 남경대학살 딜레마와 똑같은 것이다. 공산당의 업적 부각보다는 국민당의 부패나 일본군의 민간인 학살 등만을 부각시키는 공산당의 딜레마는 공산당의 어두운 집권과정이 만든 추잡한 변명거리일 뿐이다.

그런데 중국 공산당은 오늘날 티베트, 위구르에 대해서 일본군 못지않게 잔인한 유혈탄압으로 현대사를 이어 왔다. 일본군보다 결코 나을 것이 없는 못된 중공군이, 일본군을 탓할 자격은 전혀 없다. 자기들이 정당하면서 남을 탓해야지, 자기들도 극악무도한 존재이면서 일본을 탓하는 것은 어불성설이다.

현재 티베트와 위구르 국민들은 예전에 우리가 일본과 항일 독립전쟁을 할 때와 같이 격렬한 독립운동을 전개하고 있다. 중국이 강점하고 침략적 탄압을 가하여 오늘까지 중국 영토가 되어 있으나, 티베트와 위구르 사람들은 자신들을 중국인으로 생각하지 않는다.

티베트는 특히 독립의지가 매우 강하여 달라이 라마 국왕이 인도 북부로 망명을 하여 망명정부가 꾸준히 독립운동을 하고 있다. 그런데 중국에를 가면 매우 쓴웃음을 지을 거짓말 변명을 듣게 된다. 중공당국은 자기들이 달라이 라마를 추방시켰다고 국민들에게 속이고 있기에 중국인들은 그렇게 알고 있는 것이다. 그렇지만 많은 티베트 어머니들은 눈물 속에 이를 악물고서 어린 아들을 데리고 험준한 히말라야를 넘어가 달라이 라마 국왕에게 자식을 인계하고 있으며 꾸준히 독립운동을 지원하고 있다. 중국에 남은 판첸 라마도 적극 항거하여 문화대혁명 때에 10년 간이나 가택연금이 되었었다. 티베트의 독립운동은 온 세계가 지원하여, 달라이 라마 국왕에게 노벨 평화상이 주어질 만큼 적극적 성원을 보내고 있다. 그러나 격렬한 독립항쟁은 가혹한 유혈탄압으로 진압되며 오늘에 이르고 있다. 그럼에도 불구하고 외부로는 절대 거짓말을 해온 중공의 적나라한 모습이 2006년 10월 13일에 전 세계의 TV화면에 방영되었다. 네팔로 향하는 비무장 티베트 주민을 눈 덮인 들판에서 조준 사살하는 중공군의 만행이 루마니아 사진작가 세르게이 마테이에 찍혀 방영되면서 온 세계가 분노로 들끓었다. 그리고 TV 화면에는 중공군이 10세 미만의 가냘픈 어린이 10여 명을 붙잡아 짐승같이 끌고 가며 총을 쏜 모습이 방영되며 중공의 야만성을 온 세계에 알렸다. 중공정권은 티베트 강점이 부당한 것임을 유의하고, 즉각 티베트 독립을 시켜줘야 한다. 선량한 티베트를 유혈탄압하는 중공당국이 일본을 꾸짖을 정당성은 전혀 없다.

또한 중공정권이 위구르 독립운동을 탄압하는 바도 역사의 심판이 준엄하게 내려져야 한다. 그간 위구르에서는 격렬한 독립운동이 계속하여 일어났으나, 중공당국은 언론 통제로 외국에 알리지도 않고 많은 애국자를 공개 총살로 사형시켜 왔다. 2002년 1월에 별안간 중국정부가 한국 국회의원 4명을 입국 금지시켜서 한국에서는 크게 놀랐다. 평상적인 국제관계의 일을 위해 중국을 방문하려던 국회의원을 아무 이유도 없이 입국 금지시키고, 만주 땅에서의 여러 행사가 연이어 취소되며 한국인의 입국을 연기시켰다. 이런 일은 몇 년 전에 하얼빈의 학교 운동장에서 한국의 유명한 가수를 초청해 놓고 별안간 공산당에서 행사를 중단시켜 커다란 주민 소요가 있은 등, 공산당의 막무가내 행위가 여러 번 있었지만 아무 설명도 없이 시간이 지났다. 그리고는 몇 달 뒤에 외국 통신사가 전하길 당시 위구르에서 큰 폭동이 나서 그랬다는 것이다. 그것은 위구르 민족의 거대한 독립운동으로서, 수많은 독립운동가를 공개 총살시킨 소식이 연이어 전해졌었다.

그러나 이렇게 알려진 것보다 언론 통제로 감춰진 것이 더 많다. 2000년 2월에 요녕성의 양자장지 광산에서 2만 명의 근로자가 일으킨 폭동은 400km 밖의 북경에 주재한 인민해방군이 급파되어서야 수습되었으나 외국인은 알지 못했다. 공포의 독재국에서 일어나는 일은 쉽게 파악이 되지 않아서 외국인들을 당혹스럽게 하고는 하는데, 멀리 서쪽 끝의 위구르에서 독립운동 시위가 거세게 일어나 만주 땅에 국회의원 입국 금지, 행사 중단 등이 있은 것을 한국인들은 전혀 알 길이 없었다. 위구르 독립운동이 격렬하기도 했겠지만, 워낙 통치에 자신감이 없는 공산독재국이라 그 큰 땅덩이 전체에 비상조치를 취하고 흡사 동맥경화증에 걸린 나라와 같이 경직된 현상이 나고는 하는 것이다. 중공의 위구르 탄압은 나날이 가혹해져, 2006년 8월에는 카자흐스탄과 합동으로 기마부대까지 동원하여 테러 진압이란 명분으로 독립운동 탄압의 특수훈련을 시행하였다. 중공당국의 위구르 강점은 하루라도 빠르게 철회되고, 독립을 시켜주어야 한다.

**청나라 고궁의 가마구밥통**

만주땅 심양의 청나라 옛 궁궐 마당에는 성스러운 가마구에게 먹이를 주던 밥통이 그대로 있다. 긴 시간 동안 아시아의 지배자였던 만주족은 중국 공산당의 가혹한 탄압에도 불구하고 나름대로의 옛 문화만은 남아있다.

그리고 가장 가혹하게 탄압을 가하며 소멸정책을 쓰고 있는 만주족이나 몽골족같은 줄친족은 요즘 어쩔 수 없이 숨을 죽이고 있으나 그들에게도 자유를 주어야 한다. 내몽골의 드넓은 초원은 원래 몽골 땅이다. 몽골인들은 중국의 몽골 핍박에 대해 극도로 분노하고 있다. 울란바토르에서는 중국인들이 택시 타기가 쉽지 않고, 밤에는 홀로 다니다가 몰매를 맞기 일쑤다. 몽골정부도 그 분노를 티베트의 달라이 라마 초청으로 표출하고 있다. 중국정부가 극력 반대를 해도 몽골정부는 2006년 8월에 달라이 라마를 몽골 최대 사원인 간단사로 초청했으니, 벌써 일곱 번째가 된다. 중국 공산당은 이에 대해 신경질적 반응을 보이면서 북경에서 울란바토르 항공 노선을 잠정 폐쇄했다. 중공은 지난 2002년에 몽골이 달라이 라마를 여섯 번째로 초청했을 때에도 중국과 몽골 간 열차를 이틀 간 운행 중지시키기도 했었다. 그러나 몽골과 티베트의 끈질긴 유대를 중공이 끊을 수는 없을 것이다.

중공당국이 보이는 신경질적 동맥경화증은 이제 온 세계에 면역력이 생겼다. 중공은 예전에 타이완 총통의 미국 방문이나, 총통선거 때에 타이완에다가 미사일까지 쏘며 미개한 행동을 한 나라인데 비행기나 철도의 운행을 막는 정도를 주변국에서는 별로 큰 일로 보지도 않게 되었다. 중공은 이제 국제정의를 생각하며 철이 들어야 한다. 몽골 땅을 왜 강점하고 왜 몽골족을 핍박하는가에 대해서, 고통 받는 몽골족의 입장에서 생각할 때가 되었다. 그리고 만주땅의 주인인 만주족을 와해시키기에 앞서, 그 땅의 주인이 누구인가를 먼저 생각해야 한다. 지금과 같이 탄압을 계속하면 몽골족, 만주족이 티베트, 위구르와 같이 격렬하게 봉기할 날도 멀지 않았다는 생각을 할 줄도 알아야 한다. 일본의 침략을 규탄하는 데 열을 올리기에 앞서서, 중국이 얼마나 나쁜 나라인가를 겸허히 되새겨야 할 것이다. 중국은 티베트, 위구르, 몽골, 만주, 타이완에 대해 일본보다 몇 배나 나쁜 나라가 분명하다.

## 타이완에게 자유를 주어야 한다

타이완은 현재 세계적 수준의 자유민주 국가로서 번영을 구가하고 있다. 그런데 중공 독재정권에 의해서 국제적 자유를 억압당하고 있다. 중공당국의 타이완 탄압은 그간 전방위로 무자비하게 진행되어 왔다.

우선 유엔에서 축출을 시켰으며 거의 모든 국제기구에서 타이완을 축출했다. 심지어는 평화의 상징인 올림픽 등의 스포츠 경기에서까지도 가혹한 견제로 일관해 왔다. 중국은 현재 한국이 북한과 함께 똑같이 유엔 회원국이 되어, 상대를 정치적으로 인정하며 서로 공동의 민족 미래를 찾아나가는 것을 유의해야 할 것이다. 타이완을 동족이라면서, 그토록 잔인하게 동족을 탄압하는 나라가 어디 있는가를 살펴보는 안목이 긴요하다.

중국은 타이완에 끊임없이 군사적 압력을 가하며 현대사를 이어 왔다. 특히 중국 관광을 간 한국 관광객에게까지 관광가이드가 본인은 중국 공산당원이라며, 타이완을 곧 공격하여 점령한다고 공공연히 떠들 정도의 살벌한 나라가 중국이다. 일본과의 항일전쟁에서는 장개석 국민당 군대를 앞에 내세워 세력을 소진시킬 대로 소진시키고서, 지친 국민당 군대를 뒤에서 계속 추격하다가 타이완으로 몰아낸 중공군이 1949년 이후 타이완에 대한 공격을 멈춘 적이 없었다. 일본과 같은 적국에는 비열하고, 동포에게는 가혹한 중공군의 성향은 공산군의 부도덕을 웅변하는 것이다.

현재 타이완은 많은 사람들이 독립을 원하고 있다. 그러다가 중공의 탄압과 교란정책으로 약간 주춤한 면도 있으나 독립을 원하는 숫자는 대단히 많다. 타이완이 왜 독립을 원하는가? 그것은 중국이 그렇게 만든 것이다. 1949년 이후에 중공군이 핍박을 않고 따뜻하게 대했다면 왜 타이완이 독립을 원하겠는가? 독립을 하려다가도 중국과 합한다고 했을 것이다. 구박을 밤낮으로 하면서 못살게 굴다가, 분가를 하겠다는 며느리를 분가하려는 못된 인간이라고 몰아치는 나쁜 시어머니와 다를 것이 없는 중국의 모습에 분노하는 타이완 사람들은 언제라도 이해가 된다.

그런데 중국은 확실하게 타이완에 자유를 주어야 할 중대한 이유가 있다. 그 까닭은 중공당국이 스스로 잘 헤아리면 쉽게 깨달을 수도 있다. 왜냐하면 현재의 중국은 죽은 나라이다. 지구상에 존재하는 중국이라는 이름의 나라는 가짜다. 머나먼 옛 조상이 다시 살아서 온다면 중국을 후손의 나라라고 말할 수는 없다. 중국과 비슷한 수준의 나라인 인도에는 옛 문화와 역사가 그대로 살아 있으나, 중국은 공산당이 뒤뜰 용광로로 불 지르고 인민공사로 짓밟고 문화대혁명으로 때려 부수며 모두 말살시켜 사라지고 말았다. 심지어 문화대혁명 때는 공자비판 운동까지 벌인 나라가 중국이다. 1949년 이후 역사와 문화를 꾸준히 짓밟으며 외래 공산주의 팽창에만 광분해 왔다. 다만 고맙게도 타이완이 있어 순수한 중국이 살아 있다.

이러한 측면에서 생각하면 문화대혁명은 중공당국이 국민당 포로들을 6 · 25 전쟁으로 내몰아 대량학살시킨 뒤에도, 만주땅을 비롯한 곳곳에 국민당 게릴라들이 남아서 격렬히 항전을 하고 있음에서 일으킨 타이완 탄압정책이었다. 그리고 공산당의 공자탄압도 공자의 후손이 타이완에 망명했기에 일어난 것이다. 중국에서 연극까지 만들어 선전한 임해설원(林海雪原) 드라마는 국민당 군대가 만주 땅에서 큰 세력으로 긴 시간에 걸쳐 항거했음을 뜻한다. 공산당의 문화말살을 위한 문화대혁명은 정통 중국문화의 세력인 타이완을 공격하려는 흐름이 밑바닥에 깔린 것이었다. 그리고 공산당이 국민의 지지를 받지 못하고, 많은 국민은 내부적으로 타이완을 지지하고 있기에 문화대혁명을 일으킨 것이며, 아무 것도 모르는 철부지 홍위병에게 그것을 시킨 것이었다.

모든 문화와 역사와 전통을 송두리째 무너뜨리고 중국문화가 말살된 폐허에서 공포정치를 펴는 중공 땅을 생각할 때에 타이완의 존재는 너무도 소중하다. 만약에 타이완까지 중공 독재자의 수중에 넘어갔다면 지구상에서 중국은 완전하게 사라지고 말았을 것이다. 그러므로 진심으로 중국을 생각하고 진정으로 중국 사람을 사랑한다면, 타이완이 살아 있다는 것은 너무도 행운이다. 타이완까지 공산화가 되지 않고 타이완이 진짜 중국으로 온전히 남아 있음은 동양사회에 있어서도 행운이다. 중국 땅에 중국은 사라지고 허상만 남았으며, 진짜 중국은 타이완에 남아 있기 때문이다. 소중한 보물섬 타이완은 중국을 위해서도 자유를 확실히 주어야 한다.

특히 여기서 꼭 지적할 것이 하나 있는데, 타이완은 그러나 역사와 문화적으로만 보물덩이가 아니다. 타이완 사람들 자체가 소중하다. 원래 조국이 풍전등화의 위기에 처하면, 어느 나라에서나 진짜 애국자가 나타나서 목숨을 바치는 것이다. 중국에서도 그러했다. 일본에 대해 정면으로 싸운 애국집단이 장개석 군대였고, 공산주의만을 위해 싸운 집단이 모택동 군대였다. 장개석 군대는 그렇기에 일본과 정면으로 싸우며 많이 죽어 갔으나, 모택동 군대는 비열한 모습으로 온전하게 남았었다. 장개석 군대의 정예가 사라지고 남은 집단이 모택동에게 쫓겨 타이완으로 갔으나, 그래도 모택동 집단보다는 월등한 사람들이다. 타이완에는 품격 있는 중국인들이 옮겨 갔고, 중국인의 자존심을 세울 중국혼(中國魂)이 제대로 살아 있는 곳이 타이완이다.

## 정상적 지도자를 중국 국민이 직접 뽑아야 한다

병든 중국이 제대로 되려면 중국에 올바른 민주정치가 실시되어야 한다. 현재의 중국은 거짓된 민주정치를 가짜 지도자들이 강제적으로 시행하고 있기에 골수병이 들어있는 것이다. 중국은 세계적으로 악명 높은 독재정치를 시행하는 나라이기에 병든 중국이 되어 있는 것이다.

그런데 중국은 민주정치 실종상태의 심각한 중국병(中國病)을 고치기가 어렵게 되어 있다. 중국의 공산체제가 독재를 하지 않으면 안되게 굳어져 버린 데다가, 중국의 지도자가 충원되는 바가 중국은 스스로 망하게 되어 있다. 중국은 그간 해외를 위협하는 지극히 위험한 국가라고 인식되어 왔다. 그것은 그간 한국, 베트남, 라오스, 캄보디아, 타이완, 인도, 러시아, 일본, 필리핀, 네팔 등 주변의 모든 나라에 전방위로 직간접적 침략을 함에서 증명되었다. 특히 중국은 6 · 25 전쟁을 일으키며 한국을 침략하여 전국을 초토화하고 수백 만의 사상자를 낳게 만든 최악의 전범 침략국이었다. 그러나 중국은 이제 스스로 무너지는 자멸 위험국으로의 길을 걷고 있다. 원래 중국은 예부터 역사상 오래 버틴 왕조가 없었으니, 중공 독재국도 스스로 망하는 길을 재촉하고 있다.

그 망하는 길을 만드는 핵심 인물들이 바로 중국의 지도층들이다. 그들은 바로 중국병을 만드는 주범들로서, 이제까지 중국이 그런 길을 걷게 한 책임자들이다. 현재의 중국에는 중국의 앞날을 이끌 최고 수준의 지도자가 약 600명 가량이 확실하게 길러지고 있다고, 중국의 지도층에서는 한국인들을 만나면 자화자찬의 자랑을 하고는 한다. 중국용어로는 차세대를 위한 후속 예비 집단으로서의 티뚜이(梯隊)라는 것이다. 그들은 모택동 세대를 제1세대, 등소평 세대를 제2세대, 강택민 세대를 제3세대, 후진타오 세대를 제4

세대라 하며 제5세대 후보가 약 600명이라는 것이다. 중국을 망하는 길로 이끌 내일의 핵심 주인공이 줄지어 있다는 것이다.

왜냐하면 중국에서는 그간 모택동, 등소평, 강택민을 이으며 중국을 이끌어 왔고, 새로이 후진타오가 현재 국가주석이 되어 중국을 이끌고 있다. 후진타오는 어떤 인물인가? 그 질문에 대한 답변이 바로 중국의 내일을 말해주는 것이다. 중국에는 지금 내일의 후진타오가 될 인물들이 약 600명 가량 철저히 길러지고 있다는데 정말로 중국의 앞날이 걱정된다.

첫째로 후진타오는 아주 비민주적인 절차를 거쳐서 지도자가 된 지극히 비민주적인 인물이다. 그는 아마도 한국, 미국과 같이 국민 전체가 직선제에 의해서 뽑는다면 전혀 뽑힐 수가 없는 인물이다. 그는 살아오면서 국민을 위해 일해 온 것이 아니라 윗사람에게 잘 보이려고 혈안이 되어 살아왔다. 특히 등소평에게 잘 보이려고 수단과 방법을 아끼지 않은 사람이다.

둘째로 후진타오는 겉보기만 그럴듯한 중국사회를 만드는 선두에 섰던 사람이다. 그가 최근에 북경 올림픽을 개최하며 북경 시내를 완전히 뒤집어 엎고, 많은 주민을 사실상 알몸으로 내쫓는 것을 볼 때에 후진타오는 죄 많은 지도자이다. 한국은 중국보다 일찍 올림픽을 개최했고 월드컵까지도 개최했다. 그러나 한국에는 판잣집도 있고, 작고 낡은 집도 있고, 거지의 인권까지도 존중하면서 올림픽, 월드컵을 잘 치렀다. 있는대로 최선을 다하여 꾸밈없이 정성껏 국가 행사를 치러야지, 북경과 같이 위선적인 겉치레 행사가 되면 의미가 없다. 중국과 같이 전체 주민을 북경에서 몰아내려면 올림픽, 월드컵 행사를 하지 말아야지, 하늘의 천벌은 예전에만 있던 것이 아님을 유의해야 한다. 북경 시내를 뒤집어 엎고 순식간에 새로 지었다고 중국의 겉모습에 속을 외국인은 많지 않다.

셋째로 후진타오는 티베트 자치구의 당서기로서 독립운동을 유혈진압한 최악의 인물이다. 15만 명의 티베트 사람을 죽인 범죄자가 크게 돋보이며 최고 지도자가 되는 나라가 중국이라면 중국은 일찌감치 사라져야 한다. 중국은 티베트가 중국 땅이고 티베트 사람을 중국 국민이라고 우기고 있다. 그렇다면 자국 국민을 15만 명이나 학살한 최악의 원흉이 어찌 최고 지도자가 될 수 있는가? 티베트를 탄압하며 티베트 사람을 무자비하게 15만 명이나 죽인 것은 티베트 사람을 중국 국민으로 보지 않은 면이 큰 것이다. 그렇다면 당연히 티베트에 자유를 주고 독립을 시켜 주었어야 하는 것이다. 2006년 11월 말에 후진타오가 인도를 방문하였으나 아무 외교적 성과도 없이 냉랭한 대우를 받고 귀국할 수밖에 없었고, 많은 티베트 망명객이 격렬하게 중국을 규탄하는 시위를 하며 분신자살을 하는 가운데 후진타오는 도망가듯 출국해야만 했었다. 옛 소련이 붕괴될 때에 러시아의 고르바쵸프도 후진타오와 같은 살인마가 될 수 있었으나, 고르바쵸프는 정상적인 인류애에 바탕을 두고 평화적인 마무리를 지었다. 그러나 후진타오는 코소보 주민청소 학살극을 일으켜 국제사법재판소에서 사형언도를 받은 유고슬라비아의 밀로세비치와 꼭 같은 최악의 인물이다. 중국은 천안문 사태에서 3천 명의 젊은이를 탱크로 뭉개 죽인 인물 혹은 후진타오와 같은 인물이 최고지도자가 되는 나라인 만큼 중국의 미래는 없다. 정상적인 제대로 된 나라에서는 제1순위 사형수 범죄자일 최악의 인물이 최고 지도자가 된다는 것은 상상도 되지 않는다.

넷째로 후진타오는 등소평의 뒤를 이어서 약 8억에서 10억에 이르는 대다수 중국 인민을 노예상태로 만든 인물이다. 오로지 특권층 공산당원들만 특혜를 주고, 잘 사는 일부 지역만 혜택을 입게 하는 정책을 쓰는 등소평, 강택민의 정책이 옳다며 박수를 쳐 정권을 쥔 편협한 인물이다. 후진타오의 싸늘한 얼굴은 대다수의 헐벗은 중국인을 만든 냉혈 지도력을 뜻한다. 그는 정권을 쥐기 위해서 헐벗고 죽어가는 중국인을 눈감고 방치한 인물이다. 그러한 싸늘한 얼음장에서는 따뜻한 인간애가 나올 수 없다. 중국은 후진타오에 의해서 지극히 불평등한 빈익빈 부익부의 병든 사회가 되었다.

다섯째로 후진타오는 공정성을 상실한 부패한 인물이기도 하다. 그는 권력을 잡기 위해서 인민을 위한 공정한 결정을 내리지 않고 특권 권력층을 돕는 길을 걸어왔다. 그는 부패한 등소평을 옹호해야 권력을 잡겠으므로 등소평의 부패를 철저히 감쌌다. 천안문 사태를 등소평이 유혈진압한 것은 국가 안정을 위한 것이 아니었다. 천안문 앞에서 조자양이 자신의 아들에 대한 부패를 반성하자 등소평 스스로도 학생들에게 부패한 아들을 비판할 상황에 몰리게 되었으며, 이 위기를 탱크로 뭉갠 것이 등소평임을 알고 등소평의 부패에 대한 바람막이를 해주며 권력을 쥔 인물이다. 후진타오는 부패한 특권층을 살려주고 인민을 제물로 권력을 쥔 것이다. 후진타오는 최악의 위기에 몰린 등소평을 위해 인민을 대량학살한 사람으로서, 절대로 인민을 위한 정치를 할 사람이 아니다. 중국의 잘못된 체제를 그대로 수호하고, 정의가 아닌 불의를 지키는 사람의 선두에 선 최악의 인물이 최고 지도자가 되는 나라가 중국인 것이다.

여섯째로 후진타오는 무서운 권력 투쟁을 거쳐 최고 지도자가 된 인물이다. 중국 공산당 체제는 인민의 뜻에 따른 민주적 정치과정에 의해 지도자가 길러지는 것이 아니다. 극심한 파벌 싸움의 성격을 띤 잔인하고 교활한 권력 투쟁에 의해 만들어지게 되어 있다. 중공 정치가는 대부분 모략과 음모에 강해야 성공한다. 후진타오는 등소평에 철저히 잘 보이고, 강택민에게는 절대로 야심이 없는 듯한 위장된 태도를 보이며 충성을 바치다가 최고의 권력을 쥔 뒤에 강택민을 유감없이 밀어낸 인물이다. 그리고 강택민 계열의 상하이 인맥을 특별 목적 감사까지 실시하며 부패 혐의를 씌워 대청소했다. 권력 투쟁가의 전형적 특성으로 윗사람에게는 철저히 고개를 숙이고, 약자에게는 철저히 강한 흐름이 뚜렷하다. 그러므로 권력 투쟁은 항상 원한 맺힌 적을 만든다. 후진타오가 권력을 쥐며 1차로 숙청한 등소평 시절의 북경파는 지금도 그에게 깊은 원한을 갖고 있을 것이며, 강택민의 상하이방을 비롯해 분노하는 다수가 권력에서 밀려나 칼을 갈고 있다. 많은 경우에 권력투쟁은 권력기반으로서의 동지가 없으면 불가능한 것이므로, 가까운 동지관계의 사람들 조직에 은혜를 베푸는 흐름이 나타나게 된다. 따라서 인민이 아닌 측근 동지관계를 위한 정치를 할 수밖에 없다. 그래서 중국은 일부 특권층만 잘 사는 극도의 빈부격차 사회가 된 것이니, 그 극한점에서 언젠가 그것은 폭발하게 되어 있다.

일곱째로 후진타오는 앞만 보고 달리는 중국형 기관차를 상징하는 전형적인 인물이다. 중국의 현대사는 수많은 인민을 짓밟으며 무조건 앞을 보고 달려온 눈 먼 기관차였다. 후진타오는 눈 먼 기관차의 눈 먼 기관사가 분명하다. 중국은 쇄국의 시대를 끝내고 개방을 하고서 약 15년 만에 놀랍게 발전했다고 자화자찬을 한다.

그러나 중국은 빚 얻어다 새 차를 사고 돈을 꾸어다가 새 건물을 지으며, 대다수의 국민을 헐벗고 굶주리게 하면서 공산당의 특권사회를 만들기 위해 무작정 달려온 나라이다. 중국은 그렇게 하기 위해서 국민의 언론의 자유, 거주 이전의 자유, 종교의 자유, 집회와 결사의 자유, 기본적 수준의 삶을 누릴 생존권의 모든 것을 접어둔 감옥형 국가가 되어 전 국민을 노예로 부린 사회이다. 국가 전체를 특권층의 이익을 향해 달려가게 하고 대다수 인민을 감옥에 가둔 듯한 노예로 만든 끔찍한 지도자가 후진타오이다. 중국 땅에는 그간 후진타오를 낳은 범죄적 지도자들인 모택동, 등소평, 강택민이 받들어 모셔져 왔고, 그 후광을 바탕으로 후진타오의 잘못된 정치가 만들어졌다. 그리고 기막힌 일로써 현재 차세대 후진타오가 약 600명이나 길러져 있다고 중국정부가 자랑을 한다고 한다. 정상적인 지도자가 뽑히지 않는 중국은 망하는 길을 가는 눈이 먼 기관차가 분명하다.

**티베트 국기** 후진타오의 티베트 독립운동 탄압에도 불구하고, 티베트 깃발에는 찬란한 태양이 빛난다.

# 제3부

# 타이완의 참모습

타이완은 3중성을 띠고 만들어진
역사적 산물이다.
타이완은 본래 원주민에 의한 옛부터의
타이완 땅이었다. 여기에 대륙에서
복건지역 주민들이 이주해 와서
타이완 본성인이 만들어졌다.
그리고 현대시대에 들어
장개석 국민당 사람들이 합해지며
타이완 외성인이 생겼다.
다만 분명한 것은, 타이완 사람들 모두는
대륙에서 자유를 찾고
이상향을 찾아서 타이완으로 온
엑소더스의 사람들인 점이다.

**홍콩 반환 10주년 대규모 민주화 시위**

홍콩의 민주화 세력들이 홍콩의 중국 반환 10주년을 맞아 민생과 보통선거 보장을 요구하는 대형 플래카드를 들고 홍콩 시내에서 거리행진을 펼치고 있는데 ……
(로이터/뉴시스, 2007. 7. 1)

# 6. 수수께끼 같은 타이완의 반응
## 동북아의 외교격랑

앞의 5장까지에서 중국의 오늘날을 사전에 점검해 보았다. 그 까닭은 그간 우리들이 진짜 중국이 아닌 가짜의 죽은 중국을 중국으로 오해를 했기 때문이다. 중국을 제대로 모르면 타이완을 절대로 알 수 없다. 그럼에도 거짓말 중국을 알다 보니까 많은 한국인들은 타이완을 제대로 모르게 된다. 타이완의 참모습을 알기 위해서는 중국의 참모습을 아는 것이 필수적이다. 한국에 알려진 중국은 참모습이 아니다. 중국 공산당에서 여론조작 선전을 하면서 알려진 잘못된 허상 때문이다. 물론 중국의 허상은 한국인에게만 한정된 것은 아니다. 왜냐하면 중국 공산당의 여론조작과 헛선전이 워낙 많기 때문에, 온 세계의 사람들이 중국의 참모습을 모르는 경우가 허다하다. 그런데 보다 유의할 것은 중국인들이 중국의 참모습은 더 모른다는 점이다.

중국인들은 대다수의 사람들이 '우물 안 개구리'와 같이 산다. 중국 공산당에서 철저하게 정보를 통제하고 조작하기 때문에 넓은 세상의 진실을 모른다. 사실상 감옥에 갇혀서 사는 사람과 다를 것이 없게 세상을 모르고 살아간다. 예전부터 세계의 언론들은 중국인들의 이런 삶을 '죽의 장막'이라는 말로 상징적 표현을 써 왔다. 옛 소련 공산당 치하의 소련 사람들을 '철의 장막'에 갇혀서 살고 있다고 말하면서 중국에는 죽의 장막이 쳐져 있다고 했는데, 소련이 붕괴된 지금까지도 어둠의 장막을 그대로 치고 감옥같이 사는 나라가 중국이다. 그래서 중국 사람들은 많은 경우에 세상을 모르며 오판을 하고 잘못된 생각을 하게 된다.

## 애꾸눈 당태종

중국 사람들이 중국을 몰라서 일어나는 일은 곳곳에서 다양하게 발생한다. 그러한 사례의 하나가 중국의 동북공정 역사 침략에 따른 한국의 방송 드라마 방영이다. 이것은 중국 사람들의 우물 안 개구리 상태를 뚜렷하게 보여준다. 왜냐하면 중국인들이 중국 내부에서 일어나는 일에 대해서는 중국 공산당의 여론조작이나 정보차단이 쉽게 되지만, 외국과의 관련사항에서는 그것이 쉽지 않기 때문이다.

특히 방송 드라마는 워낙 시청률이 높고 만천하에 공개되는 것이기에 숨길 수가 없는 것이다. 자유주의 국가의 TV 방송은 시청자들의 시청률에 따라서 존립이 결정된다. 공산 독재국에서는 시청률보다는 공산당의 뜻에 따라서 방송국이 운영되지만, 자유국가에서는 시청자들의 시청률이 낮으면 방영이 불가능하다. 그러므로 한국의 TV 방송 드라마들은 시청자들의 눈을 집중시키기 위한 노력을 엄청나게 쏟아낸다. 따라서 시청자들이 원하는 주제의 드라마를 찾아서 가장 재미있는 드라마가 되게 함에 출혈적인 경쟁을 벌인다.

이러한 경쟁체제 속에서의 한국 TV 방송 상황에서, 2006년에 들어 고구려 시대를 배경으로 한 드라마가 속속 방영되게 되었다. MBC의 주몽, SBS의 연개소문, 그리고 KBS의 대조영이 경쟁적으로 방영이 되면서 한국의 저녁시간에는 고구려 시대 역사 드라마 홍수를 맞게 되었다. 그런데 이것은 중국측에서 만들어 준 것과 같다. 중국에서 동북공정 역사 침략을 하면서 고조선, 고구려, 발해의 모든 역사를 중국의 역사라고 날조해서 거짓 선전을 하고 위선된 교육을 실시함에 따른 당연한 반작용으로 돌출된 현상이기 때문이다. 그리하여 중국인들의 우물 안 개구리 행태가 연속하여 나타난다.

우선 중국 공산당의 독재적 모습에 따른 희극이 벌어졌다. 그것은 한국측에 직 · 간접적인 압력을 넣으면서 한국의 3대 방송국에서 드라마를 만들지 못하게 하려는 기막힌 시도였으니, 독재적 중국 공산당 체제에 젖은 사람들이 자유국가의 언론이 어떤 것인가를 전혀 모르기에 일어난 것이다. 중국에서는 공산당이 독재적 명령을 내리면 방송국 운영을 조종할 수 있지만, 한국의 자유주의 체제 방송국은 국민의 뜻이 아니고는 뒷조종이 쉽지 않음을 모르기 때문에 일어난 일인 것이다.

그리고 다음으로 중국의 네티즌들을 중심으로 중국 일반인들의 비방 역선전이 나타났다. 그러나 중국인들은 중국의 역사를 제대로 모르면서 중국 공산당이 억지로 왜곡시킨 잘못된 역사만 알고 인터넷에 무조건 글을 올리니까, 그것은 우물 안 개구리들이 떠드는 맹목적 아우성이 될 뿐이다. 온 세계가 알고 있는 동북아 고대사 역사지식을 중국의 공산당에서 억지로 거짓이론을 만들어 놓은 바에 따라서 댓글을 올린다는 것은 불쌍한 중국인들의 불쌍한 모습에 불과할 뿐이다.

그렇게 되자 중국정부에서는 천문학적 거금을 쏟아 넣은 대응 드라마를 만들어서 한국의 TV 드라마에 맞불을 놓는 TV 드라마를 방영했다. 제목은 '설인귀'로서 고구려가 망할 때의 당나라 장군을 주인공으로 한 드라마인 것이다. 중국은 자기 나라를 대국(大國)이라고 우기지만 많은 경우에 소국(小國)이다. 예를 들면 그 사례는 셀 수도 없이 많은데, 한국의 관광객들에게 하는 것을 보면 어이없는 경우가 많다. 중국 관광객은 자유로운 한국 땅에서는 어떤 곳의 관광지도 자유롭게 갈 수 있음이 신기할 것이다. 그러나 중국에서는 정해진 장소에 허가된 관광만이 가능할 뿐이다. 물론 중국인들에게조차도 거주 이전의 자유가 주어지지 않는 상태에서 외국 관광객에게 자유로운 관광은 불가능할 것이다. 그러나 너무 속이 보이는 중국인들이니, 예컨대 한국이 대승을 거둔 안시성과 같이 한국의 자랑스런 역사가 깃든 곳은 관광 금지구역이다. 그리고 중국이 이겼거나 역사적 자신이 있는 특정 지역만을 관광객에게 개방한다. 너무나 치기어린 소국의 행태를 보이는 것이다. 그리하여 중국이 자랑하는 '설인귀' 드라마를 소아적인 중국 공산당의 시각에서 방영을 하게 되었다.

그런데 설인귀 방송이 중국인들에게 충격적인 반응을 낳은 것이다. 왜냐하면 설인귀 드라마가 전혀 한국 방송국의 드라마에 대한 대응물이 아니었기 때문이다. 중국에서는 한국의 고구려 드라마에 대응하는 작품을 만들 계획이었으나, 그것이 외국에까지 알려질 경우를 생각하여 국내용으로 만들어서 허구의 드라마로 방영을 했기에 사실상 한국 방송드라마에 대응한 것은 아니었던 것이다. 이렇게 되자 우물 안 개구리 상태의 중국 네티즌들은 중국이 한국의 눈치를 본다거나, 동북공정에 따른 한국의 거센 반발에 고구려 기피증이 걸렸다고 한탄하는 글을 인터넷에 올리고 있다. 그러나 많은 중국인들은 설인귀 드라마가 그렇게 중국 국내용으로 둔갑한 드라마가 될 수밖에 없었던 근본적 이유는 생각을 못했을 것이다. 중국측은 설인귀 드라마를 정면으로 한국 드라마 공격용으로 만들 경우에 한국의 TV 방송국들이 앞으로 어떤 드라마를 만들지 걱정할 수밖에 없었던 것이다. 더구나 중국 측의 고조선, 고구려, 발해 역사 왜곡이 잘못된 것임을 스스로 너무도 잘 알기에 그럴 수밖에 없었던 것이다. 고구려 역사전쟁은 확전되고 확대될수록 한국이 유리하다. 왜냐하면 중국은 거짓말을 하는 것이고, 한국은 정직하게 진실된 역사를 말하기 때문이다. 설인귀 드라마를 중국 측에서 그렇게 만들 수밖에 없었던 것은 중국 측이 그간 너무나 거짓말을 해왔기 때문이며, 온 세계가 정면으로 중국의 거짓말을 공격할 것을 우려했기 때문이다.

그런데 한국의 TV 드라마가 홍콩, 타이완 등에서 방영이 되면서 중국인의 우물 안 개구리 상태는 연속하여 희극을 연출하게 된다. 중국 공산당의 거짓말 역사만을 아는 우물 안 개구리들이 도저히 이해할 수 없는 놀라운 내용이 중국 남부의 안방에서 연속하여 방영되었기 때문이다. 중국의 시청자들은 경악을 하며 시청을 하게 되었고, 중국 공산당 정부당국은 자신들의 동북공정 역사 날조가 낳은 바에 따라서 방영되는 한국 드라마에 유구무언 상태가 되었다. 그렇지만 워낙 충격적인 내용으로 중국인들에게 방영이 되는 한국 TV 드라마에서, 중국인들이 떠받드는 당태종이 애꾸눈이라는 얘기에 중국은 물론이고 홍콩의 언론까지 놀라서 홍분을 하며 경악하는 사태가 벌어졌다. 그렇지만 중국인들은 흥분을 가라 앉히고서 차분하게 역사 해석을 해야만 된다. 왜냐하면 중국인들은 그간 중국 공산당의 독재체제에서 사실상 눈이 먼 상태로 속아서 살아왔고, 죽의 장막 속에서 우물 안 개구리 방식의 역사를 배워왔기 때문이다.

당태종이 고구려의 양만춘 장군에게 화살을 맞아 애꾸눈이 된 얘기는, 처음으로 고려 말 학자인 이색의 시 정관음(貞觀吟)에 나온다. 그리고 박지원의 열하일기 등의 여러 곳에서 나온다. 특히 옛 격전지인 안시성 근처의 요동지방 사람들에게는 끈질기게 이어진 전승설화로서, 처참하게 패전을 하고 혼비백산 후퇴를 한 당태종을 조롱하는 얘기에서 애꾸눈이 된 기막힌 얘기가 나오는 것이다. 그러나 맹목적인 우물 안 개구리 역사에 젖어든 중국인들로서는 이해하기가 어려울 것이다. 중국인들은 균형감 있는 역사인식을 갖고서 균형있게 세계인이 되려면 열심히 공부를 하여 세상의 진실을 알아야 된다. 현재의 중국인들은 공산독재 체제에 갇힌 눈 먼 장님들이 본인들임을 유의해야 할 것이다.

중국인들에게 분명히 얘기해 줄 것이 있다. 약 10년 전에 필자는 중국 여행을 하면서 당나라 수도였던 서안의 박물관에서 놀라운 유물을 보았다. 그것은 당태종의 '안대'로서, 박물관 전시대에 '당태종 안대'라는 설명문까지 붙여서 전시가 되어 있었는데 매우 놀랍게도 외눈박이 안대였다. 당태종은 애꾸눈이었음이 분명하다. 물론 고구려 역사를 왜곡하며 동북공정 역사 침략에 광분한 중국

**중국 서안박물관의 고구려 사신 벽화** 서안박물관에 있는 당나라 때의 고구려 사신(맨 오른쪽)의 벽화는, 그 당시의 고구려 사람들도 당나라의 소식을 잘 알고 있었음을 말해준다.

공산당에서는 이제 그 안대를 감춰두었겠지만, 10년 전만 해도 당나라 옛 수도의 서안박물관에 확실하게 전시된 유물이었다.

그런데 타이완은 중국과는 전혀 다른 자유국가이다. 다만 한국인들에게는 중국의 왜곡된 선전에 의해서 교란된 타이완 인식이 적지 않다. 그래서 타이완의 참모습을 제대로 모르는 경우가 적지 않다. 그러므로 중국에 대한 허상에 대해서 정확한 인식을 가져야만 타이완도 제대로 알게 된다. 그 허상에 대해서 정확한 예비지식을 가져야만 타이완의 참모습이 드러나기 때문이다. 이제부터 제2부까지에서 알아본 사전지식을 갖고 타이완을 분석해 보기로 하자.

먼저 2006년 봄에 있었던 기묘한 사례부터 분석하며 말을 잇기로 한다. 2006년 봄에 일본의 아소다로 외상은 이해하기 어려운 대단히 기묘한 망언을 쏟아낸다. 그런데 그 망언에 대한 타이완, 중국의 색다른 반응은 한국인들을 매우 의아스럽게 만들었다. 그 까닭은 우리가 타이완과 중국의 진실된 참모습을 모르기에 생기는 것이었다. 그것을 분석하기 위해서 우선 아소다로의 망언부터 살펴 보자.

## 아소다로 망언

일본 외상인 아소다로(麻生太郎)가 2006년에 들어서면서 연일 토해내는 망언에 의해서, 한국과 중국의 짜증스런 반응이 연이어 나오게 되었다. 아소다로는 고이즈미 수상의 야스쿠니 신사참배를 옹호하는 선봉장 구실을 하면서, 사실상 일제침략의 가혹했던 침략행위를 미화하는 발언을 일삼고 있기 때문이었다. 제2차 세계대전에 패배하여 철저히 고개를 숙여오던 일본이, 패전 이후 60여 년 만에 예전의 침략적 자세를 되찾는 듯한 흐름을 그간 학계에서는 일본의 우경화 흐름이라고 불러왔다. 고이즈미와 아소다로의 망언 시리즈는 일본의 우경화를 말해주는 핵심 증거인 것이다.

아소다로의 망언 시리즈는 오만 방자하기 짝이 없는 것으로서, 사람들을 철저하게 무시하는 듯한 표독한 얼굴에 싸늘한 냉혈한의 표정으로 야스쿠니 신사를 참배하는 고이즈미 일본 수상의 무례한 태도와 겹쳐지며 동북아의 국제정치 기류를 꾸준히 냉각시켜가고 있다.

그런데 아소다로의 망언에 있어서 한국인들이 쉽게 이해하기 어려운 기묘한 것이 있었으니, 그것은 타이완에 관한 것이었다. 한국인들로서는 도무지 납득하기 어려운 돌출 발언을 다룬 언론 기사 시리즈를 일단 그대로 살펴보면 다음과 같다. 먼저 연합뉴스가 2006년 2월 5일에 긴급 타전한 내용부터 보기로 하자.

**日 외상 "타이완 높은 교육수준은 식민통치 덕분"**

「(후쿠오카 교도 = 연합뉴스) 아소다로(麻生太郎) 일본 외상은 현재 타이완의 높은 교육수준은 식민지 시절 일본이 실시한 강제교육 때문이며 따라서 일본은 좋은 일을 했다고 믿는다고 말했다. 아소 외상은 후쿠오카에서 연설을 통해 (식민지 시절) 교육수준과 읽고 쓰는 능력이 크게 향상 됐기 때문에 타이완은 현재의 높은 교육수준을 가진 국가가 됐으며 시대에 뒤떨어지지 않았다고 주장했다. 아소 외상은 "이런 사실은 타이완의 주요 인사로부터 들은 것으로 나이 많은 사람들은 모두 이를 알고 있다"며 당시는 선조들이 좋은 일을 했던 때라고 생각된다고 말했다. 지난 1895년 중국으로부터 일본에 양도된 타이완은 이후 1945년까지 일본의 식민통치를 겪었다.」

이와 같은 아소다로 외상의 발언을 접한 중국 외교부의 반응은 매우 신경질적인 것이 분명했다. 중국의 네티즌들은 매우 격앙된 반응을 보이며, 그간 지속된 반일 정서가 다시금 촉발될 조짐까지 보이고 있다.

특히 요즘 중국인들을 생각하면 천박하다고 할 정도로 자민족 우월주의의 증세를 보이고 있다. 그간 기아 수준에서 맴돌 정도로 못살던 공산독재 체제에서 고생하다가, 개혁 · 개방 정책을 펴며 그들의 경제력이 웬만큼 살아나니까 어찌보면 과잉으로 국제사회에 반응을 보이는 경우가 많다. 이것은 생각하면 중국인들의 내면에 잠재되어 있던 기나긴 세월의 국제적 열등의식의 발로라는 생각이 들 정도이다. 기나긴 세월에 걸쳐서 북방민족들의 지배를 받았던 서러움이 축적된 데에 덧붙여서, 최근에는 일제침략을 받았던 한맺힘이 과잉 단순반응으로 촉발되는 경우가 많기 때문이다. 중국 측의 반응을 전하는 외신기사는 다음과 같다.

**中, 日 외상 타이완 발언 강력 비판**

「(베이징 교도 = 연합뉴스, 2006. 2. 5) 중국정부는 타이완의 높은 교육수준은 식민지 시절 일본이 실시한 강제교육 덕분이라는 아소다로(麻生太郎) 일본 외상의 발언을 강력히 비난했다.

쿵 취안(孔泉) 외교부 대변인은 이날, "중국은 공개적으로 침략을 미화하는 (아소 외상의) 발언에 대해 놀라움과 강한 분노를 표하지 않을 수 없다."고 밝혔다. 쿵 대변인은 이어 "타이완 주민들이 (일제 식민지 시절) 노예로 간주돼 엄청난 불운을 겪었다는 것은 이미 전 세계적으로 알려진 사실"이라고 반박했다.」

그런데 이상의 중국 측 반응은 우리에게 결코 생소한 것이 아닌데, 타이완 측의 반응은 전혀 다른 것이어서 우리를 매우 당혹스럽게 만든다. 우리들은 이러한 국제상황을 보면서 보다 신중하고 냉정해질 필요가 있다. 왜냐하면 우리들은 많은 경우에 세상을 살아가면서 스스로의 개인 의지에 의한 삶보다는 세상이 흘러가는 흐름에 휩쓸려서 사는 경우가 많았기 때문이다. 그것은 우리가 세상을 살아가는 것이 아니라, 다른 사람들을 위해 끌려가며 사는 것과도 같다. 그렇게 살다보면 우리는 많은 경우에 타성에 젖어서 무작정 살게 된다. 금번에 타이완이 보이는 행동이 매우 기묘하게 보이는 까닭은, 우리가 그간 타성에 젖어서 깊은 생각이 없이 타이완의 제대로 된 실체를 모르고 살아온 때문에 발생하는 것이다.

우리들이 생각하는 기존의 상식적 흐름과는 너무도 다른 것이어서 한국인들이 깊은 의아심을 가질 외신 기사는 아래와 같다.

日 외상 망언에도 정작 타이완은 "괜찮아"

「(홍콩 = 연합뉴스, 2006. 2. 5) 타이완의 높은 교육수준은 식민지 시절 일본이 실시한 강제교육 덕분이라는 아소다로(麻生太郎) 일본 외상의 망언에도 불구하고 정작 타이완은 개의치 않는다는 반응을 보였다. 타이완 외교부 대변인 뤼칭룽(呂慶龍)은 일본이 타이완을 50년 동안 식민통치하면서 교육, 농업, 공공인프라 등을 실시한 것은 사실이라며 "따라서 우리는 일본 외상이 왜 그렇게 말했는지 이유를 이해할 수 있다."고 말했다. 타이완 정부뿐 아니라 타이완 정치권 일반인들의 반응도 이와 크게 다르지는 않다. 중국정부와 네티즌들이 타이완 식민통치를 미화하면서 타이완을 '국가'로 지칭한 아소 외상의 발언을 강력 비난하고 있는 것과는 전혀 딴판이다.

타이완은 사실 이번 뿐만 아니라 중국과 일본이 댜오위다오(釣魚島, 일본명 센카쿠〈尖閣〉열도)나 야스쿠니(靖國) 신사참배

등 문제로 마찰을 빚을 때 마다 국제사회를 의식치 않고 무조건 일본편을 들어왔다. 타이완 의원들은 한국, 중국이 격렬하게 고이즈미 준이치로(小泉純一郎) 총리의 야스쿠니 신사참배를 비난하고 있는 상황에서도 고이즈미 총리를 옹호하며 일부 의원은 도쿄에 신사참배를 가기도 했다.

일본은 1895년 청일전쟁 승리 후 시모노세키조약으로 타이완을 합병, 1945년까지 50년 간 통치했지만 상당수 타이완인들은 당시 일본의 식민통치가 타이완 현대화에 기여했다고 생각하고 있다. 일본은 타이완 점령 직후 타이완 공학교령(公學校令)을 실시, 교육을 통한 동화정책을 썼으며 2차대전 시기엔 창씨개명, 신사참배, 타이완 풍습 금지, 지원병제도 등을 통해 타이완인을 일본인으로 개조하기 위한 정책을 실시해 왔다. 이를 통해 다수 타이완인들이 장기간 일본 교육의 영향을 받아 일본 식민통치에 우호적인 감정을 품고 있으며 친일 성향의 장제스(蔣介石) 전 총통이 타이완에 넘어오면서 친일문화와 의식이 더 깊숙이 자리잡게 됐다.

일제시절 창씨개명을 하고 일본군 소위를 지냈던 리덩후이(李登輝) 전 총통은 지난 94년 일본 작가와의 인터뷰에서 타이완인으로 태어난 비애를 얘기하며 노골적으로 친일 입장을 밝혀 타이완 정가의 대표적인 친일인사가 됐다. 그가 조직한 여당 계열의 타이완단결연맹도 노골적인 친일노선을 걷고 있다.

타이완 독립 지지를 얻기 위해 친일, 친미, 반중국 노선을 강화하고 있는 민진당은 항일전쟁 승리를 일본식의 '종전(終戰)' 개념으로 대체하면서 일본 식민통치를 중립가치화하려 하고 있다. 천수이벤(陳水扁) 타이완 총통은 앞서 "일본이 아시아, 태평양 지역의 정치 및 군사의 지도국이 되길 바란다."고 표명한 바 있다. 타이완의 이런 친일노선은 중국정부의 반국가분열법 발표 이후 가속화되고 있다고 전문가들은 지적했다.」

이상의 외신기사를 보면 그 핵심내용은 크게 두 가지로 요약할 수 있다.

첫째는 도대체 타이완의 반응이 이해가 되지 않는다는 것이다. 가혹한 침략행위를 해놓고서는 뻔뻔스럽게 잘했다고 자화자찬을 하는 일본외상 아소다로의 망언에 대해서, 한국이나 중국과는 전혀 다르게 긍정적으로 받아들이는 타이완 사람들의 반응은 쉽게 이해하기 어려운 것이다. 그것은 특히 동북아의 국제정치적 내면을 속속들이 깊게 깨닫지 못하는 경우에는 더욱 이해하기 어려운 수수께끼가 되고 만다.

둘째로 일본 측에서 타이완을 '국가'로 인정함에 대한 중국의 격렬한 반발을 지적해야 되겠다. 중국 측에서는 일본이 타이완을 독립국으로 인정하여 타이완 국가로 부른 것에 대해서 사뭇 신경질적이라고 할 만큼 강력한 거부반응을 보여주고 있다. 이러한 속사정을 제대로 이해하는 것도 바로 동북아 국제정치를 아는 지름길이 된다.

## 일본과 중국의 외교전쟁

그런데 타이완의 확고한 친일 분위기와는 다르게, 일본과 중국의 외교갈등은 날로 그 심각성을 더해가고 있다. 특히 그것은 일본의 아소다로 외상이 타이완을 '국가'로 인정하는 발언을 함에서 기인한 것이다.

아소다로는 일본인들이 항상 그렇듯이 무의식중에 하는 듯 공식석상에서 타이완을 국가로 인정하는 발언을 툭 던지고는, 일단 부정하는 형태로 한 발 물러서는 자세를 보였다. 이에 대해서 중국은 격앙된 자세로 거세게 항의를 하며 외교전쟁이 가열된 것이다. 먼저 일본의 아소다로 외상이 던진 말을 외신기사로 살펴보자.

### 日 외상, "타이완은 국가" 주장

「(도쿄 = 연합뉴스, 2006. 3. 9) 아소다로(麻生太郎) 일본 외상이 대중(對中)수교의 기본원칙인 '하나의 중국'을 부인하는 발언을 해 큰 파문이 예상된다. 아소 외상은 9일 오전 참의원 예산위원회 답변에서 타이완에 대해 "민주주의가 상당히 성숙해 있고 경제면에서도 자유주의 경제가 침투한 법치국가"라면서 "여러 가지 의미에서 일본과 가치관을 공유하고 있는 국가"라고 말했다.

아소 외상은 중국을 유일한 합법정부로 인정한 1972년 일 · 중 공동성명도 언급하면서 "그 범위 내에서 (일본과 타이완의) 양국관계는 유지돼야 한다."고 주장했다. 그는 또 "(일본과 타이완을) '양국'으로 부르면 또 문제가 될지 모르지만 일본과 타이완 관계에는 확실히 대처해야 한다."고 강조했다.

아소 외상의 발언은 '하나의 중국'을 인정할 것을 요구하고 있는 중국 외교정책의 근간을 부정한 것이라는 점에서 중국의 강력한 반응이 예상된다. 특히 아소 외상이 일본 외교정책의 책임자라는 점에서 중국이 어떤 반응을 보일지 주목된다.」

**日 외상, '타이완은 국가' 발언 수정 해프닝**

「(도쿄 = 연합뉴스, 2006. 3. 9) "타이완은 국가"라는 아소다로(麻生太郎) 일본 외상의 발언이 해프닝으로 끝날 것으로 보인다. 교도(共同) 통신에 따르면 아소 외상은 이날 오전 참의원 예산위원회 답변에서 타이완을 "국가"라고 발언했다가 황급히 "지역"이라고 부르는 게 정확할 것이라고 정정했다.

아소 외상의 답변은 이 날짜 일부 석간에 보도됐다. 아소 외상은 그러나 답변 직후 "일본정부로서는 중화인민공화국을 유일 합법정부로 승인하고 있다는 것을 전제로 한 이야기"라고 앞서 발언을 수정했다. 그는 "아무렇지도 않게 '국가'라고 말해버리니……"라며 이렇게 수정했다.

아베신조(安倍晋三) 관방장관도 오후 기자회견에서 아소 외상의 답변에 대해 "법률 지배라는 가치를 표현하면서 깜빡 법치국가라는 표현을 한 것뿐"이라면서 "일본의 입장은 일 · 중 공동성명에 있는 그대로이며 아무것도 변하지 않았다."고 설명했다. 일본 석간 일부에 보도된 아소 외상의 발언이 전해지자 중국 외교부 친강(秦剛) 부대변인은 정례회견에서 그 발언에 강력히 항의한다며 즉각 반발했다.」

이상과 같이 일본과 중국의 핑퐁식 외교 논쟁이 가열되자, 두

나라 사이에서는 고이즈미 수상의 야스쿠니 신사참배에서부터 시작된 해묵은 논쟁이 불 붙으며 두 나라를 외교 긴장의 상태로 첨예하게 몰아나가고 있다. 이 상황을 전해주는 신문기사는 제목부터가 심각하다.

**中·日 관계 폭풍 전야**(한국일보, 2006. 3. 10)

직접적인 뇌관은 리자오싱(李肇星) 중국 외교부장의 강력한 야스쿠니(靖國) 참배 비판으로서, 리 부장은 7일 중국 베이징(北京)서 가진 기자회견에서 고이즈미 준이치로(小泉純一郎) 일본 총리의 야스쿠니 참배를 이례적인 강도로 공격했다. 그는 독일과 미국정부 관계자의 말을 전하는 형식으로 "독일의 지도자는 히틀러와 나치를 개인적으로 숭배한다고 말하지 않는다." "일본의 지도자는 멍청하고 부도덕하다."고 비난했다. 그는 역사문제에 대한 일본 비판은 국제적인 사안이라고 강조하기도 했다.

일본정부는 발칵 뒤집혔다. 아베신조(安倍晋三) 관방장관이 9일 "외교수장의 자리에 있는 인물이 일국의 지도자에게 '어리석다'거나 '부도덕하다'고 말하는 것은 품위가 없다"고 비판하는 등 일본 지도자들은 노골적으로 불쾌감을 표시했다. 특기할 점은 왕이(王毅) 일본 주재 중국대사가 일본 외무성의 소환을 이례적으로 거부한 것이다. 결국 전화로 연결된 왕 대사는 야치 쇼타로(谷內正太郎) 외무성 차관의 사과 요구를 단호하게 거절한 것으로 알려졌다.

이와 함께 지난 7일 열린 중일 동중국해 가스전 국장급 협의에서 중국이 영토 분쟁 지역인 센카쿠(尖閣)제도 (중국명 댜오위다오) 주변의 공동 개발을 전격 제의했다. 일본에서는 "일본 고유의 영토에 대한 도발"이라는 등 격앙된 반응이 나오고 있다. 아베 장관은 8일 "(중국이) 좀 현실적인 제안을 했으면 좋겠다."고 반발했다. 이를 둘러싸고 중국 외교부와 일본정부 간에 치열한 설전도 계속되고 있다. 이 밖에 아소다로(麻生太郎) 외무성 장관이 타이완을 '국가'로 불렀다가 취소하는 해프닝을 놓고 또 신경전을 펼치는 등 양국의 갈등이 더욱 증폭되고 있다.」

**'야스쿠니 전쟁에 외교적 관례는 없다'**(한겨레, 2006. 3. 10)

야스쿠니 문제를 둘러싼 두 나라의 마찰은 '힘 대결'로 치닫고 있다. 중국은 총리의 참배에 대한 찬반을 기준으로 일본 정치인에 대한 대우를 극단적으로 달리 한다. 지난 달 하순 중국을 방문한 '아시아 중시'파 니카이 도시히로 경제산업상은 당 서열 3위인 원자바오 총리의 극진한 대접을 받았다. 반면, 고이즈미 총리의 심복인 나카가와 히데나오 자민당 정조회장은 핵심인사 면담을 거부당한 채 찬밥 신세를 면치 못했다.

왕 대사의 대응에서 보듯이 중국 쪽은 노골적인 '실력행사'도 아끼지 않는다. 중국의 대표적인 일본통인 왕 대사는 2004년 고이즈미 총리를 예방한 자리에서 야스쿠니 문제를 놓고 설전을 벌이는 뚝심을 보여 일본 쪽을 바짝 긴장시켰다. 지난 해에는 아이치 박람회 참석을 위해 일본을 방문했던 우이 부

총리가 고이즈미 총리와의 회담을 몇 시간 앞두고 갑자기 귀국해, 보란 듯이 바람을 맞히기도 했다.」

## 타이완 퍼즐 ①: 어떤 호칭이 맞을까?

이상의 외신기사를 제대로 이해하기 위해서 우리는 몇 가지 전제적으로 타이완의 정체성에 대한 의문을 가질 필요가 있다. 왜냐하면 한국인들은 타이완의 참된 본모습을 너무도 모르고 있다고 생각되기 때문이다. 그렇기에 이상의 외신기사가 흡사 퀴즈문제와 같이 느껴지면서 쉽게 이해가 되지 않는 것이다.

그간 한국인들은 매우 가까운 나라인 타이완에 대해서 제대로 아는 것이 그리 많지 않았다. 그 까닭은 타이완에 대해서 중국이 획책하는 정보 교란에 의해 본 모습이 가려지거나 흔들리면서 오도된 심상을 많이 갖게 되었기 때문이다. 세계 17위의 강한 국력과 힘있는 문화를 가진 뜻깊은 나라인 타이완을 소홀하게 생각한 경우도 적지 않았으며, 타이완의 국제정치적인 가치를 과소평가한 때도 많았었다. 그리하여 노태우정부 때에 외교적 실수를 하면서 단교를 하는 큰 잘못을 저지르기도 했었다.

그러나 타이완과는 앞으로 의미 있는 교류관계를 확실하게 복원해야 되겠고, 많은 것을 주고 받으면서 동북아의 신시대를 만드는 동반자가 되어야 할 것이다. 그러려면 우리들은 왜 그간 타이완에 대한 오해가 그토록 컸었는가를 되새겨 반성해야 되겠다. 그렇게 하기 위해 우선 우리는 타이완에 대해서 가장 중요한 것만으로도 다음의 세 가지에 대해 깊은 의문을 가져야 할 것이다.

첫째로 타이완의 호칭을 어떻게 할 것인가를 생각해 보아야 되겠다. 어떤 호칭이 타이완을 제대로 부르는 것일까?

우리는 요즘 중국 공산정부와 수교를 하면서 상상도 못할 착각에 빠져 있다. 먼 훗날 엄청난 후회를 할 잘못된 길을 가고 있다고도 생각된다. 중공정권이 어떻게 탄생되어, 어떻게 우리 민족과 처절한 전쟁을 하며, 어떻게 철저히 인민 탄압의 독재정치를 하고 있는가 등은 전혀 생각도 못한 외교관계를 갖고 있다. 중공정권이 사뭇 비둘기나 양인 줄 아는 우매한 시각을 갖는 것은 훗날 무서운 결과를 낳을 씨앗이 될 것이다.

우선 중공정권은 6 · 25 전쟁의 주범이다. 그러나 우매한 노태우정부는 그 어떤 사전조치나 사과절차도 없이 구걸외교 하듯이 전격적으로 수교를 하고 말았다. 모택동의 침략에 의해서 가장 처절한 피해를 입은 나라에서 무조건 수교가 가능한 일인가? 러시아(소련)의 스탈린과 공동모의를 하며 세계 공산화를 위해 침략을 한 장본인들이 현재의 중공정권이고, 현존 최악의 전범집단이 그들이다. 중공정권은 6 · 25 침략에 대한 사죄절차를 밟은 적이 없다. 중공의 국제사회 진입은 부도덕성의 표본이었다. 침략국이 국제사회의 정당한 구성국가가 될 수 없으므로, 티베트, 위구르, 몽골, 만주를 강점하고 6 · 25 전쟁을 벌인 바에 대한 사죄는 필수적이고 강점상태는 해소되어야 한다. 이 문제는 언제라도 확실히 짚고 넘어가야 할 중대한 사안이 분명하다.

다음으로 중공정권은 인민의 인권을 유린하는 최악의 독재정권이다. 천안문 광장에서 자유를 외치는 젊음의 함성을 일시에 탱크로 짓밟고, 수천 명을 깨끗이 죽여 버리고도 정당하다고 강변하는 부도덕 정권이 그들이다. 현재의 중공정권에 인권이란 단어는 사실상 존재하지 않는다. 오로지 그들의 독재에 순응하는 자에게만 주어지는 것이 인권이다. 따라서 중공사회에는 최악의 독재세력과 삶을 구걸하는 비겁한 인민들이 숨죽이며 세월을 잇는 상황이 있을 뿐이다. 그 최악의 정부와 밀월시대를 열겠다고 수교를 한 노태우 시대가 역사에 있어서 혹독한 평가를 받는 것은 당연한 귀결이다.

그간에 있어서 우리의 외교행위에는 역사의식이 실종된 경우가 많았다. 아무리 외교에는 영원한 적도 없고 영원한 우방도 없다고 말해지기도 하지만, 국제사회에도 도덕과 정의는 분명히 존재하는 것이다. 우리는 인해전술로 물밀듯 쳐들어오면서 수많은 인명과 재산을 파괴한 중공정권이, 요즘에 들어서도 그 침략적 행태는 전혀 변동이 없다는 점을 유의해야 한다. 중공정권은 얼굴 화장을 다시 했고, 약간의 성형수술을 해서 국제사회에 나왔을 뿐이다. 숨겨진 침략본성과 독재심성은 추호의 변화가 없는 집단임을 명쾌히 유의해야 한다. 천안문에서 민주함성을 탱크로 뭉갠 장본인인 등소평과 강택민이 영웅으로 추앙받고, 15만 티베트 인민을 학살한 후진타오와 국제전범 모택동이 끊임없이 존경받는 나라를 향해 무조건 수교를 맺은 잘못은 분명히 업보를 받을 것이다.

그간 우리는 중국에 대한 호칭도 중국의 침략적 공격성향에 눌려서 잘못 불렀다고 생각이 된다. 모택동의 공산 측과 타이완에 옮겨간 장개석의 국민당 측 사이에 누가 더 역사적 정통성이 있는가에 대한 생각이 없이, 힘의 논리에 따른 중국 호칭을 우리는 무조건 써왔다는 생각이 짙게 든다. 중국의 대표성을 어느 쪽에다 주어야 옳은가? 현재의 우리나라에 있어서도 이남 하나만 한국이라고 부르고 상대는 평양으로 부를 수가 있는가? 그런데도 불구하고 우리는 침략 중공에 대표권을 준 국가 호칭관을 깊은 생각이 없이 무조건적으로 갖고 있다. 만약 우리가 자유중국을 타이완이라고 부른다면, 침략중공은 북경이라고 불러야 옳다. 차라리 타이베이정부와 북경정부가 더 어울린다고 할까? 또는 타이완을 자유중국이라고 부르고, 북경 측을 공산중국 혹은 중공이라고 불러야 옳다고 하겠다. 중국에 대한 호칭은 확실히 재검토해야 할 것이다.

## 타이완 퍼즐 ②: 누가 중국을 대표하는가?

중국 대표권에 대해서도 그간 우리는 착각적 해석을 해왔다고 생각된다. 그것은 중국의 UN 대표권 문제와도 직결되는 바라고 하겠는데, 중공정권이 대표권을 갖고 있는 오늘의 국제사회는 큰 잘못이 있다고 하겠다.

현대 중국사를 되돌아 볼 때에, 중국의 주도권을 쥔 측은 애초에 장개석 정부였었다. 현대 중국의 역사를 연 장개석 정부는 모택동의 공산군에게 패전을 하고서, 모택동에게 대륙을 내주고 타이완으로 밀려나기 전까지는 중국의 대표자가 분명했었다. 그런데 2차 세계대전의 전후변화에 있어서 묘한 상황이 벌어진다. 미국, 영국, 프랑스의 3대 전승국 측에 섰던 장개석의 자유중국은 세계대전에서는 이겨서 침략국인 일본을 물리치고 1945년에 전승국이 되었는데, 다시 4년 후인 1949년에 국내전쟁에서는 공산군에 참패하며 밀려나는 것이다.

**타이완 야시장의 원숭이**
타이완 섬의 가장 원초적인 주인은 원숭이가 맞을 것이다. 원숭이는 그래서 타이완 섬의 진짜 주인을 알 것이다.

그리하여 소련에 연결된 모택동 군대가 미국의 지원을 받는 장개석 군대를 삽시간에 밀어붙이며 대륙을 제패한 가운데 기묘한 상황이 탄생되는 것이다. 장개석의 자유중국은 세계대전의 승리를 얻고도, 국내전쟁에서 참패하여 비극적으로 밀려나게 되었으니 상처뿐인 영광사였다고 하겠다. 따라서 최초에는 국제적 전승국으로서 자유중국 정부인 타이완 측에 중국 대표권이 주어지고 타이완이 UN 회원국임은 물론이고 안전보장이사회의 상임이사국으로서 거부권까지 행사하게 된다. 모택동의 중공정권은 사실상 국내제패만을 이룬 반군집단에 불과한 상황이었다. 왜 이런 결과가 나왔는가?

첫째로 모택동의 공산정부는 사실상 일본군과는 전쟁을 하지 않았다. 침략 일본을 물리치는 장개석 군대를 공격함에만 신경을 썼고, 장개석 군대를 내부적으로 파고들면서 오염시켜 붕괴시키는 데에만 힘을 썼을 뿐이다. 겉으로는 농민을 위하고 인민을 사랑한다고 외치면서 내부적으로는 그들의 정권 탈취를 위해서 장개석

**타이완의 음식점** 중국에서 먹는 음식은 온갖 걱정 속에 독약을 먹는 기분인데, 타이완에서는 어떤 음식을 먹어도 즐겁다.

군대만을 공략하고, 침략 일본에는 항전을 않은 군대가 공산정부로서 역사적으로 민족적 정당성이 크게 있기는 어렵다.

둘째로 모택동의 공산정권은 중국을 근본적으로 사랑한 것이 아니라, 공산주의만을 사랑한 공산주의의 하수인들이었다. 그렇기에 그들은 일본 침략군을 맞은 미증유의 비극상황에 있어서도 그들의 나라를 지키는 것이 아니라, 어떻게 하면 공산정권을 세우는가에만 신경을 썼었다. 장개석 군대에 은밀하게 숨어서 무기를 빼내오고 정보나 탈취하며 비밀조직원을 투입시켜 붕괴시키기나 했으니 생각하면 비열하고 부도덕한 집단에 불과한 것이다.

생각하면 모택동 공산정부는 오히려 일제침략의 혜택을 본 집단이다. 일제침략이 없었다면 현재의 중국은 장개석의 자유 중국이 주도권을 쥐고 대표자가 되었을 것이다. 비참한 국난을 맞아서도 정면대결은 않고 정략적 정권 탈취에만 혈안이 되었던 중공정권이 중국의 정통적 대표가 되어 있는 오늘의 현실은 너무도 모순된 일이다. 사실상 현재의 북경정부에 따르는 중공인민들은 도덕성이 결여된 불쌍한 인간들이거나, 모택동 집단의 잘못된 구성원에 불과하다고 하겠다. 비열하게 일본군과 장개석 군이 싸우는 것을 구경이나 하다가, 정면으로 승리와 도덕성을 쟁취한 것이 아니라 남의 영광을 훔친 도둑정권을 따르는 것이 옳지 않기 때문이다. 그렇기에 천안문 광장에서 일어난 정의의 함성을 짓밟은 등소평, 강택민의 범죄행위나 티베트 인민 대학살의 주범 후진타오에 대다수의 13억 인구는 침묵이나 방관으로 일관하며 비굴한 삶을 살고 있는 것이 아닐까 생각되기도 한다.

중국 대표권을 북경정부에다 이관시키고, UN 대표권을 모택동에게 부여한 유엔의 결정은 잘못된 것이다. 그리고 오늘날 중국의 대표자가 중공정권인 듯 되어 있는 세계적 흐름도 국제사회에 진정한 정의가 없기에 나타난 지극히 잘못된 것이다. 중국의 정의는 오히려 타이완에 살아 있고, 중국 대표권이 중공정권에 부여된 것은 세계사회에서 중국에 대한 국제적 정의가 죽었음을 뜻하는 것이다.

## 타이완 퍼즐 ③: 홍콩을 중공정권이 가져야 하나?

홍콩은 아편전쟁에 의해서 영국에 할양된 땅이다. 홍콩이 영국에게 할양되는 것은 3단계에 의한다. 첫 번째는 제1차의 아편전쟁이 끝나고 1842년 8월 29일에 남경조약 3조에 의해서 홍콩섬이 영국에게 영구 할양된다. 그리고 다시 1856년에 애로우호 사건을 계기로 제2차 아편전쟁이 일어나 구룡반도 남쪽 지역과 앙선주(스톤커터스섬)가 할양된다. 그 후 1898년에는 북부 구룡반도 지역을 99년 간 조차받아서 동방명주(東方明珠)로 불리는 홍콩지도가 완성되는 것이다. 따라서 영국은 조약상으로는 구룡반도 북부 지역 등의 신계(新界)를 제외한 홍콩섬과 구룡반도 남쪽은 반환하지 않아도 되지만 등소평의 폭력에 의해 모두 반환하게 되었다. 등소평은 폭력으로 뺏은 땅이니 폭력으로 다시 빼앗겠다는 것이었다. 등소평은 중국이 폭력으로 빼앗아 강제점령하고 있는 티베트, 위구르, 몽골, 만주는 그냥 두고서, 자신이 영국에게 당한 것에만 이기적 주장을 하였던 것이다.

그런데 홍콩이 99년 만에 중국에 반환됨에 있어서, 현대사는 국제적 실책을 저질렀다고 생각한다. 1997년 7월 1일에 영국은 홍콩을 공산중국에 넘겨주고 말았으니 반환의 주체를 혼동한 것과 같다고 하겠다. 물론 영국이 홍콩을 할양받고 조차받은 정부는 만주족의 청나라였다. 청나라와의 전쟁에 의해서 전쟁 배상금으로 받은 홍콩이기에, 반환하라는 요구에 의해 중공정권에 주어진 것이다.

그러나 중국의 대표권이 확실하게 구체화되지 않은 상태에서 북경정부에 홍콩이 반환된 것은 중대한 실책이 분명하다. 홍콩은 차라리 타이완정부에 주어졌어야 옳다. 왜냐하면 일본군과 정면으로 싸운 장개석 정부에 대표성이 있지, 뒤에서 구경만 하고 있다가 승리를 탈취한 모택동 정부에게 홍콩이 반환될 수는 없다. 그리고 꼭 지적할 것의 하나가 있으니 타이완의 양안무역(兩岸貿易)에 있어

**홍콩 25만명 직선제 요구 시위**
홍콩 시민들의 광범위한 민주화 열망이 강하게 표출된 시위가 불붙고 있다(한겨레 2005. 12. 5).

서 타이완과 홍콩의 교역비율은 80%에 달했었다. 경제적으로도 홍콩과 타이완은 사실상 하나이다.

현재 홍콩은 주권양도의 이행과정에 있어서, 주권은 반환되고서 통치는 나름대로의 자치형태를 취하며 운영되고 있다. 그리하여 홍콩을 중공의 북경정부에서는 1국 2제 형태로 운영한다면서, 그들은 독재 사회주의 제도로 있고 홍콩은 자유 자본주의 체제로서 각각 다르게 이끈다고 한다.

그런데 그것은 홍콩을 서서히 중공정권이 흡수해가는 통합형태지, 홍콩을 살리자는 것이 아니다. 서서히 흡수하면서 먹어 치우겠다는 2중적 책략인 것이다. 중공정권은 홍콩의 자치와 자유를 최대한 보장한다고 한다. 그렇다면 독재체제의 중공정권이 아닌 자유체제의 타이완정권으로 주면 되지 이행기간이 왜 필요한가? 홍콩 주민들에게 자유 투표를 시켜서 스스로 선택하게 한다면 홍콩은 타이완정부에 귀속되는 것이 분명하다. 홍콩 주민들이 공산정권을 추호도 좋아하지 않기 때문이다. 당시 영국은 홍콩 반환에 앞서서 유엔 관리하에 주민투표를 해야만 했으나, 그 절차가 없이 중공정권의 폭력적 위협에 굴복했던 것이다.

만약 홍콩이 타이완에 귀속되는 것을 원하지 않는다면 홍콩에게는 독립된 자치의 길을 가게 해야 옳다. 홍콩은 중공의 폭력에 의해 중공으로 귀속되는 것이지, 홍콩 주민들은 확고하게 반공산주의의 입장이다. 더군다나 홍콩의 조경령(調景嶺) 같은 곳에서는 집집마다 장개석의 초상화가 걸려 있고 쌍십절에는 자유중국의 청천백일기가 온 거리에 펄럭였다. 장개석군 부대와 그 가족이 그대로 남은 곳이기 때문이다. 조경령은 그래서 별명이 작은 타이완이라고 불릴 정도이다. 타이완은 원초적으로 홍콩의 소유자가 분명하다. 홍콩은 그런 뜻에서도 타이완에 귀속되거나 홍콩공화국을 만들어 주는 것이 옳은 것이다. 무엇보다도 북경정부는 홍콩을 얻을 도덕성이 없기 때문이다. 도둑 성향의 정부에게 다시 홍콩을 준다는 것은 힘에 의한 불의와 폭력을 계속 인정하는 것이다.

그러나 무모하게도 그토록 큰 잘못을 저질렀기에, 홍콩을 중공에 넘겨준 후유증은 격렬하게 증폭되고 있다. 홍콩은 중공당국에게 굴러온 떡이 아니라 암덩어리가 되고 있다. 홍콩에서는 매년 직선제 선거와 민주화를 열망하는 시위가 격렬하고 거창하게 계속되고 있다. 사실상 독립운동이 일어나고 있는 것이다.

더구나 홍콩이 중공에 떳떳치 못하게 반환된 10주년 기념일에 맞춰서, 삼합회(三合會)의 충격적 테러도 발생하여 중공당국을 경악시켰다(연합뉴스, 2007. 7. 6). 마피아(이탈리아), 야쿠자(일본)와 함께 세계 3대 폭력조직인 삼합회는 중국 본토와 타이완, 홍콩 및 5000만 세계화교사회의 전 세계에 걸쳐서 약 7800만 명의 조직원을 갖고 있다고 생각되는 거대한 폭력조직이다. 특히 삼합회는 워낙 역사적 뿌리가 깊어서, 떼도둑 황제가 세운 명나라 주원장의 나라에서부터 나타난 떼도둑 나라로서의 중국의 긴 전통을 상징하는 폭력조직이다. 중국은 예부터 항상 떼도둑에 의해 정권이 붕괴되거나 북방 이민족의 식민지로 살아온 나라인 만큼, 삼합회의 홍콩당국에 대한 도전은 중공당국에 대한 도전과 같다. 더구나 중국은 겉으로는 계속 부패척결, 국가기강 확립을 내세우나, 온 나라가 썩어 들어가는 통치불능 상태로 변하고 있기에 홍콩, 광동성에 근거지를 둔 삼합회는 날로 세력이 커지고 있다. 홍콩은 나날이 중공 독재정권의 자살폭탄이 되며, 뜨거운 감자가 되어가고 있다.

**타이완 고궁 박물관** 중국 땅에는 없는 세계적 수준의 문화재로 가득찬 박물관은 타이완을 동양문화의 보물창고로 만들고 있다. 왜 그렇게 되었는가? 그것도 장개석 군대가 바로 찬란한 문화를 지킨 정통세력이고, 모택동 부대는 먼 산 속에서 장개석 부대가 일본군과 처절히 싸우는 것을 구경한 주변 세력임을 뜻한다. 그리고 홍콩, 타이완이 중국 정통세력이 있는 땅임을 말한다.

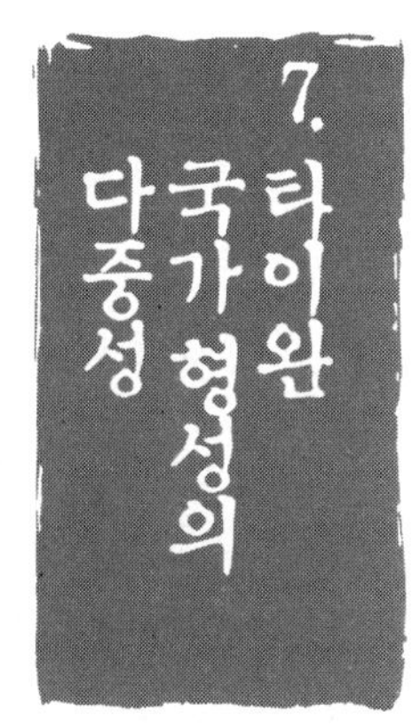


타이완의 참된 본 모습을 알아보려는 앞의 세 가지 퍼즐풀이는 그러나 결코 퍼즐일 수가 없는 것이다. 당연한 순리에 의해 만들어져야 할 국제질서가 중국 측의 강압적인 국제 교란책에 의해 꼬였을 뿐인 것이다. 중공정권의 오도된 침략 의지나 위협이 없다면 결코 왜곡현상은 나타날 수가 없었을 것이다.

그렇다면 타이완의 순수한 원초적 본모습을 찾아보도록 하자. 타이완은 중국의 공산정권에 당당하게 맞서는 독립된 정치체로서, 그리고 힘 있고 당당한 국가로서 나름대로의 고유한 역사와 존재이유를 갖고 있기 때문이다.

## 원초적 타이완과 백제 해상국

타이완은 우리나라의 경상남북도 정도의 크기를 가진 섬나라이다. 타이완 섬과 팽호군도를 포함한 86개의 크고 작은 섬으로 된 나라로서, 60퍼센트의 아열대와 40퍼센트의 열대기후로 형성된 나라이다. 중국대륙과는 약 150km쯤 떨어져서 타이완해협을 경계로 갈라져 있다. 타이완해협은 강풍으로 풍랑이 매우 심하고, 한류와 난류가 만나 짙은 안개가 껴서 항해가들에게는 죽음의 통로(Blood lane)라고 불리는 곳이다. 본토와는 단절된 문화가 될 자연환경이다.

타이완 섬은 세계 정복에 나선 포르투갈인들이 1520년에 발견하고서, 그들의 언어로 'ILHA FORMOSA(아름다운 섬이여)'라고 이름 지은 데에서 FORMOSA로 표기되기 시작하였다. 타이완은 13세기까지는 현존하는 사료가 사실상 없다. 다만 고사족(高砂族)이라고 불린 원초적 주민이 살아 왔는데 그들이 타이완 섬의 본래 소유자라고 하겠다.

타이완의 원초적 원주민들은 통상적으로 미크로네시아, 폴리

**타이완 원주민 민속춤**
원주민들은 타이완의 주요 관광자원이면서, 타이완의 정체성을 증명해 준다.

네시아, 인도네시아 등에서 풍랑으로 옮겨온 사람들로 구성되어 졌다고 말해지는데, 도합 9개 종족이 현재까지 남아 있다. 그들의 인구는 현재 총합하여 약 50만 명이 된다고 하며 타이완 섬의 높은 산 속에 깊게 숨어 살고 있다.

**타이완 원주민의 결혼풍습**
신랑이 신부를 지게에 지고 가고 있다.

타이완 섬은 매우 특이하여 남북으로 394km, 동서로 142km의 길쭉한 고구마 같이 생겼는데 남북을 잇는 높은 산맥이 연이어 있다. 가장 높은 옥산(玉山)은 3997m이며 3500m가 넘는 산이 16개나 된다. 해발 3천m가 되는 산이 무려 49개나 솟아 있는 중앙산맥이 남북으로 이어지면서, 섬 전체의 55%가 산악지대인데다가 열대성 숲이 우거진 곳에서 사는 원주민들의 삶은 매우 독특한 모습과 문화를 갖고 오늘날에도 그대로 남아 있다.

그런데 유의할 것으로서 우리나라의 소수학설이지만 타이완 섬이 먼 옛날의 백제(百濟) 땅이었을 가능성을 제시하는 견해도 있다. 백제의 역사는 아직 연구가 미진한 신비성을 띤 부분이 많다. 다만 현재 나날이 뚜렷해지는 것으로써 백제가 막강한 해상력을 가졌던 강한 나라였고, 일본 지역에까지 강한 영향력을 갖고 있었으며 북경 근처의 요서지방에서도 큰 세력권을 형성했던 것이 드러나고 있다. 그런데 소수학설이지만 백제 말기의 흑치상지 왕자가 다스렸던 흑치국(黑齒國)이 타이완 근처나 동남아시아에 인접한 곳일 가능성을 제시하는 견해도 있을 만큼 우리와는 가까운 나라이다.

## 대륙에서 건너온 원주민

현재 타이완의 본성인이라고 불리는 사람들은 약 2천4백만에 해당하는 전체 인구의 중심적인 위치를 차지하고 있다. 타이완으로 건너와 생활터전을 잡고서 명나라 이후 꾸준히 살아온 사람들을

**불공을 드리러 절을 찾은 사람들**
중국에는 종교가 죽었으나 타이완에는 생생히 살아있다.

원주민 혹은 내성인(內省人), 본성인(本省人)이라고 부르는 것이다. 그들의 대다수는 이주 연도가 가장 빠른 최다수 인구로서 복건성에서 건너온 복건족이다. 약 1300만 명 이상인 그들은 타이완에서 가장 가까운 땅인 타이완해협 건너의 복건성 출신들이다. 다음으로 북방족인 몽골, 여진 등의 공격을 피해서 건너온 객가족(客家族)이 대략 200만 가량된다. 이 둘을 합해서 본성인 혹은 원주민이라고 부르는 것이다.

그렇다면 그들이 스스로를 원주민이라고 부르는 것이, 어떤 근거에서 나왔고 어떤 정당성이 있는가? 그들은 나름대로 장구한 세월에 걸쳐서 독자적인 문화권을 형성하며 오늘에 이르러서 원주민이라고 할 정당성을 스스로 창조해 왔던 것이다.

첫째로 그들은 복건성 언어를 기반으로 한 독특한 언어권을 갖고 살아 왔다. 원래 중국어는 겉으로는 같은 민족이라고 해도, 북경어, 상해어, 복주어, 복건어, 광동어, 객가어 등의 서로 간에 전혀 통하지 않는 방언으로 구성되어 있다. 그러니까 그것은 방언이 아니고 사실상의 외국어라고 해도 틀림이 없다. 타이완 사람들의 공용어인 복건어는 북경어와는 전혀 통하지 않아 타이완의 텔레비전에는 한자 자막이 나올 정도이다. 언어상으로 볼 때에 타이완인들은 사실상 외국인이고 중국인이 아니다.

둘째로 그들은 민족 심서(心緖)상 일찍이 중국을 떠난 사람들이었다. 대륙에서 핍박받고 천대받던 사람들이 바다를 건너 이상향을 건설하겠다고 건너와서 사는 사람들이다. 따라서 최소한 수백 년의 시간이 흐른 뒤에 다시금 본토의 강압적 지배를 받길 원하지 않는 사람들이다. 그러므로 명나라 정부는 타이완을 중국주권의 범주에 포함시키지 않았었다. 단지 해적 소굴 정도로 보았을 뿐이다. 더구나 현재의 중국 대륙에서는 부도덕하고 무도한 공산독재 정권이 국민 대다수를 거의 모두 밑바닥 인생으로 몰아넣고 소수의 특권층만이 배불리 먹고 윤택하게 산다는 것을 빤히 아는 사람들이 타이완 원주민들이다. 기나긴 역사에 있어서 가렴주구와 탐관오리에 시달려 오다 죽음을 무릅쓰고 타이완으로 옮겨왔는데, 중공정권의 탄압 밑으로 다시 들어가겠는가? 타이완인들은 중국의 침략이 있다면 단호하게 싸우겠다고 항전결의를 말함이 다수이고, 중국의 위협이 있을수록 단결은 공고화되고 있다.

셋째로 그들은 공산주의를 철저히 싫어하는 사람들이다. 타이완 섬은 모택동부대의 공산주의에 오염되지 않은 순수한 곳이다.

**정월대보름 등불축제** 매년 정월대보름에 온 국민이 거리로 쏟아져 나오는 등불축제는 타이완 국민들의 단결력과 무한한 가능성을 보는 듯 거대한 감동을 주는 관광축제이다.

역사상 전혀 모택동의 공산주의가 발을 디디지 못했다. 따라서 타이완인들은 자유와 합리주의가 몸에 밴 사람들이다. 어떤 감언이설로 꼬인다고 해서 속을 사람들이 아니다. 공산주의라는 미명하에 인권이란 단어가 실종된 비극의 땅인 중공대륙을 보는 원주민들의 시각은 싸늘할 수밖에 없다. 자유를 찾아서 타이완으로 왔는데, 다시 자유를 빼앗기고 굴종과 가난과 비인간이 넘치는 공산치하로 들어갈 리가 없다. 이러한 흐름은 세계 각국의 화교들도 같아서 세계에 퍼진 다수의 화교들은 공산주의를 매우 싫어한다.

넷째로 그들은 삶의 방식이나 문화가 중국과는 매우 다르다. 우리나라의 남북한 실정과는 전혀 다르다. 우리는 국토가 작고 반만 년 이상의 오랜 단일 정치권을 갖고 만들어진 나라이다. 그러나 그들은 거대한 대륙에다 전혀 다른 역사적 배경을 갖고 형성되었다. 그들의 타이완 형성사를 보면 유럽 사람들이 아메리카로 건너간 것보다도, 대륙과는 더 이질적 흐름을 갖고 있다. 생각건대, 나폴레옹이 유럽을 제패하고 지금까지 그 통치가 이어진다면 오늘날의 중국과도 흡사하다고 하겠다. 다만 유럽인은 나폴레옹을 물리치고 지역마다 각각 개성 있게 독립하여 오늘에 이르렀으나, 중국 땅은 개성도 없고 용기도 없어 압제에 눌려 지내왔을 뿐이다. 중국인들은 현대에도 스페인이나 영국에서 소수파의 국내 독립운동이 있는 것을 전혀 이해하기 어려울 것이다. 중국 대륙은 유럽만큼이나 큰 땅덩이로서, 그 곳의 남쪽 끝인 복건성 사람들이 주로 타이완으로 건너와, 본토와 격리된 가운데 수백 년을 흐른 문화가 본토와 전혀 다른 것은 이상할 것이 없는 것이다.

다섯째로 사실상 본토 사람들과 그들은 혈통도 다르다고 하겠

**타이완의 장례식** 죽는 데에도 자유가 없는 중국 땅에 비해, 타이완에서는 죽는 것도 사람답다.

다. 중국은 전혀 다른 민족들이 55개나 합해져 있다. 특히 티벳트, 위구르, 몽골, 만주족 등은 독립을 원하고 있으나 공산독재의 잔혹한 철권정치에 묶여 있을 뿐이다. 그러나 소수민족이 아닌 한족(漢族)에 있어서도 그것이 하나의 뿌리를 가진 것이 아니다. 사실상 여러 다른 민족들이 오랜 세월에 걸쳐 서서히 뭉쳐졌을 뿐이다. 그러니 중국인들은 정치적으로 뭉쳐졌을 뿐이지, 민족적 뿌리가 원래부터 하나였던 것은 전혀 아니다. 복건성 사람들은 차라리 복건국가였고 복건민족이었다. 중국과 수백 년씩 격리되며 외따로 살아온 사람들이 뿌리가 같은 민족일 수는 없다. 사실상 다른 뿌리의 외국인이라고 함이 옳다. 특히 복건성에서도 일찍이 옮겨온 타이완인들은 더욱 외국인이 분명하다. 타이완인들은 그렇기에 장개석 부대가 오는 것도 원초적으로 싫어했다.

## 장개석 망명 이주민

장개석 망명 이주민은 타이완에서 소위 외성인(外省人)이라고 부르는 사람들로서, 정확한 계산은 쉽지 않고 약 250만 명쯤 된다. 현재 알려지기는 본성인이 84%이고 외성인이 16%라고 되어 있으니까, 그 16%에 해당하는 사람을 말하는 것이다. 그들은 1947년에 모택동군에게 패배하면서 장개석 부대가 밀려올 때에 함께 온 군인, 공무원, 민간 상인과 그 가족 등으로 구성되어 있다. 중국의 전국에서 건너온 그들은 주로 북경어를 사용하나, 온갖 다양한 인맥이 섞여서 타이완으로 넘어왔다.

이들은 그간 타이완의 지배자로서 모든 권력과 금력, 명예를 거의 독점했던 지배층이었다. 최초의 타이완 정치는 극단적으로 외성인에 의한 것이었다. 본성인은 초기에는 거의 배제되었다. 타이완 본성인들은 그들에 눌려 지내며 지배의 대상이 되었을 뿐이고, 주로 상공업, 농업 등에 종사할 수밖에 없었다. 외성인들은 사실상 본성인의 평화로운 삶을 빼앗은 점령자들과 같은 존재로서 어느날 별안간 나타났다. 생각하면 원주민(본성인)들은 굴러온 돌(외성인)들이 총칼로 탄압하면서 주인 행세를 했다고 생각하면서 살아왔다.

특히 1947년 2월 28일에 일어난 2 · 28 사건에 의해서 타이완 사람들의 민주 의지가 극심하게 탄압을 받았다. 수많은 인명피해를 유발시킨 가운데 계엄령이 선포되고 강압적 군사행정이 실시됨에 따른 원주민들의 충격은 대단한 것이었다. 2 · 28 사건은 장개석군 부대에 의해서 밀수담배 단속과정에서 발포가 있었고, 이에 의해 본성인이 거세게 반발하며 소요가 일어난 것이었다. 군부대의 진압으로 수많은 사망자가 나왔는데, 최소 1천명에서 최고 10만 명의 희생자가 있었다고 한다. 이는 1987년에 38년 만의 계엄령이 해제되며 정치문제화되고 1995년 2월 28일에는 이등휘 총통이 공식사과를 했고 이 날을 평화기념일로 정했다. 2·28 사건은 군사력에 의해 진압이 되었지만 원주민인 본성인들에게 엄청난 상처를 안겨주었다. 원주민들에게 외성인에 대한 심각한 거부감을 심어주게 되었다. 생각건대, 2·28 사건은 타이완 민권운동의 상징적 사건이었다. 2·28 사건 이후부터 본성인의 정치적 발언권이 나오는 출발이 되었으며, 장기적인 민권운동이 출범되었다. 타이완 민주운동의 특징은 다수의 본성인들이 소수의 지배자인 외성인들을 향한 항거의 성격을 갖고 있다.

타이완은 거의 최근까지 계엄령으로 통치되었다. 사실상 국민당 정부의 일당 독재가 이어져 왔다고 하겠다. 공산 치하에서 신음하는 본토의 동포들을 구하고 대륙을 다시 찾겠다는 구호를 내세웠으나, 사실은 거대한 중공군의 위협을 의식하며 군사적 긴장상태가 극도로 강화된 통치를 수행하였다. 그러나 이는 어찌보면 당연한 일이라고도 하겠다. 중공정권의 극단적 침략성과 무모함을 타이완 원주민들이 명쾌히 이해하고 있기에 국민당 군사통치를 거부할 수는 없었다.

생각하면 타이완 원주민들은 호랑이를 막기 위해 늑대의 지배를 감수하는 정치생활을 지금까지 영위해 왔었다고 하겠다. 그러나 늑대들은 서서히 세월이 지나면서 호랑이를 막기 위해 양들과 타협치 않을 수 없었고, 양들의 삶을 이해하며 동화되는 길을 걸어 왔다. 타이완에 있어서 외성인과 본성인은 이제 공산 독재를 막고 자유 타이완을 지키자는 흐름에는 거의 모두가 동의하는 입장이 되었다.

## 타이완공화국 탄생의 역사적 정당성

타이완의 국가형성 과정을 심층적으로 분석할 때에 타이완이 독립된 공화국으로 거듭나는 것은 역사 발전의 순리라고 생각이 된다. 지구상의 누구라도 타이완의 기구한 역사를 되돌아 본다면 당연하다고 생각할 것이다. 그러나 가장 큰 걸림돌은 세계적 폭력집단에 가까운 중국 본토 공산정권의 국제횡포라고 하겠다.

특히 지난번에 이등휘 타이완 총통이 미국을 방문하게 되었을 때에 온 세계를 경악시키는 군사훈련을 시행하면서, 타이완은 물론이고 동아시아 전체에 극도의 긴장상태를 유발시킨 중공당국의 만행은 역사적 지탄을 받아서 마땅하다고 하겠다. 온 세계의 어느 나라에 있어서도 쉽게 이해가 되지 않을 국제폭력을 백주에 자행하는 나라가 어찌 문명국일 수 있는가 의아스럽다.

또한 이등휘 총통이 다시 뽑히지 못하게 하려고, 타이완의 총선이 진행되는 동안에 타이완 섬을 최악의 공포로 몰면서 군사위협을 가한 것은 동아시아 현대사에서 잊지 못할 만행이라고 하겠다. 타이완 섬을 향해서 장거리 미사일을 발사하고 수많은 군사와 신무기를 동원하여 상륙훈련을 강행한 바에 의해 공산중국이 얻은 것은 없다. 오히려 원주민을 단결시켜 민진당을 탄생시켰다. 민진당 탄생과 독립물결은 중국 공산당의 국제횡포에 맞서는 타이완의 정당방위와 같은 흐름으로 강렬하게 표출되었다.

타이완은 1912년 12월 1일에 자유중국이란 국호로 수립된 아시아 최초의 공화국이다. 타이완공화국이 독립선언을 하고 새로운 국가로 탄생될 것을 바라는 타이완 국민들의 요망은 요컨대 다음과 같이 정리해 볼 수 있다.

타이완이 독립해야 할 이유는, 우선적으로 중국을 쳐들어온 침략 일본에 맞서서 용감히 항전한 민족적 정당성을 가진 집단이 타이완 정권이기 때문이다. 그런데 국제사회가 판단이 흐려지며 유엔 대표권을 공산중국에 넘겨주고 말았으므로, 최소한 우리나라의 남북한이 동시에 유엔 회원국이 되었듯이 타이완도 회원국으로 그대로 남겨 두었어야 하는데 오히려 타이완의 대표권은 박탈하고 말았다. 그러므로 그 실수를 고치려면 타이완에게 대표권을 주고 국가적 주권과 독립성을 인정해 주어야 옳다. 타이완이 국가로서의 조건이 결여된 것이 전혀 없기 때문이다.

**최초의 본성인 최고지도자 이등휘 총통**
본성인들의 정치적 꿈을 처음으로 구체화시켰으며, 타이완 독립의 밑돌을 놓은 인물이다.

다음으로 타이완 사람들의 주류는 중국 본토의 압제와 가렴주구를 피해서 자유로운 타이완 섬을 택한 사람들인데 본토 귀속을 강요한다는 것은 노예가 되라는 것과 같은 것이다. 만약에 억지로라도 타이완이 중국 본토에 귀속된다면, 타이완사람들은 체첸군인과 같이 철저 항거를 하면서 공산정권에 대항하게 될 것이다. 그들은 주로 복건성에서 장기적으로 건너왔고, 어느 정도의 광동성 사람들과 객가족들이 합해져서 만들어진 타이완 원주민들은 사실상 중국의 본토 사람들과 다른 이민족이다. 언어가 다르고 생활이 다르며 음식이 다르고 문화와 풍습이 전혀 다른 민족이 독립하려는 것은 언제라도 정당한 것이다.

특히 청나라 시대에 청일전쟁에 패한 중국이 타이완을 일본에 넘겨주어 50년 정도는 완전히 일본이 되어 있었다. 일본이 우리나라를 쳐들어온 것은 침략행위요 강제점령이었지만, 타이완은 그냥 떼어 넘겨진 땅이요, 중국으로서는 패전을 겪기는 했지만 홍콩, 마카오를 넘겨준 것보다도 쉽게 넘겨준 땅이다.

중국 본토 사람들은 타이완 사람들을 의붓자식 보듯 했고, 떼어 내어도 좋을 정도로 다룬 것이다. 더군다나 청일전쟁 이전인 명나라 때에도 그것은 항상 같았었다. 그리하여 1622년에 네덜란드인들이 팽호도를 점령하자, 명나라에서는 네덜란드인들에게 ① 팽호섬을 포기하고 ② 타이완 점령에는 이의가 없고 ③ 중국 무역을 보증한다는 3개항을 제의하여, 1624년에 네덜란드인이 남부 타이완을 점령하게 된다.

중국인들은 타이완에 애착을 가져 본 적이 없고 항상 버려진 땅으로 보기만 했었다. 그러다가 현대시대에 들어서 타이완이 잘

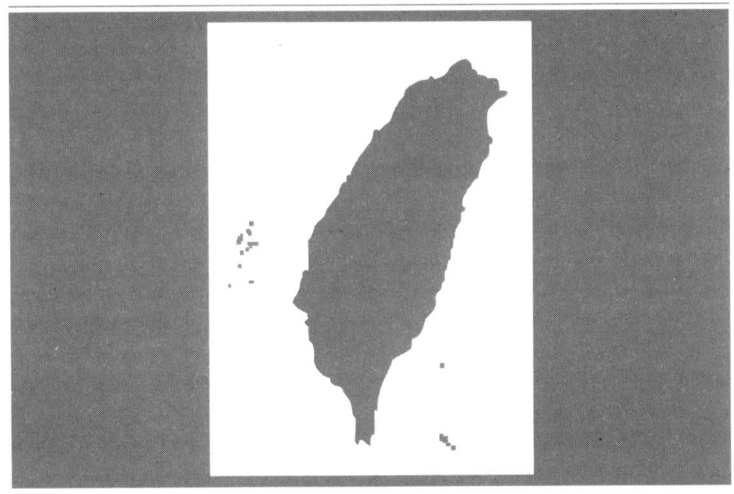

**타이완기(臺灣旗)** 타이완공화국으로 독립을 추진하는 사람들의 깃발이다. 주로 민진당 계열의 본성인(원주민)의 뜻을 대변한다.

살게 되니까 느닷없이 자기들의 땅이라고 우기는 것을 타이완 원주민들로서는 용납하기 어려울 것이다. 중국인들은 다시금 타이완을 착취하고 이용하려는 것이지, 진심으로 타이완을 아끼려는 것이 아님을 알고 있기에 타이완인들은 확실하게 독립을 원하는 것이다. 특히 타이완 사람들은 중국이 입으로만 '조국'을 내세우면서 타이완을 향한 700~800기의 미사일을 설치해 놓고, 노골적인 적대행위를 변함없이 계속함에 극도로 분노하고 있다.

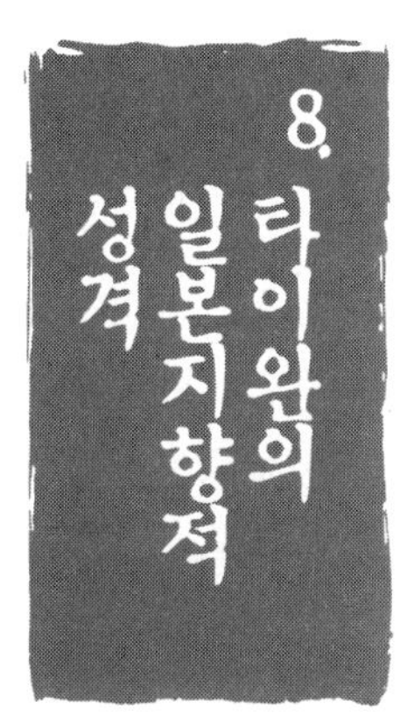

# 8. 타이완의 일본지향적 성격

## 타이완과 일본의 원초적 친밀성

타이완의 교육은 아주 재미있는 특성을 갖고 있다. 매우 독특한 모습의 다층적인 요소로 이루어져 있다. 그것은 어느 한 가지의 단일한 흐름이 아니라 역사적으로 긴 세월에 걸쳐서 만들어진 다중성(多重性)을 뚜렷하게 나타내고 있다. 그것은 타이완이 복건성 등에서 건너온 본성인이 중심적 존재로 여러 해에 걸쳐서 만들어진 가운데, 일본의 영향을 받고, 외성인이 합해졌으며, 또한 더 나아가 미국의 영향이 더해지면서 만들어진 때문이다.

그런데 타이완 교육에 있어서 일본과의 관계는 원초적으로 중요하다고 하겠으니, 일본과 타이완은 원래부터 매우 친밀한 나라이다. 생각건대 먼 옛날부터 타이완은 동남아시아와 일본을 잇는 중간다리의 완충지대로서 일본과 긴밀한 관계에 있었다고 생각된다. 그러나 특히 타이완이 일본과 가깝게 된 것은 근대사에 있어서의 역사적 흐름에 기인되는 바라고 하겠다.

동아시아 지도를 보면 일본과 타이완은 사실상 하나로 이어져 있다. 유구(오끼나와)를 거치면서 흡사 징검다리 이어지듯 섬들이 연결되며 줄지어 있다. 기록상으로 타이완의 존재가 나타나는 13세기 이전에 있어서도, 나름대로의 교류가 타이완과 일본 사이에는 존재했다고 봄이 옳은 지역환경적 여건이다. 날씨가 좋을 때에는 육안으로도 충분히 볼 수가 있는 거리에 있고, 항해도 충분히 가능한 거리였다고 하겠다.

삼국시대의 우리나라에 있어서 일본과는 대단히 교류가 빈번했고, 신라에 있어서는 이사부 장군을 파견하여 울릉도의 우산국을 정벌했다는 기록이 있음을 볼 때에, 그 당시만 해도 일본에서 타이완 정도의 여행은 확실히 이루어졌었다고 유추해도 틀림이 없으리라고 하겠다. 요컨대 일본과 타이완은 원초적 친밀성을 가진 동아시아 해양문화권이 분명하다. 우리나라에서 울릉도를 갈 정도의 항해술이 가능한 시대였다면, 일본에서 타이완은 더 쉽고 가까운 고대 항로였다고 생각된다. 그것이 쉽게 증명되는 것은 훗날 네덜란드, 포르투갈 함대들이 타이완을 거쳐서 일본으로 갔고, 그 통로를 통해 빈번한 교류가 이루어졌음에서 증명된다. 네덜란드 사람들인 하멜이나 벨테브레는 조난당한 선원들이었고, 그들의 항로는 일본에서 타이완을 통해 유럽으로 가는 것이었다.

생각건대 타이완과 일본은 원초적으로 깊은 친밀성을 가진 관계에 있었다고 생각된다. 반면에 중국 측으로 볼 때에 타이완은 중국에 편입된 뒤에 있어서도 일종의 식민경략지 같은 곳으로 대우되거나, 사실상의 의붓자식 취급을 하는 곳이었다. 그렇기에 타이완 사람들의 내면적 심서에는 원초적으로 타이완이 중국보다는 일본에 더 가깝다고 느끼며 살았었다고 하겠다.

## 청일전쟁과 타이완 할양

타이완 섬은 청일전쟁의 종료에 의해 요동반도와 함께 공식적으로 일본에 귀속된다. 그러나 타이완 섬이 일본에 할양되었다는 것은, 일본이 우리나라를 침략한 것과는 근본적으로 성향이 다른 것이다. 일본이 우리를 강점한 것은 극심한 살육과 약탈, 강간, 탄압, 파괴, 방화의 성향을 가진 극악무도한 침략이었다. 그러나 타이완 사람들은 우리들이 당한 바와 같은 직접적 아픔의 성향을 띤 것은 아니었다.

첫째로 타이완은 중국 땅의 본토라는 확실한 개념이 없던 독립지역이란 심서가 강한 곳이었다. 그렇기에 중국은 타이완을 할양하면서 다리를 잘라서 준 뼈아픔보다는, 신던 양말을 벗어준 정도의 아쉬움의 심정으로 할양했다는 표현이 옳을 것이다. 당시 중국으로서는 타이완을 떼어낸 것은 홍콩, 마카오, 요동반도(여순, 대련) 등과는 다른 것이었다. 일종의 버린 땅이나 쓰지 못할 땅을 준 정도의 개념이었다. 어찌 보면 소련이 알래스카를 미국에 팔 때의 심정 이상을 넘는 것이 결코 아니었다고 하겠다. 타이완 할양 당시 청나라의 고급관리 하나는, 타이완이 새도 울지 않고 꽃에는 향기도 없으며 남녀 모두 감정과 의리가 없어서 할양되더라도 아까울 것이 없다고 말할 정도였다.

둘째로 타이완은 청일전쟁의 패전에 따른 하관조약의 체결 이전에 있어서, 확고한 국제법상의 중국 땅이란 입장에 있지도 않았었다. 원나라는 1338년에 팽호섬에 최초의 지방정부를 세웠는데, 이것이 중국정부가 이 지역에 공식적 관심을 보인 최초의 일이었다. 물론 이것이 사료에 나타난 지방정부의 효시였지만 타이완 땅에는 영향을 미치지도 못했다. 그러나 이것마저도 1368년에 명나라가 서면서 자연히 소멸되었다. 그러다가 1405년에 명나라 영락황제의 시절에 정화(鄭和) 사령관을 중심으로한 거대한 남방경략이 있었으나 지속적인 것도 아니었고 타이완을 직접 경략한 것도 아니었다. 그후 포르투갈이 1520년에 타이완 섬을 발견했고, 1603년에 네덜란드는 남부 타이완을 점령하고 현재의 대남시 적감성에 정식정부를 수립하여 그 유적이 지금까지도 남아 있다. 그 후 1626년에는 스페인이 북부 타이완의 담수(淡水)지역에 거점을 마련하여 일종의 군사기지를 설치했었다. 그리하여 타이완은 네덜란드, 포르투갈, 스페인의 해양기지였으며, 이곳을 통해 기독교가 일본에 전파되기도 하였다. 그러니 타이완은 흡사 오늘날의 남극대륙과도 같은 지위였다고나 생각된다. 그 후 청나라가 통치하기도 하다가 1895년의 청일전쟁으로 일본에 할양되는 것이다. 그러니까 타이완이 할양되는 것은, 주인 없는 땅 같은 상태였던 타이완의 소유권을 확정짓는 것과 같은 국제법 행위에 흡사했다는 생각도 든다.

셋째로 타이완의 할양은, 침략을 직접 받으며 타이완 섬이 아픔 속에 몸부림치며 떨어져 나간 것이 아니었다. 일본의 공격과 침략은 처음부터 우리나라에 집중적으로 처참하고 잔혹하게 이뤄졌던 것이고, 청일전쟁도 사실상 우리나라 땅에서 승부가 났다. 전쟁터는 우리나라였으니 중국인들에게 전쟁터의 뼈아픈 아픔이 없었다. 타이완은 큰 상처를 받거나 전쟁터가 된 적도 없다가, 어느 날

느닷없이 일본 땅이 된 것이다(중국인들은 남경대학살이나 중일전쟁 등을 거론하면서 그들이 일제침략의 피해를 극심히 받았다고 한다. 그러나 중국의 침입은 한국이 처절히 방패 노릇을 하다가 당하는 것이니까, 인명 또는 귀중한 문화재나 문화유산은 물론이고 중국의 국부(國富)가 상대적으로 한국보다는 경미하게 피해를 입었다. 더구나 한국은 비록 영국이 돌보아주는 일본에 침략을 당하기는 했지만, 프랑스와 미국에 의한 병인양요와 신미양요의 외침을 단호하게 격퇴하고 승리를 거둔 정신력과 국방력을 가진 나라였다. 지구상에서 서세동점의 시대에 프랑스를 격퇴시키고 미국을 물리친 나라는 한국밖에는 없었다. 그런 강한 나라가 명성황후의 낭비벽에 의해 국력이 허약해지고 분열상태가 만들어졌지만, 한국의 힘은 결코 가벼운 것이 아니었다. 한국의 방패가 없었다면 중국은 일찍이 일본의 식민지가 되었을 가능성이 높다. 청일전쟁은 물론이고 중일전쟁에서 중국이 일본에 대응한 것을 보면, 한국이 중국의 방패가 되었던 점은 크게 의미가 부여되어야 하겠다). 따라서 타이완은 사실상 그 어떤 전쟁 피해나 침략 피해가 없이 할양된 땅이라고 하겠다. 타이완인은 그

**조명하 의사 동상**

타이베이 한국학교에 세워진 동상은 한국인의 처절한 항일전쟁이 타이완에서까지 있었음을 증명한다. 이등박문(안중근), 데라우찌(안명근)에 대한 응징 이후에 한국 애국자는 타이완 침략자까지 응징했다.

러므로 일본인에 대해 근본적 원한이나 아픔도 사실상 없고 오히려 중국이 괘씸한 것이다. 그러나 최초에는 일본군의 지배에 항거한 타이완 원주민들의 항거로 7년 간에 걸친 나름대로의 항전이 있었다. 원주민들은 느닷없이 나타난 일본군에 저항했던 것이나, 한국의 의병, 독립군 수준은 못되고 그것도 7년 만에 끝났다. 그 후 일본의 황민화 정책 강행으로부터 우리 민족이 당했던 바와 같은 징용, 징병, 정신대에다 경제수탈 등을 당하다가 일본 패전을 맞는 것이다.

## 현대사에 있어서의 친밀한 교류

한국 사람들은 타이완에 가서 처음에는 당황할 때가 있다. 왜냐하면 일제침략을 혹독히 받았던 우리 민족의 일본에 대한 나쁜 감정과 같으려니 하는 막연한 생각을 갖고서는 전혀 이해가 되지 않는 것이 타이완 사람들의 태도이기 때문이다. 타이완인들은 오늘날 일제침략의 뼈 아픈 기억을 가슴에 갖고 있을 리가 별로 없는 역사적 배경을 갖고 있다. 아니 일본을 좋아하는 심서가 널리 퍼져 있음에 당혹스럽기까지 하다.

첫째로 타이완 사람들은 사실상 중국 본토 사람과 혈통은 물론이고 문화가 다르고 사실상의 이민족이다. 그리하여 중국 본토에 애착심도 없는데다가 역사상 중국 본토에 의한 피해만을 입었다. 그러나 일본에 할양된 뒤에 일본은 오히려 중국 본토 사람보다는 훨씬 수준 높고 격조 높으며 인간적인 대우를 타이완 사람들에게 베풀었다. 타이완 사람들은 중국 본토에게나 일본 사람들에게 어차피 지배

당하는 객체였는데, 중국인들은 사실상 버려진 땅이요 천대시하는 땅으로 대했으나 일본인들은 상대적으로 중국인보다는 훨씬 낫게 타이완을 다스렸다. 타이완 사람들은 중국 본토가 생모(生母)로서 자식을 버린 어머니라면, 일본은 양모(養母)로서 생모보다 훨씬 낫다는 생각이 크게 드는 입장이었다. 요즘 중국의 공산정권이 타이완을 내놓으라는 것은 낳은 자식을 버린 못된 생모가, 자식이 잘 자란 것을 보고 다시 내놓으라는 부도덕 행위 그대로이다. 타이완 역사를 잘 아는 사람들은 타이완 사람들이 중국에 분노하며 왜 단호히 따로 살려고 하는가 하는 그들의 독립 의지가 백번 이해되는 일이다.

둘째로 타이완 사람들은 청일전쟁 이후 50년 간에 걸쳐서 확실한 일본인으로 지냈기에, 거의 모든 나이 든 사람들이 일본어를 잘 하고 사실상 일본 문화에 젖어 살았다. 타이완의 젊은이들은 중국어를 배웠으나, 오히려 기성세대는 일본어는 알아도 중국어를 모른다. 이둥휘 타이완 총통도 교또대학 농업경제학과를 3년간 유학했던 인물이고, 일본 문화를 확실히 체득하고 있는 사람이다. 사실상 타이완인들은 우리 민족보다 상대적으로 매우 자연스럽게 일본인이 되었고 일본 문화에 동화되었다. 그렇기에 많은 인구가 오늘날에 있어서도 일본과 일본 문화를 동경하며 일본을 자연스럽게 받아들이고 있다.

셋째로 타이완인들은 만약 공산중국의 공격이 있다고 하면, 공산치하의 지옥과 같은 지배를 받느니 외국으로 가겠다는 사람들이 많다. 그러니까 원초적 뿌리의식이나 민족심서가 우리 민족이 우리의 나라에 대해서 갖는 것과는 근본적으로 다르다. 그런데 외국으로 가려는 대표적으로 선호되는 나라가 일본이다. 많은 외국

사람들은 애초에는 이해를 못한다. 그러나 타이완의 기구한 역사를 알면 널리 수긍이 가는 일이다. 타이완인들은 공산중국보다도 일본을 훨씬 좋아하는 사람들이 많다. 타이완인들이 일본의 지배를 받는 출발부터 끝까지의 50년 간이 우리 민족과는 판이하게 달랐기 때문에 그런 것이다.

넷째로 타이완인들은 현대시대에 있어서도 일본과 매우 긴밀한 교류를 하고 있다. 타이완 사람들은 일본이 중국과 수교를 하기 전까지는 일본과 공식적 수교관계에 있었고, 중국 본토에는 가지도 못했었다. 따라서 50년 간의 일본 생활에 더하여 끊임없는 교류와 친선이 이어졌던 것이다. 특히 일본은 중국과 수교를 하면서도 우리의 노태우 정부가 타이완에 사실상 사기를 치듯이 외교행각을 벌이며 타이완을 우롱한 듯한 졸렬한 일이 없었다. 타이완인들은 끊임없이 일본과 연결되어 있다.

다섯째로 타이완 경제가 가진 폭발력의 비밀은 일본 식민지 정책이 놓아준 초석에 있다. 그리하여 타이완은 산업관계에 있어서도 일본과 철저히 상하관계에 있다. 일본의 부품공장이 타이완이라고 해도 된다. 그리고 일본은 타이완을 그렇게 이끌었다. 타이완이 극히 경제적으로 안정된 가운데, 높은 소득을 유지하면서 최고의 외환보유국이 된 데에는 일본과 함께 번영을 공유하는 부품공장형 중소기업 경제체제를 구축했기 때문이다. 타이완과 일본은 커다란 한 나라요, 커다란 경제공동체에 가깝다.

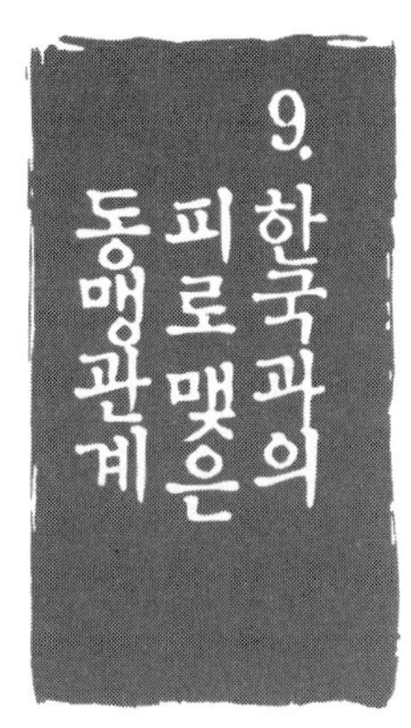

# 9. 한국과의 피로 맺은 동맹관계

## 항일전쟁의 혈맹

타이완과 한국의 관계는, 타이완과 일본이 가진 관계와는 전혀 다르면서 끊을래야 끊을 수 없는 또 다른 입장이 있다. 앞에서 일본과 타이완의 관계를 말한 것은, 다분히 타이완의 원주민인 본성인을 중심으로 한 성향이 높다. 그런데 타이완과 우리나라와의 관계는 타이완의 지배집단으로 현대사를 이어온 외성인을 중심으로 한 성향이 높다.

외성인은 모택동에 패배한 장개석 정부가 1947년에 타이완으로 옮겨오면서 형성된, 타이완 인구 전체의 1할 혹은 2할 이내의 사람들을 말한다. 한국은 일제침략시대는 물론이고 조선시대 이전에는 타이완과 교류관계를 가질 입장이 아니었다(물론 현재로서 소수학설이지만 삼국시대에 타이완이 백제 해상왕국의 범위였다는 견해가 있다). 그렇기에 타이완과 한국의 관계는 1947년 이후부터 공식적 시작이 되었고, 그 이전에는 자유중국 지배세력인 외성인과 항일전쟁에 있어서 최고의 혈맹관계에 있었다.

장개석 정부는 일제침략에 맞서 싸운 중국의 정통세력이다. 공동의 적이었던 일본을 몰아내기 위해 항일전쟁의 피로 맺은 동맹관계였던 우리 민족은 장개석의 은혜를 잊을 수는 없는 것이다. 그 장개석 군대가 지배하는 타이완의 자유중국은 우리 민족의 오늘날이 있게함에 있어서 최고 우방국의 하나라고 말해도 과언이 아니다. 한국이 올바른 나라라면 타이완과의 관계는 언제라도 돈독한 친밀관계라야 옳다.

## 반공전선의 혈맹

타이완의 자유중국 정부는 특히 공산침략을 막는 혈맹이었음에서도 한국과는 서로 간에 끊을 수 없는 우방국이었다. 김일성 공산군의 동족상잔 침략은 언제라도 민족사의 응징을 받아야 한다. 6 · 25 전쟁이 없었다면 우리 민족은 아마도 순탄히 남북통일이 되었을 가능성이 높고, 인구도 현재는 남북을 합해서 1억이 훨씬 넘는 막강한 힘을 가진 강대국이 되었을 것이다. 동족을 향해 침략의 총탄을 쏟아 부은 민족 범죄자는 삼국통일 이후 김일성이 유일한 사례요, 기나긴 민족사에 있어서 그것은 언제라도 규탄될 범죄행위이다.

그런데 장개석은 우리 민족과 함께 공산침략을 막으려고 싸운 최고의 동지요 혈맹이다. 우리는 미국 및 자유중국과 연계하여 김일성, 모택동, 스탈린의 침략을 막기 위해 혈전을 벌였었다. 모택동은 김일성과 함께 잔인한 6 · 25 침략을 한 전쟁범죄자이다.

그간 모택동의 중공군은 미군이 압록강까지 쳐들어 왔기에

6 · 25 전쟁에 개입했다며 미국과 유엔군에 화살을 돌렸다. 그러나 소련 외교문서의 공개에 의해서 모택동과 스탈린은 6 · 25 침략전쟁의 공동전범이요 최악의 전범자임이 드러났다. 그리하여 미국이 6 · 25 전쟁에 참전한 것은 정의의 국제도의였고, 모택동은 부당했음이 명쾌히 드러났다.

그렇지만 그동안 김일성과 모택동은 단 한번도 6 · 25 침략 전쟁에 대한 국제적 사죄 절차가 없이 오늘에 이르렀다. 생각하면 등소평, 강택민, 후진타오와 김정일은 김일성, 모택동을 이은 범죄집단이 분명하다. 그러니 장개석 정부는 패전했을지언정 정의를 향한 동지였고, 이등휘 총통 및 그 뒤를 이은 천수이볜 총통의 자유중국은 우리 민족의 국제적 동지이며 혈맹국가가 분명하다. 역사적 은혜를 잊으면서 국제사회에서 고개를 들고 살 수는 없다.

**타이완 국군과 관광객**
타이완 군대는 관광객의 찬탄의 대상이 되게 훈련이 잘 되어있다.

## 노태우 정부의 배신

국제사회에는 영원한 적도 없고 영원한 동지도 없다고 한다. 그러나 그것은 거대한 국제적 상황에 있어서 유연하고 신축성 있게 국가 이익을 추구하라는 뜻이다. 국제적 신의를 밥 먹듯이 짓밟는 것을 권장하는 말은 아니다. 국제사회에도 도덕과 정의는 생생히 살아있다. 국제적 신의를 잃은 나라가 번영과 강성의 길을 갈 수는 없다.

그런데 현대사회에 있어서 언제라도 고개를 못 들 국제적 배신행위를 한국이 타이완에 저질렀다. 노태우 정부가 중국과 수교를 하면서 부끄러운 일을 저지른 것을 말한다. 아무리 국제 상황이 바뀌었고 국가 이익의 추구를 위해서 어쩔 수 없는 일이었다고 해도 타이완에 대해 그렇게 하는 것은 옳은 일이 아니었다.

중화민국 타이완은 유엔한국임시위원회 7개국 중의 하나로서 대한민국의 정부수립이 가능하게 결정적 공헌을 하였다. 미국에 이어 2번째로 1949년 1월 4일에 대한민국 정부를 승인한 고마운 나라이다. 그리고 장개석의 중화민국이 1949년 12월에 광동에서 타이완으로 철수할 때에 행동을 같이한 유일한 외국대사관이 대한민국 대사관이었고, 타이완에서 중화민국의 최초의 외국공관은 대한민국 대사관이었다. 한국과 타이완은 철저하게 피로 맺은 굳은 동맹 그대로였는데, 노태우 정부가 너무도 가볍게 그것을 짓밟은 것이다.

첫째로 중국과 수교를 하려면, 사전에 6 · 25 침략전쟁의 침략전범인 모택동, 등소평에게 어떤 형태로나마 사죄를 받았어야 했다. 천벌을 받아 마땅한 침략자인 중국 공산당을 무조건 용서한 행위는, 노태우 정부의 존재 의미 자체를 의심할 기막힌 국제실책이 분명하다.

둘째로 항일전쟁과 6 · 25 전쟁의 피로 맺은 동지인 자유중국 타이완을 그렇게 차버리고, 언제 다시 국난이 닥쳐오면 누구에게 동맹을 맺고 같이 싸우자고 하겠는가? 아무리 새로 애인이 생겼다고, 조강지처를 헌신짝같이 차버리고 행복한 삶이 이루어질 수는 없다. 당시의 한국정부는 너무 서둘렀고 너무 부도덕했고, 사실상 국가 이익을 상당히 훼손시켰으며 국가의 명예를 실추시켰다.

셋째로 미국이나 일본은 중국과 수교를 하면서도 타이완에게는 결코 섭섭하지 않게 되도록 최대한의 노력을 경주했다. 그렇지만 한국이 중국과의 수교를 너무 서둘렀다는 것은 누구나 인정하는 일이다. 따라서 외교적 손실이 컸음은 누구나 인정하고 있다. 다급한 사정도 없는데 장기 전략이 없이 노태우 정부의 정략적 인기 위주의 수교가 이뤄진 것이다. 타이완에게야 어떤 상황에서도 단교의 아픔이 없을 수 없겠으나, 그것을 완화하고 노여움을 풀어주려는 진심의 절차가 꼭 요망되는 것이다. 미국이나 일본은 그 노력을 확실히 했으며, 타이완의 안보를 위해서 미국과 일본은 분명히 책임을 질 행동을 보여주었다. 예컨대 미국은 1979년 1월에 국교 단절과 함께 상호방위조약을 폐기했다. 그러나 타이완관계법으로 대체시켜 타이완의 평화와 안전을 위해 적절한 대응을 하고 있다. 그러나 노태우 정부는 사실상 사기행각을 하듯이 타이완을 따돌렸다. 계속 타이완을 따돌리다가, 한중수교의 발표는 3일 전에 타이완에 우롱하듯이 통보되었다. 미국이나 일본과는 달라서 혈맹관계에 있던 양국 사이인데도 타이완을 야박하게 짓밟고 우리를 침략한 전범 중공정부와 수교를 한 것이다. 타이완 정부는 1992년 8월 24일의 단교 후, 한국에 강력한 제재조치를 취했었다. 그것은 ① 항공기 운항 중지 ② 한국 선박의 타이완 · 일본 간 선적 금지 등의 해운제재 ③ 철강제품 등의 덤핑 제소 ④ 자동차 쿼터 철폐 ⑤ 국가 건설계획 참여 배제 ⑥ 국제입찰 참여의 제한 등이었다. 타이완정부와 타이완 국민이 한국에 보여준 격렬한 항의와 분노는 당연한 것이었다. 한국은 타이완에 대해 언제라도 겸허하게 사죄하며 앞으로 혈맹의 분노를 삭여주는 노력이 있어야 할 것이다.

넷째로 미국이나 일본은 타이완과 단교를 하면서도, 어쩔 수 없는 국제적 상황임을 타이완에 누누이 납득시키는 과정을 거쳤다. 그리고 경제적으로는 꾸준히 거래를 하고 있다. 심지어 미국은 방어용 무기까지도 분명히 제공하면서 타이완을 후원해 주고 있다. 그러나 한국은 타이완과 모든 것을 끊고 절교하듯 했으니, 타이완이 그렇게 해야 할 나라인가 언제라도 이해하기가 어렵다. 특히 당시에 우리가 유의할 일로써 중국은 북한과 단교를 안했는데 우리만 타이완과 일방적으로 단교를 했으니, 그것도 상호 간에 호혜적 균형이 전혀 없는 부끄러운 것이었다. 국제철학이 빈곤하며 외교력 부재라고밖에 얘기할 것이 없다. 북한과 타이완 카드를 계속 연계시켰어야 하는데 전혀 그렇지를 못했었다.

타이완의 국기인 청천백일기(青天白日旗)가 서울 명동의 대사관에서 눈물 속에 내려지고, 중국대사에게 밀려난 타이완이 서울에 다시 대표부를 설치한 것은 10여 년의 공백이 지난 뒤였다. 2006년에 새로 부임한 타이완 대표부 진영작(陳永綽) 대표의 인터뷰는 한국인들에게 많은 것을 생각하고 반성하게 한다.

– 중국대륙이 동북공정을 통해 한국 고대사를 왜곡하는 작업에 나섰는데….

"나는 의롭지 않은 사람이 되고 싶지 않다. 타이완(臺灣) 대표로서 나를 받아준 국가의 외교정책에 대해 뭐라고 말할 수 없는 처지다. 그러나 내 생각에 한국정부는 타이완과 중국 대륙에 대해 보다 균형 잡힌 외교를 해야 할 것 같다. 현재 타이완과 한국은 정식 외교관계를 맺고 있지 않다. 하지만 민간교류와 경제교류는 활발하다. 타이완의 인구는 2300만이며, 경제역량은 GDP 기준으로 전 세계 17위다. 타이완에는 평화와 민주를 애호하고, 인권을 존중하는 2300만의 인구가 살고 있다."

**타이베이 야시장** 관광천국인 타이완 섬은 낮에도 즐겁고 밤에도 즐겁다.

– 한국과 타이완 관계의 현 주소는 무엇이며 한 · 타이완 관계의 전망은?

"한국과 타이완은 밀접한 실질관계를 맺고 있다. 정식 외교관계는 없으나, 한국은 타이완의 5번째 교역대상에다가, 4번째의 수입 대상국이며, 6번째의 수출 대상국이다. 항공편 운항은 이미 회복되었으며, 비자 면제 협정이 체결돼 있다. 작년에 모두 53만 명이 서울과 타이베이를 오갔는데, 올해는 60만 명이 넘을 것으로 추정된다. 한국이 무역흑자를 누리고 있으며, 반(反) 테러 활동과 마약 단속, 관광문화 분야의 협조에서 개선할 여지를 많이 남겨두고 있다. 일본과 미국, 그리고 유럽국가들은 타이완과 중국 대륙의 관계에서 비교적 균형을 잘 취하고 있다. 나는 한국정부도 균형 잡힌 자세를 보여주기를 희망하고 있다."

– 타이완의 WHO(세계보건기구) 가입을 미 · 일은 지지하는데 한국이 반대해서 이루어지지 못한다던데….

"WHO는 전 인류를 위한 위생과 건강 보호 시스템이다. 그러나 현재 이 시스템에서 타이완의 2300만 인구만 제외돼 완전한 시스템이 안 되고 있다. 타이완 2300만 인구도 마땅히 공평한 대우를 받아야 한다. WHO 헌장에도 '전 인류를 위한 건강보호 활동'이라고 되어 있다. 그러나 한국의 의사협회가 타이완의 WHO 가입을 지지한다는 의사를 밝히고 있어 기쁘다. 한국정부는 아직도 공개 지지 입장을 밝히지 않고 있다. 한국 국회도 마찬가지다. 타이완의 2300만 인구가 참여할 연합국 대표기구가 없다는 점도 문제라고 생각한다. 우리의 의사는 우리가 중국을 대신하자는 것이 아니라 2300만 인구의 이익을 지키자는 것이다. 우리는 평화를 파괴하는 테러리스트도 아니다. 그러나 타이완의 안전은 외면당하고 있다.

– 한국과 타이완 사이에 해결해야 할 일이 있다면?

"현안은 없다. 실질관계를 진일보 강화해야 하는 것이 현안이다. 한 · 타이완 FTA 협상도 추진해야 하고, 국제시장에서 협조하는 방안도 협의해야 한다."

– 요즘 타이베이(臺北)와 베이징의 관계는?

"우리는 민주국가이며, 중국 대륙은 토지 가격이 싸고, 인력이 싸며, 비즈니스 하기가 좋다. 그래서 타이완 상인(商人)들이 많이 진출해 있다. 그러나 중국 대륙은 아직 '무력을 사용하지 않겠다'는 의사를 공개적으로 밝히지 않고 있다. 그러므로 우리는 국가의 안전을 위해 달걀을 한 바구니에 담아 놓지 않는 정책을 쓰고 있다. 위험을 분산하고 있다. 만약 중국 대륙이 갑자기 안면을 바꾸면 어떻게 할 것인가. 우리는 그런 방향으로 적극 관리하고 있으며, 큰 금액의 투자와 첨단기술 수출은 않고 있다."

– 가족들은 서울에 있나, 처음 해보는 서울 생활에 대한 인상은?

"작은 아이는 미국 샌프란시스코에서 일하고 있고, 큰 아이는 타이완에서 일하고 있다. 나는 아내와 둘이서 한국에 왔다. 한국사람들은 모두 친척 같다. 신선한 경험이다. 문화도 비슷하고, 한국인들이 명절 등 전통문화 보존을 위해 노력한다는 것을 존경한다. 인구가 많은데도 한국정부가 공권력을 잘 유지하는 것은 타이완이 학습해야 할 것 같다. 날씨도 타이완보다 좋다. 그러나 물가는 좀 비싸다." (조선일보, 2006. 9. 11)

## 역사의 희생양 국민당

한국의 노태우 정부가 배신을 한 타이완정부에 있어서, 그 배신의 본체는 국민당이었다. 장개석의 국민당 정부와 손잡고 행한 한국의 독립운동, 공산침략군을 막는 혈맹으로서의 동맹관계를 노태우 정부가 배신했던 것이다. 그러나 노태우 정부의 배신이 있기 전까지에 있어서 한국과 타이완은 지구상에서 가장 가까운 사이였다. 그리고 노태우 이후의 한국정부가 꾸준히 친선상태를 회복하려는 노력을 기울여서 상호간에 대표부가 만들어지는 단계까지는 복원이 되었다.

그런데 역사의 수레바퀴가 굴러가면서 타이완의 국민당은 대단히 기묘한 상황에 놓여지게 되었다. 국민당은 중국의 현대사에 있어서 끊임없이 역사적 이용대상이 되면서 몰락의 길을 걸어 나왔다고 생각이 된다.

우선 침략 일본과의 항일전쟁에 있어서는, 일본군을 선두에서 막으며 일본군의 속전속결 전략을 무산시키고 장기전의 늪에 빠지게 만드는 위업을 달성했다. 그리고 일본군의 군사력을 거대한 중국 땅에 분산시켜 허약하게 만들었으며, 미군의 공격이 있기까지 일본군을 기진맥진하게 만들어 제2차 세계대전의 승리를 만든 1등 수훈갑이었다. 일각에서는 제2차 세계대전에서 일본의 항복이 미국의 원자탄 투하에 의했다고 보나, 그것은 최후의 결정적인 것이고 전반적인 전쟁은 중국의 장개석이 이끄는 국민당에 의한 승리였다. 장개석 군대가 승리의 주인공인 것이 분명하다. 하지만 모택동의 중공군이 뒤에서 발목을 잡으면서 국민당의 전쟁 수행은 순탄하지 못하게 되었다. 생각건대 모택동의 중공군이 없었다면 장개석의 국민당군은 보다 수월하게 일본을 궁지로 몰아넣었을 것이다. 미국의 원자탄이 없이 승리를 거두었을지도 모른다. 그러나 모택동은 장개석이 싸우는 뒷전에서 장개석 국민당의 와해작전을 펴다가 허약해진 국민당을 타이완으로 몰아내며 중국 땅을 차지하는 것이다. 그러니까 매국집단이 애국집단을 몰아낸 것과도 같다.

그런데 타이완에 옮겨간 국민당은 세월이 흐르면서 다시 타이완 원주민의 민진당에게 밀려나는 가슴 아픈 신세로 전락하게 되었다. 국민당에 눌려 지내던 본성인들이 뭉쳐서 민진당을 결성하고 힘 있는 정치세력으로 성장함에 따라서 국민당은 계속 쇠락의 길을 재촉하게 되었다. 국민당은 그렇게 되니까 궁지에 몰린 상태를 극복하려고 철천지 원수관계였던 중공정부와도 원격 교류를 추진하는 등 세력 회복을 위해 안간힘을 쓰고 있다. 그렇지만 국민당의 쇠락은 어쩔 수 없는 대세가 되어가고 있다. 그 까닭은 무엇인가? 국민당은 왜 끊임없이 역사의 희생양이 되는 길을 걸어 왔는가?

그 까닭은 국민당이 겸손성을 잃고 포용력을 상실했기 때문이다. 국민당은 대륙의 실력자로서 중국 땅의 명실상부한 주인공이었다. 그러나 일본 침략군 앞에 정예병을 상실하고 허약해진 때에 중

**타이완 국민당 퇴역군인들**

공산당을 몰아낸다며 장가도 못가고 홀아비로 늙은 퇴역군인들은 국민당의 허황된 비현실성을 상징한다.

공군에게 주인공 자리를 빼앗긴다. 중공군은 국민당보다 현격하게 힘이 없는 열등한 지위에 있었기에 겸손하게 국민을 대했고, 소외된 세력을 폭넓게 포용하며 힘을 길렀다. 모택동의 중공군은 한국의 독립군들을 대거 팔로군으로 받아들여 힘을 길렀고, 국공내전의 결전에 있어서는 마적 성향의 군벌도 포용하고 심지어는 일본의 괴뢰정부였던 만주 땅의 왕정위 군대까지 중공군으로 끌어 들였었다. 중공군은 강적인 장개석을 꺾으려고 수단과 방법을 가리지 않았으나 국민당은 마지막까지 오만하며 겸손성을 잃어서 패퇴하고 타이완으로 밀려나는 비극을 맞은 것이었다.

그런데 장개석의 국민당은 타이완에 쫓겨나서도 역사의 흐름을 잘못 읽으며 세월을 허송해 왔다. 국민당은 타이완에 몰려난 상태에서도 생각하면 오만과 편견에 사로잡혀 살아 왔으며, 겸손성을 회복하지 못하여 서서히 자멸의 길을 찾아갔다. 아니 타이완에 쫓겨난 주제에도 불구하고 오히려 대륙의 주인인 듯 착각을 한 모습도 컸었다. 흡사 셋방에 사는 아버지가 자식들에게 언젠가 백만 장자가 될 것이라고 헛소리 치며 가혹하게 일만 시키는 듯한 모습이 국민당이었다.

국민당은 타이완에 쫓겨나서는 권토중래의 기회를 노리며 철저하게 반성을 하면서, 타이완 원주민들에게 겸손하고 따뜻하게 선정을 베풀었어야 했다. 그러나 쫓겨난 패잔병 주제에 너무나 긴 기간을 타이완 원주민을 탄압했으며, 심지어는 2·28 만행을 저지르기까지 하였다. 기나긴 계엄통치를 통해서 본성인의 인권을 철저히 탄압하고, 본성인을 계속 미개한 토인 취급을 하며 거의 모든 영광은 국민당 계열만이 독식해 왔다.

그러다가 본성인들이 분노하여 단결하며 민진당을 결성하여 궐기했을 때에도 국민당은 결코 겸손함을 보이지 않았다. 국민당은 민진당이 탄생할 때에 개과천선 변신을 할 중대한 기회였음을 망각하고 시간을 허송했다. 그 때에 국민당이 철저히 반성하고 속죄하면서 환골탈태하여 본성인을 허심탄회하게 적극적으로 포용하는 획기적인 개혁안을 내고, 본성인의 입장이 되어 파격적으로 끌어 안았다면 국민당은 다시 회생할 수 있었을 것이다.

그렇지만 국민당은 현실을 제대로 파악하지 못하고 끈질기게 옛부터의 허상을 쫓고 있다. 그리고 자기들은 흡사 특수층이고 타이완 본성인은 그들의 하잘 것 없는 하인들인 듯 대하며 살아왔던 환상에서 벗어나지 못하고 있다. 심지어 철천지 원수인 중공당국에까지 추파를 던지는 한심한 모습을 보여주었다. 그런데 국민당은 아무리 궁지에 몰리더라도 중공당국에 손을 내민 것은 큰 실책일 수 있다. 왜냐하면 국민당은 중공당국에 추파를 던지면서 기회주의적 존재 혹은 이중간첩 같은 심상(이미지)을 갖게 되었기 때문이다. 기회주의자 이중간첩은 언제나 이용대상은 되어도 최종적 신뢰를 얻기가 어렵다. 앞으로 타이완 국민들이 국민당을 기회주의 정당으로 보는 시각은 더욱 강화될 것이다. 그리고 특히 미국, 일본 등 동맹국이 국민당을 불신하기 시작한 것은 엄청난 정치적 손실이다. 공산당은 예전의 국공합작 때부터 항상 그랬듯이 국민당을 끊임없이 이용하고는 차 버릴 것이다. 국민당은 정말 큰 잘못을 저지르며 회색정당이 되고 만 것이다.

국민당은 타이완에 옮겨와서는 철저히 타이완 국민당이 되었어야 한다. 그러나 본성인들과 융화를 못하고 물과 기름같이 유리된 채 오늘에 이르렀으니 역사의 희생양이 되는 것은 당연한 것이다. 장개석은 죽으면서도 유언을 남기길 훗날 본인의 시신을 본토대륙에다 묻으라고 하여, 장개석의 시신은 아직도 매장을 못하고 시신 상태로 보존하고 있다. 죽으면서까지도 타이완에 뼈를 묻을 마음이 없는 사람들이 국민당이다. 요즘 타이완에서 전국적으로 장개석의 흔적 지우기가 대대적으로 진행되는 것은 당연한 일이 아닐까 생각된다. 그리하여 2007년 2월 26일에, 천수이벤 타이완 총통에게 1947년 2월 28일부터 3개월 간 계속된 타이완 본성인들의 시위 진압의 과정에서 2만 명의 본성인을 학살한 원흉은 장개석이라고 공개성토를 당하는 지경에까지 이르게 되었다. 천 총통은 당시 진압군 사령관과 장개석 사이에 오고간 90여 통의 편지를 증거물로 제시하며 범죄적 학살행위에 대한 법적 책임을 물어야 한다고 주장했다. 그리고 장개석 기념관인 중정기념당(中正記念堂)과 장개석의 시신을 보관하는 장공자호능침(蔣公慈湖陵寢)의 존폐문제까지 언급하는 상황이 되었다. 이미 타이완 정부는 장개석의 호를 따서 지은 중정국제공항을 타오위안국제공항으로 바꾸고, 전국의 군부대와 학교에 있던 200여 개의 장개석 동상을 깨끗이 철거한 상태이다(한겨레신문, 2007. 2. 28).

이러한 상태에서 2007년 4월 7일 새벽에, 장개석이 타이완으로 옮겨와 처음 관저로 사용했던 타이베이 양명산 중턱에 있는 초산행관(草山行館)이 방화로 추정되는 화재로 전소되고 말았다. 이리하여 타이완 제1호 주민증인 장개석의 국민신분증과 부인 송미령과의 결혼청첩장 등 유물이 타버렸다. 민진당은 이 날 장개석의 생일과 사망일을 법정공휴일에서 제외하는 결의안을 처리했다. 그리고 장개석박물관 담장에는 '장개석은 2 · 28 학살범'이란 페인트 글씨가 쓰이고, 장개석 동상도 붉은색 페인트로 엉망이 되었다. 타이완의 길거리나 공공건물에 붙었던 '중국', '중국인', '장개석'이 들어간 이름은 2006년 10월부터 사라졌다(동아일보, 2007. 4. 9).

**타오위완 국제공항**
중정에서 타오위안으로 공항의 이름이 바뀌었다.

국민당은 중국 땅의 주인공으로 군림할 때의 허상

**비운의 장개석 총통**

일본군의 침략을 막고서 비극적으로 타이완에 쫓겨난 애국 집단을 상징하는 인물이지만, 현실성이 없는 집단으로 전락하며 태평양 바다에 빠질 위기에 놓여 있다.

에 사로잡혀서 현실을 모르다가 중공군에게 쫓겨나 타이완에 왔다. 그러나 그 오만과 편견은 계속하여 이어졌고 이제 태평양 바다로 쫓겨날 신세가 되었다. 정치는 꿈이 아니고 냉정한 현실이다. 현실에 뿌리를 내리지 않고서 꿈은 결코 열매를 맺을 수 없는 것이다. 타이완 원주민이 진정으로 원하는 것을 외면하고 있는 국민당은 너무 현실을 모른다. 항일전쟁과 반공전선의 혈맹이었던 국민당을 안타깝게 생각하는 마음을 가진 한국인은 많다. 그러나 현실을 모르는 옛 친구가 더 안타깝다.

# 제4부

# 일본의 교육약탈

일본의 근대화는 임진왜란의 약탈이
기본적 토대가 된 것이었다.
원래의 일본은 예전 우리 민족 고대시대의
삶과 다를 것이 없었다.
예전의 고려 말 무인시대에서
조선 초기의 태종이
사병제도를 없애기 전까지의
문화가 그대로 이어진 나라였다.
미개한 일본이
문치에 과도히 기울었던 때의 조선을
기습적으로 약탈하여 강국이 된 것이다.
일반적으로 일본은 임진왜란 때에
한국의 도자기 기술을 탈취해 가서
부자가 되었다고 한다.
그러나 일본이 도둑질해 간 것은
어느 하나가 아닌 전방위 약탈이었으며,
그 중에서 가장 중요한 것은
도자기가 아니라 교육이었다.

**산동반도의 세발가마구 비석**

고구려의 상징으로 만주땅에 많은 세발가마구가 산동에서도 약간 발견되었다고 중국은 비석을 세웠다. 그런데 비석에는 중국에서 태양이 제일 먼저 뜨는 곳이라고 썼으니, 천진두를 천무진두로 바꾸고 비석글씨는 옛날대로 두었다. 공산당의 명령에만 따르다 보니 같은 곳에 서로 딴소리가 쓰여져 있는 것이다. 그런데 일본에서는 느닷없이 이것을 그들의 축구협회 상징으로 삼고 말았으니 …….

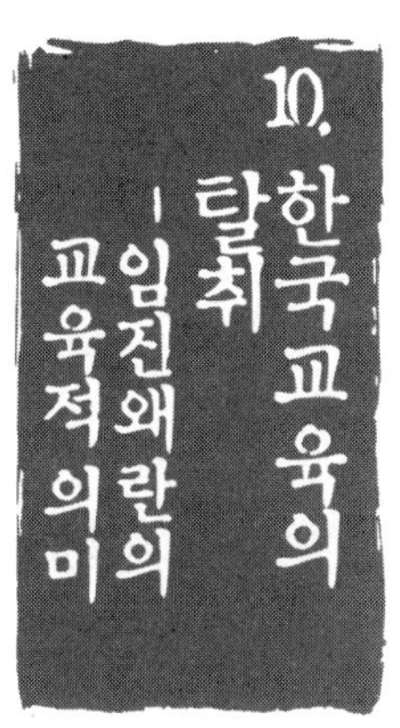


## 왜구에서 사무라이까지

일본이 오늘날의 번영을 구가하게 된 바는, 전적으로 그 토대가 한국을 강탈해 간 약탈행위에 뒷받침된 것이다. 일본에 의한 한국 약탈은 기나긴 역사에 걸친 상습범행이었고 체질화된 것으로서, 일본의 모든 것은 한국에서 도둑질해 간 것이 근간이 된 것이다.

물론 고대시대의 일본은 한국 땅에서 건너간 사람들이 대다수였고, 일본에서는 이들을 도래인(渡來人)이라고 부른다. 그런데 도래인이란 바로 한국인이란 뜻이고 일본은 사실상 한국인들이 건설한 나라가 분명하다. 오늘날의 미국, 호주, 뉴질랜드가 영국계가 중심이 된 유럽 사람들에 의해서 건설이 되었듯이, 일본도 고대시대에 한국인들이 건설한 나라이다.

그러나 세월이 지나면서 일본은 침략적 도둑문화의 나라로 바뀌어 나갔다. 그것이 애초에는 일본 땅 내에서 진행되어 이 시대를 그들은 전국시대(戰國時代)라고 말한다. 전국시대의 일본은 전국적으로 원색적인 약탈, 살육의 긴 세월이 흘렀다. 이러한 세월 속에서 특히 고려 말기 무렵에 우리 땅을 대거 침탈해온 도둑떼를 역사 속에서는 꼬마도둑 왜구(倭寇)라고 부른다. 이 왜구들은 안우, 김득배, 이방실, 최영이나 조선시대를 개창한 이성계 장군 등에 의해 격퇴가 되었다.

그러다가 조선시대의 선조 25년(1592년)에 풍신수길(豊臣秀吉)이 일본을 평정하고 우리 땅을 대거 침략해 왔다. 이를 임진왜란(壬辰倭亂)이라고 부르는 것이다. 일본은 훗날 조선 말기인 1910년에도 한국과 중국 및 미국, 동아시아 전체를 공격하여 거대한 침략전쟁을 자행했는데, 일본의 침략문화는 체질화된 극심한 병적(病的)인 것이 분명하다.

일본인들은 그들의 침략문화를 오히려 사무라이 문화라고 역선전한다. 그러면서 사무라이를 미화하는 행태도 서슴치 않는데, 사무라이는 원색적인 도둑놈을 최근세 시대에 들어서 미화시킨 것에 불과하다. 일본인들은 예전의 왜구에서부터 사무라이까지 이어지면서 끊임없이 도둑, 약탈, 방화, 파괴, 강간, 침략, 위선, 기만을 일삼아온 도둑집단에 불과하다. 그렇기에 전세계가 지켜보는 오늘날에도 일본의 정치 지도자들이 정신대 만행에 대한 공개적 거짓말이나 남발하고 추호의 반성도 없는 것이다. 온 세계가 조롱하고 경멸하는 부끄러운 나라가 일본이다.

## 일본의 침략문화

오늘날 일본이 세계적인 경제대국이 되어 번영을 누리는 밑바닥에는 기나긴 세월에 걸쳐서 한국에서 약탈해 간 것이 토대가 되었음을 증명하는 것은 무수하다.

첫째로 일본 국보 1호부터 시작하여 엄청난 문화재가 한국에서 도둑질해간 것이다. 일본 국보 1호는 물론이고 민족사 최고의 미술품인 안견의 몽유도원도를 비롯하여, 일본 땅의 전국에 널려 있는 수많은 문화예술품이 훔쳐간 장물들이다.

둘째로 최근에 특히 집중적 조명을 받는 것으로서, 고려 불화(佛畵)가 있다. 국제 경매시장에 등장하기만 하면 세계 최고가격의 기록을 바꾸는, 1천년 이상이 지난 신비한 그림에 세계가 경탄하고 있다. 온 세계가 놀라며 칭송하는 캄보디아의 앙코르와트 유적은 같은 시대에 돌로 되었다면, 우리 민족은 그림으로 그보다 아름다운 작품을 만들었고 그 신비로움에 온 세계가 경탄하는 것이다. 그런데 그 대다수가 일본에 있다. 일본에서는 왜구에서부터 시작하여 임진왜란과 근대시대의 경술침략까지를 이으며 꾸준히 약탈해갔으니, 그것의 9할 이상이 일본에 그대로 남은 것이다. 9할 이상의 고려 불화가 확실하게 일본에 약탈되어 갔음은 일본의 모든 것이 긴 세월에 걸쳐 한국에서 약탈되어 간 것임을 증명하는 물증과도 같다.

셋째로 그간 임진왜란 때에 훔쳐간 것에서 가장 많이 거론되는 것이 도자기와 도자기 기술자였다. 그것은 바로 일본이 한국의 기술자들에 의해 만들어진 도자기로 서양과 도자기 무역을 하고, 엄청난 국부(國富)를 쌓을 수 있었다고 서양에 알려져 있기 때문이다. 임진왜란 때에 끌려간 이삼평은 일본 도자기의 시조로 추앙받고 있다. 조잡한 토기를 쓰는 미개사회였던 일본의 근대화에 결정적인 기여를 한 것이 바로 임진왜란 이후의 도자기 산업인 만큼 그것은 숨길 수가 없었다. 임진왜란 때에 끌려간 심수관은 15대 후손이 지금까지도 똑같은 이름을 쓰며 도자기를 만들고 있다. 이것은 온 세계가 아는 것이기에 일본은 거짓말을 못한다.

넷째로 일본인의 생활문화에도 탈취해간 것이 널려 있는데, 낫도(청국장), 미소시로(된장국)는 물론이고, 기무치, 진생 등 수없이 예를 들 수 있다. 그 대표적인 것의 하나가 샤브샤브 음식이다. 모르는 사람들은 샤브샤브가 일본 음식인줄 아는데, 일본은 원래 끓여 먹는 등의 고급 음식이 없는 나라이다. 먼 옛날부터 날 음식을 그대로 칼로 잘라 먹어서 그것이 생선회 음식으로 남았다. 일본 음식은 원시시대부터 발전이 없는 날 음식이다. 그런데 임진왜란 때에 한국의 황실 고급 음식인 신선로(神仙爐)가 전해져서, 그것이 샤브샤브가 된 것이다. 일본인들의 삶은 수없이 많은 것이 한국에서 배워가고 탈취해간 것인데, 샤브샤브도 임진왜란 때에 일본으로 간 전형적인 것의 하나이다. 그런데 우스운 일은 일본에서는 샤브샤브가 몽골에서 유래되었다고 둘러댄다. 그러나 일본은 몽골과 교류를 나눌 수 없는 위치에 있었다. 고려 말의 몽골군 침입 이래로 몽골은 공포의 대상이었는데 교류를 했을 리도 없다. 다만 샤브샤브가 만주, 몽골에도 퍼져 있던 옛부터의 음식 문화이므로, 그렇게 말해야 임진왜란 때의 약탈 문화가 드러나지 않기에 거짓말을 하는 것이다. 선조 임금님 때인 임진왜란 때에 일본이 훔쳐간 신선로의 유래는 다음을 참고해 보면 되겠는데, 실제로 신선로는 김시습, 정희량 이전부터 우리 민족이 애용하던 음식이었다.

「연산군 때 사관(史官)이었던 정희량(鄭希良)은 무오사화

**타이완 야시장의 코브라** 타이완 섬의 코브라는 일본이 깊은 산속에 숨은 원주민 탄압용으로 동남아에서 옮겨다가 비행기로 낙하한 것에서 출발했다.

때 김해로 귀양 갔다가 석방된 후 "앞으로 더 큰 사화가 있을 것이다"라면서 잠적했다. '연산군일기' 8년 5월 14일조는 "단오(端午)날 몸을 빼서 도망해 버려 간 곳을 알 수가 없었다"라고 적고 있고, 실록의 사관(史官)은 "그 가족을 찾아서 해변에 이르니, 다만 신 두 짝이 물가에 남아 있을 뿐이었다"면서 "그가 복서(卜書) 보기를 좋아하여 매양 일이 있게 되면 반드시 길(吉)한가 흉(凶)한가를 먼저 점쳤었다"고 부기했다. 정희량이 갑자사화를 예상하고 미리 피신했다는 이야기다.

산 속으로 피신한 정희량이 야채, 버섯처럼 산에서 나는 각종 재료를 쟁개비(냄비)에 끓여 먹었는데 그가 신선이 되었다고 생각한 사람들이 그 요리를 신선로라고 불렀다는 것이다. 또

세조가 즉위하자 세상을 버리고 은거했던 생육신(生六臣) 김시습(金時習)도 신선이 되었다고 믿었기 때문에 그가 원조라는 이야기도 있다. 세상을 버린 은자(隱者)의 음식 신선로가 궁중요리가 된 것은 은자가 무병장수 한다는 속설 때문인지도 모른다. 쇠고기와 숭어 · 민어 · 전복 · 해삼 등의 어육(魚肉)과 무 · 미나리 · 은행 · 버섯 등을 넣어 끓이는 신선로는 한국 요리의 대표라고 할 만하다(조선일보, 2006. 6. 23)」.

다섯째는 상상도 못할 사례의 하나로서 심지어 가고시마 지방에 있는 까치조차도 임진왜란 때에 한국에서 탈취해간 것이다. 까치는 원래 일본에는 없는 새였는데, 침략의 선봉에 섰던 가토 기요마사가 잡아다가 그의 고향에 갖다 놓은 것이 오늘날의 가고시마 지방의 까치가 된 것이다. 그래서 일본 전역에 없는 까치가 유독 가고시마에만 있는 것이다.

생각하면 일본에는 고유한 것이 거의 없다고 할 정도로 온갖 것이 한국에서 갔다. 일본인들의 자랑이라는 사무라이까지도 예전에 고구려의 검법이 전수되어 갔을 것이라 생각이 된다. 왜냐하면 일본 무사들의 소뿔 모양 투구도 그 원형은 고구려 고분벽화에 그대로 나오기 때문이다. 또한 일본의 고유한 전통문화인줄 알았던 코이노보리 잉어깃발도 그 원형은 한국에서 간 것임이 경상북도 순흥의 고구려 고분벽화에서 나오고 있다. 더구나 일본의 국화인 벚꽃도 한국 땅이 원산지로 한국인들이 매우 좋아하던 것을, 자기들의 나라꽃으로 정한 것이다.

## 일본의 교육약탈

일본의 끈질긴 약탈에 의해 도둑질해 간 대표적인 것이 또 있다. 그것은 그간 크게 거론되지 않았던 것으로서, 한국의 교육체제 전체를 훔쳐간 것이었다. 기나긴 칼잡이 무뢰배들의 나라였던 일본이 학문을 알고 문화의 중요성을 깨닫게 된 결정적 전환점이 바로 임진왜란이었다. 철저히 무식하여 문맹상태였고, 국가 전체가 학문을 모르며 공부를 않던 칼잡이 나라 일본은 임진왜란 때에 우리의 교육을 송두리째 약탈해간 것이다.

그간 임진왜란 때에 일본은 한국의 서적을 무수하게 약탈해 갔다고만 알려져 왔다. 그런데 일본은 도자기와 도자기 기술자를 데리고 갔듯이, 한국의 책과 함께 학자들도 강제로 납치해 갔다. 아

**일본교육의 뿌리**
일본교육에는 어디나 한국에서 훔쳐간 교육적 전통이 살아있고, 초등교육에까지도 사무라이 약탈자 교육의 냄새가 강하게 살아있다.

니 책과 학자만이 아니라 한국의 교육제도 전체를 통째로 약탈해 갔다. 다만 한국과 같이 중앙집권제가 아닌 일본의 분권형 교육체제에 맞게 지역적 편차를 보이며 약탈해 갔을 뿐이다. 여기서 특히 유의할 사항은 일본에서 교육을 탈취해 갈 때에 첨단수준으로 발달해 있었던 한국의 금속활자, 목판은 물론이고 첨단 과학기기까지 몽땅 가져갔다는 점이다. 당시의 한국은 세계 최초의 금속활자를 갖고 있던 선진국이었고, 세계 최고의 천문도인 천상열차분야지도와 혼천의를 비롯한 최고 수준의 과학기구를 갖고 있었는데 그것이 전방위로 약탈을 당했었다. 세종대왕 때의 기록에 존재하던 거의 모든 것이 임진왜란 이후 사라졌는데 그것이 일본으로 간 것이었다. 한국의 교육 인프라에 해당하는 것이 총체적으로 약탈되어 일본 교육의 토대가 되었음을 알 수 있다.

이렇게 훔쳐간 한국교육이 그대로 일본에 남았음을 뚜렷하게 증명해주는 것의 하나가 평가체제이다. 일본이 한국을 침략해 와서 시행한 것의 잔재가 현대시대에 그대로 남아서 수, 우, 미, 양, 가의 5단계 평가체제가 되었다. 이것은 일본이 임진왜란 때에 우리에게서 훔쳐간 것이 그대로 남은 것이다.

생각하면 타이완에는 한국에서 임진왜란 때에 일본이 훔쳐간 것을 전승해준 것이 된다. 일본은 임진왜란 때에 훔쳐간 것을 자기들도 썼고, 다시 한국에도 적용을 했으며, 타이완에도 전승을 시켜준 것이다. 그것을 추적하면 동아시아에서의 교육 전승 흐름이 뚜렷하게 부각될 수가 있다.

## 한국의 현대 평가제도를 생각하며

여기서 일단 한국의 현대 평가사를 살펴볼 필요가 있다. 모든 교과교육의 평가이론에 있어서 평가척도의 존재는 대단히 중요하다. 적절한 잣대를 갖고서 교육의 성과를 측정하는 것은 학교교육에 있어서 항상 필요한 것이기 때문이다. 그간 한국의 현대 학교교육에 있어서 지난 50여 년의 교육사를 되돌아 볼 때에, 우리의 교실을 정상적인 학습풍토로 만드는 기본적인 핵심인자에 있어서 평가척도는 절대적으로 중요한 위치를 차지하고 있었다. 그렇지만 그에 대한 연구성과는 별로 눈에 띄지 않는다.

생각건대 현대시대에 들어서서, 한국의 학교교육 평가척도에 있어 가장 오래 지속되었고 제일 많은 영향을 주었던 것은 상대평가였다. 그러나 약 10년쯤 전부터 절대평가를 도입하였고, 최근에는 학생들의 성적통지표에 기술식(記述式) 평정이라 하여 적절한 평가용어로 개별적인 진술을 해주는 제도로 바뀌었다. 이렇게 변하게 된 흐름을 교육당국의 표현에서는 개혁이라고 말할 수 있겠고, 실제로 과거의 잘못을 바로잡은 바도 있을 것이다.

그러나 솔직하게 분석하면 지난날 한국 교과교육에서 평가척도의 변화는 방황이었다고 혹평을 해도 틀림이 없을 정도이다. 교육의 근본적 가치를 생각함이 없이 막연하게 과외공부를 없애며 사교육비(私敎育費)를 줄인다는 이유를 내세우거나, 정책입안자의 명분없는 공명심을 채우면서 새로운 개혁을 실천했다는 선전용의 정책을 내놓아서 결과적으로 엄청난 교육적 후퇴를 낳았다고 생각된다.

현재 한국사회에 나와 있는 교육평가에 관한 서적이나 논문을 보면, 그것은 천편일률적으로 해외에서 수입된 이론이다. 그것도 대부분이 미국에서 수입된 것들 일색이다. 한국교육의 미국화 과정을 살피면 최초의 한국교육학을 미국화하는 인맥은 주로 피바디(Peabody) 교육 사절단에 의해서 미국 유학을 다녀온 일단의 학자군에서 비롯되었다.

최초에 한국의 교과교육이 출발되는 시기가 미군정 시기였고, 최초에 시행된 교수요목도 미군정 당시의 문교부 편수국장 고문관이었던 Paul S. Anderson 대위의 고향인 미국의 콜로라도주 Denver시의 것을 거의 그대로 번역한 것이었다. 최초에 Paul S. Anderson이 부임한 날은 1945년 11월 23일로서, 당시의 계급은 중위였고 그가 담당한 업무는 편수과였다. 이러한 측면에서 볼 때에 한국사회에는 오늘날 자생적인 평가척도가 확실하게 부재하다. 따라서 지난 50여 년의 현대 교육사는 우리의 고유한 평가척도가 없음에 따른 부작용이 적잖이 발생되어 왔다.

지난 날을 되돌아 생각할 때에, 그간 차라리 교육평가 척도의 변화가 없었던 것이 더 나았을지도 모른다. 왜냐하면 교육당국의 변명이 아무리 그럴 듯하게 나온다고 해도, 교과교육 평가척도의 변화에 따른 실제적인 개선효과를 뚜렷하게 말할 수가 없기 때문이다. 아니 오히려 퇴보된 결과가 나왔다고도 생각이 된다. 그렇기에 지난 50여 년에 있어서 교과교육 평가척도가 바뀌어 온 흐름은 방황이었다는 표현이 맞다.

이러한 입장에서 현대 한국의 평가사를 살펴보는 것은 매우 중요하다. 우리가 깊은 생각이 없이 일제강점 시기의 일본의 것을 무조건 폐기해 버리고, 심도 있는 생각이 없이 미국의 것을 들여오면서 실수를 많이 범했기 때문이다. 침략 일본이 시행했던 침략 교육의 본 모습을 자세히 분석하면 그것은 바로 일본이 우리에게서 예전에 훔쳐간 우리 것이기 때문이다.

## 일제강점기 대부분의 시기의 평가척도

현대 한국교육에 있어서의 교육평가가 시작된 자유당 시기를 일제침략의 시기와 떼놓고는 설명이 되지 않는다. 그 까닭은 현대 한국교육의 초석을 놓은 사람들이 바로 일제강점 시대의 인맥들이기 때문이다. 우리의 현대 교과교육은 자유당 무렵에 있어서는 매우 일본정향성(日本定向性)이 높았다. 솔직히 말하면 일본교육 그대로였다. 그 까닭은 침략 일본이 물러나고 새롭게 우리의 교육을 실시한다고는 했으나, 당장 사람이 바뀌지는 않았기 때문이다.

어떤 학문이나 그 학문을 하는 사람들이 결정적으로 중요하다. 한국의 초창기 교과교육을 담당했던 교육부 편수관들이 바로 우리의 교과교육을 일본정향으로 뿌리내리게 한 장본인들이다. 그들은 거의 모두가 일제강점 시대에 자라나서 일본의 침략 교육을 확실하게 받은 사람들이다. 일제강점 시대의 침략 교육을 시행하던 때의 평가척도는 어떠했었나?

일제침략에 의한 침략교육을 실시하던 때에 있어서의 교육평가 방법은, 오늘날의 교육자들이 생각할 때에 나름대로는 깊게 생각해 보아야 할 점도 크다. 특히 최근의 한국교육계는 우리의 전통을 상실하고 거의 모두가 미국의 교육 식민지라도 된 듯이 확실하게 미국식 평가방법이 자리를 잡고 있기 때문이다.

베트남을 가보면 완전하게 일본 오토바이가 수입되어 전국적으로 거대한 물결을 이루듯이 베트남 거리를 달려가고 있다. 이는 애초에 일본에서 선심 쓰듯이 위장을 하면서 3,000대를 공짜로 갖다 준 오토바이에서 유래가 되었다고 한다. 그리하여 베트남은 완전히 일본 오토바이 식민지가 되었고, 많은 경제요소가 일본에 예속화되고 있다. 마찬가지로 한국의 교육평가는 미국에 의해 씨앗이 뿌려진 피바디 교육 인맥에서 비롯되어 완전하게 미국화가 진행되면서 우리의 뿌리를 잃게 되었다. 우리는 평가이론을 사례로 할 경우에 너무 우리의 뿌리를 상실하고 미국화되어 있다는 점을 유의해야만 될 것이다. 다만 유의할 바는 일본이 하는 것은 철저하게 교묘한 침략인데, 미국은 따뜻한 마음으로 우리를 도운 것이 똑같은 결과를 낳은 것이다.

**타이완의 오토바이 물결** 타이완과 동남아는 일본이 공짜로 준 오토바이에서 일본의 오토바이 시장이 되었다.

일제강점 당시에 있어서의 교육평정 척도는 4단계였다. 그것은 갑(甲), 을(乙), 병(丙), 정(丁)의 4단계로서 동양적인 냄새가 짙게 풍긴다고 생각된다. 왜냐하면 갑, 을, 병, 정 자체가 동양의 10간 12지에서 빌려온 것이며, 동양적인 철학을 반영하는 것이기 때문이다.

그런데 일제강점 당시의 평가제도에는 오늘과는 다르게 낙제제도가 확실히 존재했다. 4단계의 평정척도에 있어서 갑, 을, 병은 급제가 되겠는데, 네 번째의 정을 받으면 과락이 되는 것이었다. 그 당시에는 유급제도가 존재하여 여러 과목에서 과락을 받으면 진급이나 졸업이 되지 않는 낙제제도가 시행되었다.

일제강점 당시에 있어서는 교사의 평가권(評價權)이 확실하게 주어졌었다고 생각이 된다. 현재 한국의 교사들에게는 평가권이 확고하지 않아서 나름대로 크게 제한을 당하고 있는데, 일제강점 시기에 있어서는 교사들이 확실하게 평가권을 행사했고 학생들이나 학부모는 그것을 분명히 인정하는 분위기였다.

물론 일제강점의 시대에 있어서는 요즘과 같은 평가용어로서의 상대평가나 절대평가 그리고 수행평가와 같은 용어가 존재하지 않았다. 그러나 그 당시에는 4단계의 평가를 시행하되 경직된 상대평가를 시행한 것이 아니었다. 당시에는 교사들이 4단계의 평정을 소신있게 진행했다. 그리하여 요즘과 같은 수행평가는 아니지만 1년 간 수업한 바를 전반적으로 종합하여 교사가 소신있게 4단계 평정을 가했던 제도였다. 교사는 사실상 수행평가를 실시했다고 생각되며 분명하게 평가권을 행사하고 있었다고 하겠다. 그런데 이것은 뒤에 살피겠지만 바로 우리의 조선시대 것을 임진왜란 때에 훔쳐간 그대로이다.

## 일제강점 말기의 시대

일제강점기가 끝나가며 일본이 패망하고 쫓겨갈 대동아전쟁 무렵에는 4단계 평가척도가 새롭게 바뀌었다. 새롭게 바뀐 평정척도는 현대 한국의 초기 시기인 자유당 시대의 한국 평가척도에 큰 영향을 미치게 된다. 새로운 교육평정 척도는 5단계로 변화가 되었다.

일제강점의 말기에 나타난 평정척도는 기존의 4단계 평정척도를 개선시킨 것이라고 하겠다. 따라서 기존의 4단계를 수(秀), 우(優), 양(良), 가(可), 불가(不可)의 5단계로 나누었다. 이는 평정척도의 단계를 더 세분화시켜서 교육평정의 의미를 보다 강화시키려고 했다고 생각된다. 새롭게 바뀐 5단계 평정척도에 있어서도 기존의 낙제제도라던가, 교사의 평가권 보유, 절대평가형의 수행평가가 실질적으로 시행되고 있었던 점 등은 변하지 않고 이전과 같았다.

그런데 새롭게 바뀐 5단계의 평가척도에는 기존과 달리 새롭게 의미가 부여된 것이 색다르다. 기존의 4단계 평정척도에 있어서는 갑, 을, 병, 정이 순위로서의 의미가 컸다고 생각된다. 그렇지만 새로운 5단계 평정척도는 물론 순위로서의 의미도 있겠지만, 가장 우수한 경우에는 빼어날 수(秀), 다음에는 차순위로 잘했다는 뜻으로서 뛰어날 우(優), 그리고 다음으로는 그저 그런대로 잘했다는 의미로서 좋을 양(良), 또 그 다음으로는 다만 통과만 되는 낮은 수준이라는 뜻으로서 허락할 가(可)로 하고, 맨 끝의 과락에 있어서는 불가(不可)라고 하여 평정척도의 각각에 분명하게 의미를 부여한 것이 달라진 점이었다.

## 자유당 시대 이후

일본이 물러간 뒤에 한국의 교과교육에 있어서의 평정척도는, 기존 일제강점 당시의 평정척도를 그대로 유지한 가운데 새로운 변화를 준 것이 시행되었다. 이렇게 기본골격이 그대로 유지될 수 밖에 없었던 것은 당시의 교과교육 정책을 다룬 편수관들이 모두 일제강점 당시에 일본 교육을 시행하던 인맥들이었음에서 비롯된다. 생각하건대, 그들은 사실상 확실한 친일 교육인사들이었다고 생각된다. 필자가 과거에 제4차 사회과 교육과정을 개발하면서 알아본 바에 의하면, 1980년 무렵까지 사용된 제3차까지의 한국교육과정은 일본의 것을 그대로 갖다가 번역, 번안한 것이었다. 교육계의 속에 흐르는 흐름은 당시에 있어서도 사실상 일제침략시대 그대로였었다.

그러나 자유당 시대에 들어서는 나름대로 변화가 있었다. 침략 일본이 물러간 뒤에 나타난 가장 큰 변화는 평정척도에서 낙제제도가 사라진 점이다. 낙제제도가 교육적으로 어떤 의미를 갖는가? 성적이 현저히 나쁜 학생들에 있어서는 낙제를 시키는 것도 의미가 있으리라고 보인다. 그러나 현대에 들어올수록 성적이 불량한 학생도 포용하며 교육을 시켜야 교육적이라는 생각이 우세해져 낙제제도가 사라졌다고 하겠다. 과거에는 불가(不可)라는 평정을 받으면 과락이 되었는데, 이제는 과락이라는 제도가 없어진 것이었다. 물론 예전의 자유당 무렵에도 낙제제도가 완전히 없어진 것은 아니었다. 중 · 고등학교에서는 상대적으로 더 낙제제도가 남아 있었고, 초등학교에 있어서도 낙제제도가 한동안은 약간씩 잔존되어 있었다. 그러나 이제는 과목당 과락이라는 개념은 사실상 사라졌고, 학생의 모든 과목평정의 정도를 종합하여 낙제를 시키는 제도가 자유당 시대 무렵에 약간 잔존해 있다가 그 후 점차 사라져 갔다.

기존의 5단계 평정척도는 자유당 시대에 있어서도 그대로 유지가 되었다. 그런데 과락제도가 없어지다 보니까 새롭게 중간에 미(美)를 넣어서 5단계로 만들었다. 그렇게 되다 보니까 평정척도의 의미가 약간 혼란을 야기하면서도 변화된 대로 정착이 되었다고 생각된다.

따라서 과거로부터의 수(秀)와 우(優)는 그대로의 의미와 순위로 쓰여졌다. 그런데 양(良)과 가(可)는 의미는 그대로 있고서 순위는 한 단계씩 강등이 되니 의미에 약간 혼란이 생겼다. 여기서 양(良)은 그런대로 이해할 수 있다고 하면서도 거의 하위순위에 좋을 양(良)의 척도를 주는 것이 어색하다는 느낌이 든다. 그런데 특히 과락 수준에 이른 최하위에 옳을 가(可)를 주게 되었으니, 가(可)를 그저 통과는 되었다는 의미로는 이해가 되나 가(可)에는 옳다 혹은 긍정적이라는 뜻이 있기에 혼란이 올 수밖에 없다.

그런데 새롭게 중간에 등장한 미(美)가 개념상 혼란이 컸다고 생각된다. 당시의 편수관들이 머리를 짜내며 생각한 것이겠지만, 아름다울 미(美)가 중간 성적을 나타내는 평정척도로 등장을 하니까 전반적으로 개념 혼란은 가중되었다고 하겠다. 아름다운데 왜 중간일까 하는 혼돈이 오면서, 다른 평정척도도 함께 혼란의 영향을 받게 되었던 것이다.

자유당 시대에 새롭게 등장한 평정척도에 있어서는, 가장 두드러진 변화로서 상대평가가 도입된 것이다. 상대평가는 개인차의 변별기능과 경쟁에 의한 외발적 동기 유발이라는 장점을 갖고 있다. 그러나 상대평가의 결과는 상대적인 비교가능한 정보만 줄 뿐 수업목표를 얼마나 달성하였는가의 정보를 주지 못하는 결함이 있다. 그런데 절대평가는 수업목표 달성정도를 알려주며, 학습 결손 정보를 알 수 있고, 경쟁보다는 협동하는 학습 분위기를 만들 수 있으나, 수업목표의 기준 설정이 쉽지 않다는 결점이 있다. 교육적으로 볼 때에 상대평가와 절대평가는 각각 나름대로의 분명한 장단점이 존재한다. 그동안 일제강점 때에 시행된 절대평가는 교사의 평가권을 확실히 인정하면서 학생들이 노력한 바를 그대로 인정해 주는 장점이 있었다. 그러나 교사의 평가권이 남용될 여지가 있었음도 사실이다. 이러한 점을 감안하여 자유당 시대에는 평가권을 제한하는 상대평가로 바뀌었다고 생각이 된다. 이렇게 바뀐 평정척도는 국가적으로 확실하게 적용되어 긴 세월에 걸쳐 한국의 교육에 강한 영향을 미쳤다.

## 현재의 한국 평가제도

자유당 시대 이후부터 확실하게 실시되던 한국 교과교육의 5단계 평정척도는 꽤 장기간에 걸쳐서 한국교육에 큰 기여를 했다. 그러나 세월의 흐름과 함께 본 평가제도에도 큰 변화가 생겨서 오늘날에는 사실상 혁명적인 새로운 모습으로 바뀌었다. 이렇게 변화가 오게 된 근본적인 까닭은 무엇인가?

첫째로 해외 교육의 도입에 따른 변화였다고 보는 측면이 매우 크다. 오늘날의 한국교육학계를 보면 깊은 역사의식과 함께 한국 사회의 토착문화 등에 관하여 세심한 사전 연구가 없이, 새로운 이론이라면서 해외이론이 한국교육에 무조건 도입되는 사례가 적지 않았다.

둘째로 교육정책 당국의 졸속과 미숙의 결과로 비롯되었다고도 생각된다. 무작정 전시행정용 정책을 남발하고, 부작용이 나오게 만들고서도 책임을 지지 않는 정책당국으로 인해서 교육부 무용론까지 등장될 상황이 만들어진 것이 오늘의 실정이다. 진정으로 사명감 있는 제대로 된 교육행정의 사례를 열거하기가 쉽지 않은 상황이다.

셋째로 교육을 모르는 일부 정치인들의 무모함에서 나타난 성향도 있다. 특히 김대중 정부 때에는 대학교 1학년 때에 퇴학을 당하고 공부를 제대로 하지도 않은 무모한 정치인이 교육부 장관을 맡으면서, 교육계의 공황상태를 야기한 것은 두고두고 반성해야 할 일이라 생각된다. 교육에 평생을 바친 전문가들은 제쳐두고, 교육 외에서 겉돌거나 전혀 교육과는 무관한 사람이 교육부를 정략적으로 이끄는 악순환이 별로 고쳐지지 않는 것이 오늘의 현실이다.

넷째로 교원단체의 일방적 주장에 의해서 야기된 측면도 적지 않다. 요즘에는 시간이 흐를수록 보다 더 강화되고 있다고 생각이 되는데, 여러 교원단체가 교육의 본질은 생각함이 없이 극단적으로 이기적인 주장을 내놓거나, 반대를 위한 반대로서의 의견을 빈발시켜 교육 파탄을 강화시키는 측면도 적지 않다.

다섯째로 학부모들의 오도된 교육관에서도 비롯된다. 스승을 제대로 모실 줄 알며, 교육의 참된 의미를 터득하고 교육자를 존중하기보다는 교육을 오도시켜 보는 흐름이 강화되면서 학부모들의 역기능적 영향도 계속 나타나고 있음을 유의해야 되겠다.

오늘날 한국의 교과교육에 있어서 평정척도 제도는 사실상 파탄상태에 이르렀다고 생각된다. 앞에서 말한 다섯 변인이 서로 간에 상승작용을 하면서 평가공황에까지 이르렀다고 할 정도이다. 생각하면 그간의 현대 한국 평가척도의 변화는 개선이 아니라 많은 경우에 개악의 연속이었다. 이러한 변화는 지난 약 20년 이내가 특히 심했는데 자유당 이후의 5단계 평정방법을 개선한다고 자꾸 바꾸면서 평가파탄을 만든 상태가 되었고, 잉어를 그리려다가 송사리도 제대로 그리지 못한 상태가 만들어진 것이다.

생각건대 최초의 평가 파탄의 출발은 해외 평가이론에 영향을 받은 일부학자와 이에 편승한 교육관료가 주도했다고 보여진다. 이것은 기존의 5단계 상대평가가 매우 문제가 많다는 주장을 펴면서, 그것을 개혁해야 한다는 여론을 만들며 시작이 되었다. 또한 당시의 5단계 상대평가에 대한 비판에는 그것이 일제 잔재의 전형적 존재라는 면도 있을 수 있다.

물론 과거의 5단계 평가제도도 장점과 함께 문제점이 있을 수 있다. 특히 상대평가의 실시에 따른 문제점이 이론상 부각되는 것은 당연하다. 상대평가는 학생들의 과도한 경쟁심이 촉진되고 시기나 질투심이 유발되며, 학생들에게 지적 성취의 계급의식을 낳게 만든다. 그리고 일정한 비율의 교육 실패자가 꼭 배출되는 단점이 있다. 다만 모든 정책에는 장단점이 있고 상대적인 여러 측면을 고려하여서 시행된다는 점을 생각함이 없이 특정한 부작용들을 견강부회하는 흐름도 있었을 것이다. 그러다가 최근에는 무모한 철부지 정치인이 나서서 교육공황을 만들며, 일부 교원단체의 일방적 주장과 일부 학부모들의 편협한 견해 등이 가세하면서 매우 곤

| 일제 강점기 | 일제 강점 말기 | 자유당 시대 | 이행 변화기 | 현 재 |
|---|---|---|---|---|
| 갑 | 수 | 수 | 상 | |
| 을 | 우 | 우 | 중 | |
| 병 | 양 | 미 | 하 | 기술식 평정 |
| 정(과락) | 가 | 양 | | |
| | 불가(과락) | 가 | | |

란한 상태를 만든 것이다.

최초에 평가척도가 흔들리며 변화가 온 것은 5단계 척도이다. 이것이 잠시 3단계의 상, 중, 하로 바뀌기도 했다가 끝내는 평정척도가 아예 없어졌다. 그리하여 요즘에는 학생들의 성적통지표에는 아무 것도 없이 간단한 평정문구가 학부모들에게 알려질 뿐이다. 이것을 기술식(記述式) 평가라고 이름을 붙였는데, 과거에도 이러한 기술식 평가는 5단계 평정과 병행되어 있었음을 고려할 때에 과거의 평정제도에서 5단계 평정은 아예 없어지고 기술식 평가만이 남았다고 하겠다.

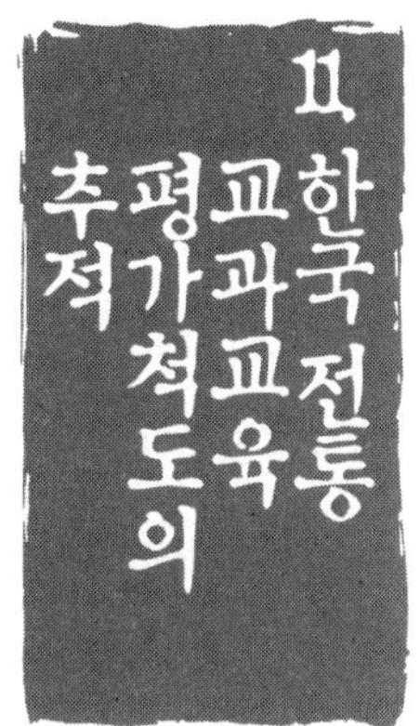


현대의 한국교육에 있어서 핵심적인 위상을 갖는 '교육평가'가 학교교육에서 사실상 파탄상태에 이른 과정을 앞에서 살펴보았다. 이러한 점을 감안하면 현재의 교실상황을 초래한 흐름의 책임소재도 분명히 규명될 수 있을 것이다. 그런데 그것을 고칠 해답은 꼭 외국 이론에만 있는 것이 아니라고 생각된다. 우리의 선조들이 쓰던 우리에게 맞는 고유한 평가척도가 분명히 존재하고 있음을 유의하면, 교육파탄 해결의 묘수가 의외로 쉽게 발견될 수도 있다고 본다.

## 전통적 과거시험 평가척도

전통적인 한국 평가척도에 있어서는 우선 과거시험에서의 사례가 주요한 참고사항이 될 수 있다. 과거시험에 있어서의 성적평정은 먼저 분고(分考)에서 출발한다. 이는 채점에 참여한 참시관(參試官)들이 시험지를 나누어서 1차 채점을 실시함을 뜻한다. 그리하여 참시관들은 시험지를 보다가 좋은 답안이 있으면 상시관(上試

官)에게 보여서 취사 선택을 하게 된다. 다음으로 분고가 끝나면 상시관이 모든 시관(試官)을 모아놓고 재고(再考)의 과정을 거치는데 이를 합고(合考)라고 한다.

과거시험에 있어서 문과시험은 크게 제술(製述)시험과 강경(講經)시험으로 되어 있었다. 시나 글을 짓는 능력을 시험하는 제술(製述)시험에서의 성적 평정은 9단계로 나눈다. 그것은 상(上), 중(中), 하(下), 2상(二上), 2중(二中), 2하(二下), 3상(三上), 3중(三中), 3하(三下)의 9등급으로 나누는데, 원칙적으로 3하까지가 합격이다. 9등 아래로는 차상(次上), 차중(次中), 차하(次下), 경(更), 외(外)의 5등급이 있는데 전반적으로 성적이 나쁜 경우에는 예외 사례로 9등 아래로도 입격(入格)을 시켰던 경우도 있었다.

그런데 강경(講經) 또는 회강(會講)시험은 경서(經書)를 강독하여 외우는 것을 보는 시험으로서 채점은 5단계로 하였다. 그것은 첫째로 사서오경(四書五經)과 그 외의 책을 세밀하게 이해하고 통달하면 대통(大通) 혹은 순통(純通), 둘째로 훈석(訓釋)이 능숙하고 정통하면서 완전히 이해했으며 변설(辨說)에 의문의 여지가 없을 때에는 통(通), 셋째로 구두와 훈석이 모두 분명하고 대의가 통하기는 하나 아직 완전히 이해하지 못하면 약(略), 넷째로 구두와 훈석에 틀림이 없고 일장의 대의를 잃지 않았으나 아직 강론이 완전하지 못하면 조(粗), 끝으로 불합격이면 불(不)로써 다섯 단계로 되어 있다. 참고로 성균관의 학생들을 평가하는 척도는 대통(大通), 통(通), 약통(略通), 조통(粗通), 불통(不通)의 5단계로서 이를 통해 당시의 대학성적 평정법을 헤아려 볼 수 있다.

전통적인 평정척도로서의 과거시험 평가는, 이것이 관리임용을 위한 시험인 만큼 학교교육에서의 평정척도와는 직결됨이 적었다고 볼 수도 있다. 그러나 특히 강경(회강)시험에 있어서의 5단계는 매우 시사하는 바가 컸다고 생각된다. 조선시대의 과거시험은 조선시대의 교육제도에 지대한 영향을 끼쳤음이 사실이며, 당시의 학교교육에서도 주요한 고려사항이 되었으리라고 보여진다. 그것은 임진왜란 이후에 일본교육에도 5단계 평가법으로서의 큰 영향을 주었으리라고 생각된다. 왜냐하면 교육 불모지였던 일본에 정확히 5단계 평정이 별안간 나타났기 때문이다.

## 전통적 서원교육과 평가제도

조선시대 학교교육에 있어서의 성적평정 결과나 성적평정법에 대한 자료는 거의 발견되지 않는다. 아니 현재로서는 사실상 찾기가 거의 불가능에 가까운 실정이다. 그 까닭은 예전의 학교교육에 있어서의 평가제도와 같은 것을 귀중하게 정리하거나 기록해 놓은 사례는 거의 없기 때문이라고 생각된다.

그런데 현재로서 희귀하게 발견된 것이 경상북도 순흥의 소수서원에 존재한다. 소수서원은 조선시대 최초의 사립대학이다. 당시 국립인 향교가 유명무실했고 성균관도 제 구실을 원만히 수행하지 못했음에 비하여, 사립대학인 소수서원은 매우 번창했었다.

여기서 소수서원은 특별한 의미가 있는데, 일본이 훔쳐간 퇴계학의 본부가 바로 소수서원이기 때문이다. 소수서원은 퇴계가 풍기군수로 있으면서 직접 세운 최초의 정통 사립대학이다. 소수서원은 조선시대 서원의 대표적 위상을 갖는 것으로서, 일본의 침략이 없었다면 오늘날 세계적인 수준의 대학으로 발전이 되었을 것이라고 생각할 만큼 중요한 존재이다. 그런데 소수서원에 있어서도 성적 평정 결과는 거의 유일한 것이 하나 남아있을 뿐이다. 그것은 도권점질(都圈點秩)이라는 제목이 붙은 것으로서 을미(乙未)년 8월 30일에 만든 것으로 되어 있다.

도권점질에는 총 32명의 학생 이름과 성적이 기록되어 있는데, 성적이 표기된 바는 순(純), 1불(一不), 2불(二不), 3불(三不)까지의 4단계가 기록되어 있다. 그런데 직접 쓰여지지는 않았지만 그 이하의 나쁜 점수의 표시로는 4불(四不), 5불(五不), 6불(六不)까지가 표기되어 있다. 그렇다면 이 평정표를 어떻게 해석해야 할까?

첫째로 최고 성적인 순(純)은 아주 의미있는 존재라고 생각이

**도권점질(都圈點秩)** 조선시대 서원에서의 성적통지표가 희귀한 자료로 남아있다(소수서원).

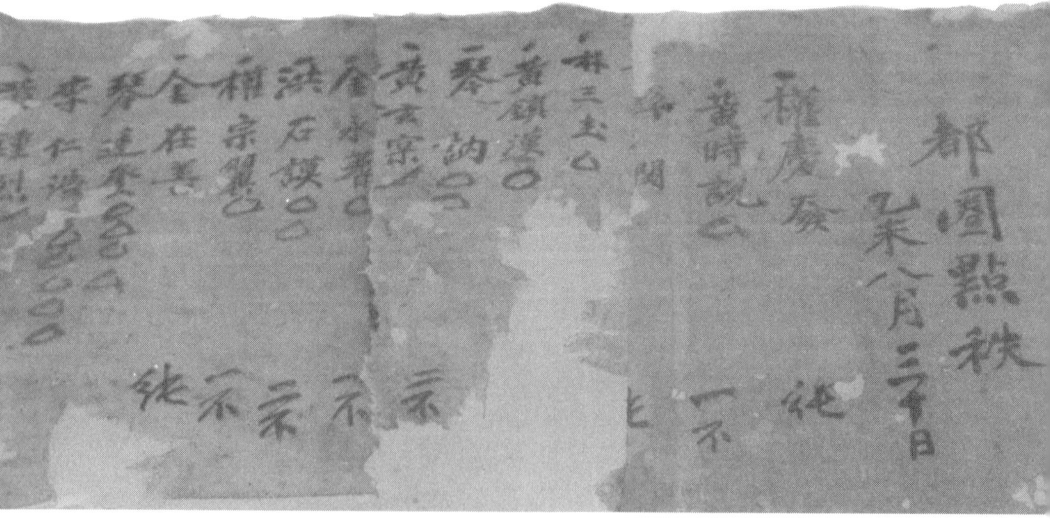

都圈點秩

乙未八月三十日

된다. 이것은 당시의 교육이 단순히 지식 습득만이 아니라, 완벽한 지적 성숙단계인 깨달음으로서의 최고수준을 요구했기에 순(純)이란 명칭의 최고 성적이 나오게 된 것이라고 해석된다. 특히 여기서 유의할 사항으로서 당시 과거시험의 강경(회강)시험에서 최고 점수가 대통(大通) 혹은 순통(純通)이었음이다. 이것은 당시에 최고 평정 점수를 순(純)으로 표시함이 관례였다고 생각해도 틀림이 없으리라고 보인다.

왜냐하면 순(純)의 다른 표현이 대통, 순통이었기 때문이다. 이러한 점들을 바탕으로 생각건대 순(純)은 예전 조상들의 교육관과 평가관을 정확히 반영하는 소중한 존재라고 여겨진다. 그러므로 순(純)은 퇴계가 학문이란 옛 성현들의 가르침을 배워서 마음 속으로 체득하고 실천에 옮기는 것이 진정한 본질이며, 가장 바람직한 학습방법은 학생 스스로가 정진하여 개척하는 길이 첩경이라고 한 바를 그대로 나타내는 것이라고 생각된다. 조선시대 성리학은 '마음 안'의 문제에 궁극적으로 목표를 둔다. 퇴계의 학습방법은 '정독'으로서, '궁리하는 독서법'이었다. 따라서 학문은 자기 자신의 힘으로서 해나가야 하고, 털끝만큼도 속임수를 쓰거나 남의 힘을 빌려서는 안된다는 것이었다. 따라서 그 최선은 순(純)이 된다고 하겠다.

그렇기에 당시 학교에서의 최고 평정척도가 순(純)이 되었으리라고 해석된다. 예부터 동양에서는 교육자가 눈 앞의 교과서에만 매달려 학습진도나 나가기에 급급함을 크게 경계했으며, 천천히 속속들이 연구하여 학습자의 본심에서 학문이 좋아지도록 이끌어야 함을 강조했으니, 이렇게 하여 최고의 경지에 이른 것을 순(純)이라고 불렀다고 하겠다.

둘째로 1불에서 3불까지의 성적평정어의 표시도 아주 의미가 있다고 생각된다. 이것은 일제강점 당시의 갑, 을, 병, 정을 연상시키는 듯한 생각을 해 볼 수 있고, 일제강점 당시의 평가가 일본의 평가제도를 그대로 사용한 것임을 유의할 때에 매우 중요한 것을 시사한다고 보인다. 그것은 임진왜란 당시에 한국의 서적 및 교육자를 대거 약탈, 납치해다가 일본의 근대화 교육의 토대를 놓았던 것을 고려할 때에 예전의 우리 조상들의 과거시험 평가제도 등이 그대로 일본에 전이된 것임이 증명된다고 생각된다.

셋째로 4불에서 6불까지의 성적평정에 있어서, 평정어는 없이 단지 평가표시만 낸 것은, 잠재적으로 열등학생들임을 뜻한다고 보여진다. 3불까지는 뛰어나거나 양호한 수준의 학생들이지만, 4불 이하는 평정어를 쓸 필요가 없이 평가표시만 나타난 것에서 하위 열등집단의 성적을 보이는 것을 나타낸다고 생각된다. 그런데 요즘 우리들은 서양식의 영향을 받아서 평가표시를 체크(∨)로 나타내는데, 조선시대에는 ○표로 나타내고 있다.

넷째로 보다 확대된 해석을 해 볼 필요가 있는데, 한국 땅에는 예부터 구제불능한 사람을 가리키는 용어로서 8불출(八不出)이란 말이 널리 퍼져 있었다. 본 성적표에는 8불까지가 나타나지 않았지만 이미 '8불이면 출(出)'로써 퇴학이므로 쓸 필요도 없는 것이 분명하다. 따라서 본 성적평정표를 바탕으로 생각을 해보면, 예부터의 8불출이란 학교교육에서 전혀 구제불능한 퇴학대상 성적의 인물임을 뜻했다고 여겨진다. 현재 한국사회에는 8불출이란 말이 세월이 흐르며 와전을 거듭하면서, 원래의 8불출과는 다른 왜곡된 의미로 현대시대의 창작물이 되어 나돌고 있다. 다만 구제불능한 인간이라는 뜻에는 변동이 없다. 그런데 덧붙여 유의할 사항으로서, 순에서 8불까지를 서열화하면 그것은 9단계가 되는데, 조선시대에는 과거시험에서 제술시험이 9단계였고 강경시험이 5단계였던 것이 사립대학인 서원의 교육에도 강하게 영향을 끼쳤다고 해석이 되는 점이다.

끝으로 일제강점 시대의 평정척도인 갑, 을, 병, 정을 재음미해 볼 필요가 있다. 여기서 갑은 순(純), 을은 1불, 병은 2불, 정은 3불, 그리고 과락이 출(出)에 해당한다고 보인다. 그런데 일제침략 말기에는 수(秀), 우(優), 양(良), 가(可), 불가(不可)의 5단계로 변한 것

**타이완교육의 뿌리 소수서원** 퇴계학이 출발된 한국 최초의 서원으로서 일본이 훔쳐간 한국교육의 핵심지이다. 일본은 소수서원에서 훔친 한국의 교육을 타이완에 전승시켜 주었고 그것은 홍콩, 싱가포르에까지 퍼졌다. 소수서원은 일제침략으로 세계사에 알려지지 않았는데, 옥스포드, 캠브리지에 맞먹는 위상을 갖고 있는 타이완교육의 발상지이다.

**한국 전통 평정척도 비교표**

| 과거제도(1) 제술시험 | 과거제도(2) 강경시험 | 성균관 (국립대학) | 소수서원 (사립대학) |
|---|---|---|---|
| 상 | 대통(순통) | 대통 | 순 |
| 중 | 통 | 통 | 1불 |
| 하 | 약 | 약통 | 2불 |
| 2상 | 조 | 조통 | 3불 |
| 2중 | 불 | 불통 | 4불 |
| 2하 | | | 5불 |
| 3상 | | | 6불 |
| 3중 | | | 7불 |
| 3하 | | | 8불출 |
| (9단계) | (5단계) | (5단계) | (9단계) |

에 특히 주목할 필요가 있다. 여기서 수, 우, 양, 가는 확실하게 순, 1불, 2불, 3불과 일치하고 마지막에 출(出)로서의 불가(不可)가 존재한다는 것이다. 생각건대 일제강점 시대의 일본식 평정척도는 임진왜란 때에 훔쳐간 우리의 과거제도 평정의 변이물이 거의 확실하다고 믿어진다. 특히 과거제도 자체가 없었던 일본에서 한국의 과거제도에 대한 정보를 입수해가면서, 우리의 과거시험의 강경(회강)시험에서 순통이나 대통, 통, 약, 조, 불의 5단계로 한 것을 그대로 빌려간 것이라는 생각도 전혀 틀림이 없으리라고 해석된다. 일제 말기의 수, 우, 양, 가, 불가는 강경시험의 5단계와도 전혀 틀림이 없기 때문이다. 일본인들은 독자적 창의성보다는 외국 것을 갖다가 변형시키고 응용함에 능한데 평가제도도 그런 것이 확실하다.

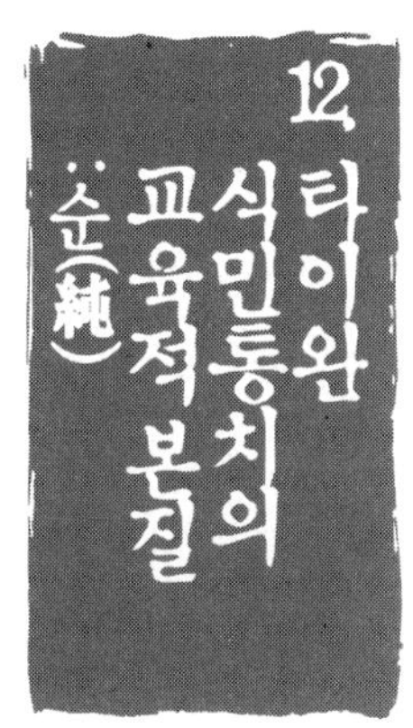


## 매취 순

매취(梅趣) 순(純)은 한국의 상점에서 쉽게 살 수 있는 술이름이다. 매실(梅實) 열매를 사용하여 만든 과실주(果實酒)의 이름일 뿐이다.

일반적으로 한국이나 일본에서 매실주는 인기가 높은 술이다. 한국의 유명한 전통 의학이론가인 허준 선생이 동의보감에 매실의 효용성을 강조하면서 한국에서는 더욱 매실주가 퍼졌다. 특히 최근에는 대장금(大長今) 드라마가 방송되면서, 전통의학에서 매실은 대단히 중요하게 취급한다는 것이 알려지며 매실주가 더욱 유명하게 되었다.

그런데 여러 해 전에 매우 기묘한 일이 발생하였다. 그것은 일본인 관광객들이 한국을 다녀가면서 여러 상점에 있는 매취 순을 대량으로 몰아 사간 것이었다. 그것은 대단히 특이한 일로서 한국의 기자들의 눈에 띄고 일간신문에까지 기사화가 될 정도였다. 그 까닭은 무엇인가? 당시 신문에서는 일본인들이 매취 순을 매우 좋은 술이라며 휘몰아 사간다고만 했는데, 그 이유를 근본적으로 모르겠다는 듯한 신문기사였다.

첫째로 그 이유로 일단 지적할 것은 매취 순이 정말로 맛있는 술이기 때문일 것이다. 매실은 그 열매 스스로도 우리들의 몸에 아주 좋은 것이면서, 그것으로 과실주를 담근 매실주는 기호품으로서도 뛰어나기 때문이다. 특히 동양인들은 동양의학의 신비함을 깊이 있게 이해하기 때문에 매취 순에 매료되는 것일 수도 있다.

그런데 둘째로 보다 본질적인 것을 지적한다면, 그것은 매취 순의 술 자체를 뛰어넘는 것이라 생각이 된다. 그 까닭은 매취 순이 술 자체도 좋지만 보다 근본적인 것은 그 이름이 좋기 때문일 것이다. 매취 순의 순(純)이란 글자에 무조건 이끌리면서, 그것을 일본인 관광객들이 몰아서 사간 때문이겠기에 신문에까지 나게 되었다고 생각이 된다. 왜냐하면 일본인들은 앞의 장에서 말했듯이 임진왜란 때에 한국의 서적과 학자들은 물론이고 활자와 과학기기, 문화재를 포함한 교육제도 전체를 송두리째 도둑질해 갔기에, 일본인들에게 있어서 제대로 공부를 한 사람의 뇌리에는 순(純)이란 글자가 매우 강하게 각인이 되어있을 것은 이론의 여지가 없다. 그리하여 최근에는 일본에도 술 이름이 순(純)인 것이 나타났다. 베껴가는 데 천재성을 가진 일본인들이 그 좋은 이름을 그대로 둘 리가 없다.

순(純)이란 인간의 삶의 모든 것을 말하는 것이 되겠고, 교육의 최고 목표를 가리키는 것이 될 수 있으며, 그 어떤 가치보다도 가장 좋은 것을 뜻하는 것일 수도 있다. 그렇게 좋은 것을 뜻하는 순(純)이란 글자에 이끌리며 매취 순 한잔을 마셨는데, 그것이 너무도 그윽한 향기에다가 맛이 뛰어난데 몸에도 아주 좋다니까 일본인 관광객들이 휘몰아 사가는 일이 자연스럽게 생긴 것이다.

## 타이완 식민교육의 핵심체

과일 껍질을 벗기고 벗기면 그 핵심 씨앗이 있다. 양파의 껍데기를 하나씩 벗겨서 그 가운데에 가장 중요한 존재가 있듯이, 교육의 내면에 깃든 가장 소중한 존재는 어느 사회에나 본질적으로 존재할 것이다. 그것이 없다면 그 사회는 미래를 향해 나아가는 힘을 상실하게 될 것이다. 교육은 바로 그 사회의 미래를 만드는 힘이기 때문이다.

일본이 타이완을 식민통치할 시대에 있어서, 식민교육의 핵심체는 무엇일 것인가? 그런데 그것은 바로 일본이 한국에서 탈취해다가 일본화시킨 것이었다. 임진왜란의 7년 전쟁이 위대한 이순신 장군에 의해 23전 23승이란 세계사에 유례가 없는 놀라운 한국의 승리로 끝난 때가 1599년이다. 그리고 청일전쟁이 끝나서 시모노세키 조약이 맺어지며 타이완이 일본에 넘겨진 것이 1895년이다. 그러니까 약 3백 년의 세월이 흐른 때이다.

이 무렵의 일본은 서양 교육을 외형으로 받아들이고는 있었으나, 본질적으로는 임진왜란 때에 한국에서 도둑질해간 교육체계를 그대로 유지하고 있었다. 그리하여 일본인들은 한국의 퇴계 이황을 대단히 존경한다. 그 까닭은 무엇인가?

그것은 우선 퇴계가 대단히 뛰어난 유학자이기 때문이다. 그러나 한국의 사상계, 학계에서 고려 말의 안향, 이제현, 이숭인, 이색, 정몽주, 길재로부터 시작하여 정도전, 권근, 성삼문 등으로 줄줄이 이어지는 기라성 같은 우수한 학자들을 마다하고, 유독 퇴계 이황 선생을 드높이 평가하는 까닭은 무엇인가?

또한 임진왜란과 근접해 있던 시대의 김종직, 이언적, 유성룡, 김굉필, 서경덕, 기대승, 정여창은 물론이고, 율곡 이이 선생보다 퇴계를 더 높게 치는 까닭은 무엇인가?

그것은 퇴계가 학문적으로 대성을 한 직후에 일본인들이 침략

**일본이 뿌리를 놓은 타이완 교육** 일본에서는 일찍이 타이완 국민을 일본화시키는 교육을 실시하였다(타이베이 북투소학교의 100년 전 졸업사진).

을 해 와서 퇴계의 모든 것을 집중적으로 훔쳐갔음을 뜻한다. 임진왜란은 퇴계가 작고하고 22년 후에 일어났으니까, 퇴계가 확실하게 학문적 업적을 쌓았고 그 제자들이 퇴계를 분명하게 정리하고 체계화하여 확고하게 떠받들게 된 때에 일어난 것이다. 그러니까 퇴계는 임진왜란 때에 일본의 침략에 의해 약탈된 가장 확실한 교육 실체였다고 생각이 된다.

그러나 위대한 학자인 율곡은 퇴계와 비슷한 높은 위치에 있었음에도 일본에 영향을 크게 못 미친 까닭이 있다. 그것은 율곡은 사후 8년 만에 임진왜란이 일어나서 그 제자들이 율곡을 중심으로 한 교육 실체를 아직 퇴계만큼 정리하지 못한 이유도 있으나, 가장 큰 이유는 이순신 장군에 의해서 율곡의 제자가 많이 있던 기호학파 계열의 지역이 보호되다 보니까 일본이 훔쳐가지 못했음을 뜻한다. 경상도가 초토화되며 송두리째 약탈을 당했으나, 전라도는 나름대로 숨기고 감출 시간이 있었고 보호가 되었었다.

일본인들이 퇴계를 크게 존경함은 퇴계가 훌륭한 면도 있으나, 일본인들이 임진왜란 때에 퇴계의 책과 제자를 중심으로 퇴계의 교육체계를 몽땅 약탈해간 때문이다. 그것은 퇴계가 군수로 재직하며 심혈을 쏟아 만든 경북 순흥 소수서원의 성적표까지 그대로 약탈해 갔고 사람들까지 납치해 가서, 당시 조선사람들의 꿈인 과거제도의 제술, 강경시험이나 성균관의 평가체계가 그대로 일본에 전해진 것이다. 그리하여 조선시대 평가방법상 최고 수준인 순(純)이 그대로 일본에 옮겨졌음을 정확히 증명하는 것이다.

청일전쟁 후에 일본이 타이완에 실시한 교육은 임진왜란 때에 한국 땅에서 약탈해간 그것이었다. 그러므로 한국교육의 전통적 본질이 그대로 타이완에 전승된 것이다. 타이완에는 생각하면 가장 좋은 교육적 본질이 전승되어져 갔다.

중국 땅에는 사실상 최고의 교육적 본체가 한국에 크게 못 미친다. 왜냐하면 중국 땅은 먼 옛날부터 돌궐족, 선비족, 거란족, 여진족, 몽골족 등의 북방족들이 끊임없이 공격을 해왔고, 1천 년의 기나긴 피식민의 어두운 세월을 보냈기에 고유한 교육적 본체가 사실상 사라져 버렸다고 보아야 옳다. 중국에는 그래서 춘추전국 시대의 공자 이후에 크게 내세울 학자가 나오지 않은 것이며, 중국인은 민족도 역사도 사라진 천민집단이 된 것이다. 중국이 1천 년에 걸쳐 식민생활을 한 것은 공자 이후에 신선한 경지를 개척한 학자가 없이 어둠을 헤매며 북방족의 침략을 자초한 것일수도 있다.

그렇지만 한국 땅에는 한국의 고유한 것을 바탕으로 중국의 것을 받아들여 창조적으로 발전시킨 매우 우수한 교육적 전통이 그대로 남아 있었다. 중국인들이 1천년 간 도망다니고 노예생활을 할 때에, 한국인들은 1천년 이상에 걸쳐 열심히 공부를 한 사람들이 축적된 것이다. 아마도 동양정신의 핵심체, 교육체제의 본체는 한국에 살아있고 중국에는 빈 껍데기만 남았다고 보는 것이 옳다고 하겠다. 그렇기에 오로지 중국인들은 공자타령만 하는데, 중국이 그토록 자랑하는 공자만 해도 중국에서는 기나긴 세월에 걸쳐서 철저히 홀대당하고 무시되다가 공산당 시대에는 타도의 대상이었다. 중국인들이 보아도 공자가 한심하기에 그랬다고 생각이 되기도 한다. 그렇기에 외래사상인 공산주의에 빠져서 공자를 타도한 중국인들은 공자의 진면목을 제대로 파악한 것이면서, 동시에 도끼로 제 발등을 찍는 양면성을 가진 행태를 보인 것이다. 그러므로 최근에 다시 후진타오가 공자를 부활시킨다고 하는데 그것은 빈 집에 간판을 다는 허망한 일이 될 가능성이 크다. 죽은 공자를 다시 모셔 보아야 현대 시대에 맞지도 않을 것이며, 죽은 공자는 살아나지도 않을 것이기 때문이다. 한국에는 생생히 살아 있는 것이 중국에는 흔적도 없는 것이 적지 않은데 공자는 그러한 것의 대표적인 것이다.

요컨대 타이완에는 임진왜란 때에 일본이 한국에서 가장 좋은 것을 약탈해다가 전승시켜준 것이 된다. 그렇다면 타이완에 전승된 한국교육의 전통적인 본체는 무엇인가? 그것을 우선 요즈음의 한국교육이 가진 문제점 분석에서부터 출발해보자.

## 현대 한국교육의 병리현상

생각건대 한국의 조선시대 교육적 전통은 자랑스러울 정도로 높고 빼어나다. 그러나 그렇게 좋은 교육적 전통이 100년 전에 일본이 침략하면서 끊어지게 되었다. 우리의 옛 교육은 무조건 나쁘다면서 성균관, 향교, 서원은 물론이고 서당까지 몽땅 맥을 끊어 놓은 것이 일본의 교육 침략이었다.

그토록 자랑스럽던 한국의 교육 본체를 임진왜란 때에 약탈해 간 일본이, 재차 침략을 해오면서 모든 것을 없애 버렸다. 모든 교육기관을 문 닫게 하고, 모든 전통을 잘라 낸 뒤에 한국인들을 일본의 하급 노예화 시키는 악의적 우민화 교육만이 이어졌다.

그리하여 초등 교육기관만을 4년제로 만들어서 일본어, 일본 예절, 하급 근로자를 만들기 위한 공작, 실업교육 등을 중심으로 한 최악의 우민화 교육을 실시하였다. 그러다가 한국인들의 반발이

심하니까 약간의 고등교육을 실시하면서 거기에는 친일 매국노의 자제들만 교육의 문호를 열어주었다. 그러니까 한국 땅에는 일제 침략 시대에 사실상의 교육 공백이 만들어진 것이다.

그러한 비극적 교육상황의 땅에 일본이 물러가고 미군정이 시작되면서 미국교육이 물밀듯 들어왔으니, 한국 땅은 교육적 병리현상이 팽배한 파행적 흐름이 이어졌다. 물론 기나긴 찬란한 교육적 전통이 있었던 나라였기에 드높은 교육열을 갖고 열심히 교육을 해나오긴 했으나 상상 밖으로 높은 병리현상이 지배해 왔다. 그것을 한국교육의 평가 철학 추적에서 찾아보도록 하자.

우리 민족의 고유한 평가이론이나 평가철학은 없을까? 이 질문은 한국땅의 자식을 기르는 사람들 모두는 물론이고, 교육을 하는 사람들 모두에게 당연하게 제기될 의문사항이다.

그러나 지난 50여 년의 현대교육사에 있어서 한국의 고유한 평가이론을 생각해 본 사례는 별로 없다. 예부터 한국과 베트남, 중국의 동양 3국은 과거제도가 확실하게 제도화되어서 시행되어 왔고, 과거시험에 있어서 틀림없이 평가가 시행되었음을 앞에서 살펴 보았다. 그리고 머나먼 고대시대에서부터 학교교육이 널리 시행되어 왔던 만큼, 한국에도 예부터의 교육평가가 분명히 존재했었는데도 우리들에게는 현재 예부터의 교육평가 전통이 사라졌다.

현재의 한국교육계에 있어서 평가이론은 무조건 서구사회에서 수입된 평가론에 의한 것이다. 그 이전에는 평가론이 존재하지 않았던 듯이 되어 있다. 이와 같은 기막힌 현상은 어디에서 비롯된 것일까?

첫째로 그 까닭은 우선 일제침략의 후유증이 가장 큰 이유가 되겠다. 우리 사회는 수많은 부문에서 일제의 침략 후유증으로 과거와는 전통이 단절되었고, 흡사 신생국과 같이 된 것이 많이 있다. 침략 일본은 우리를 짓밟으면서 우리나라의 과거는 전혀 생각할 필요가 없는 하찮은 것이란 문화 말살 정책을 펼쳤다. 그리하여 우리는 우리 민족 스스로의 많은 것을 부끄러워하는 열등의식적 자기학대병을 앓게 만들어졌다. 이러한 예를 들면 수도 없이 많다. 예컨대 일제침략자들이 단군을 철저히 모독하고 단군대종교를 무자비하게 말살시킨 후유증으로, 우리들은 오늘날에 최고조상인 단군을 이상하게 생각하고 단군대종교를 사이비 종교나 되는 듯이 오해하는 사람들이 매우 많다. 그리고 일제가 무궁화꽃에 대해서 악선전을 하며 말살시키려고 광분한 결과로 오늘날의 우리는 벚꽃놀이를 즐기면서도 무궁화를 별로 심지 않는 국민이 되었다. 우리 민족의 평가이론도 그러한 흐름 속에서 사라졌다고 생각한다.

둘째로 한국교육계의 맹목적 서구 교육이론 수용 자세에서 비롯되었다고 생각한다. 우리 스스로의 평가이론에 대한 생각은 전혀 가져볼 필요도 없고, 전혀 마음에 갈등을 느끼지도 않으면서 무조건 서구의 평가이론을 직수입함에 따라서 전통 단절은 강화되었다고 하겠다.

셋째로 한국교육계의 독특한 병리현상에서 나타난 면도 크다. 한국의 교육계에는 '교육학 연구를 위한 교육학'과 '학교현장'이 유리된 기묘한 현상이 있다. 교육학은 교육현장을 위해서 존재하는 것이고, 특히 교과교육은 교실을 떠나서는 사실상 무의미하다. 그럼에도 한국에는 교육현장이나 교실과는 크게 유리된 교육학이 존재해 왔고, 생생한 교과교육과는 거리가 있는 교육이론이 많이 있어 왔다. 그러한 결과로 우리의 예부터의 전통적 교육이론에 대해서 애틋한 생각을 하기보다는 상대적으로 손쉽게 자료를 구할 수 있는 서구 이론에 빠진 연구를 진행한 것이다. 아니 개척정신을 갖고 학문을 하지 않고 서양 것을 베낀다는 지적도 있다.

넷째로 한국교육계가 가진 철학 부재 현상을 지적할 수도 있다. 철학이란 무엇인가? 그것은 바로 스스로의 존재에 대한 깊은 성찰과 사색을 말한다. 그런데 한국의 교육계는 교육철학을 한다면서 서구철학이나 동양철학을 갖다가 훈고(訓詁)하거나 해석하는 것을 철학이라고 보는 경우가 많다. 철학은 스스로를 깊고 확실하게 파고 들어가서 스스로의 본모습을 뚜렷하게 인식할 때에 존재하는 것이지, 남의 생각을 빌려 오는 것은 진실된 철학일 수가 없다.

## 수행평가 등장의 문제점

수행평가(遂行評價: performance assessment)는 우리 사회에 사실상 최근에야 나타난 평가이론이다. 그리 멀지 않은 때에, 길어야 10년 이내의 가까운 기간부터 약간씩 논의가 되기 시작하였다. 그러니까 1995년경에 해외에서 도입되었다. 그럼에도 불구하고 오늘날의 한국교육계에 있어서 수행평가는 모든 평가이론을 이끄는 최고 최선의 평가이론으로 자리매김하고 있다. 그러나 수행평가는 바로 앞에서 말한 바와 같은 민족적 전통 단절의 문제점을 적나라하게 보여주는 존재라고 생각된다. 수행평가는 한국의 교육학자들의 다수가 교육현장을 제대로 모르면서 책상물림 교육학을 해왔기 때문에 나타났다고도 생각할 수 있다.

첫째로 수행평가는 한국에는 예부터 쓸만한 평가이론은 전혀 없었다고 전제한 상황에서 도입되었다고 할 수 있다. 생각하면 현재 수행평가가 한국의 학교 현장을 휩쓸면서 평가의 만능약과 같이 간주되는 상황은, 분명히 한국에는 전혀 평가이론다운 평가이론이 없었음을 전제하지 않고서는 불가능한 일이다. 둘째로 수행평가의 도입은 맹목적 서구 이론 도입의 생생한 사례라고도 하겠다. 아무리 수행평가가 지고지선의 우수한 이론이라고 하더라도 한국의 교육 현실을 진단하고 연구함이 선행되고서 도입이 되어야 옳다. 그러나 수행평가는 그간 한국사회에 소개된 여러 교육이론과 마찬가지로 무조건 도입이 되었다. 셋째로 수행평가는 사실상 '교육학'에서 시작하여 각 교과의 '교과교육'으로 이입되면서 나타났다. 말하자면 '교육학을 위한 교육학'에서 수행평가를 선도하면서 이끌었기에, 이는 사실상 교실 현장과는 떨어진 흐름에서 출발하여 교실에 투입되었다. 이와 같은 까닭으로 현장교사들의 다수는 수행평가의 본질을 오해하고 있거나, 절실한 감각이 갖추어지지 않은 상태에 있다. 넷째로 수행평가는 자생적인 한국의 평가철학에서 탄생된 것이 아님이 분명하다. 이는 서구사회에서 그들에게 맞게 잉태되어 나타난 것이다. 한국의 사회에는 우리에게 맞는 평가철학이 분명히 존재할 것임에도 불구하고, 이는 사실상 기름 위에 뜬 물과 같이 나타났다고 할 수도 있다.

현재 한국의 학교교육을 강력하게 휩쓸면서 평가의 모든 것을 대변하는 듯이 존재하는 수행평가는 교육적 만병통치약과 같이 회자되고 있지만, 그 내면을 상세히 분석하면 여러 가지 약점이 존재한다. 그런데 그 약점의 핵심은 바로 수행평가가 한국사회에 맞는

가에 대한 검증절차가 없이 도입되었다는 점일 것이다.

우선적으로 수행평가의 문제점은 그 평가 철학이 미국식 세계관에 토대를 두고 있다는 점이 지적되어야 하겠다. 미국식 문화는 행동하는 문화가 중심이다. 그것은 행동과 경험을 바탕으로 하여 만들어지는 것을 전제로 하기 때문에, 생각함은 사실상 행동에 종속되는 현상을 낳는다. 미국문화는 그러므로 유럽에 뿌리를 두고 출발을 했으면서도, 유럽을 떠나서 새로운 세계를 만든 문화이며, 그것은 밖으로의 공격적 행동화가 축적된 문화이다. 따라서 미국사회에서는 전통적으로 교육이나 삶의 본체를 행동에서 찾게 되었고, 그 행동의 철학을 실용주의(pragmatism)라고 부르게 되었다. 그러므로 미국의 교육에 있어서 지식은 현실적 행동에 뿌리를 두고, 그것이 축적되며 만들어진다고 본다.

요즘 우리사회에서 최고의 교육이론인 듯이 풍미되고 있는 구성주의(構成主義: constructivism)도 그 궁극적 토대는 실용주의임이 분명하다. 구성주의는 지식이란 개인과 독립적으로 존재하는 것이 아니라, 환경과의 상호작용을 통해 개인에 의해서 구성된다는 점을 강조하고 있다. 개인의 지적 행동이 축적되어서 지식을 구성하게 된다고 보는 것이다. 그것은 다분히 미국적인 사고 유형을 대변하는 것이다. 그러므로 알고 행동하는 것의 구성적 활동에 의해 지식이 만들어진다는 구성주의는 수행평가의 기본토대가 된다. 수행평가는 구성주의를 평가론의 차원에서 치환(置換)시킨 것이다. 실용주의 철학을 생생하게 반영한 존재인 것이다. 따라서 수행평가는 지식을 궁극적으로는 행동으로 평가함에서 문제가 발생한다.

최근의 한국 교실을 강력하게 휩쓰는 수행평가를 보면서 약

30년 전의 한국이 생각된다. 당시 객관식 선택형 평가가 미국에서 도입되면서 만고의 특효약이나 되듯 한국사회를 강타했던 때에, 그 누가 객관식 선택형을 감히 비판할 수 있었는가를 회고해 볼 필요가 있다. 그러나 4반세기의 시간이 흘러간 뒤에 객관식 선택형 평가는 구시대의 편협한 평가라는 가혹한 비판을 받으며 수행평가에게 그 자리를 내주고 말았다.

## 한국전통의 지식관: 가리사니(道)의 재발견

우리말에는 잃어버린 말이 많다. 그러나 그것은 결코 놀라운 일이 아니다. 우리들의 많은 삶이 상실되어, 한국은 본모습을 상당히 많이 잃어버린 민족과 같이 되어 있기 때문이다. 정치, 경제, 사회, 문화를 비롯하여 우리들의 삶의 여러 부분은 오늘날 일제침략과 6 · 25 전쟁을 겪으며 원초적인 고유한 것이 많이 사라졌다.

'가리사니'도 잃어버린 우리말의 하나이다. 아니 잃어버린 것이 아니라 순수한 한국말인데, 우리는 그것이 우리말인 줄도 모르고 있으니 사실상 잃어버린 상태가 된 것이다. 그러므로 가리사니를 잃어버렸다는 것은, 바로 우리 겨레가 가리사니 없는 허망한 민족이 되었음을 명증하는 것이다.

그러나 잃어버린 우리말인 가리사니는 한국 교실개혁의 소중한 등대가 되리라고 본다. 그것은 국적 없는 교실을 올바르게 광정(匡正)하고, 뿌리 잃은 교과교육을 생생하게 되살려 주는 귀중한 도약의 발판이 되리라고 본다. 순수한 한국말로서 가리사니의 의미는 국어사전에 따르면 다음과 같이 정의된다.

첫째로 가리사니는 깨달음을 뜻한다. 사물(事物)에 대한 판단을 내리는 지각(知覺: perception) 능력을 말하는 것이니, 가리사니는 인식론을 뜻한다고 생각된다. 인식(認識: acknowledgment)이란 사물을 분별하여 알아내는 것으로서, 의식하고 지각하는 작용을 총칭하는 것이다.

둘째로 가리사니는 사물을 판단할 수 있는 힘이나 실마리를 말하는 것이니, 판단(judgement)하는 능력을 가리키는 말이다. 판단이란 대상의 여하(如何)를 의식작용으로 결정하는 일로서, 생각하여 판정을 내리는 것을 뜻한다.

셋째로 가리사니는 어떠한 의견(意見: opinion)을 지칭하기도 한다. 의견이란 마음 속으로 생각하고 느낀 바를 말하는 것이니, 가리사니는 우리가 마음 속에서 사고하는 흐름을 총칭한다고도 하겠다.

넷째로 가리사니는 결단(resolution)하는 힘을 뜻한다. 과단성(果斷性) 있게 사물에 대한 결정을 내리는 능력을 말하는 것이다. 따라서 가리사니는 옳고 그름과 착하고 악함을 재결(裁決)하는 예리한 힘을 의미한다.

다섯째로 가리사니는 궁극적으로 깊이있게 생각하는 힘을 뜻한다. 사물의 본질을 깊고 깊게 헤아려서, 최고 수준의 사유를 할 생각의 실체를 만드는 것을 뜻하는 것이다.

## 조선시대 관학과 사학의 차이

민족 전통의 한국 학교교육은 크게 두 가지로 갈라진다고 할 수 있다. 현존 사료가 남아 있는 과거의 교육기관은 조선시대의 교육기관이 되겠는데, 조선시대의 교육기관은 외형상으로서의 관학(官學)과 사학(私學)의 두 가지로 구별이 뚜렷하다.

관학은 향교와 성균관이 기본이다. 그런데 조선시대에 있어서 관학은 매우 퇴락한 지위에 존재했다. 그리하여 퇴계의 시기에 이르러서 관학의 쇠퇴는 극도의 수준에 도달하였으며, 향교는 이미 학교로서의 기능을 상실한 상태에 있었다. 그 까닭은 관학을 당시의 핵심적 지배계급인 양반층이 외면했기 때문이다. 당시의 향교에는 군역을 면제 받으려는 비양반 자제들로 꽉 차 있었으니, 군대에 가기

**도산서원 배치도**

퇴계가 돌아가시고 도산서당 옆에 세워진 것이 도산서원이 되었다.

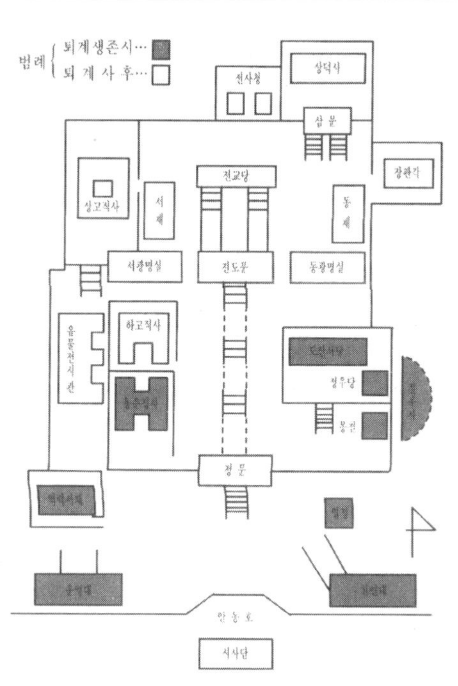


**도산서원과 비슷한 일본의 학교**

임진왜란 이후에 생겨난 일본의 학교는 한국의 것을 그대로 복제한 것이다.

싫은 한심한 젊은이들의 집합소와 같이 변해 있었다. 여기서 특히 관학이 외면된 까닭은 양반층이 다른 계층 사람들과 함께 공부하기를 꺼렸기 때문이다. 핵심적인 사회구성원이 외면함에 의해서 관학은 사실상 빈껍질과 같은 학교기관이 될 수밖에 없었던 것이다.

따라서 관학의 퇴락에 따른 보완책이 요구되었고, 그에 따라 나타난 것이 서원(書院)이다. 서원은 관학이 제공하지 못하는 바를 충족시켜주는 실질적인 교육기관으로 등장하게 되었으나, 점차 난립의 양상을 보이기도 하여서 몇 차례에 걸친 서원정비의 과정이 있었다. 이 가운데 가장 많이 알려진 것이 대원군에 의한 서원정비였다.

그런데 한국의 국사책에는 서원의 타락상을 과잉으로 부각시켜서 조선시대 교육의 부정적 측면을 극도로 확대시켜 놓았다. 그것은 침략 일본의 곡필사관(曲筆史觀)이 한국의 교육전통을 헐뜯고 단절시키기 위해 악의적으로 그렇게 만든 것에 불과하다. 실제로 서원은 한국교육의 꽃이라고 할 정도로 그 교육적 가치가 매우 높다고 생각이 된다. 역사책에서 대원군의 서원정비를 일제 식민사관적 시각에 의해 일방적으로 왜곡된 관점을 확대시켜 놓아서, 서원의 진면목을 제대로 우리가 이해하지 못하고 있는 것이다. 대원군의 서원정비는 요즘 용어로 하면 구조조정 통폐합(M&A)이었으며, 올바른 교육을 위한 교육기관 정비사업으로써 부실 교육기관을 도태시켜 교육계를 바로잡은 것이다. 다만 일제 식민사관의 꼬인 붓끝이 그것을 모함 일변도로 쓴 것일 뿐이다. 서원은 당시 조선시대의 정신적 기둥이었고 조선사회의 꽃이었다.

조선시대의 관학과 사학은 그러나 외형상으로만 다른 것이 아니다. 두 교육기관은 교육기관을 움직이는 본질적 철학에 있어서도 확고하게 다르다. 그 다름을 판단하는 기준에 있어서의 핵심은 가리사니의 존재 여부라고 생각이 된다.

조선시대의 관학은 생각건대 교육적 질이 낮았을 뿐만 아니라, 일종의 과거시험을 위한 교육기관과도 같은 것이었다. 그러므로 관학인 향교나 성균관에 있어서는 교육내용이 과거시험을 위한 준비과정으로서의 내용에 치우치게 되어 있었다. 그것을 오늘날에 비추어 보면, 조선시대의 관학은 흡사 요즘의 교육이 고등고시를 위한 학원교육과 비슷하게 되었음을 뜻하는 것이다. 요즈음 우리의 대학이 곳곳에서 학과에 관계없이 고등고시 공부에나 열중하면서 진지하게 학문의 심오함에 빠져드는 곳이 없는 것과 같은 현상을 말하는 것이다.

생각하면 오늘날의 학교교육에 있어서도 이러한 흐름은 같다고 하겠다. 초 · 중고교를 일관하여 이루어지는 교육은 대학입시를 위한 준비기관이 되었고, 대학교육은 고등고시를 위한 준비기관이 되었으니 이는 조선시대의 관학과 비슷한 상태가 된 것이다. 궁극적으로 교육기능을 상실한 것이 된 것이다. 과거시험이나 고등고시는 매우 독특한 유사성을 갖고 있다. 특히 오늘날의 고등고시나 대학입시가 진정한 앎을 평가할 수 있는 제도인가에는 매우 부정적인 답변밖에 나올 것이 없다. 왜 이런 결과가 나오는가? 그것은 고등고시나 대학입시는 사실상 궁극적으로는 진정한 창조력이나 본질적 깨달음 및 인간됨에 대한 평가가 이루어지고 있지 않기 때문이다. 요컨대 가리사니가 없는 교육평가가 이루어지는 것이다.

그런데 조선시대의 관학 쇠퇴에 대한 대안으로 등장한 서원은 교육내용이나 설립취지가 원칙적으로 과거시험과는 노선을 달리한다. 조광조, 이황, 이이, 조식 등의 거유(巨儒)가 중심이 되어서, 교육의 본질은 과거시험을 위한 저급한 것이 아니라 진정한 깨달음에 이르는 도학(道學)이 되어야 함을 강조한 것이다. 심지어 퇴계는 원칙적으로 과거공부는 학문이 아니라면서 배척하는 입장이었다. 말하자면 교육의 본질을 가리사니의 도통한 수준에 맞추고서 서원을 만들었던 것이며, 그 최고의 경지는 순(純)이 되었던 것이다.

생각건대 동양사상에 터전을 둔 학문의 길은 인간과 우주의 관계를 밝히며, 사람의 내면에 자리잡은 궁극적인 본질을 찾아가는 것으로서, 교육이 갈 길은 진실된 가리사니를 터득하는 것이라는 입장에서 서원이 만들어진 것이다. 이러한 관점에서 오늘날의 학교교육을 볼 때에 전반적인 흐름이 흡사 예전의 관학체제 그대로이다. 그러한 교육을 받고 나온 인물들은 상식적 수준의 얕은 지식을 갖고 곳곳에서 권력 줄타기나 정략놀음에는 뛰어나지만 진정한 사회적 등불이 되지 못하게 되는 것이다. 예부터의 기성지식을 단순히 암기나 하며 그것의 단순한 노예가 되고, 궁극적인 창의력이 부족한 인물이 양산되는 현재의 한국교육 체제는 한국의 전통적인 교육에 대한 근본적인 성찰이 없음에서 비롯된 것이다.

주자학에서는 '마음'을 공부의 주제로 보았다. 근본적 입장이 미국식 지식관과는 다른 것이다. 오늘날 한국교육에 팽배해 있는 미국식 지식관은 사실상 '가리사니'와는 거리가 있다. 그리고 성리학에 있어서도 교육의 본질은 '마음 안'의 문제였지 미국식은 아니었다. 그러니까 조광조, 이황, 이이, 조식과 같은 큰 깨달음을 이룩한 대학자가 오늘날에 나오지 않는 이유는 자명하다. 현대 한국교육에서 인간 내면의 본질로서의 가리사니를 찾으려는 노력이 없었기 때문이다.

중국에 있어서도 도학적인 철학적 연구법 이전에는 비평적, 실용적 연구법이 선행되었다. 그러다가 주희에 이르러 철학적 접근법이 정립되었다. 그런데 이것이 조선의 퇴계에서 비롯되어, 찬란한 꽃은 한국 땅에서 피어나고 오히려 중국에서는 나날이 위축되었다고 생각된다. 특히 중국에는 현대시대에 들어 공산당 독재체제의 암흑세계에서 죽음의 교육, 어둠의 학문세계가 되었다. 타이완이 없었다면 중국의 학문세계는 영원히 사라졌을 것이며, 한국 땅에 살아 있는 옛부터의 찬란한 전통이 없었다면 중국교육은 그 뿌리도 제대로 찾지 못할 비참한 상태가 되었다.

## 가리사니 교육의 확립

수행평가와 한국의 전통적인 평가는 근본적인 지식관과 인간관이 다르다고 판단된다. 수행평가는 미국식 사고에 바탕을 둔 미국식 실용주의 노선에 충실한 것이라면, 한국의 고유한 가리사니 평가는 우리 민족의 고유한 학문관을 반영하는 것이다.

첫째로 지적할 것은 둘 사이에 근본적인 지식관에 차이가 있음이다. 수행평가는 다분히 객관화된 산출물에 초점을 맞추는 실용주의의 지식관을 표출시키고 있다. 객관화된다는 것은 주관을 떠나서 검증 가능성을 높이고, 계량화가 용이하며, 그 대상을 판정함에 유리할 수 있다. 그렇지만 객관화가 쉽지 않은 '인간의 내면적 학습'을 평가함에는 항상 한계가 있게 되어 있다.

반면에 우리 민족 전통의 가리사니 평가는 지식을 보는 관점에서 수행평가와는 근본적으로 다르다. 지식은 학습자의 행동과정이나 산출물의 축적과 같은 형이하학적 측면에 의존하는 것으로 보지 않는다. 물론 수행평가에 있어서도 인지적 기능뿐만 아니라 자발성, 협동성, 사회적 인식력과 같은 정의적 영역의 사고 습관, 태도, 사회적 기능을 포함하여 평가한다. 그러나 가리사니 평가에 있어서는 가장 궁극적인 깨달음의 수준까지를 다룸이 근본적으로 다른데, 수행평가의 정의적 기능도 사실상 실용주의적 철학에 머물고 있다고 생각된다. 예부터 동양에서는 학습을 궁극적 실체(ultimate reality)로 보았으며, 그것은 인간의 마음에 잠재되어 있는 존재(potentially present)로 파악되었다. 따라서 학습은 대단히 형이상학적인 흐름에 의해서 도달하는 것으로 보았다. 우리 민족에게 있어서도 학습을 보는 눈은 같았다. 그러므로 우리 민족의 전통적 지식관은 무엇보다도 중요한 기준으로서 가리사니가 존재하는가의 여부가 핵심이다. 이를 일컬어서 동양사회 학문의 태두 이황은 도학(道學)이라고 불렀다. 퇴계 이황은 조선시대 최고봉에 이른 우리의 학자이면서, 이웃의 중국, 일본, 베트남 등을 망라한 당대 동아시아의 최고 학자이다. 퇴계가 최고 지위의 학자가 되었음은 다른 많은 사람들이 수행평가 수준을 벗어나지 못함에 대해서, 퇴계는 드높은 깨달음을 얻었다는 점이 다르다고 생각된다. 당시의 조선사회는 세계 최고의 해군 제독 이순신 장군이나 세계 최고의 석학 퇴계 이황을 낳고 프랑스와 미국을 병인양요, 신미양요에서 격퇴할 만한 대단히 힘있는 나라였다.

둘째로 둘 사이에는 인간관에도 분명한 차이가 있다. 수행평가는 따라서 사람을 보는 데에 있어서도, 사실상 문자 그대로의 지식을 갖춘 사람이라는 입장에 선다. 생각하면 수행평가는 학생들의 수업결과를 바탕으로 학생들의 능력 여부를 변별함에 초점을 맞추는 것이 아니라, 수업에 투입된 변인들과 수업과정에 포함된 변인들을 종합적으로 파악하여 학업에 실패하는 학생이 없게 만드는 평가관이라고 하겠다. 말하자면 유식한 사람으로서의 완벽성을 추구하려는 것이 수행평가의 궁극적 목표라고 할 수 있다. 이는 다시 말하면 지식의 결과 평가가 아닌 과정의 평가를 뜻한다.

그러나 예부터 우리민족의 평가관은 단지 유식한 사람만을 뜻하지 않았다. 아무 지식이나 허겁지겁 축적하여 시험에나 합격한 인물이 이상형이 아니었다. 우리 민족은 최고의 지식과 함께 도(道)를 깨우친 가리사니의 존재를 확실하게 유의하였다. 예부터 동양사상에 있어서 깨달음(슬기로움: sage)은 스스로 노력하여 터득하는(self-effort) 것으로서, 배우는 사람의 내부에서 무르익는 도(道)에 이르는 것(通)이 핵심이었다. 따라서 단순한 지적 논쟁(intellectual argumentation)이 아니라, 궁극적 차원의 정신적 물음(spritual quest)에 답하는 행위였다. 이렇게 하여 얻어지는 열매가 깨달음(sagehood)으로서, 지극히 완벽하고 순수하며 충정어린 심성(心性)으로서의 순(純)의 경지에 도달함을 목표로 하였다.

이러한 인간관을 대표하는 인물이 바로 퇴계, 율곡 등으로서, 우리 민족의 학문적 인간관을 뚜렷하게 보여주는 표상이다. 퇴계나 율곡은 단순히 지식 축적을 통해서 과거시험에 대비하는 것은 제대로 된 인간의 제대로 된 지식이 아니라고 확언하였다. 그들은 가리사니가 없었기 때문이다. 요컨대 우리의 전통적 인간관은 설

익은 지식을 많이 갖춘 사람이 아니다. 완벽한 수준의 깨달음을 이룩한 사람이었다. 임진왜란 때에 일본이 약탈해다가 타이완에 넘겨준 교육은 그토록 좋은 것이었다.

**퇴계 이황과 도산서원** 퇴계학은 문성공 안향의 학통을 되살려, 당시 세계 최고의 수준에 이르렀었다. 현대 한국이 이룬 한강의 기적은 결코 우연이 아니었다. 퇴계학이 전승된 타이완, 싱가포르, 홍콩이 번영을 누리거나, 약탈침략국 일본이 부강한 것은 퇴계학의 토대에서 가능하였다.

## 일본의 교육약탈 후유증 극복

지금까지 교육의 핵심인 평가체제의 추적을 통해서 임진왜란 때에 일본에 의해 약탈당한 최고의 약탈물이었던 '교육'에 대해서 심층적으로 추적했다. 그리고 그것이 오늘날 타이완 교육이 빼어나게 발전하게 된 토대가 되었음을 증명해 나왔다. 또한 한국교육의 현재 약점은 일본에 의해 처참히 무너지고 빼앗긴 상태를 극복하지 못한 상태에서, 너무 서양교육에 과도하게 접목이 된 문제점을 지적했다.

여기서 한국교육의 나아갈 길은 무엇보다도 일본의 교육 침략과 교육약탈을 극복하는 것이 되겠는데, 그것은 한국교육이 가졌던 원래의 핵심체를 다시 정립하는 것이 되겠다. 잃어버린 교육 본체인 가리사니(道)를 다시 한국교육에 재정립하고, 한국이 동양정신의 최고봉이었던 퇴계학 수준의 학문입지를 재구축해야 되겠다. 그리하여 국가적 차원에서 퇴계학이 다시 살아나며 옛부터의 찬란한 동양정신을 인류구원의 빛으로 승화시켜야 하겠다.

생각건대 긴 역사 속에서 중국은 공자를 철저히 짓밟고 죽였다. 그리고 공자의 직계 종손도 타이완에 망명하여 살 수 밖에 없게 되었다. 그러나 한국은 동양 정신의 최고 국가였던 만큼 성균관, 향교, 서원이 생생하게 오늘날에도 남아 있다. 세계 최고의 문화유산이 세계 최고의 정신국가였던 나라에 생생히 살아 있는 것이다. 그것을 확실하게 재생시켜야 할 것이다.

그런데 일본인들은 부끄러운 줄도 모르고 온 세계에 사무라이 무사도(武士道)를 오늘날 계속 선전하고 있다. 사무라이는 일본인들에게 자랑이 아니라 지극히 부끄러운 치욕을 말하는 것이다. 왜냐하면 사무라이는 임진왜란 때까지만 해도 철저히 무식하고 철저히 칼만 휘두르는 흉악무도한 칼잡이 무뢰배들이었다. 그런데 그것을 실상을 모르는 외국인들에게 도(道)라는 말로 오늘날에는 미화시키고 있다. 일본학자들의 책에 보면 임진왜란 전후 무렵의 사무라이는 모두 문맹이었고 상대방을 죽여서 피가 흐르는 머리통을 허리춤에 차고 다니는 최악의 무뢰배 칼잡이들이었다고 밝히고 있다. 동양의 문명 3국이었던 한국, 베트남, 중국은 과거제도가 있고 공부한 사람이 주도권을 쥐었으나, 야만국 일본은 제 이름도 쓸 줄 모르며 칼만 잘 쓰면 사무라이였고 그들이 주도권을 쥐는 사회였다. 그런 한심한 천민집단이 임진왜란 때에 한국의 가리사니(道)를 훔쳐다가 훗날 미화를 시킨 것을 무사도(武士道)라고 한다. 그러나 그들의 도(道)는 훔칠 도(盜)에 불과한 것이다. 일본사는 기나긴 동안에 걸쳐서 철저한 섬도둑 왜구(倭寇)의 역사였고, 국내외에서 끊임없이 도둑질 약탈로만 살아왔다. 제2차 세계대전은 그들의 도둑질이 크게 국제화된 것이었고, 동아시아, 동남아시아, 미국이 큰 피해국이었다. 그러한 최악의 도둑들이 가리사니를 훔쳐다가 미화시켜 자기들을 위장하는데, 원래의 가리사니(道)의 주인인 한국은 빼앗긴 상태의 극복이 더디니 아쉬울 뿐이다.

사무라이라는 말은 그 의미가 계속 변천되어 왔다. 임진왜란 무렵까지의 일본인들은 도(道)라는 말이 있다는 것을 전혀 몰랐으며, 일본은 사실상 전국적으로 문맹상태에 있었다. 그러다가 임진왜란 때에 한국의 가리사니(道)를 약탈해 갔고, 그 후 그들이 약 200년 정도 지나며 차츰 개명상태가 되었다. 그리고는 다시 100년

**왜구를 미화한 위선된 학자** 사무라이는 왜구를 미화시킨 것에 불과하고, 흉악한 칼잡이에 불과함을 역사가 증명하고 있다.

이 더 지난 때인 1899년에야 니토베 이나조(新渡戶稻造)의 책이 나와 사무라이를 미화하는 것이다. 그 공로로 니토베는 일본의 5,000엔짜리 돈에 나올 만큼 존경을 받았다.

일본의 명치유신은 하급무사들이 주역이었고, 니토베도 하급무사의 아들이었다. 하급무사들이 가리사니(道)를 훔쳐간 주역이었다고도 생각할 수 있다. 따라서 니토베의 책을 읽으면 훔쳐간 도둑들이 어떻게 꾸며대며 거짓말을 했는가를 알게 된다. 니토베는 미국인 아내와 결혼하여, 부인이 자꾸 일본 문화에 대해서 묻는 바에 답하고자 책을 썼다고 했다. 자신의 미국인 부인에게 절묘하게 거짓말로 꾸며서 말한 하급무사 도둑의 위장된 진실은 예리한 눈으로 읽으면 명쾌히 나타난다. 분명히 말하되, 일본의 사무라이는 결코 무사도(武士道)로 번역되는 것이 아니다. 니토베는 여기저기서 좋은 말만 골라다가 거짓 위장된 글을 썼으나 일본의 침략과 악행을 겪은 한국이나 아시아 사람들과 미국인들은 니토베가 천하의 사기꾼임을 알 것이다. 니토베가 1899년에 거짓말로 쓴 책을 읽은 니토베의 미국인 부인도 계속 살아 있었다면, 약 40년 뒤에 있은 진주만 공습 때에 남편 니토베에게 너무도 부끄럽고 치욕스럽다면서 당신의 거짓된 책을 모두 불사르고 사죄하라고 했을 것이다. 사무라이는 무사도가 아닌 흉악 무뢰배라고 번역되어야 함을 역사는 정확히 증언하고 있다. 특히 한국 땅에서 저지른 일본의 극악무도한 사기, 살인, 약탈, 강간, 위선, 파괴, 방화 등의 온갖 인면수심의 악행사를 니토베도 제대로 안다면 자신의 책을 거짓말이라고 밝히고 공개사과를 했을 것이다.

일본인들 모두가 5,000엔짜리 돈에 있던 니토베의 거짓말에 속아서, 최고의 사기꾼을 온 세계에 선전하고 있고 세계 사람들은 그 진실을 모르고 있다. 일본인들은 많은 경우에 진실을 밝히지 않는다. 니토베의 책도 그들의 도(道)가 한국에서 훔쳐온 것이란 말은 없이, 그들의 도(道)가 일본의 고유한 것이라고 거짓되게 썼다. 니토베는 무식해서 몰랐거나, 세기의 사기꾼일 수밖에 없다. 최악의 무뢰배들이 임진왜란 때에 약탈해간 도(道)로써 무사도를 위장시킨 거짓말로 꾸며서 말하게 되었다고 실토를 하지 않으니 그런 것이다. 무사도는 결코 일본에 원래부터 있던 고유한 것이 아니다.

생각건대 니토베는 정말 나쁜 사람이다. 그 나쁜 일본 사무라이에 대해서 나쁘다는 말을 하나도 쓰지 않고, 거짓말 자랑만을 썼으니 사무라이 흉악범보다도 더 나쁜 인간이다. 그리고 이웃나라 한국과 만주를 침략한 것을 노골적으로 미화한 것은 결코 용서될 수가 없다. 인류사 최악의 국제전쟁 범죄집단의 범죄행위를 미화한 최악의 쓰레기 인간이다. 한국을 비롯한 아시아 사람들은 일본에 의해 극한상태의 생지옥과 같은 비극적인 삶을 살았다. 그리고 한국은 일본의 침략 후유증 속에 지금도 분단의 고통을 겪고 있다는 점을 생각하면 니토베는 정말로 몹쓸 최악의 사람이다. 한국의 천 원짜리 돈에는 가리사니(道)의 최고 경지를 개척한 위대한 학자 퇴계가 나온다. 온 세계 사람들이 퇴계가 최고의 도(道)를 만든 사람이고, 니토베가 거짓말 책을 쓴 사기꾼임을 알 날이 올 때는 결코 멀리 있지는 않을 것이다.

그러나 한국의 가리사니는 임진왜란으로 깊은 상처를 입었어도 생생히 살아 있었다. 20세기 초의 일본 침략에 직면하여 싸운 항일전쟁의 주역들인 의병, 독립군은 모두가 한국교육으로 무장된 정예 한국인들이었다. 한국의 유림은 항일유림이었으며, 그 정예 인물 30만이 뭉친 집단이 대종교였다. 대종교는 종교단체라기보다

**오끼나와의 한국인 위령비** 일본의 악행과 침략에 의해 생지옥 속에서 인생을 짓밟히고, 피눈물 절규 속에 비명횡사한 한국인은 수없이 많다.

는 단군을 사상의 기치로 내세운 정예 항일단체로서 항일전쟁 때의 애국자들 대다수는 대종교와 깊은 관계가 있었다. 이에 일본은 침략 강점 초기에 한국의 모든 교육기관을 폐쇄시킨 것이다. 오늘날 그 후유증이 너무도 강하게 남아 있다. 훔쳐간 도둑은 도둑을 미화하며 스스로를 무사도(武士道)의 나라라고 사기행각을 벌이고 있으나, 가리사니(道)의 원래 주인은 아직도 일제의 교육파괴 상처를 치유하지 못하며 고통 속에 신음하고 있다.

**타이완 독립운동의 기수 천수이벤 총통**

본성인(원주민)의 열렬한 지지를 바탕으로, 본성인 정당인 민진당으로 정권 교체를 성공시킨 총통이다. 타이완의 독립운동과 정치적 주체성을 부각시킴에 주력하였다. 천수이벤은 한국으로 치면 안중근, 이상설, 이회영을 합한 인물에 해당할까? 한국은 일제침략을 맞아 안중근, 윤봉길, 이상설, 홍범도, 이회영 등의 기라성 같은 많은 독립운동가들이 처절히 싸워 침략일본을 섬나라로 쫓아 보냈다. 그러나 타이완은 한국과 같은 항전을 장개석 이후에 실시할 수 밖에 없었는데, 그 기수가 바로 천수이벤이었다. 타이완 본성인의 독립운동은 그 내면에 일본이 전승시켜 준 한국의 교육이 강력한 추진력을 제공하고 있다고 보아야 되겠다. 한국의 독립운동이 가리사니로 무장된 지식인이었음을 보면 이해가 된다.

# 제5부

# 타이완 르네상스

타이완 국민은
중국을 정말로 사랑하는 사람들이기에
타이완을 진정으로 사랑한다.
진짜 중국이 살아있는 타이완이기에
애국심에 충만한 타이완 국민들은 타이완을
진정한 보물섬(寶島)으로 만들고 있다.
중국은 죽었으나
타이완에는 중국이 살아 있다.
왜냐?
타이완에는 찬란한 교육적 뿌리에 의해
진짜 중국인이 확실하게
자리잡고 있기 때문이다.

**만주족 신화**

중국 하얼빈 근처 아성에 있는 옛 금나라 발상지 박물관의 새 모형은 동아시아 문화를 생생히 보여준다. 최근까지 동아시아의 지배자였던 만주족의 신화에서 동아시아 역학관계를 널리 생각해 보게 한다. 특히 만주(여진)족의 금나라 황족들까지 타이완의 본성인이 된 점을 생각할 때에 타이완은 동아시아 문화의 살아있는 박물관이 분명한데……

## 한류 발원지 타이완

한류(韓流)는 한국에서 만든 문화예술 작품(contents)에 대한 뜨거운 애호의 물결이 번져 나가는 것을 말한다. 타이완, 홍콩, 중국, 싱가포르, 베트남, 일본, 몽골 등지의 젊은 층을 중심으로 한국의 음악, TV 드라마, 영화, 음식, 복식, 헤어스타일 등의 다양한 부문에 한국의 대중문화 열풍이 부는 것을 말한다.

한류가 나타난 첫번째 진원지는 타이완이었다. 타이완에서 한국문화에 대한 열풍이 불면서, 이것이 동남아, 일본, 중국, 몽골, 인도, 터키로 널리 확산이 되어 나간 것이다.

타이완에서 시작된 한류는 TV 드라마에서 시작된 것으로서 2000년 중반에 방영된 불꽃(火花)이 한국 드라마에 대한 관심을 열광적으로 바꾸는 출발점이었다. 주인공이었던 차인표와 이영애의 인기가 급상승하고 팬클럽이 조직되었다. 특히 2001년에 방영된 가을동화(藍色生死戀)는 타이완의 모든 TV 매체의 모든 프로그램을

**주렁주렁 열린 파파야**

한류 발원지 타이완은 먹을 것도 많고, 볼 것도 풍부하고, 즐길 것도 많으며, 배울 것도 많다.

압도하며 시청률 1위를 기록해 한류의 본격적 출발탄이 되었다. 주인공인 송승헌, 송혜교의 인기는 급상승하였으며, 드라마 촬영지를 중심으로 한국을 찾는 타이완 관광단이 줄을 서게 만드는 효과를 나타냈다.

그렇다면 타이완에서 최초의 한류 물결이 폭발한 이유는 무엇인가? 그것은 타이완이 한류의 참된 의미를 알 수 있을 만한 드높은 안목과 식견을 가진 사회였기에 가능했던 것이다.

가을동화 TV 드라마의 진면목을 제대로 알아보고 열광할 수 있을 만큼의 토대가 확실하게 잡혀 있는 사회였기에, 타이완에서 가을동화가 한류의 격랑을 만들 수가 있었던 것이다. 어떤 사회가 문화의 꽃을 피우려면 그것이 필 수 있는 토양이 없이는 불가능하다. 그리고 어떤 사회가 문화수준의 적절한 여건과 수준을 갖춰야만 제대로 된 문화적 평가를 할 힘을 갖게 된다. 타이완은 가을동화를 통해서 한류의 본격적 흐름을 만들 필요 충분조건을 갖추고 있는 높은 수준의 사회였던 것이다.

## 한류의 2차 발원지 일본

일본은 세계 제2의 경제대국이다. 그것은 어떻게 만들어졌는가? 일본은 임진왜란과 20세기 초의 침략 강점에 의해서 한국의 국부(國富)를 근본부터 약탈해 갔다. 한국 약탈이 일본의 오늘을 만든 토대였다. 그런데다가 우매한 모택동, 김일성, 스탈린에 의해 자행된 6 · 25 남침전쟁에 의해서 돈방석에 앉게 되었다. 6 · 25 전쟁 때에 일본은 연합군의 병참기지가 되었기 때문이다. 제2차 세계대전의 패전에 의해서 만신창이 폐허가 된 일본이 다시 일어설 기틀을 만들어 주었던 것이다. 일본의 재건을 상징하는 도쿄타워는 6 · 25 전쟁 때에 망가진 미군의 질 좋은 탱크를 녹여서 만든 것으로서, 한국이 언제나 일본의 국부를 쌓는 희생양이 되었음을 뚜렷이 보여주는 상징물이다.

일본은 임진왜란 이전까지에 있어서는 미개한 섬나라에 불과했었다. 전국이 곳곳에서 분열된 상태로 칼잡이 무뢰배들이 횡행하는, 만인의 만인에 대한 투쟁상태와 같았던 한심한 나라였었다. 미개한 칼잡이들의 나라였던 일본의 전국시대를 통일한 풍신수길에 의해서 총집결된 칼잡이들을 한국 땅에 보낸 것이 임진왜란이었다. 임진왜란의 7년 전쟁은 이순신 장군의 빛나는 해전을 중심으로 침략 왜군을 패퇴시켜 응징하면서 한국의 승리로 끝나게 되었다. 그러나 패전하여 쫓겨간 일본은 임진왜란 때에 선진국이었던 한국 땅의 많은 것을 휩쓸어 갔다. 심지어 많은 우수한 사람들까지 납치해 갔다. 그것이 일본 근대화인 명치유신의 토대가 된 것이었다. 많은 경우에 있어 일본의 번영은 이웃나라 한국을 약탈하고 이용한 범죄행위에 토대를 둔 것이 분명하다.

명치유신은 일본의 남쪽지방인 큐슈에서도 남쪽 끝 지역에서 발원되었다. 현재의 가고시마 근처가 되겠다. 그곳은 예전에 가토 기요마사의 땅이었던 구마모도가 인접해 있다.

일본의 곳곳에는 임진왜란 때에 한국에서 약탈해간 물건과 사람들이 없는 곳이 없다. 특히 큐슈에는 임진왜란의 선봉에 섰던 가토 기요마사가 있었기에 집중적으로 한국의 약탈 문화재와 함께 뛰어난 인재들이 잡혀가 있었다. 일본에서는 애써 이것을 감추고 있는데, 임진왜란에서 단지 도자기공을 잡아 갔다고만 발표를 하고 있다. 일본 도자기의 시조인 이삼평과 심수관 등 도자기공들이 집중된 곳도 구마모도 근처인 것은 물론이다. 그러나 거기에는 도자기공만이 잡혀간 것이 아니다. 한국에서 탈취해 갈 것은 모두 가

**도쿄타워** 일본 땅에 있는 모든 것은 궁극적으로 한국인들의 피눈물을 바탕으로, 철저히 약탈한 범죄행위에 토대를 둔 것이다.

져간 총체적 약탈물과 약탈 인맥이 집중되어 있었다. 임진왜란 이후 그곳의 군대에서는 한국에서 붙잡아간 농민들로 엄청난 규모의 대부대를 편성하고, 집중적인 군사훈련을 시켜서 그들의 새로운 전투부대를 만들었을 정도였다.

임진왜란 이후에 12차례의 조선통신사가 일본을 방문하는데, 일본에서는 조선통신사를 가급적 뱃길로만 안내하며 목적지인 에도(도쿄)로 당도하게 했었다. 그것은 부산에서 가까운 후쿠오까에만도 한국(조선)인이 수백 명이나 억류되어 있었으며, 곳곳에 한국인이 잡혀 있었기 때문이다. 특히 1~3회 통신사의 목적은 이렇게 잡혀간 한국인을 귀환시키려는 것이었기에, 일본에서는 예컨대 후쿠오까에는 절대 상륙을 시키지 않고 거기서 7.5km 떨어진 작은 섬에 상륙시켰었으니, 12회의 통신사 중에서 11회나 이 섬을 거쳤을 정도였다.

일본의 명치유신이 왜 큐슈의 남쪽에서 일어났는가는 자명한 일이다. 일본에서는 그곳이 해군기지라 해외문물이 많이 들어왔기 때문이라고 한다. 그러나 그것은 거짓말이다. 나중에 꾸며낸 일본의 사기성 역사합리화 이론의 하나일 뿐이다. 실제로는 선진국이었던 한국에서 약탈해간 모든 것이 집중된 곳이었기에 그것이 결정적인 토대가 된 것이다.

그런데 일본의 한류는 상상밖의 매우 기묘한 특징을 보이고 있다. 왜냐하면 일본에서는 한류의 열풍이 30대 이상의 중장년 부인이 중심이 되어 여성 편향적으로 일어나고 있기 때문이다. 중장년 부인들 위주로 한국 TV 드라마 '겨울연가'가 선풍적인 인기를 끌면서 한류 열풍을 주도했고, 그것이 점차 일본의 젊은 여인들에게도 퍼져나가 일본에서는 여성계 전체에 한류 열풍이 몰아쳤다. 그것은 때로는 광풍이라고 할 정도로 거세게 일어났다.

그렇다면 왜 일본에서는 여성 중심의 한류 열풍이 일어났는가가 궁금해진다. 언론에서는 일본의 한류 열풍을 일본 여성들의 일본 남성 혹은 일본 문화에 대한 반란이라고까지 지적하고 있는데, 그것은 무엇을 말하는 것인가가 규명되어야 하겠다.

일본에서 여성 중심의 한류 문화가 일어난 것은 일본 문화에 숨막혀서 질식상태에 있던 일본의 여성계가 그 탈출구를 한류에서 찾았기 때문이다. 일본은 먼 옛날부터 오늘날까지 변함없는 칼잡이 문화로서, 남성 위주의 틀에 짜인 계급사회 였다. 따라서 일본 여성들은 사실상 비인간적 대우를 받으며 고독하고 잔인하게 남성들에 짓눌려 이용당하는 노예같은 삶을 강요당해 왔었다. 일본은 임진왜란을 통해 한국의 선진문화를 갖고 가서 명치유신을 할 힘을 얻었으나, 그것은 칼잡이 무사문화를 보다 강화시켰고 예부터의 숨막히는 여성 탄압 문화는 그대로였던 것이다.

사무라이를 미화하는 엉터리 거짓말 책을 쓴 니토베는, 그의 책에서 여자는 남성의 그림자이며, 남성의 종속자, 봉사자, 내조자라는 망언으로 일관하면서 여성의 미덕은 남성을 위해서 자기를 버리는 것이라고 쓸 정도인데, 그를 존경한다고 하는 일본의 현대사회니 일본이 얼마나 한심한 사회인가는 두말할 필요가 없을 것이다.

숨막히는 강박관념 속에 억눌려 살아오던 일본 여성들은 항상 사랑에 목말라 있었다. 그러다가 한국의 TV 드라마 겨울연가를 보고는 너무나 일본 남성들에게 속아 살아왔다는 것을 절감하게 되었던 것이다. 일본 문화의 비인도적 틀과 남성 위주의 어둠에서 탈출하는 행태가, 겨울연가에 열광하며 일본사회에 분노하면서 한국 관광 붐을 일으키고 한류 열풍을 만들었던 것이다. 한국 배우 배용준, 최지우를 비롯해 여러 한류스타를 탄생시켰고, 겨울연가 촬영지인 강원도 춘천의 남이섬은 유명한 관광지가 되었다. 일본의 한류는 현대사회에 있어서도 칼잡이 사무라이들의 잔인한 흐름이 전혀 변하지 않은, 비인간적 일본 남성사회에 대한 여성들의 거대한 항거의 물결이었다. 니토베 이나조가 뻔뻔스럽게 미화를 시켜 꾸며대며 거짓말을 한 것에 대해 분노하며 항거한 것이었다.

그러나 일본의 칼잡이 문화는 일본 여성들의 한류를 그들의 칼잡이 문화로 짓밟으며 여성 압박의 원위치로 되돌려 놓았다. 그것은 고이즈미의 야스쿠니 신사참배 강행을 통해서 국제긴장을 조성하고, 일본 여인들이 한 · 일 간의 긴장 분위기 속에 한국을 찾지 못하게 유도하는 간교한 것이었다. 물론 일본사회 전체가 싸늘한 비정한 사회요, 따뜻한 정이 없는 사회지만, 고이즈미의 야스쿠니 신사참배를 보면 칼잡이의 표독한 무사문화에 전율감까지 느끼게 된다. 고이즈미의 참배모습은 결코 총리의 모습이 아니라 전형적인 왜구두목이며 칼잡이의 모습 그대로이다. 그것은 동아시아에 무서운 반일감정을 유발시켰고 어둠 속에 살던 일본 여인들을 다시금 공포에 떨면서 어둠 속에 잡아 가두는 결과를 낳은 것이다. 자기들은 온 세계가 지탄하는 섹스 애니멀이면서 일본 여인들은 다시 감옥에 가두고 말았다.

일본은 초현대시대인 오늘날에도 변함없이 칼잡이 무사문화가 지배하고 있는 부끄러운 사회이다. 온 나라가 군사조직과 같이 움직이며 숨쉴 틈도 주지 않는다. 거기에서 일탈한 사람은 이지메 왕따를 시키며 무서운 징벌을 가하는 비정한 사회에서 일본 여인들은 숨소리도 못 내며 다시금 죽어지내게 되었다.

온 세계가 지켜보는 가운데 일본의 무사문화는 한류를 짓밟았다. 그리고는 20세기 초의 해외 침략을 미화하는 역사를 만들려고 안간힘을 쏟는 일본에 나타난 쓰디쓴 사례는 미국에서의 위안부 논쟁 폭발이었다. 그런데 기막힌 것은 그것이 일본계 미국인의 주도에 의한 것인 점이다. 왜 그렇게 되었는가? 그 까닭은 일본계 미국 국회의원은 일본의 무서운 무사문화에서 자유롭기 때문이고, 일본의 잘못을 잘 알고 있기 때문이다.

그러나 아베 총리를 비롯한 일본의 무사문화에 찌든 인맥들은 숨막히는 일본사회의 틀에 사로잡혀 있는 사실상의 감옥에 갇힌 불쌍한 인질들이다. 그렇기에 온 세계가 주시하며 지탄하는 정신대 위안부 문제를 온갖 거짓말로 얼버무리고 있다. 일본인들은 얼마나 많은 정신대가 일본군에 끌려가 치욕적인 성노리개가 되었는가를 이제는 숨길 수 없게 되었다. 반반한 한국 여자는 모두 끌고 가서, 20만 명 이상이었다고 알려진 정신대의 약 8할 이상은 한국인임이 분명해지니까 이제는 강제로 끌고 가지 않았다는 점만을 갖고 세계를 우롱하고 있다.

그러나 일본인들은 스스로가 바로 일본사회는 무서운 무사문화의 사회로서, 모든 것을 심리적 강요로 움직이는 잔인한 사회임을 잘 알고 있을 것이다. 그것을 현대판 용어로는 이지메 왕따라고 일컫는다. 일본 군국주의는 국가 전체가 젊은이들을 가미가제 자살특공대로 보내고, 징병, 징용에 보내거나, 정신대로 보내면서도 사이비 종교의 맹신도같이 꼼짝없이 가게 만드는 잔인한 심리적 압박체제였다. 숨 한 번 제대로 쉴 수 없는 무시무시한 사회였었다. 특히 대동아전쟁 때에는 전체 국민을 꼼짝도 못하게 강요하며 군국주의 체제로 몰아쳤으니, 지극히 잔악하고 가혹한 비인간적 강제사회였음을 유의해야 한다.

정신대 위안부를 끌고 가는 데에는 예전에 온갖 방법이 다 동원되었었다. 거짓말 사술에 의한 유혹, 심리적 압박은 물론이고 그것이 어려울 때에는 강제로 끌고 갔었다. 그리고 특히 유의할 점은 한국의 젊은 여인에 있어서 끌고 갈만 하면 모두 정신대에 끌려 갔었다는 것이다. 그렇게 강제로 끌고 간 증거는 속속 발견되고 있다. 정신대는 처음에 일본의 전쟁을 위한 공장, 간호원 등의 노력동원이라고 거짓선전을 하다가 성노리개로 끌고 간 것으로서, 온 나라의 젊은 여인을 총동원 체제로 끌고 갔었다. 그래서 당시 한국의 젊은 여자는 별안간 이웃의 적절한 남자만 있으면 결혼을 시켰고 조혼을 서둘렀다. 이 글을 쓰는 필자의 어머니도 십대 후반에 서둘러 시집보내졌고, 그렇게 시집간 것을 후회하는 한국 여인들도 주변에서 쉽게 만날 수 있었다. 일본에서는 한국 땅에서 조혼의 바람이 강하게 일어나자 유부녀까지도 강제동원을 했었다.

지구상의 어디에도 없었던 정신대 위안부 동원의 발상은 예부터의 일본 무사문화에서 비롯된 것이다. 일본의 칼잡이들은 여성을 사실상 성노리개로 보는 흐름이 예부터 끊임없이 이어져 내려왔었다. 그러니까 일본군의 위안부 발상은 결코 새로운 것이 아니었다. 예전부터 해오던 일본 칼잡이 무사문화에서 비롯된 자연스런 발상이었던 것이다. 그간 일본의 모든 여인들은 여인이 아니라 사회에서나 가정에서나 남성들의 성노리개 위안부에 불과했었다.

**새로 바뀐 일본 5,000엔권** 여성 천시, 여성 박해의 일본 땅에서 여성이 돈에 등장하는 놀라운 혁명은 한류 열풍이 만든 것이었다.

그런 비정한 나라가 일본이었기에 세계에 유래가 드문 위안부라는 기절초풍할 발상을 했던 것이다. 그런 어두움을 강요당하며 사실상의 위안부 성노리개로 살아온 일본여인들이 한국의 TV 드라마 겨울연가에 나오는 너무도 감동스러운 이야기에 충격과 한숨과 분노를 토해내며 한국 관광을 떠나는 것은 당연한 일이다.

한국 땅에서는 물론이고 동아시아 전체에서 온갖 몹쓸 만행을 저지르며 일본 무사문화의 악행을 자행하고서, 그것이 아니라고 우기는 일본 정치 지도자들이 불쌍할 뿐이다. 예부터의 나쁜 버릇을 못 버리고 지구촌 곳곳에서 섹스 애니멀이 된 일본 남성들이다. 일본 여성들이 한류 반란을 일으키는 것은 너무도 당연했던 것이다. 불쌍한 일본 여인들이 언제 제대로 사람 대접을 받게 될 것인가? 일본 여인들에게 자유를 부여하고 인간다운 삶을 찾아줄 새로운 한류가 다시 불고, 일본 여인들도 겨울연가 주인공 같이 따뜻하고 부드러운 인간애 속에서 사람답게 살 날이 어서 오길 기대하는 것은 온 세계가 주목하는 뜨거운 관심사일 것이다.

그리하여 일본의 놀라운 변화가 바로 2004년에 나타났다. 니토베 이나조를 5,000엔권에서 20년 만에 축출하고, 여성문학가 히구치 이치요(樋口一葉)가 새로운 5,000엔권에 나타나게 된 것이다. 생각하면 니토베를 몰아낸 사람은 한국배우 배용준(욘사마)이었다. 겨울연가의 열풍에 밀려서 일본은 5,000엔권의 화폐도안을 바꾸지 않을 수 없는 곤혹스런 상황을 맞았던 것이다. 여성을 간교하게 짓밟고 천대하는 어두운 문화 흐름에서 살아온 악독한 일본 남성들이, 니토베를 몰아내고 여성문학가로 바꿀 수밖에 없었던 거대한 흐름이 바로 일본 땅에 몰아친 한류였다. 그러나 일본사회는 아직도 철이 덜 들었다. 아니 일본 남성들은 일본 여성을 교묘하게 짓밟고 깔보며 니토베를 다시금 강조하는 만용을 부리는 일각의 모습도 보이고 있다. 이런 여성 비하의 몹쓸 흐름이 계속된다면 일본 여성이 다시 총궐기할 날은 꼭 올 것이다. 일본 남성들의 솔직한 반성과 정직한 모습을 기대하며, 숨죽여 지내는 일본 여인들의 꿈이 꼭 이루어지기를 온 인류가 지켜보고 있다. 일본 남자들도 부끄러움이란 단어를 알 때가 와야만 할 것이다.

## 중국의 한류(韓流)

한류(韓流)라는 말은 애초에 중국의 언론에서 새로 만든 신조어였다. 중국의 공산당 독재문화에서 애써 만든 용어에서 비롯된 것이다. 중국은 폐쇄적 독재국가로서 대다수의 국민을 우물 안 개구리같이 정보통제된 상태에서 세상을 모르고 바보같이 살게 만들고 있기 때문에, 외국 문물이 들어오는 것에 대해서 극도로 신경을 곤두세우는 나라이다. 이러한 외래 문화에 대한 피해망상증에 걸린 중국에서 한국 문화가 유입되는 것을 처음에는 한조(韓潮) 또는 한풍(韓風)이라고 부르다가, 한국 문화를 나쁘게 비방하느라고 억지로 언론 조작을 한 것에서 비롯되었던 것이다.

원래 중국에는 한류(寒流)라는 말이 있었다. 그것은 직역하면 '갑작스런 강추위'를 뜻하는 것으로서, 사회적으로는 '다른 해외문화가 무섭게 파고든다'는 뜻이다. 그래서 한국 문화가 강력하게 유입되는 것을 문화침략이라도 되는 듯이 악의적 비방을 하려고, 한류(寒流)와 소리가 같은 한류(韓流)라는 신조어를 새로 만들어서 반한(反韓) 분위기를 만들고 한국 문화를 깎아 내리려는 얕은 생각을 갖고 중국 언론이 악의적으로 퍼뜨린 것이었다. 특히 중국의 한류(寒流)는 러시아의 시베리아에서 남하하는 것으로, 봄 · 가을에 별안간 찾아오는 추위(한파)를 의미하는 것이니까 '불청객'을 뜻하는 것이다. 이것은 악의적 선전을 하기에는 아주 좋은 것이고, 한류(韓流)와 발음이 같다는 데에서 착안하여 중국 공산당이 악선전용으로 쓰기에는 안성맞춤이라고 판단한 듯하다.

그런데 워낙 한국 문화가 인기가 높고 매력적이면서 급속도로 확산이 되니까, 한류(韓流)는 중국 공산당의 뜻과는 전혀 다르게 수준 높은 한국 문화의 확산이라는 의미를 강하게 갖게 되었다. 더구나 영향력이 매우 큰 홍콩신문들이 한류(韓流)를 대대적으로 선전하게 되어, 한류는 중국의 뜻과는 전혀 다르게 한국을 선전하는 기본용어가 되어버린 것이다. 그렇게 되자 한국의 신문들도 한류를 대대적으로 선전을 하게 되었고, 한류는 한국의 대중문화를 뜻하는 새로운 용어로 급속히 자리잡게 되었다.

그러나 중국은 변함없이 해외문화의 유입에 대해서 편협한 폐쇄성을 강하게 유지하고 있는 꽉 막힌 나라이다. 중국은 강력하게 밀려오는 한국 문화를 접하고는 그것을 헐뜯고 왜곡하고 묵살하려고 온갖 술책을 다 동원하고 있다. 지금도 온갖 경우에 한국의 영화, 드라마, 노래, 스포츠, 소설은 물론이고 전방위로 기회만 있으면 한국을 깎아 내리려고 하고 있다. 그것은 중국이 문화적 열등성과 함께 폐쇄성을 띤 병든 사회이기 때문에 항상 변함없는 것이다.

중국은 거대한 감옥국가이다. 자기 나라에서도 중국인들이 거주 이전의 자유가 없고, 함부로 언행을 하면 즉시 강제노동 수용소에 끌려간다. 그리고 사람을 죽이는 사형을 백주에 많은 군중 앞에서 공공연히 자행하는 공포의 나라이다. 그렇기에 중국에서의 한류는 지극히 비정상적이다.

중국 공산당에서는 높은 수준의 한국 문화가 밀려오는 것을 겉으로는 태연한 체 하면서, 속으로는 그것을 막아내기에 온갖 궁리를 다하고 있다. 강력한 언론 통제, 언론 조작을 통해서 상상도 못할 비방과 왜곡을 획책하기 때문에 종종 의외의 일이 벌어지고는 한다.

## 동남아, 몽골의 한류

타이완, 일본, 중국의 한류는 아시아권을 강타하고 이제는 인도에까지 퍼지고 터키를 비롯한 아랍세계를 거쳐 서방세계에까지 영향을 미치고 있다. 그런데 동남아, 홍콩, 몽골에서의 한류바람은

**호지명의 유일한 동상**

사이공(호치민) 시내에 있는 동상은 어린이를 안고 있는 선생님의 모습이다. 동상을 세우지 말라는 호지명의 유언이 있었으나, 후계자들이 유일하게 하나를 세웠다.

일본이나 중국과 같이 왜곡, 교란작용은 없고 상당히 순수하고 진실된 흐름이다. 심지어 몽골은 한국과 연합국을 만들자고 나설 정도로 강풍이 불고 있다. 왜냐하면 동남아, 몽골은 한국과 직접적 이해관계가 부딪히는 나라들은 아니기 때문이라고 생각이 된다.

그런데 베트남은 경우가 약간 다르다. 베트남은 약 30년 전에 월남전 때의 깊은 교류관계가 있었기 때문에, 한류 이전에도 한류가 불 토대가 충분하게 만들어져 있었다. 월남전이 월맹 측의 공산군이 승리하며 공산국가로 통일이 되기는 했지만, 북위 17도선 이남의 옛 남부지역은 한국군이 와서 도와준 바에 대해서 지금도 깊은 신뢰감을 갖고 있다. 월남 측이 패전을 하기는 했지만 한국군이 참전하면서 베푼 다양한 교류관계는 지금도 많은 월남 사람들에게 한국을 따뜻한 나라로 생각하게 만들고 있다. 또한 공산 측인 북쪽에 있어서도 한국군이 주어진 국제

**베트남 하롱베이 크루즈** 스승의 나라 베트남의 격조높은 사람됨을 보는 듯, 끝없이 이어지는 격조높고 아름다운 경치에 관광객은 넋을 잃는다.

관계상 참전할 수밖에 없었음을 생각하며 상당히 우호적이다.

더구나 옛부터 과거제도가 있던 베트남, 한국, 중국의 동양 3국으로서, 학문을 숭상하고 스승을 존경하는 깊은 전통을 갖고 있는 베트남은 한국과 문화적 토대가 너무나 같은 점도 한류에 큰 영향을 주었다고 생각된다. 호지명(胡志明) 자신이 예전에 초등학교 선생님이었음을 항상 자랑했고, 변성명한 이름이 굳어진 '호지명'도 공부를 많이 한 사람으로서의 스승이라는 뜻이다. 그리고 유명한 전략가인 보구엔 지압 국방장관은 역사선생님이었다. 교육자가 주도권을 쥔 베트남이 문명강국의 한류를 아는 것은 당연한 것이다. 스승나라가 스승나라를 아는 것은 너무도 자연스럽기 때문이다.

이러한 상황에서 한국의 인기 있는 TV 드라마가 방영되면서

**베트남 늪지대 관광** 한국의 총각들이 베트남 처녀들을 그토록 좋아하는 까닭은, 베트남의 깨끗한 자연 속에서 저절로 답을 찾게 된다.

베트남에 한류의 열풍이 불게 된 것은 매우 당연한 일이다. 요즈음에는 한국의 농촌 총각들에게 시집을 오는 베트남 처녀가 매우 많아졌다. 예부터의 공통된 유교문화권에 분단국으로서의 공통경험, 그리고 월남전 때의 양국 교류가 토대가 된 데에다 한류가 강하게 부는 것을 생각할 때에 매우 자연스런 흐름이라고도 생각이 된다. 앞으로 20년 후에는 한국과 베트남이 끊을 수 없는 깊은 혈맹의 며느리, 사위 나라로서의 지극히 가까운 관계를 갖게 되리라고 예상할 수 있다.

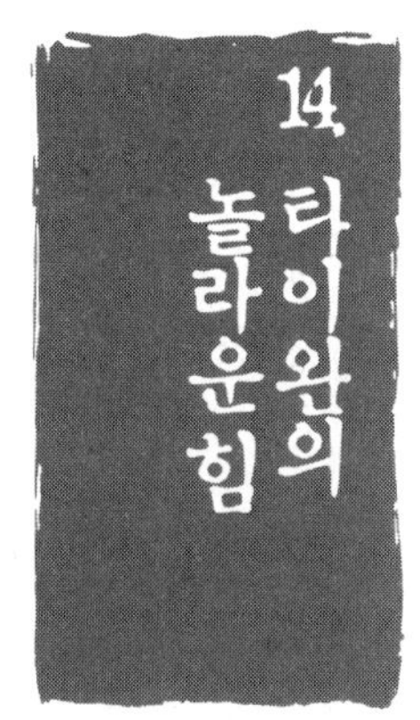


타이완 사람들의 물질문명이나 정신세계를 이끄는 타이완 교육은 앞에서 계속 논의해 왔듯이 다중성을 띤 독특한 것이다. 그런데 거기에서도 대단히 중요한 것은 ① 일본이 한국에서 훔쳐다 준 동양 최고의 교육본체이고, 여기에 덧붙여 ② 장개석 부대와 함께 온 중국 대륙의 최고 수준 두뇌, 그리고 타이완을 지켜주려는 ③ 미국에 의해 전수된 첨단교육의 세 가지를 들 수 있다. 이렇게 완벽하게 최선의 교육본체를 3중으로 가진 나라는 지구상의 어디에도 없다. 타이완은 동아시아 근현대사에 의해 너무도 빼어난 교육본체를 가진 세계 유일의 보물섬이 되었다.

그러나 타이완의 발전을 이끄는 타이완 파워는 단지 이 3가지만의 3중성 파워가 아니라 좋은 것들이 매우 많다. 타이완의 눈부신 성장 동력이 되는 타이완 파워에 있어서 대표적인 것을 보다 상세하게 나열하면 다음 10가지의 힘이 뭉쳐진 10중성 파워가 되겠다. 지구상의 어디를 찾아가도 이렇게 좋은 것을 모두 갖춘 나라를 찾기는 쉽지 않다. 아마도 비슷한 수준이 있다면 타이완 파워의 원형국가인 한국이나 그것을 훔쳐간 일본에 있을 뿐이다. 타이완, 일본, 한국이 왜 강하며, 타이완의 영향을 받은 홍콩, 싱가포르가 왜 번영을 구가하고 있는가의 답변은 자명한 것이다. 타이완이 자랑하는 10가지 파워를 살펴보자.

## 타이완의 힘 ①: 자유의지

타이완에서 발원된 한류 열풍을 목도하면서 타이완의 참된 본모습을 알아보려는 열의가 높게 일어나고 있다. 타이완을 작은 섬나라로 보던 데에서 벗어나, 확실한 능력을 갖춘 힘 있는 국가의 실체로서 인식하려는 당연한 흐름인 것이다.

타이완의 첫 번째 우수한 점은 무엇인가? 그것은 타이완 사람들 전체에 넘쳐나는 자유를 향한 열정이다. 타이완은 극소수의 원초적 원주민을 제외하고는, 거의 대다수의 국민이 자유를 찾아서 타이완으로 건너 온 사람들이다. 대륙에서 자유를 찾아 타이완해협의 파도와 격랑을 넘어서 목숨을 걸고 타이완에 정착한 엑소더스의 물결은 긴 시간에 걸쳐서 이루어졌다. 타이완 사람들은 예전에 북방족들인 거란족, 여진족, 몽골족, 만주족의 침략이 있을 때마다 꾸준히 전란을 피해 엑소더스의 물결을 이었었다. 마지막으로 모택동의 공격을 피해서 건너온 장개석 국민당군의 합류로 오늘날의 타이완 국민이 형성된 것이다. 그러니까 타이완 사람들은 국민 모두가 전란을 피해서 타이완 해협을 건넌 엑소더스의 사람들이다. 자유를 찾아서, 희망의 땅을 향해, 유토피아(utopia)를 꿈꾸며 꾸준히 건너온 것이다.

그렇기 때문에 타이완 사람들은 지구상의 어떤 곳에 사는 사람들보다도 자유 의지가 막강하다. 타이완 사람들은 어떤 일이 있어도 공산당의 독재정치를 거부할 것이며, 확실하게 항거할 것이다. 자유를 찾아서 대륙을 탈출한 자유인들인 타이완 국민들에게서 자유를 빼앗으려 한다면 타이완 국민들의 목숨을 빼앗는 것과 같은 것이다. 공산독재 체제가 짓누르는 숨막히는 공포의 땅이 대륙임에 반하여, 타이완에는 철저하게 인권이 존중되고 확실하게 자유가 보장되는 민주주의 정치가 시행되고 있다. 타이완 사람들은 대륙을 떠나서 자유의 이상향(utopia)을 만든 것이다. 그 이상향을 지키는 데 있어서 타이완 사람들은 어떤 희생도 아까워하지를 않을 것이다.

## 타이완의 힘 ②: 개방성

타이완은 중국 공산당의 극단적 폐쇄성에 비교할 때에 극단적인 개방성을 가진 나라이다. 한국의 개방적인 문화와 타이완의 개방적인 문화는 상당히 닮은 공통점을 갖고 있다. 그러한 공통점이 있었기 때문에 타이완에서 한류가 발원할 수 있었던 것이다.

타이완은 활짝 열린 사회이기 때문에 어떤 문화라도 좋은 것이면 서슴없이 받아들인다. 온갖 차단장치를 만들고 외국 문화가 들어올까봐 극도로 신경을 곤두세우면서 병적 증상을 보이는 중국 공산당과는 전혀 다르다. 같은 중국 계열의 나라이면서도 물과 기름과도 같이 전혀 이질적인 나라가 중공과 타이완인 것이다.

타이완은 그렇기에 평화를 사랑하는 사람들이다. 주변에 있는 나라들과 전방위로 갈등을 벌이고 탄압과 침략을 일삼는 중국 공산당과는 너무도 다르다. 중국 공산당은 티베트, 위구르, 몽골, 만주는 물론이고, 주변의 여러 나라들과 끊임없이 전쟁과 갈등을 일으키며 현대사를 어둠으로 이끌어 왔다. 원래 도둑놈은 숨겨진 죄의식을 갖고 살기에 음험하고 폐쇄적이지만, 평화를 사랑하며 남을 괴롭히지 않은 타이완과 한국은 항상 떳떳하고 개방적인가? 타이완 국민과 한국인들은 중국 공산당의 침략에 극심한 피해를 입은 똑같은 나라인데, 침략자와는 달리 대단히 개방성을 띤 공통점을 갖고 있다.

타이완 사람들의 시원시원한 개방성은 그들의 학교교육에서 보다 두드러진다. 타이완의 교육은 열린 사고가 가능한 완전 개방

**타이완 대학생들의 서울 방문** 서울교육대학교를 찾아온 타이완 대학생들의 얼굴에는 웃음과 총명이 넘친다.

형 수업이 진행되기 때문에 지극히 창의적인 인간이 길러진다. 타이완의 젊은이들은 생기가 넘치고 막힘이 없는데다 개별적인 창의성이 최대한 보장되기 때문에, 타이완은 어려운 국제상황에 처해서도 꾸준히 눈부신 발전을 이어갈 힘을 가진 것이다.

## 타이완의 힘 ③: 독립심

타이완 국민은 철저하게 독립의지를 가졌다. 외성인들이라는 국민당 출신 노인들이 정체성 혼란상태 속에서 대륙과의 연계의식을 갖고 방황을 하고 있으나, 절대다수를 차지하는 본성인 전체와 젊은 세대 외성인들은 뚜렷한 독립심을 가진 사람들이다.

타이완 사람들의 독립심은 매우 기묘하게 표출되고 있다. 그것은 타이완 사람들의 가족단위 문화에서 두드러지게 나타나고 있다. 그리하여 타이완에는 수많은 가족기업이 만들어져 있다. 세계 어느 곳에도 없는 독특한 현상으로서, 타이완은 가족 단위의 숫자만큼 기업이 생긴다고 말할 정도로 가족기업이 많다.

타이완에 가족기업이 많은 이유는 타이완 사람들의 독립심에서 비롯된다. 타이완 사람들은 다른 사람들의 간섭을 싫어한다. 철저하게 가족 위주로의 개별화된 삶을 추구한다. 그 까닭은 타이완이 형성된 흐름을 보면 자연히 수긍하게 된다. 왜냐하면 타이완 사람들은 누구나 대륙을 떠나올 때에 가족을 중심으로 건너왔기 때문이다. 그렇기에 타이완 사람들은 가족이 곧 국가요, 정치체요, 그것이 바로 삶을 위한 기업이 되는 것이다.

타이완 국민들은 다른 나라의 국민들 같이 국가가 그들을 보호하고, 국가의 뜻에 따라서 산다는 의식이 원초적으로 강할 수가 없었다. 타이완 사람들은 국가를 떠나서 가족 단위로 타이완에 사실상의 망명을 했던 사람들이기 때문이다. 그러한 긴 전통이 있기 때문에 타이완에서는 가족 단위의 중요성이 부각되고 가족 단위의 문화가 생기는 것이다. 사실상 타이완 사람들은 국가 이전에 가족이 먼저다. 타이완 사람들은 대륙에서 국가를 벗어나 가족으로 살겠다고 온 사람들이기에 그런 것이다. 그러므로 중국 공산당에서 타이완 사람들에게 자기들의 테두리로 들어와 중국에 귀속하라는 얘기는 원초적으로 거부감을 주는 것이다.

오늘날의 타이완은 거대한 타이완 가족과 같다. 타이완은 다른 나라들과는 다른 정치체로서, 하나하나의 작은 가족국가가 모여서 총체적 덩어리로 뭉친 커다란 가족국가가 된 것이다. 그렇기에 타이완 정치문화는 다분히 가족문화의 성향이 높다. 그리고 다른 정치체의 간섭을 지극히 싫어한다. 그것은 매우 독특한 성향을 가진 것으로서 끈끈한 가족애와 같은 확실한 모습의 독립심인 것이다.

## 타이완의 힘 ④: 가리사니(道)

타이완의 특징인 앞의 세 가지 자유 의지, 개방성, 독립심은 원주민에 해당하는 타이완 본성인들의 두드러진 성향이라고 하겠다. 그런데 가리사니는 침략 일본에 의해서 타이완에 전승된 한국의 드높은 교육본체이다.

가리사니는 드높은 깨달음을 뜻하는 것이다. 그것은 예전 조선시대의 한국 교육의 이상적 수준을 말하는 것으로서, 그것을 평가하는 기준은 순(純)이었다. 조선 중반기에 있어서 한국의 성리학은 세계 최고의 수준에 도달해 있었다.

당시의 중국은 학문적 수준이 그리 높지 못했다. 거란족, 여진족, 몽골족, 만주족의 침략에 의해서 끊임없이 전란을 겪고 전국토가 초토화되는 상태에서 학문의 꽃이 필 수는 없는 것이었다. 그리고 일본에 있어서는 미개한 섬나라로서 칼잡이 살육문화가 전국을 피바람으로 물들이고 있는 문맹상태였었다. 그렇지만 한국의 조선시대는 기나긴 학문 존중의 풍토 속에서 대단히 높은 수준의 학문적 경지에 도달해 있었다.

한국은 중국과 달리 고대시대 이래로 정치 주체와 국민이 일치되어 있었다. 한국사에도 물론 외침이 있기도 했으나 한국사는 고대시대 이래로 한국인이 계속 정치 주체였고 그렇기에 긴 동안의 학문적 업적이 축적될 수가 있었다. 중국이 1천 년 가까이 외래 민족의 지배를 받으며 중국의 주인은 이민족이었던 것과는 전혀 다른 것이다. 그렇기에 한국의 조선시대에는 학문적 수준이 매우 높았다. 아시아, 더 나아가 세계 최고의 학문수준을 자랑하는 드높은 경지에 도달해 있었다고 보아도 될 정도였다. 원래 도둑이 노리는 집은 부잣집이듯, 섬도둑 왜구가 노릴 풍부한 자산을 가진 부유한 선진국이 한국이었다.

그런데 일본이 임진왜란 때에 침략을 해 와서 최고 수준의 경지에 다다랐던 당대 최고 학자 퇴계의 연구물을 포함하여 많은 학자를 납치해 갔고, 그것을 일본 땅 곳곳에 접목시킨 것이다. 그러나 일본 땅에서는 드높은 한국의 교육문화가 칼잡이 무사문화에 접목되면서 보다 체계화된 침략문화의 도구가 되었다. 한국의 조선시대가 사농공상(士農工商) 체제로 되었다면, 일본은 병농공상(兵農工商) 체제로 칼잡이 무사가 가장 높은 위치에 있어 한국에서 약탈해 간 교육본체가 칼잡이 무사들에게 접목이 되었고 침략문화를 강화시키는 데에 사용이 된 것이다. 일본 사람들은 어떤 좋은 것을 갖다가도 그것을 침략문화의 도구로 쓴다. 칼잡이 침략꾼들이 사회의 상층 주도권을 쥐고 있기 때문이다. 일본은 지구상의 어디에 가서도 정치군사적 침략을 하거나, 경제 침략, 문화 침략을 하지 않은 때가 없다. 심지어 침략할 것이 없으면 몰래 벚꽃이라도 심고, 심지어는 섹스 침략까지 서슴치 않아 섹스 애니멀로 지탄을 받을 만큼 전방위 침략행태가 습성화되어 있다.

이러한 일본이 타이완을 청일전쟁의 전리품으로 할양을 받아 타이완 사람들의 교육을 시키면서, 최고 수준에 다다른 한국교육을 타이완에 뿌리내리게 한 것이다. 그리하여 타이완에는 드높은 최고의 교육본체가 전승되어졌다. 타이완 사람들의 교육적 수준이 높은 것은 일본 식민지 시대의 일본인들에 의한 것이었는데, 그것은 바로 최고의 빼어난 경지에 올랐던 한국의 교육이 타이완에 전해진 것이었다.

최근 일본의 아소다로 외상이 타이완의 높은 교육수준은 식민지 시대의 일본에 의한 것이란 말을 했는데 그것은 정확히 옳은 말이었다. 다만 아소다로가 그 높은 교육수준이 임진왜란 때에 한국에서 약탈해 온 것이란 말은 차마 하지를 못했다. 일본인들은 어떤 것도 정직하게 말하지 않는 이중성 인간들로서 항상 본심(혼네)을 숨기는데, 실제로 일본의 높은 교육수준은 세계 최고 수준이었던 퇴계 때의 한국교육을 그대로 갖고 간 것이었다. 아소다로의 발언에 대해서 타이완 사람들이 긍정하는 까닭은 그것을 알기 때문이며, 대륙의 중국인들이 분노하는 까닭은 현재 중국의 주도권을 쥔 중국인들이 항일전쟁 시대에 역사의 들러리였고 공산당의 앞잡이에 불과했기에 무식하여 아무 것도 모르기 때문이다.

그렇지만 한국 땅에는 불행하게도 일본인들이 철저히 교육적 핍박을 가했다. 일본보다도 높은 수준에 있던 한국을 우민화시키기 위해서 침략 강점과 동시에 모든 학교를 폐쇄시켜 버렸다. 그리고는 초등학교 4학년 정도의 단순 기본교육만을 시켜서 일본인들의 농노를 만들고 징용, 징병, 정신대로 끌고가 최악의 상태에서 죽음을 맞게 하였다. 일본인들은 높은 수준의 한국인들임을 너무도 잘 알고 있었기에, 일본인보다 열등한 상태에서 지배를 받게 만들려고 온갖 교육적 악행을 극도로 저질렀다. 특히 일본이 놀랐던 것은 일제침략에 항거하는 한국의 의병, 독립군들의 다수가 바로 최고 수준의 가리사니를 터득한 퇴계, 율곡의 제자들이란 점이었다. 항일전쟁의 선두에서 활약한 최고의 애국자들은 도학(道學)의 드높은 수준에 이른 사상가들로서 정신적으로 투철하게 무장된 지성인들이었다. 그렇기에 침략 일본은 한국의 교육기반을 송두리째 끊는 데에 광분해 있었다.

그러나 전혀 한국과 같은 염려가 없었던 타이완에는 자연스럽게 일본과 똑같은 교육을 실시한 것이다. 그러니까 같은 때에 일본은 한국을 철저히 짓밟았으나, 타이완에는 일본과 같은 교육을 실시했던 것이다. 그러다가 일본이 패전으로 물러가고 나니까, 타이완에는 가장 소중한 보물이 그대로 전승되어졌다. 그것은 예부터의 한국교육으로서 일본이 임진왜란 때에 훔쳐간 것이 그대로 타이완에 남게된 것이다. 더구나 일본이 물러가면서 칼잡이 무사문화도 사라지고, 평화를 사랑하고 자유 의지를 가진 개방적 성향의 타이완 국민들에 의해서 가장 멋진 타이완의 교육체계가 만들어진 것이다.

타이완은 세계 최강의 교육수준을 가진 아시아 나라로서, 막강한 힘을 가진 정치체로 탄생되게 되는 흐름이 바로 일본에 의해 토대가 놓여진 대로 이루어진 것이다. 일본은 최고의 보물인 한국의 교육체제를 타이완에 옮겨주었고, 한국교육은 짓밟았으며, 일본교육은 무사문화의 칼잡이 병을 고치지 못한 채로 오늘에 이르고 있다.

생각하면 오늘날 아시아에 있는 한국, 일본은 물론이고, 작은 나라인 타이완, 홍콩, 싱가포르가 세계적 수준의 교육력을 배경으로 우수한 인재가 길러지고 막강한 힘을 가진 나라로 큰 이유는 바로 한국의 교육체계가 확산된 것이다. 기나긴 세월에 걸쳐 축적되고 연구된 한국의 드높은 학문이었던 퇴계시대의 교육본체가 일본에 약탈되어 갔고, 타이완에 전승되어 갔다. 그리고 타이완과 같은 나라처럼 움직였던 홍콩에 그대로 전해졌고, 같은 중국계 나라인 싱가포르에 전승되어진 것이다.

그리하여 세계는 한국, 타이완, 홍콩, 싱가포르를 아시아의 네 마리 용(龍)이라는 표현을 쓰면서 놀라고 있는데, 한국은 원래 우수한 교육본체를 가진 모국이었고, 타이완, 홍콩, 싱가포르는 사실상 타이완과 공동 생활문화권 국가들로서 우수한 교육력과 인재를 갖췄기에 국력이 커질 수 있었던 것이다.

침략 일본의 가혹한 수탈과 6 · 25 전쟁의 폐허 위에서 한강의 기적을 이뤘다는 한국의 발전상은 실로 놀라운 것이었다. 짧은 기간에 세계 10위권의 막강한 힘을 가진 나라가 되었기 때문이다. 그것은 한국이 바로 가리사니의 도학(道學)을 최고 수준으로 발전시킨 최고의 교육전통을 가진 나라였었기 때문이다. 세계 최고 수준이었던 퇴계학의 저력이 다시금 되살아난 때문인 것이다. 그리고 그것을 훔쳐간 일본이 세계 제2의 경제대국이 된 것이나, 그것을 전승받은 타이완, 홍콩, 싱가포르가 우수한 인재를 갖춘 잘 사는 나라인 것은 분명히 이유가 있는 것이다.

## 타이완의 힘 ⑤: 중국혼

중국은 죽었다. 죽어도 무참하게 죽었다. 1천 년의 긴 기간에 의해 거란족, 여진족, 몽골족, 만주족의 침략을 받으며 참담한 모습으로 죽어갔고, 현대시대에는 러시아 공산주의에 조종을 받으며 나타난 중국 공산당에 의해서 본체를 알아볼 수가 없게 죽어 버렸다. 모택동, 등소평, 강택민, 후진타오로 이어지는 공산주의 침략문화에 의해, 원래의 중국은 일찍이 사라지고 병든 공룡 같은 괴물로서의 허상인 껍데기 중국이 남아 있을 뿐이다.

그런데 너무나 고맙게도 죽은 중국이 타이완에 생생하게 살아 있는 것이다. 타이완은 보물섬이라고 불린다. 그런데 타이완은 타이완 국민만의 보물섬이 아니라, 중국인들의 보물섬이기도 하고, 온 인류의 보물섬이기도 하다.

타이완에는 예부터 본성인들이 대륙에서 건너오면서 꾸준히 갖고 온 중국문화가 그대로 살아 있다. 그리고 본성인들의 타이완 문화에, 외성인들에 의한 중국의 고급문화가 그대로 전승되어졌다.

타이완에는 국민당군이 건너올 때에 그간 남아있던 중국의 최고급 문화재, 최고급 문물과, 최고급 사람들이 집중적으로 옮겨졌다. 나름대로 남아있던 중국의 자랑스런 문화적 본체로서의 정통 중국혼이 그대로 옮겨진 것이다. 그러니까 타이완 교육에는 한국의 최고 수준 교육본체인 가리사니가 옮겨졌고, 거기에 더하여 옛부터의 중국혼의 정예가 그대로 옮겨졌다. 타이완은 그리하여 죽은 중국이 되살아난 최고의 진짜 중국이 된 것이다.

물론 중국 공산당은 체질화된 침략 본성을 드러내며 타이완을 침략 강점하겠다고 공개적으로 밝히고 있다. 그러나 제대로 된 중국인들이라면 절대로 타이완 침략을 막아야 한다. 중국 전체의 중국혼을 짓밟아 중국을 죽여버린 공산당이 타이완을 강점하면, 지구상에 남아 있는 유일한 진짜 중국은 사라지고 만다. 그렇게 되면 중국은 아주 사라져 죽고 마는 것이다.

현재의 중국은 모택동 시대의 홍위병 광란을 겪으며 중국의 본 모습을 너무나 상실했다. 그나마 남아있던 중국의 우수한 인맥은 문화혁명 기간에 속절없이 사라졌다. 얼마나 많은 유능한 인물이 타살되었고 자살하고 말았는가는 중국인들이 잘 알 것이다. 그리고 얼마나 많은 문화재가 불타고 파괴되며 사라지고 말았는가도 중국인들이 너무 잘 알 것이다. 현재의 중국은 문화혁명시대의 긴 공백을 통해서 진짜 중국이 사라진 껍데기 상태이다. 그리고는 광란의 주역이었던 홍위병들이 주도권을 쥐고 있다. 공부할 나이에 모든 것을 파괴하면서 쓸데없이 정치놀음의 앞잡이 노릇이나 하던 자들이 주도권을 쥐고 있는 중국은 결코 정상적일 수가 없다. 그런 홍위병 폭력배들이 타이완을 접수하면 진짜 제대로 된 중국은 지구상에서 아주 사라지게 된다. 오늘날의 중국 지도부는 정말로 대부분이 홍위병 때의 본모습을 잃지 않고 있다는 점을 유의하며 겸손한 자세를 가져야 할 것이다. 역사의 무서움을 알고 자숙해야 할 것이다.

## 타이완의 힘 ⑥: 애국심

타이완 국민은 최고 수준의 애국심을 가진 사람들이다. 그것은 장개석 국민당 정부에 의해서 길러진 것이었다. 국민당 정부군은 항일전쟁 때에 남경대혈전 등을 거치면서 정예의 주력부대가 소멸되었다. 이러한 상황에서 스탈린 공산정권의 조종을 받으며 나타난 모택동의 공산군이 장개석 군대를 와해시키면서 승리를 거둬 대륙 땅을 석권하게 되는 것이다.

진짜 중국을 사랑했던 애국자 장개석은 패전하고 타이완에 쫓겨나고 마니까 역사의 조롱거리가 되고 말았다. 침략 일본을 맞아서 처절히 싸우며 만신창이가 된 애국집단 장개석 군대는 비열한 공산군에 쫓겨서 타이완에 왔으나 정통 애국집단인 것만은 분명하다. 중국을 너무나 사랑했기에 항일전쟁에 기꺼이 목숨을 바치고 사라진 정통 애국집단인 국민당 군대는, 타이완에 와서도 그 애국심이 변한 것은 아니었다. 공산주의의 앞잡이 모택동에 분노하며 장개석 부대는 더욱 애국심을 키웠고, 그 애국심의 본체를 타이완에 뿌리내리며 오늘에 이르렀다. 다만 역사가 흐르며 국민당은 다시금 타이완에서도 역사의 희생양의 위치가 되며 민진당에 밀려나고 있는 신세로 전락하고 있다. 국민당은 이제 애국심의 주체를 현실성 있게 생각해야만 되는 절박한 상황을 맞고 있다. 그리하여 국민당 2세, 3세들은 현실에 맞는 신세대답게 애국심의 주체를 나날이 타이완 사랑으로 변모시키고 있다. 중국을 정말로 사랑했기에 타이완을 진정으로 사랑하는 애국심으로 바뀌고 있는 것이다. 공산주의에 노예가 된 대륙의 무도한 인맥을 규탄하며 타이완을 보물섬으로 가꾸고 있는 것이다.

어떻든 타이완 국민들은 세계 최고 수준의 애국심을 갖고 있다. 원래부터 중국을 진심으로 사랑했던 정통 애국집단이었고, 타이완에 쫓겨나서는 비열한 공산군과 대적하며 그 애국심을 더욱 강화시키며 오늘에 이르렀다. 그리고 애국의 주체가 점차 중국에서 타이완으로 옮겨오며, 타이완을 너무도 자랑스런 보물섬으로 만들고 있다. 타이완의 막강한 힘은 드높은 애국심에 의한 것이며, 정통 애국의 집단에 의해서 가꾸고 길러진 것이 바로 타이완 애국심인 것이다. 타이완 국민들의 놀라운 애국심은 타이완을 최고의 이상향으로 키우고 세계적인 보물섬 국가로 만들 강력한 힘이 될 것이다.

## 타이완의 힘 ⑦: 서양과학

타이완은 정말로 복 받은 보물섬이다. 타이완은 역사의 장난에 의해서 모택동 공산군에게 밀려 났지만 제2차 세계대전의 전승국이 분명했었다. 일본군을 지리멸렬 상태로 붙들고 지구전을 펴면서 일본군이 자멸할 만한 상태로 만드는 데에는 장개석 국민당군의 공로가 대단히 컸다. 그런데 불운하게도 타이완에 밀려나게 되자, 미국을 비롯한 세계 각국이 적극적으로 타이완을 돕게 되었다.

그리고 온 세계의 화교가 일치단결하여 타이완 돕기에 나섰다.

이러한 흐름을 바탕으로 타이완에는 세계 첨단의 새로운 문물이 확실하게 유입되었다. 타이완 대학이나 타이완 사범대학 등의 세계적 수준의 대학이 만들어지고, 대단히 우수한 인맥이 줄지어 길러졌다. 중국이 긴 시간에 걸쳐서 폐쇄적인 죽의 장막에 가린 쇄국정책 상태에 있을 때에, 타이완은 완전히 개방된 사회체제로 세계 수준의 첨단과학을 적극적으로 수용하였다.

사실상 요즘 중국 유학을 간다는 것은 중국어를 배우고 중국 풍물이나 배우러 가는 것이다. 중국어, 중국민속, 중국사회, 중국 인류학 등 중국에 관한 것이 아니면 허망한 후진상태의 중국에서 배울 것이 무엇이 있을까 의아스럽다. 그런데다 중국은 대학도 극도로 부패하여 제대로 공부도 시키지 않고 많은 경우에 학위도 정실에 흐른 부패성향을 띠고 주어진다. 중국의 교수들도 자기들이 어떻게 가르치는 어떤 수준의 교수들인가는 너무 잘 알 것이다. 중국에서 박사학위를 했다는 것은 많은 경우에 중국어를 배운 것에 불과하다. 쓸데없이 돈과 시간을 낭비하며 중국 인맥이나 사귀고 오는 것과 다를 것이 없다는 말에 반론을 제기할 중국인은 정상적이라면 절대 없을 것이다.

중국은 폐쇄체제의 죽의 장막에다가 공부할 분위기가 전혀 없이 현대시대를 살아왔다. 더구나 장개석 국민당 군대와 함께 중국의 최고 지성들은 절대다수가 모두 타이완으로 갔다. 특히 그런대로 남아 있던 사람들이나마 문화혁명 때에 홍위병들이 때려죽이고 자살로 몰고 매장을 시키면서 현대판 분서갱유의 시대를 보냈었다. 중국은 문화혁명 때의 약 20년 간은 정신적, 학문적, 문화적 공백

시대였으며 정신적 공황의 시대였다. 더구나 중국에서는 천안문사태 이후에 모든 대학은 완전히 통제교육으로 철저히 감시하에 운영되며, 대학에서는 사실상 지금도 살벌한 문화혁명이 변동 없이 진행되고 있다. 모든 대학에서 학생소요가 일어날까 보아 철저히 비밀경찰에 의한 공포의 눈초리가 지켜보는 속에 무슨 공부를 할 것인가는 말할 필요가 없을 것이다.

예컨대 공자의 유학(儒學)이 흘러 내려온 바를 보아도 어이가 없다. 중국에는 사실상 거란족, 여진족, 몽골족, 만주족의 침략강점을 받으며 유학의 맥이 끊어진 상태가 되고, 최고 수준의 꽃은 한국에서 피었다. 그리하여 공자의 고향인 곡부는 예부터의 공자님 유적만이 덩그러니 남아있게 되었다. 공자의 직계 종손도 타이완에 망명을 갔다. 아니 공자 자체가 망명을 갔다고 하겠으니, 타이완에서는 공자탄신일인 9월 28일이 스승의 날로 공휴일이다. 2006년 1월 1일에 공자의 80대 종손이 타이베이현에서 태어났다. 공자의 직계 종손은 망명을 간 것이 천운으로서, 모택동 홍위병 시대의 비림비공(批林批孔) 운동 때에 중국에 있었으면 온갖 망신과 수모를 당하며 죄 없는 죄수로 끌려 다니다가 처참하게 죽음을 맞았을 것이다.

중국에서 요즘 기나긴 세월에 걸쳐 천대를 받던 공자를 부활시키며 코미디극이 연출되고 있다. 모든 것이 사라지고 말았으니까 확실하게 남아있는 한국 성균관의 석전제를 심층촬영해 가고 모든 과정을 정밀 조사하여 완전하게 다시 베껴 가서는, 사실상 흔적조차 없이 사라진 공자문화를 복원한다고 공산당이 난리를 피운다. 그리고는 공자의 표준영정을 만든다고 공자의 얼굴까지도 날조하는 작업을 하고 있다. 정상적이라면 곳곳에 있는 공자 영정을 놓고서 철저히 고증하고 분석과 논의를 거쳐서 가장 적절한 것을 선택해야 한다. 예컨대 태산 꼭대기에 오래 전부터 모셔진 공자 영정이 공산당의 마음에 들지 않는다고 생각을 하고, 다른 곳의 것도 마음에 들지 않는다 하여 표준영정을 새로 만든다는 것은 날조한다는 것을 위장한 표현에 불과하다. 아무 것도 없을 때에 새로 만드는 것이 아니라, 공자 영정은 많이 남아 있는데 새로 만든다는 생각은 정상적인 나라에서는 결코 나올 수 없는 발상이다. 아마도 중공에서는 앞으로 날조한 표준영정을 빼고는 모두 수거하여 없애버림으로써 공자의 진면목 말살의 길을 갈 것이다.

그런데 그토록 다 부숴버리고서 제대로 복원될 것도 없을 텐

**태산 꼭대기의 공자상** 하도 탄압을 받아서, 비통하게 놀란듯한 얼굴이다.

데, 온 세계에 공자학원을 만들어 공자를 선전한다고 한다. 겉으로만 공자를 내세워 공산당 독재체제인 중국의 헛된 모습을 알리고 거짓말 선전을 하려는 것이다. 중국에는 공자가 사라졌고 공산당이 공자를 철저히 죽여 버렸는데 온 세계에 어떤 공자를 선전할 수 있는가? 그런데 특히 지적할 코미디극은 중국이 제1호 공자학원을 2004년 12월에 만든 나라가 한국이라는 점이다. 한국에서 베껴다가 한국에 1호 공자학원을 세운 것은 온 세계가 웃을 특급 코미디가 분명하다. 한국의 조선시대는 당시 유학(儒學)의 최고 수준 국가였고 임진왜란 이후에도 학문의 최정상급 나라였었다. 20세기 초에 일본의 침략을 받았어도 한국의 유림(儒林)은 강력한 힘을 갖고 항일전쟁의 선두에 섰었으며, 성균관이 현재도 온전히 살아있을 뿐만 아니라 최고 일류의 성균관대학교로 성장하여 공자의 현대화까지 완벽한 나라가 한국이다. 그런데 공자를 철저히 죽인 나라인 중국에서 최선진국인 한국에 제1호 공자학원을 세우고 그것을 전 세계로 확대해 나가고 있으니, 누구라도 허탈한 얼굴로 웃을 일이다. 그리고는 단 2년 사이에 세계 각국에 약 100개의 공자학원을 무조건 설립했다. 공산당의 획일화된 명령이 있으면 무조건 맹종하는 나라의 행태 그대로이다. 생각건대 공자의 모든 것을 죽인 중국이 한국에서 가꾸고 살찌운 공자를 베껴다가 공짜학원을 세우고 있으며, 수준 낮은 중국으로서는 중국어 어학이나 가르치면서 중국 공산당을 거짓되게 선전하는 한심한 일밖에 할 것이 없을 것이다. 그 돈으로 헐벗고 굶주리는 10억 중국인들이나 사람답게 살도록 할 일이지, 온 인류가 중국을 경멸할 일이다.

중국의 곡부에 가면 너무나 고마운 것이 있다. 그것은 중국에

**곡부의 공자묘** 공자의 모든 것은 곡부의 공자묘 밖에 온전한 것이 없는 듯하게 되었다.

서 공자를 탄압하다 보니까 곡부의 공묘(孔廟)를 그런대로 방치해 둔 것이다. 전국적으로 파괴하고 훼손했지만, 공묘는 차마 허물고 파괴하지는 못하고 그대로 두었던 것이 천만다행이다. 공산당에서 공자를 비방하고 탄압한 덕분에 곡부는 지극히 한적한 분위기의 농촌상태에 있다. 그리하여 공묘가 너무도 온전하게 남아 있는 것이다. 다만 무식한 공산당에서 요즘 느닷없이 공자를 부활시킨다고 공묘에 페인트칠을 하면서 순식간에 한심하고 천박한 문화재로 둔갑시킬까 걱정이 앞서는 마음이 있음은 어느 관광객이나 똑같지 않을까 생각이 된다.

중국에는 공자와 같이, 한국에 완전히 살아 있는 것으로서 중국 땅에는 완전히 사라진 것이 매우 많다. 그래서 생긴 최고의 웃음

거리가 있으니 강릉단오제이다. 강원도 강릉의 단오제는 먼 옛날부터의 모든 행사가 완벽하게 남아 있다. 그래서 강원도에서 강릉단오제를 유네스코의 문화유산으로 등재 신청을 하게 되었다. 그랬더니 맹목적 공산당 조직과 어용 인터넷에서 단오제는 중국문화라고 난리를 펴며 등재를 못하게 온갖 훼방을 놓았다. 그렇게 되니까 유네스코에서는 단오제가 중국에 살아있는 원형을 제시하라고 하니 아무 곳에도 없었다. 그리하여 유네스코에서는 강릉단오제를 중요한 문화유산으로 등재시켜 준 것이다. 중국은 주변국에다 이와 비슷한 사례를 자주 만드는데 다른 나라에서는 없는 일이다. 예컨대 인도의 불교가 외국에 전파되어 간 나라에 있어서 대승불교가 큰 꽃을 피운 나라는 한국인데, 한국의 초파일 연등행사는 세계 최

**타이완 기륭의 해신제사** 중국에는 사라져 없어진 옛부터의 전통문화가, 타이완에는 수준높고 생생하게 온전히 살아있다.

대의 수준으로 커다란 관광자원이 되어 있다. 그래도 인도에서는 결코 비방을 하지 않는다. 인도 대륙의 불교국가인 스리랑카, 네팔 등에서는 많은 사람들까지 참여하여 공동축제의 장을 만들고 있다. 중국 공산당같이 편협하고 독선적인 대외문화관을 가진 나라는 결코 많지 않을 것이다. 중국에서는 기나긴 세월에 걸쳐 공자를 그토록 탄압하여 없애고 한국의 성균관에서 다시 복제해 가는 것과 같은 사례를 아마도 중국 국민들에게 감출 것이다. 그리고 강릉단오제 사건과 같은 것도 보도를 않고 흐지부지 묵살시킬 것이다. 그러나 중국은 국민들에게 이런 일들을 이제라도 소상하게 알려야 한다. 그래야 중국이 다시 살아난다. 그래야 공산당의 잘못이 고쳐진다. 공산당은 솔직하고 정직하게 잘못을 잘못이라고 말할 용기가 있어야 하며, 국제깡패로서의 태도를 단호히 고쳐야 한다.

## 타이완의 힘 ⑧: 해외 유학생

타이완에서는 일찍이 해외 유학생이 많았다. 미국을 중심으로 한 세계 곳곳에 타이완의 젊은이들을 유학시켜서, 해외의 첨단과학을 적극적으로 받아들이는 것과 함께 첨단 인재를 육성하기 위한 것이었다. 그리하여 철저히 개방체제로 운영된 타이완의 교육수준은 각 분야가 세계적 수준에 도달하여 있다. 타이완 교육의 국제화 수준도 높아서 타이완 사람들은 일찍이 외국어도 폭넓게 습득하고 해외의 발달된 학문을 폭넓게 받아들였다.

특히 유의할 것은 타이완 사람들의 다수는 원래가 중국의 최고 수준 교육인맥이었다. 중국에는 사실상 찌꺼기가 남았고, 약간의 남은 숫자도 홍위병이 날뛰며 죽여 버렸다. 반면에 청나라 말기부터 일찍이 해외의 발달된 학문을 수용하며 폭넓게 공부하여 중국의 고급 지식인이 되었던 사람들은 타이완으로 대거 유입되었다. 이러한 사람들이 많다 보니까 타이완 사람들은 해외 유학생이 매우 많다. 이렇게 해외 유학생이 많은 것이 원래부터의 타이완에 있던 수준 높은 교육본체와 접목되면서, 타이완에는 세계 수준의 우수한 인재들이 많이 축적되게 되었다.

타이완의 이런 상황을 보고 중국 공산당에서도 젊은 학생들을 해외에 적극 유학생으로 내보내고 있다. 그렇지만 중국에는 오히려 역기능으로 나타나고 있다. 왜냐하면 해외에 나간 중국 유학생은 해외에 가서는 공산당에 분노하며 입국을 거부하는 것이다. 아주 많은 숫자가 나갔지만 되돌아오는 숫자가 적은 것은 귀국해 보아야 희망이 없기 때문이다. 귀국해서 양심을 속이고 공산당의 앞잡이가 되어야 하는 것은 너무나 괴롭고, 더구나 낙후된 중국의 사회체제에서 적응할 수도 없기 때문이다.

그렇게 되니까 일부의 학생들은 공산당에 대항하는 반체제 저항 인맥이 되어버리기도 하였다. 공산당의 잘못을 규탄하면서 공산당 타도 전복운동에 나서는 것은 정의감이 있는 젊은이라면 오히려 당연한 일일 것이다. 왜냐하면 죽은 중국이요, 병든 중국을 보면서 거기에 침묵하는 젊은이라면 사실상 죽은 인간이기 때문이다.

그런데 특히 유의할 사항은 아무리 해외의 첨단이론을 배워 오라고 외국에 내보내도 중국이 엉망인데 그 이론이 중국에 맞을 수가 없다는 점이다. 그리고 중국의 엉성한 교육체제 속에서 자란 학생이 해외에 나가서 결코 적응이 되지 않고 제대로 공부를 할 수 없는 점도 문제이다. 그러니까 중국은 많은 것을 해외에서 훔치고 베끼는 데에 주력하게 되는 것이다. 특히 한국에서는 전방위로 훔치고 모방해 갔으며, 외국의 곳곳에서 그렇게 하고 있다. 중국은 유학생들에게도 그것을 집중적으로 요구하고 있음이 계속 증명되고 있다. 그렇게 되니까 온 세계가 중국 경계령을 내리고 중국인은 무조건 산업첩자요, 이론 도둑을 하는 사람들로 보는 현실에 이르렀다.

타이완의 드높은 수준의 발달된 교육을 보면서, 죽은 중국을 살리려고 안간힘을 쓰지만 중국의 해외 인맥은 두고두고 중국의 암이 되는 길을 가는 이유가 있는 것이다. 중국은 원초적으로 타이완과는 태생이 다른, 공산주의에 노예가 된 비정통 비애국 저질 집단이었기 때문이다.

## 타이완의 힘 ⑨: 국제적 인맥(華僑)

타이완이 큰 힘을 발휘할 수 있는 또 하나의 엄청난 재산은 세계 각국에 널리 퍼진 국제적 인맥이다. 이들은 소위 화교(華僑)라고 부르는 집단이다. 중국사회가 가진 독특한 성향에 의해서 온 세계에 튼튼한 화교 집단이 만들어져 있다.

화교들은 매우 독특한 특징이 있다. 그것은 바로 난민들의 특징이 되겠는데, 난민들은 첫째로 스스로 뭉쳐서 자위수단을 강구하고 자조, 자립해야 되겠으니 이렇게 해서 형성된 지역을 차이나타운이라고 한다. 그리고 둘째로 난민들은 스스로를 지켜줄 것은 돈밖에 없음을 잘 알고 있기에 철저하게 돈을 모으며 살아간다. 흡사 유태인과 똑같은 것이 화교들의 사회인 것이다. 그러니까 화교들은 항상 생리적으로 겁을 먹고 살아가고 있다. 그래서 자기들끼리 모여 돕는다고 차이나타운이 생겼는데, 그렇게 되니까 화교들은 그 사회에 잘 동화되지를 못한다. 베트남전 때에 베트남의 화교들이 보트피플이 되어 대거 쫓겨난 것이나, 인도네시아에서 주기적으로 집중공격을 받는 것은 화교들이 과도하게 화교들의 이익만을 생각한다고 보는 흐름이 있기 때문인데, 다른 나라에서도 이런 성향이 적지 않다.

화교들은 고향을 떠난 난민들이다. 그렇기에 고향이 없으면서 고향이 있다고도 생각하는 묘한 위치에 있다. 화교들은 그리하여 타이완을 그들의 정치적 모국이라고 생각하며 철저하게 화교 인맥을 타이완에 연결시켜 왔었다. 그렇게 해서 만들어진 거대한 국제적 인맥은 타이완을 세계적인 무역국가로 성장하게 만들었고 타이완의 힘을 막강하게 만들어 주었다. 타이완은 실제로 국민이 2300만 정도밖에 되지 않는다. 그렇지만 타이완은 사실상 작은 섬나라가 아니라, 세계적 화교 인구를 포용하는 거대한 세계국가의 성향을 갖고 있다.

그런데 중국에서 화교들을 정치적으로 이용하려는 흐름이 강하게 나타나게 되었다. 타이완과 이간질을 하면서 협력관계를 끊고, 중국과 연계하게 획책하고, 투자 유치를 하게 집요한 노력을 했다. 그래서 많은 화교자본이 중국에 들어갔다. 그리고 타이완의 자본도 중국으로 많이 들어갔다. 그래서 오늘날의 중국이 만들어진 것이다. 그러나 화교들은 중국 공산당의 본 모습을 너무나 잘 알고 있다. 공산당과는 진실되고 영원한 교류가 불가능함을 또한 절실하게 터득하고 있다. 그리고 공산당은 자기들을 철저하고 교묘하게 이용하려고 하는 것이지, 진실된 교류를 하려는 것이 아님도 잘 알고 있다. 중국은 값싼 노동력으로 해외자본을 유인하여 기술도둑을 끝내고서는 근로자를 압박하여 퇴직하게 만들고, 빈 껍데기의 기업이 되게 만들어 해외 투자자를 맨 손으로 쫓겨나게 만드는 나라임을 잘 알고 있다. 그러니까 중국인들과 맺은 꽌시는 배신당할 각오를 하고 시한부 꽌시를 맺는 것이다. 타이완 사람들과 맺는 꽌시는 보편적 인간관계의 성실성이 기준인데 중국인과는 보편성을 기약할 수가 없다. 중국에서는 정직하게 살면 망한다. 많은 중국인들은 오른손에 거짓말, 왼손에 우산을 갖고 다닌다고 한다. 그것은 중국인들이 거짓말의 천재며, 우산으로 얼굴을 가리고서 안면몰수하고 변절할 준비가 항상 갖춰진 사람들이란 뜻이다. 기나긴 수천 년 역사에서 항상 피지배 하층민으로 난세를 살아오는 사이에 거짓말, 도둑질, 안면몰수는 체질화되고 말았다.

더군다나 중국인들은 생각하면 대다수가 도둑질, 부패의 천재들이다. 중국인들이 가장 존경하는 사람은 뛰어난 도둑질로 거대한 권력과 돈을 장악한 인물이다. 중국에서는 수단과 방법을 가리지 않고서 돈만 벌면 영웅이다. 중국인의 우상인 삼국지의 주인공 유비, 관우, 장비가 황건적 떼도둑이고, 가까운 역사시대에 있어서 유일하게 중국인들이 세운 명나라는 주원장을 중심으로 도둑떼가 세운 나라이며, 모택동조차도 장개석의 권력을 도둑질한 사실상의 떼도둑 두목이다.

세계 각국의 사람들은 어쩌면 같은 차이나 계열이면서도 타이완, 싱가포르, 홍콩 사람들과 중국인은 그렇게 다른가 놀랄 정도이다. 온 세계에 퍼진 화교들도 그것은 잘 알고 있다. 그럼에도 불구하고 세계 곳곳의 화교들을 중국은 타이완과 이간시키려고 온갖 방책을 다 쓰고 있다. 그래서 거기에 현혹당하는 일부 화교들도 있으나, 대다수의 화교들은 자기들이 중국에 이용물이 됨을 잘 알고 있다. 그간 일부 화교들이 중국의 교란책에 때로는 흔들렸으나 타이완을 중심으로 의연한 힘을 발휘하고 있음은, 화교들이 진짜 중국과 가짜 중국을 판단하는 안목을 갖게 되었기 때문이다.

어떻든 타이완은 세계 화교 꽌시의 중심축이 되어 있다. 세계의 화교들은 진짜 중국의 제대로 된 정통 인맥은 타이완에 있음을 잘 알고 있고, 정상적인 교류관계를 쌓을 지구촌의 동반자로서의 고향 사람은 타이완에 있다고 믿기 때문이다. 중국 공산당에 대한 깊은 불신이 쌓일수록, 타이완은 더욱 더 세계 화교 국가화가 되고 있다.

## 타이완의 힘 ⑩: 신세대

타이완을 처음으로 필자가 방문했을 때는 1989년 1월이었다. 학생들과 수학여행을 가서 잠을 자고 혼자 아무 생각이 없이 호텔 밖으로 아침산책을 나와 너무도 놀라운 광경을 보았다. 새벽 7시쯤의 버스정거장에 나와 보니, 학교로 가는 고등학생들이 버스를 기다리며 부동자세로 하나같이 책을 펴들고 조용히 읽고 있었다. 흡사 연극무대를 보는 듯한 광경이 영원토록 잊혀지지 않을 만큼 강한 인상을 받았다. 버스를 기다리는 그 시간조차 아끼며 모든 학생들이 동상이 세워진 듯 조용히 책을 읽는 나라에 대한 놀라운 기억이, 거의 20년이 가까운 오늘 현재에 필자가 타이완의 놀라운 힘에 대한 책을 쓰게 된 강력한 계기가 되었다.

타이완의 교육에 대해 계속하여 관심을 갖고 있던 필자가 그 후 직접적으로 생생한 관찰을 할 수 있었던 때는 두 번 있었다. 하나는 2002년 2월에 한국사회과교육연구학회장으로서 학회간부 65명과 함께 타이완의 국립중앙교육연구원과 북투소학교, 신민중학교를 방문했던 때였다. 타이완의 교육과정, 교과서 개발은 물론이고 교육정책과 교육이론이 연구되는 핵심기구를 방문하여 드높은 수준의 타이완 교육력을 보았다. 그리고 타이완 교육부에서 추천을 해준 대표적인 초등학교와 중학교를 방문하고서 타이완의 우수한 교육현장을 잘 살펴보았다.

두 번째로는 2005년 6월에 서울시 교장승진 대상자들인 141명의 교장연수단을 인솔하고 타이완을 방문하여 타이베이교육대

**융숭한 손님맞이 춤**
타이완 사람들은 손님 접대에 온 정성을 쏟는다.
(서울시 교장연수단을 환영하는 타이베이교육대학교 학생들의 전통춤 공연)

학교를 비롯하여 국립중앙교육연구원 방문, 그리고 타이완의 대표적 교장선생님들과의 심층토론, 우수학교 운영사례 관찰, 교육부장관 리셉션 등을 통해서 타이완 교육의 심장부를 세밀하게 볼 수 있었다.

타이완 교육을 보며 지적할 것은 타이완의 교육실천은 철저하게 교육 본연의 길을 벗어남이 없는 본질적 흐름이 살아있음이다. 교육의 본질을 벗어나 정치인들의 즉흥성이 교육의 앞날을 크게 좌우하는 한국의 현실과는 너무도 다르다. 심지어 한국에는 교육부를 없애야 교육이 제대로 된다고 개탄할 정도이다. 일제침략 후유증 속에서 철학 없이 미국교육을 수용한 데에다 무모한 정치인들이 교육에 끼친 피해는 너무나 크다. 김대중 대통령과 이해찬 교육부

타이완 국립중앙교육연구원에서의 기념촬영

장관 때의 한국은 그러한 흐름의 극한 상태에서 교육 파탄이 만들어졌다고 하겠다.

당시에 타이완의 국립중앙교육연구원을 방문하였던 충격은 대단한 것이었다. 한국의 김대중 대통령은 겉으로는 교육개혁을 한다고 둘러대면서, 정상적으로 운영되던 한국교육개발원(KEDI)을 교육방송국, 교육과정평가원, 직능개발원, 교육학술정보원의 다섯 개로 쪼개 만들어 측근들에게 한 자리씩 나눠주고 많은 사람들에게 인심 쓰고 있었다. 그리고 대학 1학년 때에 퇴학맞은 철부지 장관을 내세워 사상 유례가 없는 교육공황을 만들고 있었다. 교육을 교육 본연의 입장이 아닌 정치논리로 풀던 후유증은 너무도 큰 것이었다. 그러나 타이완은 당시까지 여러 개로 나뉘어 있던 교

타이베이 북투소학교에서의 기념촬영

육연구 기능을 하나로 모아 정비하며 거대한 종합연구소인 국립중앙교육연구원을 출범시키고 있었다. 한국과 타이완은 같은 때에 정반대의 길을 갔던 것이다.

타이완 국립중앙교육연구원장이 단호한 자세로 '타이완은 앞으로 세계 교육의 허브가 될 것이며, 본 연구원은 세계 교육의 연구 중심지가 될 것'이라고 자신있게 말하는 것을 보는 한국방문단 전원의 얼굴은 누구나 굳은 얼굴이 될 수밖에 없었다. 김대중 시대의 교육 파탄 후유증이 지금도 계속하여 이어지고 있는 한국은 그러나 교육병을 고치려는 겸허한 자세가 아직 요원하다.

오늘날 타이완의 교육은 진정으로 빼어난 수준에 도달해 있다. 타이완의 자라나는 신세대들은 교육적 토대가 워낙 튼튼하고 완벽하기에, 세계적 차원에 있어서 자랑할 만한 높은 단계에 도달해 있다. 타이완은 초등학교에서 중 · 고등학교를 거쳐 대학에 이르기까지 실로 완벽한 수준의 교육이 이뤄지고 있다. 앞에서 말한 9가지의 타이완이 가진 막강한 힘을 바탕으로, 새로 길러지는 신세대들은 그러한 여러 요인들의 상승작용을 거치면서 세계적으로 첨단의 위상을 가진 빼어난 사람들이 만들어지고 있다.

타이완의 앞날은 매우 밝다. 다양한 부문에서 세계적인 첨단 산업이 만들어질 것이며, 막강한 경제력을 갖고 거대한 세계 화교 국가의 수도로 커나갈 것이다. 왜냐하면 타이완의 교육적 뿌리가 너무나 뛰어나고, 너무나 훌륭하게 교육이 되어 대단히 빼어난 인재가 배출되고 있기 때문이다. 타이완의 학교를 가보면 왜 작은 섬나라인 타이완이 그토록 잘 살고 힘 있는 국가인가를 잘 알게 된다. 타이완의 교육은 아주 장점이 많다.

첫째로 철저하게 실력주의가 적용되고 있다. 어설프게 민주적 평준화 교육을 시킨다고 하는 한국의 우민화 교육을 보면서, 타이완의 학생들이 곳곳에서 최선의 노력을 기울여 실력을 쌓기에 땀을 흘리는 것을 보면 한국의 교육에 대해 반성을 하는 마음이 생김은 당연한 것이다. 타이완에 가 보면 온 나라가 게으른 사람이 없다고 할 정도로 모두가 근면하고, 학생들의 면학 열기는 상상을 초월한다.

둘째로 확실하게 개방주의 교육이 실시되고 있다. 온 나라를 공포분위기로 만들고 초등학교에까지 공산당 당서기가 나와서 눈을 부릅뜨고 감시하는 중국의 폐쇄형 독재교육을 갖고 중국은 아무리 발버둥쳐도 선진국이 될 수가 없다. 온 국민을 속이는 중국은 결코 밝은 미래가 없다. 중국여행을 가는 것은 거짓말을 들으며 위선

**타이완의 나라꽃 매화** 타이완 국민과 나라가 매서운 겨울 추위를 이기고 피어나는 매화꽃과 같이 굳세게 역사를 개척할 것을 염원하는 뜻을 담고 있다.

된 관광을 하고 중국의 헛된 모습에 돈만 낭비하는 것과 같다. 외국 관광객이 오는 곳에서나 겉만 번드르르하게 꾸미고 위선된 교육을 하면서, 온 나라에 눈 먼 교육정책을 펴는 중국이 감히 타이완의 활짝 열린 교실을 상상할 수도 없을 것이다. 그런데 최악의 폐쇄체제로서의 쇄국정책을 쓰는 중국에서 최근에는 보다 더 언론 통제를 강화하는 조치를 취하고 있다. 온 세계의 해외 통신사를 중국 땅에서는 발도 붙이지 못하게 하겠다는 참담한 소식이, 중국에서는 현대의 첨단시대에도 가능한 것이다.

「중국정부가 자국 내에서 활동하는 해외 통신사의 활동을 강력히 억제하는 내용의 규제안을 발표, 중국 내 언론 폐쇄성에 대한 논란이 예상된다고 월스트리트저널 아시아판이 보도했다. 규제안에 따르면 중국 내 정치, 사회 관련 뉴스는 물론 그동안 비교적 규제가 적었던 경제 뉴스나 사진, 기타 서비스에 대한 권한이 모두 관영통신인 신화통신에 넘어가게 돼 중국 내에서 뉴스서비스를 제공하고 있는 AP, 로이터, 블룸버그 등의 통신사가 큰 타격을 받을 것으로 예상된다. 이날 발표된 규제안은 중국 본토는 물론, 홍콩과 타이완 지역에 있는 해외 통신사들까지 대상으로 하고 있다. 이들 통신사들은 앞으로 중국의 경제·사회적 통합을 저해하는 소식, 국가의 단결, 주권을 저해하는 소식, 중국 내 안보, 국가 명성·이익을 저해할 수 있는 소식의 배포가 전면 금지된다. 중국정부는 그 동안에도 국가보안법에 의거, 당과 중국의 이익을 저해한다고 판단된 뉴스에 대해 검열, 처벌해 왔으나 앞으로는 이 권한이 관영통신인 신화통신으로

**청천백일기** 타이완의 공식적 국기로서 장개석 국민당 군대의 깃발이었다. 항일전쟁과 반공전선의 애국을 상징했으며, 모택동의 공산군이 가장 싫어하는 깃발이다.

전면 이양된다. 중국 내 외국 통신사가 이 같은 시행규칙을 지키지 않은 경우, 신화통신으로부터 경고와 함께 시정 요청을 받게 되며 시정이 이뤄지지 않을 경우에는 중국 내 뉴스 배포 자격을 박탈당한다(문화일보, 2006. 9. 11)」.

셋째로 활발하게 창조주의 학교를 만들어서 모든 학생들의 창의성을 최고도로 길러주고 있다. 예부터의 타이완 사람들의 고유한 특성인 개방성, 자유성, 독립성을 철저하게 유지하면서, 모든 학생들을 최대한의 독립된 존재로 존중하며 잠재된 재능을 최대한 발휘하게 하는 타이완의 교실을 가면 저절로 감동이 될 정도이다. 보이지 않는 거대한 심리적 압박틀 속에 국민을 꽁꽁 묶어 놓고서 사실상

**타이완의 나라꽃 상징도안**

타이완의 나라꽃인 매화는 타이완 교육의 뛰어난 장점들을 총집합시킨 상징물이다.

의 옛 무사문화가 생생하게 살아있는 일본이, 결과적으로 항상 틀에 짜인 교육을 하는 가운데에서 창조적인 학생을 이지메 왕따로 속박하는 흐름과는 전혀 다른 것이다. 일본 사람들은 옷 입은 복장이나 머리 모양 하나도 전 국민이 사실상 획일화되어 있는 사실상의 거대한 군사집단과 같다. 대다수의 국민들이 겁먹은 얼굴로 사실상 전투에 나간 병사들 같이 잠재된 공포에 짓눌려 쫓기며 사는 일본사회는, 온 국민이 현대사회에서도 가미가제 특공대가 될 것을 강요하는 흐름이 도도히 흐른다. 그러한 곳에서는 궁극적 창의력은 없고, 예부터의 약탈을 위한 침략 의지만이 나오게 된다. 일본이 왜 기나긴 침략국가인가는 그들이 시종일관 나라 전체가 거대한 침략군단과 같기 때문이며, 스스로의 창의적 노력이 아니라 왜구 때부터 이어지는 끈질긴 약탈 의지가 충만해 있기 때문이다. 일본인들이 현재도 세계에서 사는 모습은 온 국민이 무사집단의 구성원과 같은 모습이다. 지구촌 어디에 가서도 왜구의 근성을 버리지 않고 있다. 일본 역사 전체가 기나긴 세월에 있어서 대외적으로나 국내에 있어서나 항상 침략만 있는 것은 타이완과는 근본적 차이가 있는 것이다.

넷째로 진지하게 전통주의 교육을 실천하고 있다. 생생한 중국혼을 바탕으로 순수하고 독특한 중국문화를 길러 나가려고 모든 학교에서 전통문화를 분명하게 뿌리내리게 하고 있다. 어떤 학교에 가거나 찬란한 중국혼이 바탕이 된 그 학교가 자랑하는 전통문화를 갖고서, 누구에게나 자랑할 학교문화가 있다.

다섯째로 싱싱한 자연주의 환경교육이 확고하게 이행되고 있다. 이렇게 교육을 받은 사람들이 살고 있는 타이완은 그러므로 나라 전체가 싱그러운 향기가 넘치는 공원이다. 어디를 가나 아름다운 숲과 나무와 꽃이 조화롭게 가꾸어진 유토피아는 타이완 사람들의 자연보호 교육이 철저함에 의해서 만들어진 것이다. 그러나 바다 건너의 중국은 국토 전체가 쓰레기 더미에 싸인 공해의 천지이다. 헐벗은 산에 오염된 강과 바다, 끊임없이 이어지는 황사에다, 사스, 구제역, 뎅기열, 에이즈가 창궐하여 최악의 극한상태를 헤매는 지옥이 되어 있다. 타이완의 아름다운 공원을 보다가 중국의 지옥을 보면 누구나 졸도할 정도이다. 그러니 타이완 사람들을 만나면 신선을 만나는 기분이 들고, 중국 사람들은 흡사 마귀를 만나는 기분이 드는 경우가 많을 정도임은 분명히 유의되어야 한다.

여섯째로 자유주의의 중요성을 강조하는 교육을 하고 있다. 온 국민을 탄압하며 거주 이전의 자유는 물론이고, 언론 자유를 포함하여 모든 기본권이 말살된 암흑의 땅 중공에서는 결코 존재할 수 없는 싱싱한 교육풍토가 마련되어 있는 것이다. 그리고 온 나라가 숨막히는 틀에 짜인 감옥과 같은 사회에서, 본심을 숨기고 눈치를 보며 공포감 속에 이중적인 태도로 겉과 속이 다르게 사는 일본인들의 교육에서는 있기 어려운 일이다. 일본사회는 무조건 복종해야지 자유로운 행태를 보이면 즉시 이지메 왕따가 되기 때문이다.

일곱째로 철저하게 평등주의 교육이 실시되고 있다. 타이완의 모든 국민은 자유를 찾아서 본토를 떠나 참된 이상향인 타이완으로 온 똑같은 사람들이다. 소수의 특권 귀족 공산당과 대다수의 노예로 나뉜 철저한 계급사회 중국과는 비교될 수가 없다. 공산당만 사람답게 살 수 있는 최악의 불평등 중국에 비해서, 누구나 사람답게 살 수 있는 기회가 균등하게 보장된 기회균등 사회인 타이완은 진정한 이상향이다. 또한 옛부터의 군국주의가 사실상 생생하게 살아서 옛부터의 신분질서 체제가 그대로 있는 일본과 같은 비인간적 흐름이 없다. 사실상 총리, 장관, 국회의원의 세습이 강력하게 이뤄지고, 각 직종의 세습이 뿌리깊게 이뤄지며, 심지어 옛부터의 노예촌인 부락민(部落民)이 그대로 존재하는 경직된 일본사회와는 비교될 수가 없다.

여덟째로 확고하게 애향주의의 향토사랑 교육이 실시되고 있

**타이완의 싱싱한 열대과일** 전국이 아름다운 공원과 같은 타이완에는 싱그러운 열대과일이 넘쳐난다. 보기만 해도 침이 넘어가는 이름 모를 과일들은 깨끗한 환경에서 자라는 보약과일인 것이다.

다. 한국의 학교 선생님들은 몇 년마다 전근을 간다. 그것은 선생님들을 위하는 것일 수는 있으나, 한국의 선생님들은 궁극적으로 그 학교에 애착심이 없다. 언젠가 꼭 떠날 사람들이다. 그러나 학교 인사위원회에서 개별적으로 철저히 검증하여 채용하는 타이완의 교사는, 그 학교를 위해 확고하게 모든 것을 바치며 향토문화의 기둥이 되어 인생을 불사른다.

아홉째로 따뜻하게 가족주의 교육이 확실하게 정착되어 있다. 타이완은 모두가 가족 위주로 움직여지고, 가족기업이 수없이 많다. 타이완의 교육에는 항상 따뜻한 가족애가 살아 있다. 이것은 칼잡이들이 횡행하는 불안문화의 싸늘한 사회에서 부부 간에도 딴 이불을 쓰고, 한 가족도 모두 반찬을 따로 먹으며, 오로지 나밖에 모르는 일본사회에서는 상상하기 어려운 것이다. 남의 고통을 애써 눈 감고 지나치며 이지메 왕따가 생활화된 일본의 무사문화와는 전혀 이질적인 풍토인 것이다. 일본사회는 어디나 삶의 여유가 부족하고 외톨이 개인주의가 팽배해 있고 가족 간에 대화가 단절된 경우도 많다.

열 번째로 완벽하게 교육주의에 충실하여 진실된 교육을 위해서 헌신하는 선생님들이 있다. 한국의 학교에는 교육을 위해 온 몸으로 매진하는 것이 아니라, 교사 스스로의 권익을 더 생각하는 선생님이 적지 않다. 교육을 위해 교사가 존재하는 것보다는 교사를 위해 교사가 존재하는 경우가 많은 것이다. 학교에 출근해서는 교재 연구가 아니라 학교장의 비리 찾기에나 몰두하고, 심지어는 사실상의 정치꾼이 된 교사들이 있다면 무슨 교육을 할 것인가 자명한 것이다. 왜 많은 학부모가 분노하며 자녀들을 외국으로 데리고

가는가에 대해 한국의 학교는 해답을 분명히 제시해야 할 것이다. 학교는 학생을 위해 있지, 교권 투쟁이나 정치 투쟁을 선행시키기 위해 존재하는 것이 아니다. 학생이 무시되는 교권은 무의미하다.

열한 번째로 타이완의 교육에서는 정직주의, 성실주의가 넘치고 있다. 나라 전체가 정직하고 성실하게 운영되도록 온 나라의 선생님, 학부모, 학생들이 매사에 진지하고 성실하다. 공산당의 명령에 따라서 시간이나 때우다가 퇴근하고, 적당히 근무하면서 돈벌기에나 정신이 팔린 중국과는 전혀 다르다. 물론 그것은 선생님들을 삶의 희망을 갖게 만들지 못한 중공당국의 잘못 때문이겠지만, 중국에는 학교는 물론이고 모든 사회가 겉보기의 외형을 벗기고 속사정을 살피면 부패의 소굴이다. 사실상 중국은 공산당 당서기를 두목으로 한 거대한 폭력부패 조직이니 무슨 교육이 될까 생각할 필요조차 없다.

북투소학교 환영연주(도라지타령) 한국 손님들을 맞은 학생들의 한국민요 연주가 매우 뛰어나다.

열두 번째로 업적주의에 충실한 교장을 확실하게 초빙하고 있다. 타이완의 교장은 철저하게 학교 인사위원회의 주관하에 초빙교장으로 모셔진다. 교장으로서의 계획서를 작성하여 심사를 받고, 확실하게 능력평가를 거쳐 채용되어 업적이 확실해야 재임용된다. 한 번 교장이 되면 영원히 교장이 되는 제도로는 좋은 교장이 나오기는 어렵다. 심지어는 인기투표를 하여 교장을 선거로 뽑자는 망언을 하는 경우도 있는데, 교육망국을 만들려는 망발 언행임이 분명하다. 투표로 뽑으면 실력과 업적이 아니라 적지 않은 경우에 교육망국의 선두에 설 사람이 뽑힐 것은 뻔한 일이다. 교육자들은 교육자다운 논리에 의해서 존재해야 한다. 교육자를 비교육적 논리로 존재하게 만드는 한국의 흐름은 타이완을 보면서 심각히 재고되어야 한다.

열세 번째로 타이완에서는 철저하게 학부모와 연계한 생활주

**드높은 수준에 오른 타이완 초등교육** 음악연주를 보면 타이완 교육의 완벽함이 저절로 느껴진다.

의 교육을 실시한다. 타이완의 학교에는 실질적으로 움직이는 학부모회가 확고하게 자리를 잡고 있다. 그리하여 선생님과 학부모들은 철저하게 융합되어 있고, 그 학생의 모든 삶을 파악한 교육을 실시하게 된다. 어떤 선생님은 때로는 가르치는 학생의 부모를 가르친 선생님이기도 할 정도로 그 지역사회의 공동체에 끈끈하게 융합된 교육자가 된다. 반대로 학생들의 입장에서 보면 가족 전체가 학교와 연계되어 있다. 그리하여 교사는 학생의 모든 삶을 가르치는 전인적 생활교육을 하게 된다. 학생의 인간됨을 그 학생의 가족 전체의 덩어리에 연결시켜서 종합적 생활로 교육을 하는 것은 타이완의 기나긴 본성인의 삶과도 직결되는 것이다.

**하복전 원장의 기념품 전달** 교육허브로 야심차게 출범하는 타이완 국립교육연구원의 건물그림이다.

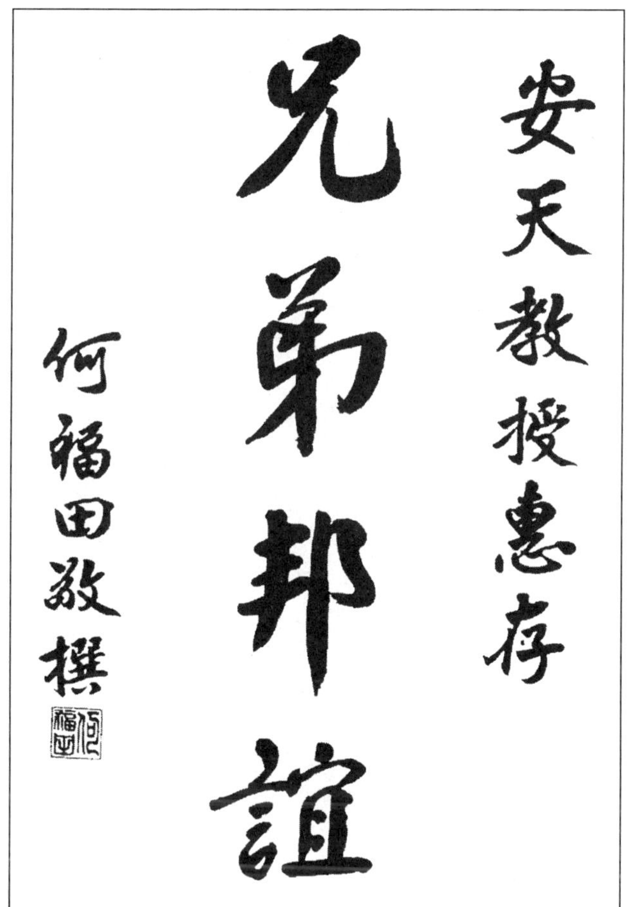


**하복전(何福田) 타이완 국립중앙교육연구원장의 휘호**

형제방의(兄弟邦誼)는 타이완과 한국의 따뜻한 우호동맹 관계를 강조하는 말이다.

**복이 쏟아지는 보물섬**
타이완 섬은 어디서나 복이 듬뿍 쏟아지고 행운이 열매 맺는 듯한 뿌듯한 기쁨이 있다.

**타이완으로 오십시요!** 타이완 공항은 따뜻한 마음으로 한국인을 열렬히 환영하고 있습니다. 사계절이 온화한 타이완은 별천지 지상천국입니다. 아직도 형제나라 타이완 여행을 못하셨습니까?

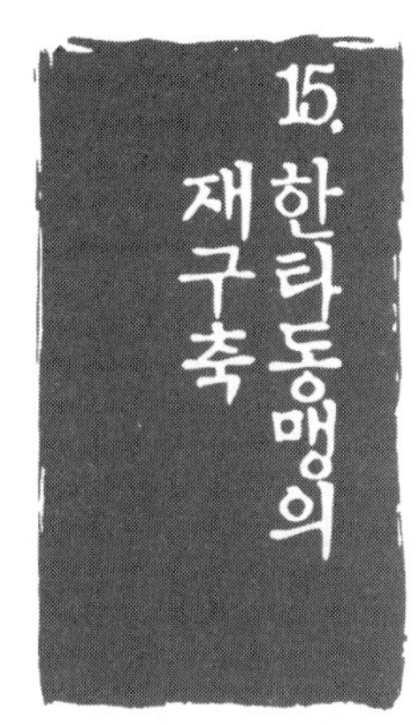


## 한타동맹의 재건을 기원하며

한국과 타이완은 세계에서 가장 가까운 최고의 동맹국이었다. 한국은 현재 제1동맹국이 미국이요, 타이완도 현재 제1동맹국은 미국이다. 그러나 한국과 타이완은 상호간에 최고의 동맹국이다가 어느날 무참하게 갈라섰다. 그렇게 갈라서게 된 책임은 전적으로 한국에 있다. 그것은 노태우 대통령 때의 외교적 실책에 의한 비열한 단교 때문이었다.

노태우 대통령 때의 단교는 최고의 우방국에게 너무나 비열한 것이었다. 그에 대한 하늘의 업보는 엄정한 것인가? 노태우는 현재 사실상의 폐인이 되어 있다. 대통령으로서 별로 업적도 없이 맹물대통령이란 조롱만 들었고, 대통령에서 물러나고는 부정축재와 실정으로 인해 감옥살이도 했다. 그리고 감옥에서 나와서는 부정축재한 모든 재산이 국고에 환수되었으며, 사실상 집에 칩거하며 연금상태에 있다. 한국 국민들이 인간 취급을 않기 때문에 밖에를 나갈 수가 없기 때문이다. 더구나 늙은 오늘날에는 병든 몸이 되어 있다. 우방국 타이완에 저지른 잘못에 대해 한국인은 노태우에게 철저히 징벌을 했다고 생각한다.

한국인들의 절대다수는 타이완 국민들에게 현재도 변함없는 따뜻한 애정을 갖고 있다. 타이완에게 적극적인 우호의 마음을 갖고 예전의 단단한 동맹관계를 다시 복원해야 되겠다는 생각을 가진 한국인도 많다. 한국과 타이완의 한타동맹은 어떤 형태로든 다시금 복원되어야 한다. 가장 가까웠던 동맹국이 갈라선 것의 사죄도 늦었지만 한국으로서는 충분히 했다고 생각이 된다. 요즘은 상호간에 대표부를 상주시키는 수준으로 복원이 된 상태에 있지만, 이 정도로는 대단히 미흡하다. 지극히 따뜻했던 옛날의 우호관계를 되살리기 위한 최대한의 노력이 요망된다.

## 타이완의 정당한 평가

한국인들에게 있어서 노태우 때의 실책이 나온 까닭은 한국인의 국제인식이 부족함에서 비롯되었다. 한국인들은 그간 중국을 제대로 알지 못한 가운데 오판이 많았고, 타이완을 제대로 알지 못하면서 오해도 많았다. 그리고 공산국가인 중국의 일방적인 여론조작에 의해서 중국의 본모습도 제대로 파악을 못하고, 타이완의 실체도 정당한 평가를 내리지 못했었다.

타이완은 대단히 힘 있는 국가이다. 타이완은 드높은 문명수준에 이른 품격 높은 나라이다. 그리고 타이완은 작은 강대국이다. 원주민, 본성인, 외성인이 자유와 독립을 지키고, 잘 사는 이상향

(utopia)을 만들려고 일치단결하여 노력하여 자력갱생(自力更生)의 보물섬을 만들었으니, 국가적으로 갖출 능력은 모두 수준 높게 구비한 당당한 주권국이다. 이 책을 다 읽고 난 독자들은 타이완에 대해 정당한 평가를 내리면서, 타이완과의 미래 국제관계를 확실하게 재구상하게 될 것이다. 타이완을 사랑하는 애틋한 마음으로 타이완 책을 읽고, 타이완 사람들을 만나서 따뜻한 대화를 나누고 싶고, 공항으로 달려가서 서슴없이 타이완행 비행기를 타고 보물섬으로 날아가고 싶은 마음이 강하게 솟을 것이다.

**오열하는 타이완의 영웅**

여성 태권도 선수로서, 타이완에 최초의 올림픽 금메달을 안긴 천스신(陳詩欣)은 타이완에 대한 정당한 평가를 해달라고 절규하고 있다.

## 타이완학(臺灣學)의 연구 촉진

한타동맹을 재구축하고 타이완에 대한 정당한 평가를 하려면 타이완에 대해서 연구를 보다 촉진해야 하겠다. 그간 타이완에 대한 한국의 외교적 실수는 타이완을 몰랐기 때문에 일어난 것이다. 타이완에 대해 무식하니까 타이완에 대한 오판이 가능했던 것이다.

한국이 타이완에 대해 잘 몰랐던 것은 그러나 꼭 한국만의 책임은 아니다. 그간 타이완 국민들은 타이완의 정체성에 대해 오해를 받을 상황에 있었다. 왜냐하면 한국인들은 그간 타이완이 중국이라는 큰 실체에 부수적으로 따른 작은 섬나라라고 오해를 할 수 있는 상황에 있었다. 그 까닭은 한국인도 그렇지만 타이완에서도 타이완의 제대로 된 정체성 인식을 가장 가까운 동맹국에조차 뿌리내려 주지 못했기 때문이다.

물론 이러한 상황은 타이완이 놓인 국제상황에서 그간 단호하게 추진되기 어려운 측면도 있었다. 그렇지만 타이완에서는 최근에 들어 보다 확고히 타이완의 본 모습을 찾으려는 노력이 강화되고 있다. 타이완 국민 모두가 탈중국화(脫中國化)를 외치며, 중국 관련의 모든 이름을 타이완으로 바꾸는 거국적인 정명운동(正名運動)이 강하게 추진되고 있다. 그러나 그것은 외형적 정명운동만이 아니라 타이완의 본 모습을 확고히 할 학문적 단계에까지 승화되어야 할 것이다.

타이완이 타이완의 정체성을 확고하게 정착시키지 못한 까닭은 타이완학(臺灣學)이 뚜렷하게 자리잡지 못했기 때문이다. 타이완은 온 세계에 타이완학을 뿌리내리게 많은 노력을 해야할 것이다. 그리고 한국인들도 우방국 타이완에 대한 연구를 강화하여 타이완학이 확실한 위상을 갖게 만들어야 할 것이다. 그간 타이완을 유학한 많은 학생들이 있었으나, 진정한 타이완학에 접근하기보다는 중국어나 배우고 타이완의 겉모습이나 살핀 정도였고, 타이완학에 대한 인식과 실천이 크게 부족했다고 생각이 된다.

**음식박물관 타이완** 타이완은 일본의 식민지가 되고, 다시 장개석 부대가 건너오며, 온갖 맛있는 음식도 건너와 총집합된 음식박물관의 섬나라가 되었다.

## 타이완 르네상스의 활화산

타이완에는 동아시아에서 가장 좋은 것이 모두 갖춰져 있다. 세계 최고의 수준에 있었던 동아시아의 드높은 역사와 문화의 모든 것이 확고하게 집합되어 있다. 그 가운데에서도 가장 중요한 것은 교육본체이다. 그래서 타이완에는 매우 우수한 인적자원이 풍부하고, 그래서 타이완은 힘 있는 나라인 것이다.

일본은 임진왜란 때까지 철저하게 무식한 칼잡이의 나라였다. 도요토미 히데요시가 전국을 통일했을 때에 일본은 전국이 문맹상태였다. 임진왜란이 일어나던 때인 전국시대 후기 일본의 문화 중심지였던 교토(京都)에서까지도, 사서(四書)의 뜻은 커녕 무조건 읽는 것이나마 가르칠 수준의 사람조차 없었고 맹자 같은 책을 이해할 사람도 전혀 없었다고, 일본 학자들의 책에는 당시의 척박한 학문풍토를 실토할 정도이다. 사무라이들은 너무도 무식하여 자기 이름도 제대로 못 쓸 수준에다 무조건 사람 죽이는 데에만 몰두했고, 일본 전체가 살육과 전쟁으로만 세월을 보냈다. 그러다가 임진왜란 때에 한국에 와서 최고 수준의 조선시대 교육본체를 약탈해 간 것이다.

일본 학자들은 적지 않은 숫자가 너무나 간교하다. 물론 많은 일본인들은 그렇지 않지만 일본인 지도자들의 다수는 일제침략도 한국인들이 원했고, 정신대도 한국인들이 자발적으로 갔으며, 일본인들은 침략을 해서도 한국 발전을 위해 노력했다는 등의 온 세계가 웃고 말 새빨간 거짓말을 늘어놓고 있다. 독일과 같이 깨끗이 사죄하는 것이 아니다. 그토록 못된 짓을 하고 이웃나라를 생지옥으로 만들어 놓고서도 그 후손들까지 몹쓸 행태를 보인다. 그런 상황에서 일본 학자들의 책에 얼마나 진실이 담길 것인가는 자명한 것이다.

일본 학자들이 쓴 책을 읽으면, 임진왜란 무렵에 그토록 무식하던 일본이었음은 솔직히 밝히고 있다. 그런데 임진왜란 이후에 점차 중국과 조선(한국)의 책을 일본에서 관심을 갖고 보게 되었다고 쓰고 있다. 그런데 간교하게도 계속 중국을 강조하고 조선은 약간만 거론한다. 그 까닭은 중국을 강조하지 않으면 조선에서 약탈해 간 것이란 것이 금방 드러나기 때문에, 조선을 가급적 감추는 것이다.

임진왜란 때까지 학문적 토대가 전혀 없던 일본에서, 임진왜란 이후에 중국에 가서 책을 수입해 왔다는 것은 거짓말이다. 특히 일본은 임진왜란 때에 중국을 쳐들어간다고 헛소리를 쳐서, 조선과 중국(명나라)의 연합군과 전쟁을 한 것이 임진왜란의 7년 전쟁이었다.

그런데 적국이었던 중국에 가서 책을 어떻게 구해올 수 있는가? 더구나 당시 중국에서는 일본을 최악의 야만족으로 보아 상대도 하지 않았고, 만주족 청나라와 전쟁을 하기에 바빴었다. 그런 곳에 가서 절대로 책을 가져올 수는 없다.

일본은 임진왜란 때에 조선 땅에서 중국책은 물론이고 한국책을 포함하여 전방위로 약탈을 해 가서는, 훗날 도래유학(渡來儒學)이라고 둘러댄다. 그리고는 일본 학자들의 책에다가 중국 책과 조선 책을 임진왜란 이후에 일본인들이 관심을 갖게 되었다고 쓰니까, 흡사 일본인들이 중국책은 중국에서 가져간 줄 오해를 하게 된다. 일본은 임진왜란의 침략을 통해서 한국에 있던 중국책과 함께 최고 수준에 도달해 있던 조선시대의 한국 책을 몽땅 훔쳐간 것이다. 그 때 조선의 최고 학자였던 퇴계 이황이 그 후 일본에서 최고로 존경받는 학자가 된 까닭은 일본군들이 퇴계의 책과 제자들을 대거 약탈해 간 때문이다.

**아름다운 타이완 해변** 타이완은 태평양을 향한 관광천국이라고 말할 만큼 섬 전체가 아름답다.

그렇게 약탈해 간 한국의 교육본체가 타이완에 전승된 것을 이 책에서는 지금까지 밝힌 것이다. 그리고 타이완은 긴 역사의 흐름 속에서 동아시아의 좋은 문화는 모두 집합이 된 최고의 보물섬이 되었음을 밝혔다. 그리하여 타이완의 고궁박물관에는 동양문화의 최고 보물이 집합되어 있고, 도서관에는 최고 수준의 서적이 집중되어 있으며, 타이완섬에는 최고 수준의 사람들이 집합되어 있으며, 타이완 전체는 동양문화의 총체적 보물창고가 되었다. 또한 그러한 토대 위에 세계적인 수준이 높은 교육력을 갖고 타이완이 계속 발전하고 있음을 규명한 것이다.

타이완은 정말로 반짝이는 다이아몬드보다도 아름다운 보물섬이다. 타이완은 힘 있는 나라이다. 좋은 것을 너무도 많이 갖고 있는 진정한 보물국가이다. 그렇기에 타이완은 눈부시게 발전을 거듭할 것이며, 동양문화의 르네상스를 만드는 활화산이 될 것이다.

## 타이완 르네상스를 우렁차게 노래한다

중국은 죽었다. 아니 숨도 제대로 쉴 수 없는 어둠의 인간감옥이 되어 있다. 그러나 죽은 중국이 타이완에 생생히 살아 있다. 타이완에 살아있는 진짜 중국의 참모습이 놀라울 정도로 신비롭고 아름답다. 타이완은 죽은 중국의 르네상스를 만드는 거대한 활화산이 될 것이다. 타이완이 있기에 죽은 중국은 부활하고, 타이완 섬은 중국문화의 찬란한 허브가 될 것이다.

타이완은 자유를 사랑하는 사람들의 이상향을 만들려는 열망이 뭉쳐서 세계 최고의 보물섬이 만들어진 곳이다.

**정다운 타이완 삼형제**

타이완을 구성하는 원주민, 본성인, 외성인의 따뜻한 단결을 말하는 듯, 삼형제의 자전거 나들이가 즐겁고 재미있다. 정다운 삼형제의 밝은 얼굴에서, 타이완의 영광된 내일을 확신할 수 있다.

타이완에는 세계 최고의 수준에까지 발달되었던 한국의 조선시대 퇴계학이 순수하게 뿌리를 내렸다. 일본이 임진왜란 때에 한국에서 약탈해다가 타이완에 전승시켜 주었기 때문이다. 거기에다가 타이완 본성인의 자유 의지, 개방성, 독립심이 합해지고, 외성인의 애국심이 더해졌다. 예부터의 중국혼이 전통문화로 확고하게 보존되고 있으며, 서양의 발달된 첨단과학이 접목되었다. 타이완은 세계 최고의 교육력을 바탕으로 세계적으로 우수한 인재들이 신세대 속에서 꾸준히 배출되고 있다. 타이완의 놀라운 국력은 찬란한 교육적 토대에서 비롯된다.

중국의 중심축은 타이완으로 이동되었다. 타이완은 온 세계 화교들의 진실된 고향이다. 그리고 세계 화교국가의 자랑스런 수도로 눈부시게 발전되고 있다. 타이완 르네상스의 찬란한 내일이 태평양을 박차고 떠오르는 태양과 함께 힘차게 솟아오르고 있다.

**세계최고 타이완 문명의 삼중구조 전승 도표**

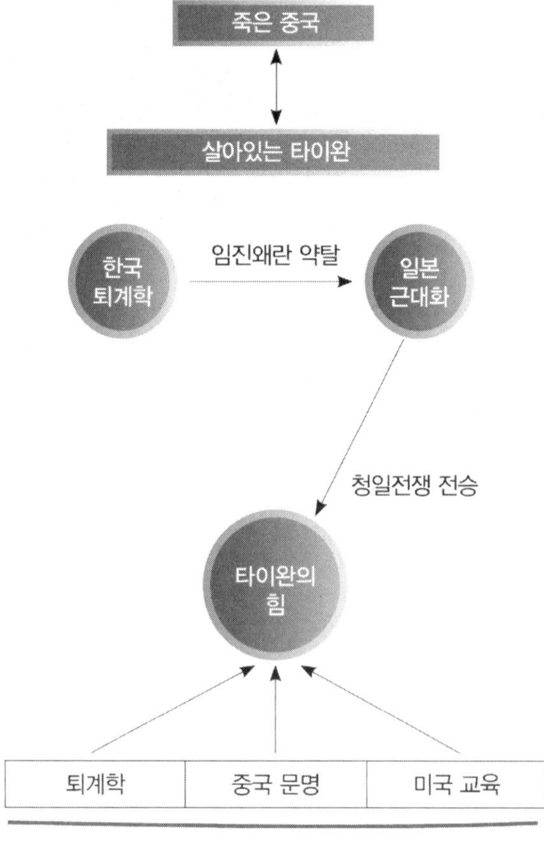

## ※ 타이완 총선(제2쇄본 발간사: 2008년 3월 22일)

국민당의 마잉주(馬英九) 후보가 2008년 3월 22일에 실시된 타이완 총통선거에서 765만표(58%)로, 544만표(41%)를 얻은 민진당의 셰창팅(謝長廷) 후보에게 승리하였다. 8년 만에 정권교체가 이루어진 금번의 총통선거는 좌절했던 국민당을 다시금 회생시키며 타이완 정국을 반전시켰지만, 타이완에 대해 많은 것을 심사숙고하게 만들어 주었다.

일반적으로 마잉주 후보의 승리는 타이완이 경제우선 실리정치를 택하도록 국민들의 심판이 내려졌다고 말해진다. 그러나 큰 흐름에 있어서는 국민당의 승리를 단순히 경제논리로만 일방적으로 말할 수 없다.

### 천수이볜 총통의 정당한 평가

천수이볜 총통의 8년간 집권은 일반적으로 타이완을 경제적으로 후퇴시켰다고 말해진다. 그리하여 천총통의 실책이 축적되면서 국민당의 승리가 손쉽게 이뤄졌다고 한다. 이는 결코 틀린 말은 아니다. 그렇지만 천총통이 이끈 8년간의 민진당 시대는 타이완의 현대사에 있어서 매우 의미가 크다. 한국인들은 타이완을 타이완의 입장에서 평가하기 보다는, 한국인의 입장에서 보려는 경우가 많아 타이완의 실상을 오해하는 경우가 적지 않다. 그러나 천총통 시대는 타이완 현대사에서 대단히 높은 평점을 내려줄 만큼 의미가 큰 시기였다.

첫째로 천총통의 민진당 시대는 국민당의 기나긴 독주체제를 종식시킨 엄청난 의미를 가진다. 장개석 이후의 국민당은 기나긴 세월에 있어서 타이완의 모든 가치를 독점적으로 향유했다. 장개석 부대는 별안간 점령군으로 나타나서 장기간을 계엄령 속에 무단통치를 했으며, 모든 것을 독점한 완벽한 독재정치를 실시했었다. 천총통의 등장은, 전혀 본성인을 배려함이 없이 모든 면에서 외성인의 독점체제가 이어진 것을 정면으로 깨뜨린 시대였다. 천총통을 좌충우돌 정치인으로 표현하는 언론의 흐름이 있는데, 왜 좌충우돌을 해야 되도록 과거의 국민당이 철벽독재를 했는가를 우선 생각해야만 된다. 민진당이 출현하고 천총통이 당선된 것은 국민당 일당독재의 독선적 시대를 마감하게 했으며, 타이완이 타이완 국민의 나라가 되게 함에 결정적인 기여를 했다. 그 이전에 있어서는 타이완이 외성인을 위한 나라였다. 다수의 본성인은 긴 시간에 걸쳐서 외성인의 하수인 혹은 경우에 따라서는 노예와 같은 삶을 강요받은 때였다.

요즘 티베트에서 격렬한 독립운동이 계속하여 일어나면서 세계적인 관심을 집중시키고 있다. 그것은 중국에서 극도로 티베트, 위그르, 만주, 몽골 등의 소수민족을 노예생활로 내모는 데에서 촉발된 것이다. 티베트는 장개석 부대가 타이완에 상륙할 때와 거의 같은 때에 모택동 군대에 강점 침략되며 오늘까지 노예생활을 하고 있다. 애초에 타이완도 외성인이 본성인을 중공군이 티베트를 탄압하듯이 대했었다. 그러나 타이완은 오늘날 완전한 변화가 이루어졌으니, 천총통 이후의 타이완은 절대로 그렇게 될 수 없게 되었다. 천총통 시대는 타이완의 본성인을 정치적으로 사람답게 재탄생시킨 대단히 뜻깊은 전환점이었다. 과거 국민당 시대의 본성인은 많은 경우에 차별받는 지위에 있었고, 국가적으로 계급사회의 성향이 짙던 것을 천총통이 깨뜨린 것이다. 천총통 시대는 타이완 정치사에 있어서 엄청난 공로가 있는 것으로서, 타이완은 앞으로 민주주의의 꽃을 피울 토대를 확고히 갖게 되었다.

**온 세계에 울려 퍼지는 티베트 독립 절규**
장개석 시대의 타이완 본성인은, 사실상 티베트와 같은 신세였다.

둘째로 천총통의 민진당 시대는 국민당 시대의 타이완이 가졌던 정체성(正體性) 혼란을 극복하고, 타이완의 정체성(正體性)을 뚜렷하게 만들어 준 때 였다. 타이완은 그간 국제사회에서 많은 경우에 주체(主體)보다는 객체(客體)로 존재했다. 물론 국제연합(UN)에 가입도 되지 않았고 많은 부문에서 소외되어 있다. 세계 17위의 경제력을 가진 당당한 국가이면서도 그 위상은 확고할 수가 없었다.

그러한 타이완을 8년간의 민진당 시대를 지나면서 반석 위에 올려 놓은 공로는 칭찬해 주어야 할 것이다. 중국 공산당은 타이완을 국제사회에서 사라지게 만들려고 가혹할 정도로 압박을 가하며

**타이완 본성인과 같은 티베트의 꿈**
티베트인들의 꿈과 타이완 본성인의 꿈은 같다.

8년을 보냈다. 그러나 천수이볜 총통은 중공 측의 공세에 보다 적극적인 자세를 취하면서 타이완의 국제적 입장을 공고히 다졌었다. 어떤 나라나 외세의 압박과 침탈이 있을 때에는 경제적 어려움이 있게 되어 있다. 타이완도 그것은 예외가 아니었지만, 타이완은 잃은 것보다 얻은 것이 훨씬 더 많았다고 본다. 타이완의 8년간에 걸친 경제적 희생은, 정치적 열매에 비해 결코 아까운 것일 수만은 없다고 하겠다.

셋째로 천총통의 민진당 시대는 타이완의 자생력(自生力)을 확고하게 길러준 때 였다. 온실에서 자란 나무는 결코 강한 삶을 살기가 쉽지 않다. 그간 타이완에는 많은 시련이 있었고, 타이완을 야성의 나무로 자라게 만들었다. 장개석 시대의 타이완은 외롭지만 온실의 나라였다면, 천총통 시대의 타이완은 비바람 몰아치는 시련의 나라였었다. 그렇지만 타이완은 꿋꿋하게 자생력을 길러 왔다.

타이완은 티베트나 위그르의 국민들이 겪고 있는 극심한 고통을 결코 남의 나라의 일로 볼 수 없다. 중국 공산당은 모든 국가적 가치를 독점한 일당독재 국가로서, 공산당 지도부가 모든 것을 압도적으로 몰아가는 나라이다. 또한 중국 공산당은 끊임없이 국민당이 만든 영광을 탈취하며 근현대사를 이어왔다. 지난 8년간에 있어서 천총통의 민진당은 중공의 혹독한 비바람 태풍을 극복하면서 강력한 자생력을 얻은 보람있는 시간을 보냈었다. 천총통의 시대는 잃은 것이 많은 시대가 아니라, 얻은 것이 오히려 많은 시대였다고 평가함이 옳다. 인간의 삶을 빵만으로 평가할 수 없기 때문이다.

## 민진당 시대의 경제침체

타이완은 내면적으로 극심하게 국민분열이 된 사회이다. 그러므로 타이완의 정권교체는 일반적인 다른 나라와는 전혀 성향이 다르다. 적은 숫자의 외성인과 다수의 본성인이 뚜렷하게 갈라진 상태에서의 평가를 내려야지, 피상적인 판단은 오판을 부를 가능성이 높다. 타이완이 지난 8년간에 있어서 비판받을 바는 경제침체가 대표적인 것이다. 그렇다면 그것의 진짜 본질적인 이유는 무엇일 것인가?

첫째로 외성인의 끈질긴 발목잡기 저항이 지적되어야 옳다. 타이완의 국민당은 기나긴 독점적 영광의 자리에서 끌어내려 졌었다. 그리하여 나타난 박탈감은 심대한 것이었다. 그것은 그러나 항상 영광을 누리다가 처음으로 영광을 잃은 측이라는 단순한 박탈감이 아니었다. 국민당은 민진당을 내심으로는 오래도록 평가절하 하며 지극히 우습게 보는 것이 생활화되어 있었다. 중국땅에서는 공산당이 티베트, 위그르, 몽골, 만주를 노예취급을 했는데, 타이완에서는 애초에 국민당이 본성인을 그렇게 보았었다. 그것이 점차 바뀌며 역전이 된 것이 민진당의 등장이기에, 외성인의 박탈감은 엄청난 핵폭탄과 같았다고 생각된다. 그런데 외성인은 정권을 내놓았어도 사회적, 경제적 주도권은 확고하게 압도적으로 장악하고 있었다. 특히 천총통은 국회도 완전히 장악하지 못했다. 지난 8년간의 천총통이 정권은 쥐었어도 사회적, 경제적 주도권을 사실상 쥐지 못했기에 되는 일이 없었고, 경제침체는 당연한 결과였다고 할 수도 있다.

둘째로 중공의 공격적인 교란작전도 매우 컸었다. 중국 공산당은 세계 최악의 침략적 군사국가이다. 인권이 없고 자유가 없는 공포의 거대 정치체가 집요하게 흔들어 대는 광풍에 있어서, 가장 강하게 몰아친 것이 경제공세 였었다. 천총통의 민진당은 의연하게 중공의 공세에 대응하면서 8년을 보냈으나, 국민당의 시대와 같은 경제성장은 쉽지 않을 수 밖에 없었다. 더구나 외성인이 주도권을 쥐고 있는 경제력인데, 많은 흐름에서 외성인은 중공의 교란작전에 말려든 측면도 있었고, 민진당의 경제성장이 국민당과 같을 수는 없는 것이었다.

셋째로 민진당의 성급한 급진성과 경험부족도 확실한 원인이라고 지적이 되어야 하겠다. 민진당은 한 번도 정권을 쥐어 본 적이 없었다. 처음으로 정권을 쥐었기에, 국정운영의 모든 것이 첫 경험일 수 밖에 없었다. 그러므로 많은 것이 생소하고 서투른 면이 컸고 배워 가면서 나라를 이끌어야 하는 상황이기에, 마음만 급했지 되는 일이 없었으며 높은 경제성장이 있기가 어려웠다고도 생각이 된다.

## 마잉주 시대의 출발

마잉주의 승리는 쟁취한 것이라기 보다는, 생각하면 주워 가진 것이라고 평가가 된다. 8년전의 천총통은 쟁취하여 집권을 하였다. 반면에 마총통은 민진당의 경제실패에 따른 어부지리로 정권을 쥔 측면이 컸다. 앞으로 마잉주 시대의 타이완이 성공할 길은 무엇일 것인가?

첫째로 마잉주 시대의 국민당은 결코 안일하게 승리에 도취한 날을 보낼 수 없다고 생각이 된다. 왜냐하면 국민당은 지난 8년간에 있어서 민진당에 진심어린 야당이 아니었기 때문이다. 국민당의 독선적 독점체제의 역기능이 쌓여 민진당이 탄생되었는데, 국민당은 야당이 되어서도 독점병을 치유하려는 노력보다는 민진당 흔들기에 더 치중하였다고 보여진다. 국민당이 본성인을 보는 따뜻한 마음이 없이, 싸늘함을 넘어서 혹시 격렬한 발목잡기만 했다는 원한을 본성인들에게 뿌리내려 준 바가 얼마인가를 겸허하게 헤아려야 할 것이다. 그렇기에 국민당은 앞으로 본성인의 진심을 얻는 데에 집요하게 노력을 쏟아야만 될 것이다. 국민당은 본성인보다는 불구대천의 원수관계인 중국 공산당에 혹시 더 가까워진 면이 없었나를 확실하게 반성함이 없이는 결코 내일의 성공이 쉽지 않을 것이다. 만약에 원수지간인 공산당을 친구로 보고, 본성인을 타인으로 보았다는 것이 본질적으로 드러나는 곤혹스런 상황이 명백해 질 때의 타이완은 상상밖의 내일을 맞을 수도 있다. 총선에서 마잉주를 지지한 58%는 확실한 지지자들만이 아니다. 확실한 숫자의 외성인에다가, 어떻든 배부르게만 살면 된다는 이해타산형 본성인이 합해진 숫자이기 때문이다. 그러나 민진당의 셰창팅 후보를 지지한 41%는 약간 어렵게 살더라도 사람답게 살고, 떳떳하게 살며, 주체성있게 살겠다는 강한 응집력을 가진 숫자이다. 그들은 살찐 돼지가 아니라 인간다운 당당한 삶을 단호한 자세로 택한 것이다. 그리고 중공의 무자비한 티베트 탄압을 극도로 증오하는 사람들이다. 그 숫자를 도외시하고 마총통의 성공은 쉽지 않다.

둘째로 마총통은 예부터의 온실생활에 젖은 귀족적 외성인의 대표이다. 국가의 앞날에는 순풍만이 불지 않는다. 태풍이 불고 역풍이 불 때에 그것을 극복할 야성적인 단호한 지도력이 얼마나 있을 것인가에, 항상 스스로 긴장해야만 성공이 있을 것이다. 마총통은 도전해서 정권을 쥐기보다는, 천총통 시대의 경제침체 속에서 쟁취가 아니라 인계받은 정권을 손에 쥐었다. 마총통은 경우에 따라서는 민진당보다도 더 경험이 없는 국정운영을 한다는 비판에 직면할 수도 있다. 정치는 강인한 추진력이 있어야 성공을 하는데, 그것은 마총통의 온몸으로 밀어치는 피나는 노력이 있어야만 나오는 것이다.

셋째로 마총통은 중국 공산당의 음흉한 공세를 극복하지 못하면 좋은 미래가 있기 어렵다. 마총통은 예전에 장개석 시대의 국공합작이 어떤 결과를 낳았고, 어떻게 하여 타이완으로 쫓겨 왔는가를 망각한다면 성공적인 내일이 있기 어렵다. 마총통의 선거공약은 생각하면 신국공합작(新國共合作)이다. 그러나 국공합작은 겉보기에는 좋게 들릴지 모르지만, 역사상 항상 공산당의 이익을 낳으며 국민당의 패배로 끝났다. 중국 공산당은 언제나 진심을 숨긴 거짓말로 근현대사를 이어 왔으며, 창당 이래로 침략의 칼날을 접은 적이 없는 전천후 침략형 군사국가임이 항상 유념되어야 할 것이다.

넷째로 과거의 장개석 시대에 저지른 국민당의 일당독재가 만든 업보는 결코 사라진 것이 아니다. 국민들은 장개석 시대의 외성인들이 모든 가치를 독점하면서, 본성인을 소외시킨 시대를 잊은 것이 아니다. 국민당은 본성인을 사람으로 취급하면서 제대로 대우한 것이 언제부터인가를 잊지 말아야 한다. 애초에 국민당은 본성인을 사람으로 보지 않았다. 그렇기에 민진당이 돌출적으로 탄생됐음을 유념해야 한다. 특히 잊지 말 것은 현재도 41%의 야당 지지자들은 확고하게 민진당을 지지하고 있음이다. 국민당은 보다 크게 인내심을 갖고 민진당보다도 더 본성인을 따뜻하게 포용하는 큰 아량을 보여야 성공적인 내일이 있을 것이다. 왜냐하면 국민당은 죄 많은 외성인의 과거를 숙명적 굴레로 쓰고 있으니, 외성인들은 과거에 본성인을 압도하는 사실상의 귀족이 되어 상하관계, 지배관계가 뚜렷한 계급사회에서 하층민 취급을 당했던 본성인의 한 맺힘을 업보로 갖고 있기 때문이다. 41%의 야당 지지자들은결코 단순한 마음의 야당 지지자들이 아니다.

다섯째로 천총통의 민진당 시대를 평가절하 하지 말아야 한다. 천총통의 시대는 타이완의 주체적 정체성을 정립한 의미있는 시대였다. 천총통의 시대를 지나면서 타이완은 제대로 된 타이완이 되었다. 국민당이 타이완을 온몸을 바쳐 진심으로 사랑했는가? 장개석 시대의 타이완은 사실상 타이완이 아니었다. 장개석은 타이완에 잠깐 머물다 떠날 길손님의 자세로 국정을 이끌었고, 국민당이 항상 그랬었다. 국민당은 엄밀히 말하면 타이완에 모든 삶을 바치고 타이완에 뼈를 묻으려는 사람들이 아니었다. 그래서 타이완의 존재를 모호하게 만든 결정적 책임이 있다. 그러나 천총통 시대부터 타이완은 진정한 국민의 나라가 되었다. 그리고 타이완을 진정으로 사랑하는 사람들의 타이완이 되었다. 타이완에서 자랑스럽게 살면서 타이완을 가꾸고 지키며 타이완을 이상향으로 만들어 타이완 땅에 묻히려는 사람들의 타이완이 되었다. 마총통이 천총통의 시대가 만든 국민형성(nation building)의 열매를 가꾸지 않으면 내일이 밝을 수는 없다. 천수이볜 총통은 타이완 본성인들에게 빵보다도 중요한 인간다운 존엄성을 정립시켜 주었다. 그리고 타이완 사랑의 중요성을 뿌리내려 주었다. 천총통은 평가절하 되기보다 8년간의 고군분투에 박수를 받아야 옳다. 천총통은 악조건 속에서 국민통합을 만들고, 타이완을 타이완답게 새로이 탄생시킨 큰 공로가 있었으며, 그것을 지금도 열렬히 지지하는 똘똘 뭉친 41%가 있음을 유념해야만 될 것이다.

## 마잉주 딜레마(dilemma)

어떤 나라에서나 새로 정권을 쥔 집권자는 희망에 들떠 있게 마련이다. 타이완을 새로 이끌 마잉주도 축제 분위기로 출범하고 있다. 그러나 마잉주의 속 마음은 결코 편안할 수 만은 없을 것이다. 왜냐?

첫째로 마잉주가 너무나 귀족적 국민당을 대표하고 있기 때문이다. 마잉주는 그리하여 서민풍 총통의 모습을 만들려고 진력하지만, 마잉주는 사실상 타이완 국민 전체와는 너무나 이질적이다. 마잉주는 최상류 국민당 가정에 태어나서 최상류 교육을 받으며 타이완이 자랑하는 건국(建國)고교와 타이완대학 법학과를 졸업했다. 그리고 미국유학을 가서는 뉴욕대에서 석사학위, 하버드대학에서 법학박사가 되며 지극히 귀족적으로 성장했다. 또한 귀국하자 장경국 총통 때에 총통부 제1국 부국장에 임명되며 정치권에 사실상 무임승차하였고, 이어서 43세의 젊은 나이에 벌써 법무부장이 되며 인생의 모든 과정이 너무 쉽게 이루어진 인물이다. 마잉주는 스스로 노력하여 총통이 되기보다는 귀족적 국민당 집단이 만들어준 총통이다. 마잉주의 등장은 타이완이 변동없이 외성인의 확고한 지배를 받고 있음을 뜻하면서, 지난 8년간의 천총통이 물위에 뜬 기름으로서의 정치를 했음을 말한다. 그렇게 생각하면 마잉주는 스스로 된 총통이 아닐 수도 있다. 마잉주는 귀족적 국민당을 너무나 대표하고 있고, 그들에게 큰 빚을 지고 있다. 그렇기에 마잉주는 또 다른 물위에 뜬 기름일 수 있다.

둘째로 마잉주는 주어진 정치적 입장이 너무나 진퇴양난 상황에 놓여 있다. 마잉주는 장개석 집단의 황태자로 총통이 되었기에 장개석을 저버릴 수가 없다. 그러나 장개석 집단은 타이완 점령군으로서의 구악(舊惡)을 대표하는 집단이다.

**마잉주의 정치적 입장**

마잉주는 장개석 앞에서 사라질 수도 없고, 자리잡을 수도 없는 곤경에 놓여 있다.

마잉주를 지지한 세력들은 천수이볜 총통의 장개석 지우기에 정면으로 반발하며 마잉주 정권을 탄생시켰다. 그렇기에 마잉주는 장개석을 다시금 부활시키려고 행동화할 것인데, 장개석을 부활시킬 경우에는 예전의 국민당 점령군의 계엄령 철벽독재가 낳은 악마의 이미지가 다시 나타나게 될 것이다. 그렇게 되면 본성인의 거센 반발이 있을 것이며, 그리하여 장개석 살리기에 소홀하면 외성인이 반발할 것이다.

셋째로 마잉주는 중국관계의 국제적 선택에 있어서도 사려깊은 판단력을 요구받고 있다. 마잉주는 천총통의 반중국(反中國) 노선에 반대하면서, 엄밀히 말하면 친중국 노선을 택하는 선거공약을 내걸었다. 그런데 중국은 국민당을 지옥으로 몰아낸 철천지 원수다. 생각하면 본성인보다 훨씬 중공정권에 대한 원한에 사무친 사람들이 외성인들이다. 마잉주는 국민당의 꿈인 본토회복 보다는, 민진당에게서 정권을 되찾는 정략적 선택의 흐름으로 친중국적인 선택을 계속 하면 자멸을 자초하게 될 것이다. 중국 공산당과 싸우면서 친해지는 고급 판단력이 쉬울 것인가? 더구나 국민당 독재와 중공군의 미사일 공격등에 분노하며 탄생한 민진당은 반중국을 넘어 독립을 원하고 있는데, 그들의 토대인 본성인은 국민의 절대다수이다. 마잉주의 친중노선은 잠깐 상황이 돌변하면 매국노선으로 전락되게 되어 있다.

넷째로 마잉주는 타이완의 전통적인 우방인 미국이나 일본, 한국과의 관계에 있어서도 슬기로운 결정력이 요망된다. 경제회복을 위해서 중국과의 교류를 확대한다고 말하지만, 타이완의 존재에 대한 최고 버팀목은 미국이다. 그리고 일본이나 한국과의 관계를 결코 소홀히 할 수 없다. 그런데 미국은 오늘날의 국민당을 의심하는 분위기가 강하다. 미국은 민진당은 믿어도 외성인의 행태를 궁극적으로 불신하고 있다고 생각된다. 그것은 외성인들의 철학부재에서 비롯된다. 외성인의 국민당 집단이 철학이 없이 우왕좌왕하는 모습을 크게 보였기에 그런 것이다. 국민당은 많은 경우에 본토에서 밀려온 패잔병의 모습에서 자유롭지 못하다. 미국에게 국민당은 아직도 패잔병의 모습일 수 있다.

다섯째로 마잉주는 본성인 끌어안기에 철저해야 한다. 차라리 국민당을 본성인의 정당으로 환골탈태시킬 정도로 본성인 우대정책을 써야 될 것이다. 정권은 짧고 정치는 길다. 그러나 마잉주는 외성인에 진 빚을 갚으려고 외성인 끌어안기에 주력하면서 본성인을 소외시킬 개연성이 크다. 마잉주는 작은 눈으로 보면 외성인들에게 빚을 졌으나, 큰 눈으로 보면 본성인 전체에 빚을 진 점령군의 황태자임을 유의하는 현명한 눈이 얼마나 있을 것인가? 정치인의 인기는 많은 경우에 물거품이고, 남는 것은 확실한 정치적 업적으로서의 현실이 남는 것이다. 그러나 국민당은 항상 현실을 모르는 정당이었고, 깊은 철학이 없는 집단이었다. 그렇기에 타이완으로 쫓겨난 집단이 되었고, 계속하여 타이완의 정체성 혼란을 가중시켰으며, 타이완에서도 확고하게 뿌리를 내리기가 쉽지 않았는데 마잉주가 그것을 얼마나 극복할 것인가? 세계최고의 보물섬을 제대로 잘 가꿀 것인가? 마잉주 시대는 거대한 타이완 퍼즐에 직면해 있다.

## ※ 마잉주의 추락(제4쇄본 발간사: 2014년 9월 30일)

마잉주 총통의 집권 8년은 물 흐르듯 빨리 흘렀다. 권력의 달콤함에 취할 틈도 없었다. 마잉주는 내쫓기듯 추락하는 집권 말기를 맞았다.

마잉주의 참담한 추락은 애초부터 예고된 것이었다. 마잉주는 정치의 기본을 몰랐다. 오직 권력유지를 위한 수준 낮은 정치에만 몰입되어 있었다. 마잉주가 예전부터 중국인들이 탐독한 삼국지 소설책 하나라도 제대로 정독했다면 이렇게 추락하지는 않았을 것이다.

놀랍게도 마잉주는 정적 천수이볜 가족을 집권 초부터 감옥에 처넣으면서, 본성인을 다시금 국민당 점령군으로 다스렸다. 마잉주는 점령군 국민당의 요람에서 곱게 성장하며, 국민당의 유산을 손쉽게 상속한 인물답게 본성인의 아픔을 거의 몰랐다. 마잉주가 천수이볜을 따뜻이 감싸며, 본성인 전체의 마음을 사로잡는 왕도정치의 기본만 펼쳤어도 마잉주의 말로는 순탄했을 것이다.

마잉주는 본성인을 인간으로 본 것이 아니다. 빵을 주면 만족하는 동물로 보았다. 외성인의 약점은 본성인을 인간 이하로 보는 것인데, 마잉주는 철저히 외성인이었다. 인간은 경제적 동물 이전에 존엄한 인격체이다. 그런데도 마잉주는 동물적 통치관에서 변동이 없었다.

더구나 마잉주는 빵을 얻기 위해, 불구대천의 중공정권에 지조를 팔았다. 원래의 타이완은 중국보다 절대적 비교우위의 나라였으나, 빵을 얻는다는 미명하에 중국에 너무 많은 것을 내주었다. 타이완은 중국의 자존심을 가진 진짜 중국이었는데, 마잉주는 빵을 얻겠다고 혼을 내주고 만 것이다.

특히 마잉주가 저지른 오판은 총통으로 재선되기 위해, 사실상 중국의 지원을 받아 간신히 당선되는 무리수를 둔 것이었다. 마잉주는 권력을 얻기 위해 수단과 방법을 가리지 않았으며, 건너지 못할 강을 건너가고만 것이다. 마잉주의 재선은 중국 공산당 2군단으로 전락하며 상처투성이의 승리를 얻었을 뿐이다.

국민당은 훗날 본토 회복을 위해서라도 철저히 본성인과 융합되었어야 했다. 마잉주는 권력을 쥐기 위해 철저히 본성인이 되었어야 했고, 확실하게 천수이볜과 화합했어야 했다. 하지만 마잉주 국민당은 원색적인 장개석 시대로 되돌아갔을 뿐이다. 더구나 장개석 시대에는 빵이라도 당당히 먹었으나, 비굴한 빵의 시대를 만들었다.

마잉주가 저지른 8년의 오판은, 8년의 폭정이나 독재로 결산될 수밖에 없다. 대다수의 본성인을 외면한 외성인 위주의 정치는, 어떠한 미사여구로도 폭정일 수밖에 없다. 먼 훗날 타이완 역사서에는 처절히 본성인의 삶을 산 천수이볜과, 철저히 점령군 외성인의 삶을 산 마잉주를 어떻게 평가할 것인가?

정치는 법치를 넘어 덕치에서 완성되는 것이다. 소설 삼국지에도 시종일관 덕치의 흐름이다. 그것이 정치인데, 마잉주에게는 그것이 없었다. 그러하기에 많은 타이완 사람들은 분노하며 말한다. 마잉주는 '나라를 팔아먹은 나쁜 사람' 이라며 격노한다.

국민들의 이러한 절규는 천수이볜을 감옥에 처넣으며 일찍이 예고된 것이었다. 나라를 팔아먹은 나쁜 사람은 '악덕 매국노' 라는 뜻인데, 마잉주가 그렇게 됨은 민심을 등진 정치를 한 때문이다. 진심으로 타이완 본성인을 존중하지 않았기 때문이다.

## ※ 차이잉원 돌풍(제5쇄본 발간사: 2015년 11월 1일)

정상적인 사회는 국민의 뜻이 뭉쳐져, 그 나라가 나아갈 바른 길을 정상적으로 찾아간다. 다수의 국민은 결코 우매하지 않다. 더구나 타이완 같이 국민적 수준이 높은 사회에서는 더욱 그러하다.

타이완 정치변증법은 장개석, 장경국 시대를 청산하고 천수이벤 시대를 열며 최초의 명예혁명을 이루었다. 하지만 제1차 명예혁명은 8년 만에 좌초하고 만다. 타이완을 점령하고 있는 국민당이 너무 거대했기 때문이다.

그렇지만 다시 시작된 마잉주 국민당 시대는, 새로운 명예혁명을 부르는 전주곡에 불과했다. 국민당은 외성인 정당에서 개선됨이 없었고, 본성인의 마음을 전혀 읽지 못했다. 마잉주는 허황된 공염불 정치를 펴며 '뜬구름 총통' 으로 임기를 허송했다. 마잉주는 철저히 장개석 시대에 사로잡힌 이방인에 불과했다.

그렇기에 제2차 명예혁명의 열풍이 타이완을 강타하고 있다. 그것은 타이완에 진정한 '타이완인' 이 탄생해나가는 지난 16년간의 정치방정식을 말한다. 천수이볜, 마잉주 시대는 타이완에서 외성인, 본성인 시대를 청산하는 아픔의 시기였다. 진정한 타이완인이 탄생하길 염원하는 기다림의 시간이었다.

차이잉원은 분열의 시대를 끝내고 통합의 신시대를 만드는, 제2차 명예혁명의 등불을 드높이 들었다. 그는 외성인도 아니다. 그는 본성인도 아니다. 자랑스러운 타이완인이다. 이에 화답하여 국민당에서도 허겁지겁 주리룬 후보를 내세우며 통합의 신호를 올리지 않을 수 없었다.

타이완의 진정한 힘! 그것은 타이완의, 타이완에 의한, 타이완을 위한 '타이완 사람들의 힘'을 말하는 것이다. 그것은 '타이완의 자존심 혁명'이었다. 지난 16년을 바탕으로 지상최고의 멋진 타이완이 탄생하는 고차적 정치방정식이었다.

---

## ※ 위대한 타이완 명예혁명(제6쇄본 발간사: 2016년 1월 16일)

### 국민당의 참혹한 몰락 – 국민을 속이고 기만한 자업자득

국민당의 8년간 재집권은 참담한 몰락 드라마로 끝났다. 공산당에 패퇴하며 타이완 섬으로 쫓겨 온 1949년 이후에, 타이완을 기만하며 66년 동안을 허송세월로 보낸 당연한 업보였다.

무소불위의 점령군 정권에서 원래의 참혹한 모습으로 추락한 것이다. 국민당은 한때 대륙을 거의 석권했던 영광의 역사를 갖고 있다. 하지만 그 영광은 허황된 명에가 되었고, 국민당을 현실을 모르는 집단으로 이끌었다.

국민당이 몰락한 핵심 원인은 시대를 속이고 국민을 기만한 데에 있었다. 실체적 의지도 없고 능력도 없이, 대륙을 석권했던 옛 환상에 빠진 정치를 했기에 사상누각 정당이 되고 만 것이다.

결과적으로 국민당은 '타이완의 힘'을 경시했다. 아니 무시하면서 타이완 국민들과 이반된 외인부대 타인집단으로 전락한 것이다. 대륙의 환상에 빠진 '대륙의 꿈'을 허황되게 내세우며 국민을 속이다가 패잔군으로 다시 몰린 것이다.

지난 8년간의 마잉주 시대는 국민당 몰락극의 정점을 연출했다. 스스로의 힘을 기르려는 뼈를 깎는 노력은 없었다. 겨우 현대판 국공합작 꼼수에 매달리다가 속절없이 주저앉은 것이다. 국민당은 항상 국공합작으로 무너졌다. 스스로의 주인정신이 없으니 결과는 언제나 자명한 것이다.

## 상쾌한 명예혁명가 차이잉원 - 완벽한 타이완 사람의 탄생

차이잉원 총통의 탄생은 '타이완의 힘'의 위대한 승리였다. 타이완의 힘을 믿지 않은 마잉주 시대가 허망했기에, 차이잉원의 탄생은 더욱 더 드라마였다. 민주국가에서는 매우 드문 사례로서, 민진당은 일방적인 파죽지세 압승을 거두었다. 반면 국민당은 시종일관 무기력했고 국민들에게 잔인할 정도로 외면 받았다.

민진당이 완승한 이유는 간단하다. '타이완의 힘'을 확신한 정당과 '타이완의 힘'을 기만한 거짓말 정당의 차이가 그렇게 만든 것이다. 국민들은 이제 콩으로 메주를 쑨다고 해도 국민당의 말을 곧이듣지 않게 되고 말았다.

차이잉원은 완전무결한 '타이완 사람'이었다. 타이완의 힘을 온 몸으로 결집한 타이완의 태양이었다. 하지만 마잉주는 너무나 '이방인'이었다. 타이완 국민들과 너무나 멀리 떨어져 있는 국민당은, 그렇기에 국민당이 어떤 후보를 내세워도 차이잉원을 이길 수가 없었다.

인류사에서는 많은 경우에 피를 머금고 처절한 혁명과정이 전개된다. 프랑스 혁명, 러시아 혁명이 그랬고, 4.19혁명이 그러했다.

**완벽한 타이완 사람, 타이완의 힘의 상징** 타이완의 힘을 확실하게 결집한 상쾌한 지도자

하지만 국민당이 몰락하는 타이완 혁명은 '완벽하고 위대한 명예혁명' 이었다. 차이잉원의 민진당 승리는 민주주의의 전형으로서, 민권 승리의 찬란한 금자탑을 쌓는 독보적 혁명이었다.

민주주의는 피를 먹고 자란다는 통념 자체가 불가한 특수 사례는, 타이완 섬과 같은 지상최고의 보물섬에서나 가능한 것인가? 아직도 온통 테러와 전쟁으로 얼룩진 미개한 지구촌에서, 유일 완벽한 민주주의의 승리가 이뤄진 타이완 명예혁명은 너무나 이상적인 교과서답다.

차이잉원의 감격적 승리는 실로 민주주의 이론 그대로였다. 교과서보다도 더 민주주의의 표상이었다. '타이완의 힘' 을 완벽하게 결집한 차이잉원의 상쾌한 리더십이었다. 타이완 섬의 '진정한 주인' 이 탄생하는 감동이며 감격이었다.

## 쯔위 민족주의의 대폭발 – 강력한 타이완의 탄생 드라마

좋은 연극은 예측 불가능할수록 멋진 드라마이다. 타이완 명예혁명 정치사는 상상 밖의 '쯔위 민족주의' 드라마로 대미를 찬란하게 장식했다.

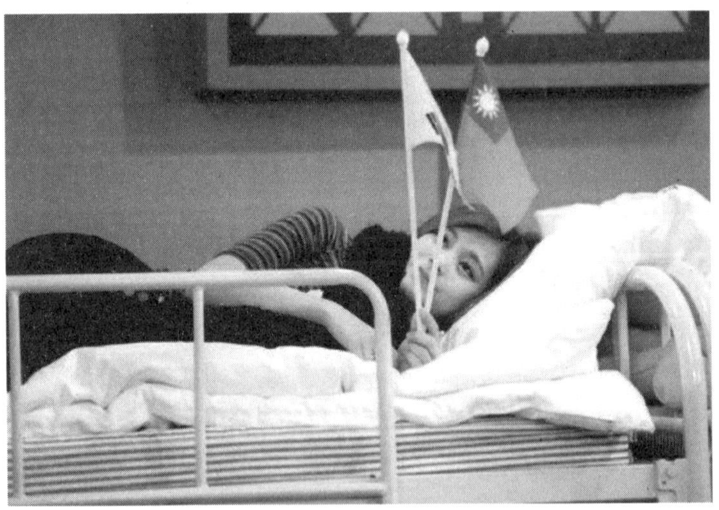

**타이완 민족주의의 핵 폭발을 촉발한 한 장의 사진** 타이완 국민들의 자존심 혁명을 유발한 격동 드라마의 주인공

타이완 남부의 타이난에서 태어난 쯔위는 평범한 어린 소녀였다. K팝을 즐겨 듣고 한류 열풍을 즐기던 쯔위는, 어느 날 혜성과 같이 등장하며 한국의 인기 걸 그룹 멤버가 되었고 인생이 바뀐다. 노래도 아주 잘하고 깜찍하며 숨 막힐 듯 예쁜 타이완 소녀는 샛별과 같이 나타나 특급 광고 모델로까지 급부상했다.

헌데 16세의 어린 소녀가 삽시간에 세계적인 주목을 받는 역사의 주인공이 되었다. 총통선거 막바지에 별안간 불거진 쯔위 민족주의는 누구도 예측 못한 충격적 드라마였다. 그 누가 이런 기상천외의 특급 드라마를 연출할 수 있을까?

총통선거 마지막 어느 날! 쯔위가 한국 TV방송에서 타이완 국기를 들고 있던 영상 단 하나가 세상을 급변시켰다. 타오르던 타이완 민족주의에 기름을 확 부으며 핵폭탄이 터지듯 역사를 삽시에 바꾼 것이다. 지난 66년간 핍박 받았던 타이완 현대사의 응어리가 일거에 화산이 터지듯 분출된 것이다.

흡사 신데렐라 소설과 같이 성공신화를 쓴 어린 소녀가, 오로지 내 나라의 국기를 들었다는 죄 아닌 죄(?)로 수모를 겪고 핍박을 당하는 모습은 잠자던 타이완 젊은이 전체를 응집시켰고 분개시켰다. 프랑스 대혁명이 바스티유 감옥으로 달려가는 유혈 군중의 역사였다면, 타이완 명예혁명은 쯔위 민족주의의 거센 물결을 타고 투표장으로 달려간 젊은이들의 몰표 역사였다.

그것은 강력한 타이완이 탄생하는 진한 감동이었다. 2천 3백만 타이완 국민들은 차이잉원에서 타이완의 미래를 보았고, 꿈을 보았으며, 벅찬 희망을 보았다. 하지만 쯔위에게서는 지난 현대사의 뼈저리고 쓰라렸던 아픔을 보았다. 그 아픔은 타이완 전체를 격동시켰다. 잠자던 '타이완 민족주의'를 격렬히 뒤흔들었다.

내 나라의 국기를 휘날리자! 내 나라의 명예를 지키자! 자랑스러운 내 나라의 자존심을 찾자! 지나간 현대사에서 당했던 핍박, 수모를 단호하게 극복하자! 두 주먹을 불끈 쥐고 투표장으로 몰려가는 타이완 유권자들의 가슴에는 차이잉원이 요동치고 쯔위가 격동했다.

이렇게 소설과 같이, 연극과 같이 '타이완 잔 다르크'가 탄생했다. 타이완 잔 다르크의 탄생은 너무나 타이완다웠다. 특이하게도 차이잉원과 쯔위가 한 덩이로 겹쳐서 뭉쳐진 '보물섬 잔 다르크'로 찬란하게 떠올랐다.

타이완을 하나로 강철같이 단결시킨 두 영웅에 의해, 타이완의 앞에는 영광된 미래가 눈부시게 떠올랐다. 희망의 교향곡이 우렁차게 울려 퍼졌다. 그렇다! 2천 3백만 타이완 국민들도 마침내 사람다운 길을 가게 되었다! 드디어 진정한 나의 나라를 갖게 되었다! 자랑스럽고 뿌듯한 나의 역사를 만끽하게 되었다!

강명상, 이등휘총통전(서울: 을유문화사, 1997)
강석화, 조선후기 함경도와 북방영토의식(서울: 경세원, 2002)
姜艷芳, 齊春曉, 동북사간편(하얼빈: 하얼빈출판사, 2004)
강용자, 왕조의 후예(서울: 삼신각, 1994)
강윤동, 고구려 이야기(서울: 범조사, 1995)
강인철, 중국 실크로드(서울: 문예미디어, 1996)
강준식, 우리는 코리아의 광대였다(서울: 웅진출판사, 1995)
耿鐵華, 孫仁杰, 고구려연구문집(연길: 연변대학출판사, 1993)
谷川道雄, 森正夫, 송정수, 중국민중반란사(서울: 혜안, 1996)
공승선, 신민국중창교 30주년특간(타이베이: 시립 신민국중, 중화민국 87년)
곽귀훈, 천년의 고독 티베트(서울: 글나루, 1995)
宮崎市定, 조병한, 중국사(서울: 역민사, 1988)
宮崎正弘, 김현영, 중국의 현재 그리고 3년 5년 10년 후(서울: 예문출판사, 2006)
권오봉, 퇴계선생 일대기(서울: 교육과학사, 2001)
금장태, 한국유학사의 이해(서울: 민족문화사, 1994)
及川儀右衛門, 만주통사(동경: 박문관, 소화 10년)
김강일, 중국조선족사회의 문화우세와 발전전략(연길: 연변인민출판사, 2001)
김경민, 일본이 일어선다(서울: 고려원, 1995)
김광성, 동북아지역개발연구(연길: 연변인민출판사, 1992)
김구춘, 짜리로씨야의 대외침략과 팽창(연길: 연변인민출판사, 1992)
김기홍, 고구려 건국사(서울: 창작과 비평사, 2002)
김기홍, 한국고대사(서울: 역사비평사, 1993)
金達壽, 배석주, 일본 속의 한국문화유적을 찾아서(서울: 대원사, 1995)
김도형, 대한제국기의 정치사상연구(서울: 지식산업사, 1994)
김동화, 김승철, 당대중국조선족연구(서울: 집문당, 1995)

김동화, 중국조선족우열성연구(서울: 집문당, 1995)
김득황, 만주의 역사(서울: 삶과 꿈, 2003)
김문학, 김명학, 바람난 중국인 변하는 중국땅(서울: 시공사, 1997)
김방, 이동휘(서울: 대왕사, 1998)
김상협, 모택동 사상(서울: 지문각, 1972)
김영, 일본문화의 이해(서울: 제이앤씨, 2006)
김영관, 백제부흥운동연구(서울: 서경, 2005)
김영신, 타이완의 역사(서울: 지영사, 2001)
김우종, 결전, 중국조선민족발자취총서 4(북경: 민족출판사, 1991)
金渭顯, 거란의 동북정책(타이베이: 화세출판사, 1980)
김위현 옮김, 국역무예도보통지(서울: 민족문화사, 1994)
김인덕, 식민지시대 재일조선인운동 연구(서울: 국학자료원, 1996)
김재승, 만주벌의 이름없는 전사들(서울: 혜안, 2002)
김재영, 히말라야를 넘어 인도로 간다(안성: 종이거울, 2006)
김준엽, 장정(서울: 나남출판사, 1993)
김중생, 조선의용군의 밀입북과 6.25전쟁(서울: 명지출판사, 2000)
김태영, 유교문화의 돌연변이 일본(서울: 보고사, 2002)
김택, 김인철, 길림조선족(연길: 연변인민출판사, 1995)
김학준, 한국문제와 국제정치(서울: 박영사, 1987)
김학준, 한국전쟁(서울: 박영사, 1989)
김한규, 티베트와 중국(서울: 소나무, 2000)
김향수, 일본은 한국이더라(서울: 문학수첩, 1995)
김현도, 나의 조국 티베트: 다라이 라마 회고록(서울: 예지각, 1987)
김호동, 동방기독교와 동서문명(서울: 까치글방, 2002)
김호동, 황하에서 천산까지(서울: 사계절출판사, 1999)
김호일, 한국개항전후사(서울: 중앙대학교 출판부, 2004)
나명순, 조규석, 대한국인 안중근(서울: 세계일보사, 1993)
남대명, 최형철, 발전도상의 연변 상·하(연길: 연변인민출판사, 1990)
노길호, 야스쿠니 신사(서울: 문창출판사, 1996)
노희상, 잃어버린 역사를 찾아서(서울: 다물출판사, 1996)
노희상, 다물 삼족오(서울: Book Star, 2007)
唐修佳, 재통화사책, 정협통화시위원회 문사위원회, 1992
唐修佳, 조선독립군 재중국동북활동사략(심양: 요녕민족출판사, 1993)

대외경제정책연구원, 타이완 편람, 1993.
渡邊浩, 박홍규, 주자학과 근세일본사회(서울: 예문서원, 2007)
劉壽祺, 김동규, 중공교육학(서울: 주류출판사, 1983)
류연산, 만주 아리랑(서울: 돌베개, 2003)
리우효, 김영웅 엮음, 김명호, 스딸린체제의 한인강제이주(서울: 건국대 출판부, 1994)
茂呂美耶, 허유영, 에도 일본(서울: 일빛, 2006)
문성묵, 군사대국 중국(서울: 팔복원, 1993)
박경휘, 중국 조선족의 의식주 생활풍습(서울: 집문당, 1994)
박광희, 중국 실제로는 이렇게 움직인다(서울: 바다출판사, 2003)
박노태, 중공의 역사(서울: 중국문제연구소, 1972)
박도, 민족반역이 죄가 되지 않는 나라(서울: 평단문화사, 2000)
박도, 항일유적답사기(서울: 눈빛, 2006)
박상수, 중국혁명과 비밀결사(서울: 심산출판사, 2006)
박승준, 중국이 재미있다(서울: 비전, 1993)
박영희, 근현대 한중관계사연구(서울: 국학자료원, 2001)
박영희, 한국학연구논총 1 · 2(심양: 요녕민족출판사, 2000)
박은경, 일제하 조선인관료연구(서울: 학민사, 1999)
박정화, 일본의 원뿌리를 찾아서(서울: 삼애사, 2006)
박창묵, 조선족 민족연구2(연길: 연변대학출판사, 1996)
박창욱, 불씨, 중국조선민족발자취총서 2(북경: 민족출판사, 1995)
박청산, 김철수, 이야기 중국조선족역사(연길: 연변인민출판사, 2000)
박환, 러시아 한인 민족운동사(서울:탐구당, 1995)
배우성, 조선후기 국토관과 천하관의 변화(서울: 일지사, 1998)
백산학회, 만주원류고, 1985.
블라지미르 김, 김현택, 러시아 한인강제이주사(서울: 경당, 2000)
三上次男, 금사연구 1: 금대여진사회의 연구(동경, 중앙공론미술출판사, 소화 47년)
三上次男, 금사연구 2: 금대여진사회의 연구(동경, 중앙공론미술출판사, 소화 47년)
三上次男, 금사연구 3: 금대여진사회의 연구(동경, 중앙공론미술출판사, 소화 47년)
서기술, 개혁, 중국조선민족발자취총서 8(북경: 민족출판사, 1996)

서길수, 고구려 역사유적 답사(서울: 사계절, 1998)
서병국, 고구려제국사(서울: 혜안, 1997)
徐頌德, 중국종합지도집(북경: 중국지도출판사, 1990)
서중석, 신흥무관학교와 망명자들(서울: 역사비평사, 2001)
小林惠子, 한상구, 천무천황의 비밀(서울: 고려원, 1990)
小倉和夫, 황순택, 일본은 어떻게 세계를 요리했는가(서울: 중앙M&B, 2000)
손영종, 고구려사(평양: 과학백과사전종합출판사, 1997)
송기호, 발해를 찾아서(서울: 솔출판사, 1993)
송영우, 소치형, 중국의 외교정책과 외교, 건국대 중국문제연구소, 1992
新渡仁稻造, 양경미, 권만규, 사무라이(서울: 생각의 나무, 2004)
신복룡, 한국정치사(서울: 박영사, 2003)
신숙주, 신용호, 해동제국기(파주: 범우사, 2004)
신승하, 중국 당대 40년사(서울: 고려원, 1993)
신형식, 중국은 한 나라가 아니었다(서울: 솔출판사, 1996)
심산사상연구회, 김창숙 문존(서울: 성균관대학교 대동문화연구원, 1993)
심혜숙, 중국조선족 취락지명과 인구분포(서울: 서울대 출판부, 1994)
안동시, 선비정신의 참모습: 퇴계선생과 도산서원, 도산서원관리사무소, 2005
안성호, 범세계 민주화 비교론(서울: 교육과학사, 1994)
안성호, 세계화 지방화 그리고 민주화(서울: 교육과학사, 1996)
안지원, 고려의 국가불교의례와 문화(서울: 서울대학교 출판부, 2005)
안천, 일월오악도 Ⅰ·Ⅱ·Ⅲ·Ⅳ·Ⅴ(서울: 교육과학사, 2006)
안천, 생활화 사회과교육론(서울: 교육과학사, 2003)
안천, 여성대통령은 언제 나올까(서울: B · B출판사)
안천, 거시국토통일론(서울: 인간사랑, 1994)
안천, 남침유도설 해부(서울: 교육과학사, 1993)
안천, 신사고 사회과교육론(서울: 교육과학사, 1993)
안천, 신흥무관학교(서울: 교육과학사, 1996)
양성철, 남북통일 이론의 새로운 전개(서울:경남대 극동문제연구소, 1989)
양주동, 고가연구(서울: 일조각, 1987)
양태진, 근세한국경역논고(서울: 경인출판사, 1999)
연갑수, 대원군집권기 부국강병정책연구(서울: 서울대 출판부, 2001)
연변대학민족연구소, 조선족연구논총 3(연길: 연변인민출판사, 1991)

연변조선족략사편찬조, 조선족략사(서울: 논장, 1989)
연변조선족자치주부녀회, 연변여성운동사(연길: 연변인민출판사, 1992)
倪健中 외, 이필주, 중국의 분열(서울: 대륙연구소 출판부, 1996)
吳承明, 김지환, 구중국 안의 제국주의 투자(서울: 고려원, 1992)
오장환, 한국 아나키즘 운동사 연구(서울: 국학자료원, 1998)
오태호, 풍랑, 중국조선민족발자취총서 7(북경: 민족출판사, 1993)
吳晗, 박원호, 주원장전(서울: 지식산업사, 2003)
王健群, 임동석 옮김, 광개토왕비연구(서울: 역민사, 1985)
王詩琅, 타이완사회운동사(타이베이: 도향출판사, 중화민국 77년)
王連升, 중국궁정정치(태원: 산서교육출판사, 1992)
요녕성박물관장보록편집위원회, 요녕성박물관장보록(상해: 상해문예출판사, 1994)
유상희, 나쓰메 소세키 연구(서울: 보고사, 2001)
兪辛焞, 신승하, 김지환, 박강, 만주사변기의 중일외교사(서울: 고려원, 1994)
劉學顔, 아성(하얼빈: 하얼빈출판사, 2006)
유한구, 교과이론과 교과정책(서울: 성경재, 2003)
윤내현, 한국고대사(서울: 삼광출판사, 1989)
윤명수, 금사(서울: 완안출판사, 2007)
윤명수, 금조사연구(서울: 완안출판사, 2007)
윤명철, 동아지중해와 고대일본(서울: 청노루, 1996)
이계형, 고종황제의 마지막 특사(서울: 역사공간, 2003)
이동한 편역, 활인심방: 퇴계 건강법(서울: 교육과학사, 2003)
이범석, 우둥불 상하(서울: 삼육출판사, 1994)
이부광, 두만강 파일(서울: 대륙연구소 출판부, 1993)
이상엽, 실크로드 탐사(서울: 생각의 나무, 2003)
이성무, 한국의 과거제도(서울: 집문당, 2000)
李筱峯, 김철수, 윤화중, 타이완 민주운동 40년(서울: 성균관대출판부, 1990)
이애희 외, 공자사상의 계승 1(서울: 열린책들, 1995)
이옥, 고구려 민족형성과 사회(서울: 교보문고, 1986)
이은표, 종묘대제(서울: 원백문화사, 1993)
李義虎, 타이완 10대 정치안건(하얼빈: 흑룡강성인민출판사, 1993)
이재광, 한국 타이완 관계의 재조명, 대륙연구소, 중국연구 제4권 3호,

1995.
이전복, 차용걸 · 김인경 옮김, 중국내의 고구려유적(서울: 학연문화사, 1994)
李祖定, 중국전통길상도안(상해: 상해과학보급출판사, 1994)
이종기, 춤추는 신녀: 일본의 첫왕은 한국인이었다(서울: 동아일보사, 1997)
李志綏, 손풍삼, 모택동의 사생활 1 · 2 · 3(서울: 고려원, 1995)
이지혜, 얘들아 우리 퇴계처럼 살자꾸나(서울: 교육과학사, 2007)
이필영, 마을 신앙의 사회사(서울: 웅진출판주식회사, 1994)
이해준, 조선시기 촌락사회사(서울: 민족문화사, 1996)
이형구, 한국고대문화의 비밀(서울: 김영사, 2004)
李鴻文, 양필승, 만주현대사(서울: 대륙연구소 출판부, 1992)
이홍우, 성리학의 교육이론(서울: 성경제, 2000)
이홍우, 유한구 엮음, 교육의 동양적 전통(서울: 성경제, 2000)
이훈, 대마도 역사를 따라 걷다(서울: 역사공간, 2005)
仁位孝雄, 조선통신사의 길(나가사끼: 스기야서점, 2002)
인재환, 대마도 우리역사 답사기(서울: 한림출판사, 1997)
일본동아연구소, 서병국, 이민족의 중국통치사(서울: 대륙연구소, 1991)
임계순, 청사: 만주족이 통치한 중국(서울: 신서원, 2001)
임계순, 한국인의 짝사랑 중국(서울: 김영사, 1994)
임기환, 고구려 정치사 연구(서울: 한나래, 2004)
임세권, 중국 변방을 가다(서울: 신서원, 1995)
임용한, 배낭 메고 돌아 본 일본역사(서울: 혜안, 2006)
임은, 김일성 정전(서울: 옥촌문화사, 1989)
임중혁, 스무날 동안의 황토기행(서울: 소나무, 2001)
임창배, 승리, 중국조선민족발자취총서 5(북경: 민족출판사, 1992)
張聯芳, 중국인의 성명(북경: 중국사회과학출판사, 1992)
장명하, 알타이 우랄문화의 뿌리를 찾아서(서울: 대륙연구소, 1995)
張星久, 吳懷連, 한인희, 타이완현대정치사 상하(서울: 지영사, 1992)
蔣廷黻, 김기주, 김원수, 청일한 외교관계사(서울: 민족문화사, 1991)
전광하, 세월 속의 용정(연길: 연변인민출판사, 2000)
전순동, 명왕조성립사연구(청주: 개신출판사, 2000)
전용신 옮김, 일본서기(서울: 일지사, 1990)
전호태, 고구려 이야기(서울: 풀빛, 1999)

정동주, 까레이스끼 또 하나의 민족사(서울: 우리문화사, 1995)
정만조, 조선시대 서원연구(서울: 집문당, 1997)
정범진, 백번 꺾어도 꺾이지 않는 민족의 자존(서울: 성균관대학교 출판부, 1995)
정병윤, 돈황의 전설(서울: 문자향, 2006)
정설송, 작곡가 정율성(서울: 형상사, 1992)
정신철, 중국 조선족(서울: 신인간사, 2000)
정재정, 일제침략과 한국철도(서울: 서울대학교 출판부, 2004)
정종, 공자의 교육사상(서울: 집문당, 1980)
정종, 논어와 공자(익산: 원광대학교 출판국, 1986)
정혜경, 일제시대 재일조선인 민족 운동 연구(서울: 국학자료원, 2001)
조동걸, 독립군의 길따라 대륙을 가다(서울: 지식산업사, 1995)
조선학연구편집위원회, 조선학연구 3(연길: 연변대학출판사, 1990)
佐藤剛藏, 이충호 옮김, 조선의육사(서울: 형설출판사, 1993)
周婉窈, 손준식, 신미정, 타이완(서울: 신구문화사, 2003)
주한베트남대사관, 광영회, 한 · 베트남 수교 10주년기념 사진첩, 2002.
중국조선족청년학회, 중국조선족 이민실록(연길: 연변인민출판사, 1992)
중국지도출판사, 타이완성 지도책, 1993.
陳志讓, 박준수, 군신정권: 근대중국 군벌의 실상(서울: 고려원, 1993)
채규철, 북핵 그리고 한국인(서울: 함무라비, 2006)
채미화, 이복순, 이승매, 여성연구 1(연길: 연변대학출판사, 1994)
川村眞二, 이혁재, 후쿠자와 유키치(서울: 다락원, 2002)
청전, 달라이라마와 함께 지낸 20년(서울: 지영사, 2006)
村上重良, 장진한, 오상현, 천황과 천황제(서울: 한원출판사, 1989)
최덕수, 대한제국과 국제환경(서울: 선인출판사, 2005)
최봉영, 조선시대 유교문화(서울: 사계절, 1997)
최부, 최기홍 옮김, 표해록(서울: 교양사, 1997)
최성준, 연변인민항일투쟁사(북경: 민족출판사, 1999)
최영, 중공정치군사론(서울: 일지사, 1983)
최우길, 중국조선족연구(아산: 선문대학교 중한번역문헌연구소, 2005)
최진, 다시 쓰는 한일고대사(서울: 대한교과서, 1996)
최진옥, 조선시대 생원진사연구(서울: 집문당, 1998)
최태길 편저, 중국역사문선(연길: 연변대학출판사, 1993)

최형철, 개척자의 노래 1(연길: 연변인민출판사, 1989)
침화일본군 관동군 731부대 죄증진열관, 731세균부대(북경: 오주전파출판사, 2005)
타이베이 북투국민소학, 백년교사기념전집: 走過一世紀 跨越兩千年, 중화민국 90년
타이완 교육부, 국민중소학9년일관과정 잠행요강, 중화민국 90년
타이완국립편역관, 국립편역관 간개, 중화민족 81년
타이완국립편역관, 국민소학급국민중학교과도서 심정판법급 상관규범휘편, 중화민국 90년
卓昕, 柏莽, 장백산고금람승(길림: 길림인민출판사, 1990)
特官布扎布, 阿斯鋼, 몽고비사(북경: 신화출판사, 2006)
彭懷恩, 林鐘雄, 김철수, 고영근, 박정식, 타이완 정치변천 경제발전 40년(서울: 성균관대, 1990)
하영선 엮음, 한국전쟁의 새로운 접근(서울: 나남출판사, 1990)
하영애, 중국현대화와 국방정책(서울: 범한서적주식회사, 1993)
하영애, 타이완 지방자치선거제도(서울: 삼영사, 1991)
郝明亮, 심양 고궁(하얼빈: 하얼빈 지도출판사, 2004)
하정열, 일본의 전통과 군사사상(서울: 팔복원, 1999)
鶴蒔靖夫, 박경수, 타이완 대 한국(서울: 해돋이, 1992)
한 미하일로비치, 한 세르게이비치, 김태항 옮김, 고려사람 우리는 누구인가(서울: 고담사, 1999)
한국정치외교사학회, 명성황후 시해사건과 아관파천기의 국제관계(서울: 동림사, 1998)
한국정치외교사학회, 한국전쟁과 휴전체제, 1997.
한상도, 한국독립운동과 중국군관학교(서울: 문학과지성사, 1994)
한석정, 만주국 건국의 재해석(부산: 동아대학교 출판부, 1999)
한일관계사연구논집 편찬위원회, 임진왜란과 한일관계(서울: 경인문화사, 2005)
한일관계사연구회, 독도와 대마도(서울: 지성의 샘, 1996)
허영섭, 조선총독부 그 청사건립의 이야기(서울: 한울, 1996)
현대일본연구회, 국권론과 민권론(서울: 한길사, 1981)

호응명, 북투국소자연자원수책(타이베이: 북투국민소학, 중화민국 90년)
호응명, 타이베이 북투구 문화순례 활동수책(타이베이: 북투국민소학, 중화민국 90년) 문화순례(타이베이: 북투국민소학, 중화민국 90년)
胡春惠, 신승하, 중국안의 한국독립운동(서울: 단국대학교출판부, 1987)
홍윤기, 한국인이 만든 일본국보(서울: 문학세계사, 1995)
黃啓臣, 鄭煒明, 박기수, 차경애, 마카오의 역사와 경제(서울: 성균관대학교출판부, 1999)
黃斌, 劉厚生, 대금국사화(장춘: 길림인민출판사, 2002)
黃斌, 劉厚生, 黃群, 후금국사화(장춘: 길림인민출판사, 2004)
黃昭堂, 송일, 타이완 폭발력의 비밀(서울: 교문사, 1991)
黃昭堂, 林正青, 타이완이 뛰고 있다(서울: 도서출판 하늘, 1992)
Doak Barnett, 신영준, 중공의 도전(서울: 홍영사, 1982)
Gordon G. Chang, 형선호, 중국의 몰락(서울: 뜨인돌, 2001)
Guy Sorman, 홍상희 · 박혜영, 중국이라는 거짓말(서울: 문학세계사, 2006)
Hendrik Hamel, 이병도, 하멜표류기(서울: 일조각, 1989)
James Wang, 이문규, 현대중국정치론(서울: 인간사랑, 1988)
Jasper Becker, 이은선, 중국은 가짜다(서울: 홍익출판사, 2001)
John W. Hall, 박영재, 일본사(서울: durals사, 1989)
Lingli Bates, Chris Bates, 이정은, 타이완(서울: 휘슬러, 2005)
Lloyd E. Eastman, 민두기, 장개석은 왜 패하였는가(서울: 지식산업사, 1997)
Nym Wales, 조우화, 아리랑(서울: 동녘, 1984)
Ralph N. Clough, 조재관, 동아시아와 미국의 안보(서울: 법문사, 1976)
Sogal Rinoche, 鄭振煌, 서장생사지서(북경: 중국사회과학출판사, 1999)
Sterling Seagrave, 원경주, 중국 그리고 화교(서울: 프리미엄북스, 2002)
Stuart R. Schram, 김동식, 모택동(서울: 두레, 1981)
Tsutomu Matsumara, 중국문제연구회 옮김, 중국내전(서울: 한벗, 1997)
Wang Wenqing, Ten Major Museums of Shaanxi(Hongkong: Polyspring Co., 1994)

**가**

가리사니(道) 293, 332
가미 105
가시라 120
가우리 32
가을동화 311
가족기업 331
가족주의 363
감족 99
강경 274
강릉단오제 346
개방성 329
개방주의 357
개혁농장 161
객가족 27, 217
객가토루 27
갱 30
건축예술관 154
경술침략 255
고꾸리 113
고려 불화 255
고려신사 97
고마신사 97
고사족 214
곡필사관 296
공개 총살 49
공묘 344
과거제도 288
관학 295
괴물 133
교육주의 363
구련성 73
구룡반도 209
구마모도 314
구성주의 292
국립중앙교육연구원 354
국민당 44, 67, 244
군국주의 362
금나라광장 101
기딴족 99
길림 74
김부식 111
까치 258
꼬인터넷 138
꽌시 131, 351
끼따이 20

**나**

나라 84
남경대학살 166
노동개조소 161
노태우 238
농노신분 35
니토베 이나조 305

**다**

단군대종교 289
단동 82
당발해국 115
당태종 190
대리국 154
대승불교 346
대운하 54
도광양회 45
도권점질 276
도래유학 375
도래인 253
도산서원 295
도쿄타워 313
도학 300
독립군 67
독립심 331
돌거북 122
동방명주 209
동북공정 40
동양 3국 288
동예 120
뒤뜰 용광로 53
등소평 145

**라**

라오가이 160
르네상스 308, 376

**마**

마음 298
마피아 211
만주 90
만주언어 88
만주족 17
매취 순 281
매화 357
맹(盲)터넷 138
명치유신 313
모택동 21
모택동 동상 72
몽유도원도 255
무궁화꽃 289
무사문화 316
무씨사당 115
문화대혁명 57
민진당 245

**바**

박작성 78
배용준 321
백두산 108
백두산은 우리땅 109

백제 77
백화제방 160
법화원 103
병인양요 231
보구엔 지압 325
복건성 220
복건족 217
봉 84
봉천 92
부동항 121
북경 148
북경원인 103
북릉 94
북릉공원 94
북투소학교 353
분고 273
불꽃 311
불법 체류자 33
비림비공 342

**사**

사무라이 무사도 303
사학 295
사해 문화 83
삼국사기 111
삼합회 211
삽협댐 54
상시관 273
상하이 58
생활주의 367
샤브샤브 256
서남공정 40
서북공정 40
서양과학 340
서원 296
선부론 145
설인귀 188
성균관 295
성균관의 석전제 342
성리학 298
성산두 104
성실주의 364
세발 가마구 105
소릉 94
소수민족 18
소수서원 275
소피아 성당 154
소하연 문화 83
송미령 249
수분하 118
수양제 54
수이푼강 118
수행평가 290
순 277
순통 274
숭성사 154
신미양요 231
신민중학교 353
신선로 256
신세대 352
신한촌 118
실력주의 357

실용주의 292
심수관 256
심양 91

아

아골타광장 101
아성 97
아소다로 192
안견 255
안동 82
앙소문화 83
애국심 339
애꾸눈 190
애신각라 98
애향주의 362
야쿠자 211
양안무역 209
양안정책 41
양주동 77
어적도 79
업적주의 366
여심청 47
연해주 120
오토바이 264
완안종한 101
왕병장 136
왕정위 70
왜구 254
외성인 221, 235
요하문명론 85
용 84
우물 안 개구리 185
우하량 83
울란바토르 172
웅담 쓸개즙 130
원금원연 99
위경생 137
위구르 41
유공도 71
유구 228
유망 141
유엔한국임시위원회 238
유토피아 361
유행성 출혈열 68
의주성 74
이등휘 223
이삼평 255
이상설 118
이순신 313
이이 298
이지메 왕따 363
이홍지 159
이황 298, 284
일보과 81
임진왜란 254
임해설원 175

자

자연보호 교육 361
자연주의 361
자유의지 328
장개석 44, 249

장공자호능침 248
장보고 102
재고 274
적감성 230
전국시대 253
전권교역 147
전통주의 360
점씨광장 100
점한 101
정명운동 372
정신대 위안부 318
정직성 130
정직주의 364
정통령 118
제술 274
조경령 211
조광조 298
조선통신사 315
조식 298
주원장 21
주자학 298
주희 299
죽의 장막 39, 186
죽은 궁궐 94
줄친족 91
중공전범규탄관 70
중국병 132
중국의 봄 136
중국족 19
중국혼 176, 337
중정기념당 248
즈쿠 163
지린 74
지척 81
진시황 54, 104
진영작 240

## 차

차이나 15
차이나타운 350
참시관 273
창조주의 359
천무진두 106
천수이벤 248, 308, 379
천스신 371
천진 92
천진두 105
청일전쟁기념관 71
청천백일기 240, 359
청태종릉 95
초산행관 249
초파일 연등행사 346
치우천황릉 116
침략의지 39

## 카

커다이 20
커단족 99
코브라 257
코이노보리 258
킬링필드 57

**타**

타이완 대학 341
타이완 사범대학 341
타이완공화국 223
타이완기 226
타이완학 371
탈중국화 372
탐원공정 82
티뚜이 177
티베트 독립운동 45
티베트 41

**파**

파룬궁 155
팽덕회 47
팽호군도 213
팽호섬 230
평가권 265
평등주의 361
풍신수길 254
피바디 262

**하**

한국교육개발원 355
한류 311, 321
한자 30
한족 15
한중수교 239
한타동맹 370
항미원조 기념관 65
해삼위 120
해신 104
해양왕 102
향교 295
향토사랑 362
호산장성 73
호지명 325
홍산문화 83
홍위병 338
홍콩섬 209
화평굴기 45
화해사회 45
환경교육 361
후진타오 178
후커우 34
흑치국 216
흑치상지 216
히구치 이치요 321

2 · 28 사건 221
8불출 278
92% 27
Anderson 대위 262
FORMOSA 214
NAFTA 3

**안 천(安 天)** 서울교육대학교 명예교수, 정치학 박사

주요저서

- 일월오악도(日月五岳圖)
  - 제1권: 이승만 뿌리 정치심리(교육과학사, 1998)
  - 제2권: 김구 재평가와 안중근(교육과학사, 1999)
  - 제3권: 일월오악도의 탄생(교육과학사, 2002)
  - 제4권: 황실부흥 선구자 이석(교육과학사, 2003)
  - 제5권: 정통 대한황손 이초남(교육과학사, 2005)
  - 제6권: 대한황실 황통쟁투사(교육과학사, 2009)
  - 제7권: 대한황실 문화정책사(교육과학사, 2011)
  - 제8권: 임금님 대관식(교육과학사, 2014)

- 황실은 살아있다(인간사랑, 1994)
- 거시국토통일론: 巨視國土統一論(인간사랑, 1990)
- 남침유도설 해부(교육과학사, 1993)
- 신흥무관학교(교육과학사, 1996)
- 단군 할머니론(교육과학사, 2016)

교육관련저서

- 생활화 사회과교육론(교육과학사, 2001)
- 신사고 사회과교육론(교육과학사, 1993)
- 통합교과운영론(한국방송통신대학, 1990, 공저)
- 사회과 탐구논리(교육과학사, 1988, 공역)
- 한국사회과 교육학개론(교육과학사, 1989, 공저)

**타이완의 힘** – 세계화교 중심국가의 르네상스 –

2007년 9월 10일 1판 1쇄 발행
2019년 6월 18일 1판 7쇄 발행

지은이 : 안 천
펴낸이 : 한 정 주
펴낸곳 : 교육과학사

경기도 파주시 광인사길 71
전화 : (031)955-6956~8 팩스 : (031)955-6037
홈페이지 : www. kyoyookbook.co.kr
등록 : 1970년 5월 18일 제2-73호

정가 12,000원

잘못된 책은 바꾸어 드립니다.
Printed in Korea.

ISBN 978-89-254-0083-9